UM TIPO DIFERENTE DE PODER

Jacinda Ardern

Um tipo diferente de poder

Memórias de uma líder humanista

TRADUÇÃO
Débora Landsberg
Natalie Gerhardt

OBJETIVA

Grafia atualizada segundo o Acordo Ortográfico da Língua Portuguesa de 1990, que entrou em vigor no Brasil em 2009.

Título original
A Different Kind of Power: A Memoir

Capa
Christopher Brand

Foto de capa
Jessica Chou

Preparação
Ana Clara Werneck

Revisão
Clara Diament
Natália Mori

Dados Internacionais de Catalogação na Publicação (CIP)
(Câmara Brasileira do Livro, SP, Brasil)

Ardern, Jacinda
Um tipo diferente de poder : Memórias de uma líder humanista / Jacinda Ardern ; tradução Débora Landsberg, Natalie Gerhardt. — 1ª ed. — Rio de Janeiro : Objetiva, 2025.

Título original : A Different Kind of Power : A Memoir.
ISBN 978-85-390-0896-4

1. Ardern, Jacinda, 1980 2. Memórias 3. Mulheres na política – Nova Zelândia – Biografia 4. Primeiras-ministras – Nova Zelândia – Biografia I. Título.

25-285508 CDD-993.0412092

Índice para catálogo sistemático:
1. Nova Zelândia : Mulheres na política : Relatos pessoais : 993.0412092

Eliete Marques da Silva – Bibliotecária – CRB-8/9380

EDITORA SCHWARCZ S.A.
Praça Floriano, 19, sala 3001 — Cinelândia
20031-050 — Rio de Janeiro — RJ
Telefone: (21) 3993-7510
www.companhiadasletras.com.br
www.blogdacompanhia.com.br
facebook.com/editoraobjetiva
instagram.com/editora_objetiva
x.com/edobjetiva

Para os que choram, os que se preocupam e os que abraçam

Sumário

Prólogo

Era um banheiro padrão. Do tipo que se encontraria em uma casa de madeira dos anos 1950 em praticamente qualquer lugar da Nova Zelândia, com piso escuro de linóleo e uma pia bem pequena, grande o bastante para lavar as mãos, mas não para conter toda a água enquanto você fazia isso. Eu tinha baixado a tampa do vaso e estava sentada na superfície dura de plástico. Esperando. Meu coração batendo um pouco mais rápido que de costume.

Do outro lado da porta, ouvia minha amiga Julia se movendo em sua cozinha: panelas batendo na lateral da pia, pratos tilintando enquanto os empilhava. Ela devia estar raspando os restos de outro jantar em que eu apenas fiquei empurrando a comida pelo prato — dessa vez frango com batata-doce, abóbora e batata-inglesa assadas, e ervilhas frescas. Julia era uma excelente cozinheira. Mas as emoções afetavam minha alimentação. Principalmente naquela época.

Nas sete semanas anteriores, eu vinha seguindo uma dieta à base de queijo, bolachas de água e sal e "bolinhas de felicidade" preparadas pela minha mãe — grandes porções de energia feitas com tâmaras amassadas, castanhas-de-caju e sementes de chia, que acabavam grudando nos meus dentes da frente. Aquilo até seria tranquilo se os lanchinhos do tamanho de uma bola de golfe fossem consumidos na privacidade da minha própria casa, mas eu precisava comê-los na estrada, no meio de uma campanha. Uma campanha para determinar se eu seria a quadragésima primeira-ministra da Nova Zelândia. Haviam se passado várias semanas desde a noite da eleição, e eu ainda não podia responder àquela pergunta.

Só que naquele momento, sentada no banheiro da casa de Julia, não era aquela resposta que eu estava esperando.

Olhei para o meu celular. *Só mais alguns minutos.*

Aquela noite na casa de Julia era para ser uma folga. Uma chance de recuperar o fôlego enquanto meu companheiro, Clarke, estava viajando para as filmagens de um programa de TV no norte. Eu ainda estava com meu tênis preto e branco, legging de Lycra e casaco roxo de capuz. Assim que arrastei minha mala pela porta para passar a noite na casa da minha amiga, tirei as roupas de trabalho. Depois fomos fazer uma caminhada no parque próximo à casa dela no ar frio de fim de tarde. Eu não conseguiria enfrentar outra noite em meu apartamento tipo estúdio na cidade, no qual morava quando estava trabalhando para o governo em Wellington. Não depois do longo dia de negociações e espera.

Na noite da eleição, os dois principais partidos políticos da Nova Zelândia, o conservador Partido Nacional e o progressista Partido Trabalhista, que eu liderava, terminaram sem uma maioria clara. Aquilo significava que nenhum dos líderes poderia formar um governo ainda. Para que um de nós ganhasse, seria necessário fazer uma coalizão com um partido menor chamado Nova Zelândia Primeiro. Desse modo, nos últimos oito dias ambos os partidos vinham conversando para que o Nova Zelândia Primeiro determinasse quem escolheria. Com todas as idas e vindas de negociações e discussões sobre quais políticas iríamos ou não implementar, o cálculo era realmente bem simples. O Nova Zelândia Primeiro escolheria o Partido Nacional ou nos escolheria.

Depois de cada reunião, eu saía com páginas e mais páginas de anotações, mas era a linguagem corporal que mais observava. Um aceno de cabeça em concordância. Contato visual. Alguma coisa, qualquer coisa que pudesse indicar a escolha que fariam. Mas não havia nada. Todas as noites o noticiário trazia reportagens diligentes sobre as conversas. Nem mesmo eles tinham uma perspectiva do que poderia acontecer, e tudo que me restava era continuar repetindo os meus sentimentos profundos: "Tem muita coisa em jogo". E eu já me sentira assim durante a campanha. Afinal, eu tinha 37 anos. Era líder do meu partido havia menos de oitenta dias. E, quando a campanha começou, estávamos com uma desvantagem de mais de vinte pontos. Não era para vencermos. E não era para eu ser líder.

Fiquei puxando a legging, agitada. *Com certeza o tempo já acabou.* Olhei para o celular de novo. *Mais um minuto.*

* * *

Ao longo de minha curta vida, sempre lutei com a ideia de que não era boa o suficiente. Que a qualquer momento eu não daria conta, e, independentemente do que fosse, não tinha nada que me meter a fazer o que estava fazendo. Por isso eu acreditava ter uma personalidade que combinava mais com o trabalho nos bastidores. Eu era a pessoa que fazia, de forma discreta e constante, tudo o que precisava ser feito. Não tinha força para ser uma política de verdade. Não tinha jogo de cintura o suficiente nem era forte o bastante. Era idealista e sensível.

Eu tinha certeza de que ter me tornado parlamentar fora um acaso. Por fim, meu medo de fracassar e decepcionar as pessoas foi ofuscado por um esmagador senso de responsabilidade. Desse modo, diferentemente do que tudo indicava, tornei-me vice-líder do meu partido e, em seguida, líder, e então, possivelmente, a próxima primeira-ministra.

Àquela altura, o barulho na cozinha já tinha parado. Julia devia estar sentada à mesa de jantar, se distraindo até a minha volta. Ela era mais nova do que eu, mas também muito maternal, com uma carreira na área da saúde. Nossas conversas sempre começavam com ela me fazendo a mesma pergunta: "Como você está se sentindo?". Naquele dia, quando respondi que não estava muito bem e descrevi alguns sintomas incomuns, ela saiu e voltou com um teste de gravidez. Quando terminamos de comer, tirou-o da sacola de compras como se fosse um docinho de sobremesa.

"Só por via das dúvidas", falou.

E agora o teste estava na beirada da pia, aguardando o tempo necessário para a grande revelação. Olhei para o cronômetro no meu celular.

Vinte e cinco segundos, 23 segundos, 21...

Faltavam alguns dias para eu descobrir se governaria um país, e agora, sentada naquele banheiro em Tawa, Nova Zelândia, faltavam alguns segundos para descobrir se faria isso ao mesmo tempo que teria um bebê.

Fechei os olhos e inclinei a cabeça para o teto. Respirei fundo e olhei para baixo.

UM TIPO DIFERENTE DE PODER

Um

Se você dirigir por uns cinquenta quilômetros ao longo da Kāingaroa Forest, talvez comece a se perguntar se existe algo além de árvores na Terra. Esta é a paisagem: pinheiros-de-monterey, cada qual com mais de trinta metros de altura, organizados em várias filas que se prolongam até onde os olhos alcançam. A floresta é vasta e densa: árvores e mais árvores, fileiras e mais fileiras, por quilômetros e mais quilômetros. A uniformidade só é interrompida por duas coisas: a estrada que rasga a paisagem sombreada e as árvores mais jovens, ainda crescendo esporádica e desafiadoramente. Esses pinheiros menores e selvagens parecem as árvores de Natal da minha infância — alegres, mas um pouco patéticos, cada qual com apenas alguns poucos galhos, que podem ser cobertos com uma única fita de enfeite, que não chega a esconder o tronco exposto.

Embora Kāingaroa tenha sido criada pelo homem e seja a segunda maior plantação florestal do Hemisfério Sul, é fácil se sentir isolado ali. É um lugar conhecido por sumir com caçadores e aventureiros, que se perdem por entre os pinheiros. Nevoeiros densos são comuns, e é difícil que a luz passe, principalmente depois que o sol mergulha atrás dos picos verdejantes da distante cordilheira Te Urewera. O chão é coberto por um tapete de pinhas e folhas, e o ar é pesado com o cheiro de resina e de pinheiros.

Depois de uma hora de viagem, porém, bem quando você tem certeza de estar no meio do nada, surge um vão entre as árvores, e os sinais de vida humana aparecem: uma construção florestal precária com uma placa enferrujada.

Um hotel simples com quartos pequenos e limpos. Depois, virando o quarteirão, um posto de gasolina com três bombas que marca a fronteira de uma cidade chamada Murupara.

Na infância, fiz essa viagem inúmeras vezes. Hoje, quando fecho os olhos, ainda consigo me ver ali, com o longo e solitário trecho de asfalto, a massa cinzenta das cordilheiras e os troncos ásperos atravessando o céu.

Eu tinha só quatro anos na primeira vez que fui a Murupara; estava gripada no banco de trás do Toyota Corona bege 1979 da minha família. Naquela época eu ficava enjoada no carro, uma condição que com certeza piorava na cadeirinha de veludo, que estava mais para um calço de espuma densa forrada de tecido. Ela me deixava mais alta, mas também acentuava cada curva da estrada. A meu lado estava minha irmã, Louise, só dezoito meses mais velha que eu. Também estava em uma cadeirinha e se sentindo enjoada, mas não o suficiente para parar de perguntar aos meus pais: *Falta muito? Por que não podemos parar? E se eu precisar ir ao banheiro?*. Cada uma de nós segurava um ursinho de pelúcia, que curiosamente se assemelhava a sua dona. O meu, com um rosto redondo e amigável, corpo parrudo, bracinhos e perninhas curtos, chamava-se Teddy. O da minha irmã se chamava Cookie e tinha quase o dobro do tamanho do meu, com um corpo esguio e pernas compridas.

As janelas estavam abertas o suficiente para que eu conseguisse colocar meus dedinhos por cima e balançá-los ao vento. Aos meus pés, que ainda não alcançavam o chão, havia itens que minha mãe se certificava de sempre levar com a gente em longas viagens de carro: uma toalha velha e um pote de sorvete grande e vazio, para o caso de precisarmos vomitar. Ela nunca jogava nada fora, e cada um desses potes seria reutilizado no futuro para armazenar muffins caseiros de mirtilo. Entre mim e Louise, preso a uma caixa de papelão com pequenos furos na tampa, estava o passageiro menos confortável naquela viagem: o gato cinza que tínhamos resgatado, Norm. O efeito do sedativo dado pelo veterinário estava passando, e ele pressionava o focinho contra a tampa da caixa, os bigodes passando pelas aberturas.

Era dia de mudança. Havíamos deixado para trás amigos e familiares na cidade de Hamilton, mais de duas horas a noroeste, porque meu pai conseguira um novo emprego como sargento de polícia em Murupara, um lugar que eu nunca tinha visto.

* * *

Meu pai foi criado em uma família grande em Te Aroha, uma comunidade agrícola próxima às montanhas ao longo do rio Waihou. Assim como todas as regiões da Nova Zelândia, Te Aroha foi inicialmente ocupada pelos maori, que vieram da Polinésia em *waka* (canoas), usando como guias estrelas, correntes marítimas e a vida do mar. As tribos maori viveram naquelas terras por centenas de anos. A lenda conta que o grande chefe Kahu subiu até o pico da montanha para se orientar, e ficou tão emocionado ao ver seu lar daquele ponto privilegiado que lhe deu o nome de *Te Muri-aroha-o-Kahu, te aroha-tai, te aroha-uta*, que pode ser traduzido como: "O amor de Kahu por aqueles na costa e aqueles na terra". Hoje o local é conhecido simplesmente como Te Aroha, a montanha do amor.

A família do meu pai tinha uma empresa de instalação e reparos de sistemas de drenagem de água em Te Aroha, a Ardern and Sons, e eles foram os responsáveis pela maior parte do encanamento da região. Quando era pequeno, meu pai os ajudava, mas, quando a família se converteu à Igreja de Jesus Cristo dos Santos dos Últimos Dias, conhecida por muitos como religião mórmon, meu pai foi mandado para o colégio interno em Temple View. Depois de um período curto trabalhando nas minas de chumbo e zinco, entrou para a polícia da Nova Zelândia, aos dezenove anos, servindo primeiro na polícia comunitária de Auckland e depois na delegacia de investigação criminal em Hamilton.

Meu pai tem quase um metro e oitenta de altura, e sempre pareceu mais novo com seu cabelo volumoso e escuro — que naquela época ele usava batido na nuca com um topete na frente, para se parecer com Fonzie da série *Dias felizes*. Ele era extrovertido, mas ponderado, com uma voz calma e que raramente elevava. Mesmo quando assistia na TV aos jogos de seu amado time de rúgbi, o All Blacks, mantinha uma intensidade silenciosa, levantando-se quando não conseguia mais conter a empolgação ou a decepção.

Durante toda a minha infância, ele fazia corridas de dez quilômetros. Quando voltava para casa, trocava o tênis por um chinelo velho e se sentava na poltrona reclinável para ler o jornal. Meu pai é mais feliz quando está lendo, principalmente sobre história mundial, exploração antártica e o grande explorador Ernest Shackleton.

Acima de tudo meu pai se interessava por pessoas, e sempre queria saber mais sobre a vida delas. Como policial, não queria apenas descobrir quais crimes tinham sido cometidos, mas também o *motivo*. Era comum ouvi-lo dizer que a polícia não podia sair prendendo para resolver tudo. Ele acreditava que, para resolver a criminalidade, era necessário compreender por que os delitos aconteciam. Suas perguntas eram boas, e as pessoas costumavam se abrir. Era comum que seus interrogados fizessem uma pausa para dizer: "Pelo menos o senhor está me ouvindo". O que não quer dizer que ele era bonzinho — duvido que seja possível falar isso de alguém que investiga crimes como os que ficavam sob a responsabilidade dele: homicídios, estupros, assaltos e atividades de gangues. Ele apenas olhava para os problemas de maneira diferente.

O policiamento na Nova Zelândia também é diferente do de muitos países. Por exemplo, os policiais não costumam andar armados. E, embora possam efetuar prisões, eles usam o princípio do Reino Unido conhecido como "policiamento por consentimento", ou seja, os policiais são basicamente cidadãos uniformizados e sua autoridade vem da aprovação e da cooperação da comunidade. Apesar de termos exemplos de abuso de poder na força policial neozelandesa, o policiamento por consentimento é uma referência, o modelo que os agentes devem seguir, e meu pai acreditava nisso.

Em 1980, quatro anos antes da primeira viagem da minha família para Murupara, meu pai começou a estudar para a prova de investigador da polícia. Àquela altura ele já era casado havia alguns anos, e minha mãe, uma mulher pequena e com a energia e a praticidade de uma pessoa criada em uma fazenda leiteira, estava grávida de nove meses pela segunda vez. Ela vomitava todos os dias. Estar perto de comida era um esforço tão grande que ela começou a forrar o chão com plástico, colocar a cadeirinha de alimentação em cima e deixar o prato na bandeja para que minha irmã comesse sozinha. Minha mãe espiava da porta, observando Louise de uma distância suficiente para não sentir o cheiro da comida, mas perto o bastante caso minha irmã precisasse dela.

Na manhã da prova de três horas de duração do meu pai, um dia frio e ensolarado de inverno, minha mãe lhe desejou boa sorte e ele saiu. Não muito tempo depois, ela foi atingida por outra onda de náusea, então atravessou o corredor da pequena casa de madeira e foi para o banheiro. E foi quando aconteceu: a bolsa estourou. Não havia celulares na época, nem outra forma de entrar rapidamente em contato com meu pai. Mesmo que houvesse, porém, duvido muito que minha mãe teria ligado para ele, pois estava determinada a deixá-lo terminar a prova sem uma "distração", o que é uma forma bem leve de se referir a um parto. Em vez disso, ligou para minha avó, pedindo que fosse pegar Louise. Em seguida pediu ajuda a um vizinho que tinha uma grande picape vermelha antiga. Assim que o homem parou na porta de casa, minha mãe entrou, dizendo que ele só precisava deixá-la na porta do hospital, insistindo que ela ficaria bem.

Essa é a minha mãe: prática, pronta para colocar a mão na massa, uma clássica mulher kiwi.

Naquele dia, quando meu pai terminou a prova, havia uma mensagem esperando por ele: *Vá ao hospital*. Ele chegou a tempo de me receber no mundo.

Meu pai gostava de trabalhar em Hamilton, e se tornou investigador, mas queria ser o responsável por uma delegacia em vez de apenas trabalhar nela. Então, quando eu era bem pequena, ele começou a estudar para a prova de sargento, o que exigia muito de si. Já trabalhava em tempo integral e cuidava de uma jovem família, além de ser um membro ativo da igreja mórmon. Para se preparar, acordava de madrugada, conseguindo estudar por uma ou duas horas antes de acordarmos. No fim do dia, estudava mais um pouco.

Mesmo quando meu pai passou na prova e tornou-se apto para o posto de sargento, ainda era necessário encontrar uma vaga. A oferta de trabalho para esse cargo era escassa e havia muita competição, e, sem experiência de liderança, seria quase impossível que fosse promovido em Hamilton ou em alguma delegacia semelhante em outro lugar. Isso significava uma coisa: teríamos que ir para onde quase ninguém queria ir.

E foi assim que nossa família chegou a Murupara pela primeira vez: meus pais na frente, duas menininhas enjoadas no banco de trás e um gato cinza desesperado para sair da caixa de papelão.

A floresta que cercava Murupara parecia imponente, mas a cidadezinha em si era plana e aberta, os prédios baixos e funcionais. E, embora muitas ruas tivessem nomes de árvores — Kauri, Rimu, Pūriri —, havia bem poucas árvores nelas. Era uma cidade florestal sem uma floresta para chamar de sua.

Nossa nova casa ficava na avenida Kōwhai, que recebeu o nome de uma árvore pequena, frondosa, que explodia em flores amarelas na primavera. A casa era um retângulo compacto de tijolos cor de creme, simples e prática, com uma pequena garagem de ferro corrugado em uma das laterais. Não havia jardim, apenas uma alameda de concreto que levava até a porta da frente. Mas, logo depois que os caminhões de mudança chegaram, minha mãe começou a transformar a casa em um lar, pendurando cortinas e plantando flores no quintal.

Minha mãe não parava quieta, sempre limpando e organizando enquanto falava sozinha, descrevendo o que estava fazendo e o que ia fazer depois. Também era uma pessoa muito animada, mesmo de manhã, quando entrava no quarto, abrindo as cortinas para acordar minha irmã e eu, dizendo: "Vamos acordar, vamos acordar!".

O quarto que Louise e eu dividíamos era pequeno, com espaço para duas camas de solteiro e uma pequena cômoda que Louise usava como divisória, declarando que o lado arrumado era o "dela". O quarto dos meus pais era um pouco maior, e eles colocaram uma cama queen e alguns móveis embutidos. No fim do corredor estreito, havia um terceiro quarto que minha mãe usava para costurar e dobrar pilhas intermináveis de roupa lavada. A sala contava com uma lareira simples que no inverno ficava acesa a noite toda para aquecer a casa. A cozinha era puramente funcional, com armários de madeira cor-de-rosa, puxadores de metal e uma bancada de aço inox.

Naquele espaço modesto meus pais arrumaram as posses mais adoradas: um sofá com estrutura de pinho, braços duros de madeira e almofadas de um tecido áspero xadrez. A foto de casamento dos meus pais em um porta-retrato com adornos dourados. Um conjunto de jantar marrom fosco Crown Lynn, um presente de casamento que minha mãe declarou que só seria usado em ocasiões especiais (e que por isso ficava guardado em uma cristaleira). Uma TV antiga, sobre a qual colocamos nossa nova posse: um videocassete prateado Panasonic que tinha custado o equivalente a *um mês de salário*. Eu sabia porque eles falavam isso quase sempre que o usávamos.

O que faltava de espaço em nossa casa era compensado pelo quintal enorme e aberto. Ele era grande o suficiente para uma cama elástica e um varal giratório, em torno do qual minha irmã e eu pedalávamos enquanto aprendíamos a andar de bicicleta. Se Louise e eu pulássemos bem alto na cama elástica, conseguíamos ver o telhado azul da delegacia.

A casa ao lado da nossa era do policial Hamish, colega de trabalho do meu pai, e sua esposa, Joan. Eu não tenho muitas lembranças de Joan, a não ser que ela era carinhosa. Hamish tinha mais ou menos a mesma idade do meu pai, era magro e com cabelo louro minguado. Havia outro policial trabalhando na delegacia, e ele, Hamish e meu pai formavam toda a força policial de Murupara. Esses três homens cobriam não apenas a nossa cidadezinha, mas também a vasta e remota região rural que a cercava. Os reforços, se necessário, ficavam a quase uma hora de distância.

À primeira vista, Murupara dificilmente parecia uma cidade. E havia motivos para isso, alguns datando de centenas de anos atrás.

O local fora fundado oficialmente em 1953 como uma base para a Kāingaroa Logging Company e o Serviço Florestal do governo. Nos anos 1970, a população já era treze vezes maior, passando de um povoado com apenas três lojas a uma comunidade próspera. A maioria dos homens trabalhava no setor florestal, e os demais atuavam em negócios de apoio a essa atividade. Em 1980, o centro de Murupara estava em pleno desenvolvimento, contando não com uma, mas *duas* lanchonetes que serviam peixe e fritas.

Só que, no decorrer da década de 1980, as coisas começaram a mudar. A Kāingaroa Logging Company foi adquirida pela Tasman Forestry, resultando em centenas de desempregados.

Em 1984, um novo governo do Partido Trabalhista, liderado por David Lange, foi eleito, e o ministro da Economia, Roger Douglas, introduziu reformas que transformaram a economia da Nova Zelândia, até aquele momento uma das mais regulamentadas e protegidas do mundo, em uma das mais abertas. Partes da economia que até então eram estatais, incluindo a administração florestal, foram privatizadas e destruídas, em uma abordagem apelidada de "Rogernomics".

Em Murupara, a transformação foi cruel. E, nos anos anteriores a nossa chegada, mais da metade da força de trabalho florestal havia perdido o emprego. Muitos dos que podiam ir embora o fizeram. Empresas fecharam as portas, e muitas famílias ficaram ainda mais pobres.

Esse não foi o primeiro golpe que a cidadezinha sofreu. A população maori, maioria na cidade, já carregava as cicatrizes da colonização. Em 1642, o explorador holandês Abel Tasman chegou às terras que hoje conhecemos como *Aotearoa* – Nova Zelândia, a terra da grande nuvem branca. Em seguida chegou James Cook, que foi seguido por baleeiros, comerciantes, missionários cristãos e colonos. Essas ondas de colonização tiveram resultados brutais para *tangata whenua* (o povo da terra), incluindo confisco de terras, guerras, mortes e perda de renda e de *mana* (dignidade). A Rogernomics compôs essa história.

Quando chegamos a Murupara, parecia que algumas das pessoas com a vida mais confortável na cidade eram membros de gangues locais: Mongrel Mob e Tribesmen, identificados por emblemas nas costas de suas jaquetas de couro. O símbolo da Mongrel Mob era um buldogue com uma coleira de rebites afiados, e às vezes também um daqueles capacetes de metal alemães chamado *Stahlhelm*. Já o símbolo da Tribesmen era uma caveira. A sede de uma das gangues ficava em uma cidade próxima, e a outra era em Murupara, com uma grande cerca de ferro corrugado cercando o "covil", alta o suficiente para impedir que se visse a casa atrás dela.

Eu costumava ouvir os membros das gangues na cidade muito antes de vê-los, o rugido das motocicletas de guidão alto, tão ensurdecedor que Louise às vezes parava de falar e cobria os ouvidos. Se as motos passassem pela escola, as crianças corriam para olhar pelas janelas. Afinal, ninguém tinha motos como as dos membros das gangues.

Foi em Murupara que fui à escola pela primeira vez. Eu não tinha nem cinco anos de idade, mas a escola sugeriu que não havia motivo para esperar meu aniversário e que eu poderia muito bem entrar no jardim de infância quando Louise entrasse no segundo ano. Era alto inverno no dia que começamos, nós duas de mãos dadas, caminhando juntas.

Naquela primeira manhã, a professora fez a chamada em ordem alfabética. Meu sobrenome me colocava no alto da lista, e, quando meu nome foi enunciado, eu me empertiguei no tapete, as pernas cruzadas a minha frente. "Sim!", berrei com entusiasmo. Quando a professora continuou a chamada, as outras crianças deram uma resposta diferente: "Āe", a palavra maori para sim, e eu apenas notei, nada além disso. Eu crescera ouvindo palavras maori sendo usadas de forma intercambiável com o inglês; palavras como "estômago", "família", "europeu" e "amor" costumavam ser substituídas por *puku*, *whānau*, *pākehā* e *aroha*.

Eu tinha parentes maori dos dois lados da família, e éramos mórmons. Na Nova Zelândia, a maioria dos mórmons era de origem maori. Só que aquela foi a primeira vez que eu estava cercada por crianças que falavam *te reo* maori de forma tão livre e aberta.

Hoje sei que eu estava nas terras do povo ngāti manawa, a tribo maori da região. Em décadas anteriores, diversos conflitos na terra deles levaram à perda de colheitas, a Coroa renegara os acordos de arrendamento e doenças dizimaram a população originária.

Aos cinco anos, eu não sabia nada disso. Apenas notei as palavras, do mesmo jeito que notei outras coisas: que a escola era enorme, com muito espaço para brincarmos de pique. Que tínhamos hora da soneca e de histórias. Que às sextas-feiras podíamos pedir peixe e fritas embrulhados em papel-jornal, o qual rasgávamos para comer a comida quente. Que as outras crianças gostavam de ficar descalças no verão, exatamente como eu, às vezes até na escola.

Não muito tempo depois de começarmos a estudar, Louise e eu estávamos voltando a pé para casa quando ouvimos um choro. Era um garotinho bem pequeno, menor até que eu. Ele estava do outro lado da rua, de costas para nós, sozinho. Estava muito frio, como quando a neve se forma nas cordilheiras e as poças ficam congeladas. Um frio que parecia chegar aos ossos. Mas aquele garotinho estava de short, com os pés descalços. Ele carregava uma mochila gigantesca, que quase o engolia. Por baixo do short havia manchas marrons escorrendo pelas pernas, em uma diarreia.

Minha irmã e eu diminuímos o passo. O choro do menino era alto e parecia um pouco engasgado. Eu era tão pequena, mas já tinha idade suficiente para um pensamento persistente se formar em minha mente: *ele não devia estar sozinho*. Louise e eu ficamos de mãos dadas, olhando para o menino em silêncio. Acho que nós duas acreditávamos que seria melhor se ele não soubesse que o tínhamos visto. Ficamos observando enquanto se afastava, e o tempo todo desejei do fundo do coração, mas em silêncio: *por favor, que alguém o encontre*.

Murupara era uma cidade tão pequena que Louise e eu tínhamos permissão para irmos sozinhas até as poucas lojas no centro da cidade, uma caminhada de menos de cinco minutos se cortássemos caminho pelos fundos da delegacia. O guarda designado para tomar conta das lojas às vezes podia ser encontrado dormindo no carro, no meio do estacionamento. Às vezes havia caminhonetes estacionadas por perto, exibindo na caçamba a carcaça de um porco selvagem ou de uma corça, prontas para dar mais uma volta da vitória na cidade antes de seguir para casa para esfolar e esquartejar a caça.

Entre as lojas, havia uma farmácia, uma agência de correios, um açougue, um minimercado Four Square, apenas uma lanchonete de peixe e fritas e a mercearia em uma esquina. Mercearias são pequenas lojas de conveniência que vendem um pouco de tudo, incluindo balas. Íamos até lá com nossas moedas. Com vinte centavos conseguíamos comprar um saco de papel branco, com a parte de cima retorcida para fechá-lo. Dentro dele havia caramelos de leite, pirulitos e balinhas em forma de aviões a jato.

Para ir e voltar da mercearia precisávamos passar pelo Murupara Hotel, que não era um hotel, mas sim um bar. Era uma construção branca bem comum, com um telhado verde desbotado e janelas fechadas com persianas que impediam a visão do interior. Ao olhá-lo da rua, era difícil dizer se você estava na frente ou nos fundos. As portas tinham barras de metal pesado com a palavra ATACADISTA por cima. Todos iam ao hotel. Quando fechava, os clientes mais ousados não iam para casa; em vez disso, ficavam reunidos em volta de um pequeno aquecedor nos fundos, onde continuavam bebendo até tarde da noite. Esse ponto de bebida improvisado ganhou até um nome criativo: "Bar Aquecedor".

Quando precisávamos fazer compras, pegávamos nosso Toyota Corona e fazíamos a viagem de uma hora até Pak'n Save, em Rotorua. Íamos por aquela floresta profunda e escura, até a fragrância de pinheiros dar lugar ao cheiro sulfúrico das estações de água quente de Rotorua. Um sábado, meu enjoo no carro levou a melhor e vomitei na roupa. O resto da viagem foi feito com as janelas abertas, enquanto minha mãe reclamava por não ter levado o pote vazio de sorvete. Quando chegamos a Rotorua, meu pai me levou até a delegacia, onde me limpou com uma mangueira, enquanto minha mãe comprava uma roupa nova para mim. Lembro exatamente como era: uma saia florida verde-clara com bainha bordada e uma blusa de gola redonda combinando. Era uma das poucas roupas que eu tinha que não era feita à mão nem herdada da minha irmã. Depois daquele presente, passei a não detestar tanto o enjoo no carro.

Apesar da viagem longa, Louise e eu adorávamos nossas idas a Rotorua aos sábados, principalmente logo que nos mudamos, quando não tínhamos tantos amigos. As outras crianças da escola eram compreensivelmente desconfiadas em relação a nós. Não éramos apenas alunas novas, vínhamos de outro lugar e éramos filhas do sargento de polícia, o homem que prendia pessoas. Foi mais duro para Louise, alvo de apelidos e provocações. Então comecei a segui-la na hora do almoço, como sua protetora autodesignada.

Demorei anos para compreender que em Murupara havia uma desconfiança de longa data em relação ao Estado em todas as formas. Mas, mesmo pequena, eu tinha uma percepção de que as pessoas não confiavam na polícia, e acho que conseguia até entender o motivo. Eles não prendiam apenas os criminosos, os bandidos sem rosto nem nome; eles capturavam membros da comunidade: pais, irmãos, irmãs, tias e mães. Se algum membro da família de uma criança fosse preso, havia uma grande chance de o meu pai estar envolvido. Tentei imaginar como seria aquilo: alguém uniformizado aparecer na porta e levar um familiar embora. *Mas eles não conhecem meu pai*, eu dizia a mim mesma. Eu tinha certeza de que, se conhecessem, as coisas seriam melhores.

Talvez esse tenha sido o motivo de meu pai querer chefiar a própria delegacia. Desde que se tornara policial, ele notava muitas ocasiões em que um pai ou uma mãe, ao vê-lo uniformizado, abaixava-se para cochichar algum tipo de aviso ao filho ou filha: *Tá vendo o policial ali? Se você fizer bagunça, ele vai te prender*. Meu pai sempre dizia o quanto odiava saber que as crianças ouviam aquele tipo de coisa. Ele queria que as pessoas acreditassem que a vida era melhor porque a polícia estava lá. Mas para isso era preciso confiança, e confiança leva tempo para ser construída.

Um dia eu estava indo para a cidade, cortando caminho pelo estacionamento da delegacia. Lá vi um grupo de homens de calças e jaquetas de couro reunidos em volta de uma pessoa com uniforme azul: meu pai. Ele era mais baixo que os outros e estava sozinho. O grupo se movia em volta dele, devagar e de forma ameaçadora, chutando cascalhos soltos. Mesmo àquela distância, eu percebi que meu pai estava tenso; um dos braços estava na frente do corpo, como se tentasse acalmar os homens e mantê-los a distância. Mesmo que fosse pequena demais para entender tudo o que estava acontecendo, eu sabia que a situação não era nada boa.

Eu não queria que meu pai me visse, mas as chances de ele me notar seriam as mesmas se eu voltasse ou se tentasse passar. Então continuei, me aproximando quase que na pontas dos pés descalços, tentando me encolher o máximo possível. Mas era impossível deixar de encarar a situação. Os olhos do meu pai encontraram os meus. Eu congelei.

Quando meu pai falou, a voz dele era lenta e calma:

"Continue seu caminho, Jacinda."

Obedeci e fui andando o mais rápido que meus pés descalços permitiam no cascalho espalhado pelo caminho. Assim que cheguei à calçada, saí correndo. Mas eu estava tão preocupada com meu pai que arrisquei a bronca que levaria e voltei pelo mesmo caminho. Àquela altura, o estacionamento estava vazio.

À noite, quando meu pai chegou em casa, perguntei como ele tinha saído da situação. Não conseguia imaginar um jeito que não fosse usando a força. Eu devo ter dito alguma coisa do tipo, porque ele franziu a testa em uma expressão clara de descontentamento comigo.

"Jacinda", disse, "minhas palavras sempre serão minha maior ferramenta."

Muitos meses depois de nossa mudança, houve uma briga no gramado que se estendia entre a nossa casa e a de Hamish. Uns vinte homens saíram de uma festa próxima, bêbados, gritando palavrões e trocando socos enquanto minha mãe os observava pela janela da cozinha. Confusões como aquela eram comuns e tendiam a acabar rápido. Mas não foi o que aconteceu naquele dia. Em determinado momento, os homens se deram conta de onde estavam.

"Vamos quebrar as janelas do sargento", um deles gritou.

Minha irmã e eu estávamos dormindo bem embaixo das janelas mais próximas de onde eles estavam. Minha mãe precisou pensar rápido: seria melhor nos acordar para mudarmos de lugar ou nos deixar dormindo? Ela decidiu nos preservar do susto de sermos despertadas no meio da noite; em vez disso, se voltou para a melhor proteção que conseguia pensar: a oração.

Minha mãe foi criada na igreja presbiteriana, filha de fazendeiros conservadores, em uma propriedade leiteira de 582 mil metros quadrados na zona rural de Waikato, cuja cidade mais próxima ficava a oito quilômetros de distância. Ela era um dos cinco filhos do casal. Teriam sido sete, mas os gêmeos da minha avó não vingaram, morrendo logo depois do parto, uma perda ligada à dificuldade da vida na fazenda e ao fato de ela ter ordenhado as vacas até quase a hora do nascimento dos bebês.

A vida na fazenda era dura. Meus avós acordavam às cinco da manhã para a primeira ordenha do dia; o trabalho costumava ir até bem depois do anoitecer. Meu avô Eric era um homem direto. Se você cometesse um erro, fosse desastrado ou impulsivo, ele soltava um suspiro de indignação e corrigia o comportamento com firmeza. Havia coisas demais a serem feitas para se perder tempo com erros. Minha avó Margaret também era bem prática, do tipo que colocava as crianças pequenas no cercadinho perto do barracão enquanto fazia a ordenha.

Minha mãe trabalhou muito, desde bem cedo: primeiro na fazenda, depois em um posto de gasolina, fazendo a contabilidade, e finalmente nos correios em Te Aroha. Era isso que ela fazia quando conheceu meu pai, que não foi seu primeiro namorado, mas foi o que ela quis como marido.

Ele andava de moto, tinha o cabelo comprido, usava jeans boca de sino e camisas xadrez. Mas ele abriu a porta do carro para ela e, por ser mórmon, não bebia, o que por si só já era um alívio. Meu pai nunca tentou convertê-la. Mas, depois que começaram a namorar, minha mãe tirou férias e viajou para a costa australiana, onde conheceu missionários mórmons e leu o *Livro de mórmon* pela primeira vez. Algo se encaixou. Ela gostou da doutrina, do relacionamento pessoal e direto que os membros tinham com Deus, do foco no serviço e do cuidado uns com os outros. Para ela aquilo pareceu a verdade. Ela não precisava da bênção dos pais para se converter, nem a conseguiu. Meus avós eram batistas e não consideravam o mormonismo uma religião de verdade. Apesar das objeções deles, minha mãe foi batizada na nova religião e se casou na igreja mórmon.

E foi assim que ela se viu rezando enquanto um bando de bêbados pensava em atirar coisas contra as janelas sob as quais as filhas dormiam. Seja por intervenção divina ou simplesmente por bom treinamento policial, meu pai e Hamish chegaram e conseguiram dispersar os envolvidos, e as janelas se mantiveram intactas. Logo depois a polícia instalou uma cerca diante da nossa casa.

Em muitos aspectos, nossa casa sempre foi uma extensão da delegacia. Quando ela estava fechada, as pessoas batiam na nossa porta. O diário da minha mãe nesses dias era um testemunho das visitas e telefonemas constantes. Uma noite meu pai saiu do trabalho às seis da tarde. Foram a nossa casa às nove da noite, depois às dez. Às onze e meia o telefone tocou; um homem tinha sido atropelado por dois jovens enquanto caminhava por uma rua próxima. Meu pai voltou do incidente às três da manhã. Ele tinha acabado de se deitar quando alguém da nossa igreja socou a porta. O carro do homem tinha sido roubado com todas as suas ferramentas dentro, e ele queria ajuda para procurá-las. Meu pai ficou com ele até as cinco e meia da manhã. Não fazia nem uma hora que estava na cama quando a campainha tocou de novo, para o início de um novo dia. As interrupções frequentes eram comuns. Um dia, irritada com o som constante da campainha, minha mãe ameaçou destruí-la com um martelo.

Minha mãe não gostava de incomodar o marido. Não gostava mesmo. Um dia encontrei as algemas do meu pai e consegui me prender com elas. Como não encontrou a chave em lugar nenhum da casa, mesmo que morássemos ao lado da delegacia, ela me deixou algemada enquanto eu estudava, até ele voltar para casa.

Toda essa atividade sobrecarregava minha mãe, que só tinha 29 anos quando nos mudamos para Murupara e estava ocupada criando duas filhas pequenas. A família dela morava longe. Meu pai estava sempre trabalhando. Nem mesmo seu emprego remunerado oferecia algum descanso. Quando meu pai chegava em casa, ela ia até a delegacia para fazer faxina, ganhando 4,18 dólares neozelandeses por hora.

Nesse meio-tempo, Louise estava com dificuldades na escola. Ela era alta para a idade, mas também era magra e mais tímida que eu. Um dia, quando eu estava doente, Louise, ainda com seis anos, chegou em casa chorando. Ela contou para minha mãe que uns garotos a tinham atirado no chão, sentado em cima dela e batido em sua cabeça e em seu corpo.

Minha mãe já sabia que Louise estava tendo problemas para fazer amigos e que às vezes os outros alunos implicavam com a gente. Mas até aquele dia ela não sabia que eu seguia minha irmã no recreio nem que a situação estava tão horrível, que poderiam machucar Louise. Aquilo foi demais para ela.

Minha mãe pegou o carro e dirigiu por quase treze quilômetros, até uma cidade vizinha, e pediu para nos matricular lá. O diretor se recusou. Ela então esperou uma semana para voltar e insistir. Talvez o diretor tivesse mudado de ideia. Ou talvez ele percebesse que ela continuaria insistindo até ele concordar, então cedeu. Depois disso, todos os dias, às 7h45 da manhã, Louise e eu pegávamos o ônibus escolar na frente do Murupara Hotel e fazíamos a viagem de meia hora até a escola em Galatea.

No diário da minha mãe dos primeiros dias em Murupara, há um relato direto. Meu pai tinha sido enviado para fazer uma prisão em um povoado próximo, e voltou com o uniforme rasgado. Quando ela perguntou o que tinha acontecido, a resposta dele foi estranhamente breve. Ela entendeu pelo que ficou não dito que, no processo de prisão, ele tinha sido atacado. Esse relato é notável pelo tom sem emoção, sendo apenas um registro dos fatos.

Só que logo depois disso ela começou a ter dificuldade para respirar. Está claro para mim hoje em dia, ao ler aquelas páginas, que ela tinha começado a ter ataques de pânico. Mas estávamos nos anos 1980, muito antes de a expressão "ataque de pânico" se tornar comum. E, mesmo na época, não havia descrições longas nem reclamações sobre os problemas que estava enfrentando, apenas uma observação de que havia momentos em que não conseguia respirar.

Minha mãe permaneceu firme, forte e otimista. Até o momento em que isso não foi mais possível.

Na maior parte do tempo, quase não tenho lembranças de vê-la em dificuldades. Ela se esforçava para esconder isso da gente. Seus diários contam que, quando estávamos voltando para Murupara depois das compras, havia uma curva na qual minha mãe sempre começava a chorar em silêncio. Mas ela estava determinada a fazer com que minha irmã e eu não víssemos isso.

Certa vez, porém, eu vi. Minha mãe e eu estávamos sozinhas em casa. Fui até a cozinha e a vi debruçada na bancada. Ela não se virou para mim como costumava fazer, não perguntou se eu precisava de alguma coisa, com aquele jeito direto que sempre usava com todos que amava e com quem se importava. Sequer percebeu que eu estava ali. Não estava fazendo nada, nem cozinhando, nem arrumando alguma coisa.

Estava de costas para mim, o avental amarrado na cintura. As duas mãos pressionavam as laterais da bancada de aço inoxidável, uma delas segurando um pano de prato com tanta força que parecia estar em uma competição. Ela balançava o corpo para a frente e para trás em um movimento discreto. Não precisei ver seu rosto para saber que estava chorando.

Eu queria que ela soubesse que eu estava lá. Achei que minha presença talvez a ajudasse, independentemente do que a estivesse deixando triste. Aproximei-me da perna dela, mas ela se virou e saiu pela porta dos fundos. Ainda com o pano de prato firme nas mãos, desapareceu de vista.

Fiquei olhando antes de segui-la, meio correndo para alcançá-la. Mas minhas pernas curtas não conseguiram acompanhar suas passadas, e eu fiquei olhando enquanto ela se afastava de mim, o sentimento de incompreensão e medo crescendo em meu peito. Eu queria saber se estava tudo bem. E também não queria ficar sozinha. Eu era pequena demais para ficar sozinha.

Ela cruzou o quintal até o portão que ligava nossa casa à de Hamish e desapareceu pela segunda vez. Quando cheguei à porta dos fundos dos vizinhos, estava sentada à mesa da cozinha, o rosto escondido no pano de prato. A mulher de Hamish, Joan, ao seu lado. Quando me lembro desse momento hoje em dia, não consigo ver as feições de Joan. Em minha lembrança ela é mais como uma presença, de pé ao lado da minha mãe, com uma das mãos pousadas no ombro dela. Joan sempre foi carinhosa comigo e com Louise, mas quando se virou na minha direção estava séria e atenta, e disse com voz clara e firme:

"Vá para casa, Jacinda."

Mas minha casa é aqui, pensei. *Minha mãe está aqui.*

Dois

Não me lembro bem dos dias após o colapso da minha mãe. Sei que ela estava em casa com a gente, mas hoje em dia ela conta que passou a maior parte daquele período na cama. Ninguém explicava muita coisa. Não sei se um colapso nervoso pode ser explicado adequadamente para uma criança. Mas agora entendo o que aconteceu.

Também entendo que meu pai fez o que podia para ajudar. Ele saía do trabalho e preparava as refeições ou passava roupas, e nos ajudava a arrumar nosso quarto. Ele levou a família toda à praia em Mount Mauganui para relaxar, e isso pareceu ajudar.

Mas, quando voltamos, as mesmas lágrimas silenciosas que sempre atormentaram minha mãe voltaram na curva da montanha Rainbow para Murupara. Depois da viagem, ela escreveu no diário que estava se sentindo "mal de novo". Na manhã seguinte, se levantou por tempo suficiente para mandar minha irmã e eu para a escola, e então voltou para debaixo das cobertas.

Seis semanas depois, Hamish e Joan terminaram sua estada em Murupara e se prepararam para voltar para casa, em Nelson. Minha mãe fez um jantar de despedida para o casal e, na manhã seguinte, enquanto o pessoal da mudança colocava os pertences deles no caminhão, lhes serviu café da manhã.

Ela registrou isso no diário, observando que meu pai planejava conversar com seu supervisor porque ela "não estava melhorando".

Depois de escrever aquelas palavras, ela ainda teve mais dois anos e meio pela frente em Murupara.

No fim das contas, acho que três coisas ajudaram minha mãe a continuar: sua fé, a comunidade da igreja e a pesca de trutas.

Há vários rios nos arredores de Murupara, e em algum momento minha mãe decidiu que aprenderia a pescar trutas. O hobby lhe proporcionava uma pequena escapada, e talvez uma forma de recuperar algum controle da própria vida. Ela pegava a vara, colocava as filhas relutantes no carro e seguia para o meio do nada. Ainda consigo vê-la: parada diante da correnteza com seus óculos gigantescos, short de ginástica de um verde vivo, um modelo com detalhes brancos nas laterais, e uma camiseta justa com bolso na frente. Ela ficava ali por horas, completamente concentrada. Nesse meio-tempo, Louise e eu vagávamos pelas margens, entediadas. Brincávamos com varetas e inventávamos jogos imaginários até não aguentarmos mais.

"Mãããããe...", choramingávamos. "Podemos voltar para casa?"

Nossa mãe lançava o anzol em silêncio.

"Mãããããe, a gente precisa ir ao banheiro!"

Com os olhos fixos na água, ela respondia com impaciência:

"Melhor encontrarem uma árvore, então."

No fim das contas, era o que fazíamos.

Às vezes as pessoas se ofereciam para ajudá-la a pescar. Ela ouvia alguma lição estranha ou algum conselho sobre encontrar novos lugares. Mas acho que preferia estar lá sozinha, aprendendo a dominar essa nova habilidade. Eu a vi lançar o anzol incontáveis vezes. Mas só me lembro de ela conseguir pescar um único peixe. Não era grande, mas era o bastante para meu pai defumá-lo no quintal e todos nós elogiarmos como a pesca da mamãe era deliciosa.

Minha mãe também era comprometida com o templo mórmon de Murupara, assim como era com todo templo que frequentávamos. Em Hamilton, íamos a uma capela em Dinsdale: uma construção grande e branca no alto de uma montanha, com tapetes claros e longos bancos de madeira. Em Murupara, as reuniões aconteciam em salas de aula na escola primária local, contando com a presença de meia dúzia de membros a cada semana. Mas uma coisa boa na religião mórmon é que sempre que há uma congregação, seja em um salão improvisado ou em um templo novinho, lá sempre se encontram os mesmos objetos conhecidos. Há o hinário de capa dura verde e letras douradas. Há exemplares de *O livro de mórmon*, em geral com capa de couro preta, se foi comprado, ou uma brochura de capa azul, se foi um presente dos missionários. Há imagens de Jesus, com seus cabelos e olhos escuros, túnica vinho e expressão reconfortante. Esteja onde estiver, você canta os mesmos hinos: "Graças damos, Ó Deus, por um Profeta", "No alto da montanha", "As famílias poderão ser eternas". Você ouve as mesmas orações durante o sacramento e vê as pessoas nos mesmos papéis não remunerados, como bispos ou professores.

Esteja onde estiver, você é bem-vindo.

Todos os domingos nos reuníamos por três horas naquela sala de aula para a reunião. A primeira era dedicada ao sacramento e a algumas pregações. Para os meus pais, ir a uma reunião em cidade pequena significava estar preparado para se levantar e fazer uma pregação a qualquer momento, caso o membro que deveria falar não aparecesse. Em seguida, Louise e eu íamos para aulas e atividades, enquanto os adultos faziam um estudo e depois eram divididos em grupos separados: Sociedade de Socorro para as mulheres e Reuniões de Sacerdócio para os homens.

A gente passava a conhecer os outros poucos membros da igreja, e minha mãe não media esforços para ajudar qualquer um que precisasse. Havia o casal que tinha acabado de comprar uma casa quando então se separaram. Minha mãe os ajudou a colocar os assuntos em ordem, principalmente a mulher, que se viu como mãe solo de duas crianças e com outra a caminho. Minha mãe a visitava com frequência, colocando suas habilidades de contadora em prática e ajudando com o orçamento e com o que mais ela precisasse. Quando o bebê nasceu, minha mãe a visitou na maternidade. Eu me lembro de ficar olhando da porta enquanto ela abraçava aquela mulher e seu rosto se iluminava. Elas eram, agora reconheço, duas mulheres que precisavam uma da outra.

Quanto a mim, eu tinha a minha amizade na igreja: Walter, um garoto doce, mais ou menos da mesma idade que eu. Ele era magro e delicado, com o cabelo escuro e enormes olhos castanhos. Mesmo aos cinco anos de idade, Walter era uma alma antiga e gentil, o tipo de pessoa de bom coração, que se encanta com tudo. Ele frequentava nossa casa. Nós nos sentávamos no chão por horas,

Walter, Louise e eu, brincando de boneca ou nos fantasiando. Quando a igreja organizou uma peça para as crianças representarem, minha mãe fez as fantasias. Eu fui a Chapeuzinho Vermelho e Walter foi o Lobo Mau, mas eu sabia que ele desejava a capa vermelha.

Às vezes Walter trazia sua coleção de cartões. Muitas crianças da nossa idade gostavam de colecionar coisas como cartinhas de luta, mas Walter fazia coleção das tiras de cartão que acompanhavam as amostras de perfume, cada qual com um cheiro da fragrância espirrada. Walter colava as tiras em um caderno velho da escola e nós o folheávamos juntos, Walter mostrando seus preferidos ou fingindo que trabalhava em uma perfumaria. Eu levava o caderno ao rosto, tentando discernir o cheiro remanescente de flores do campo ou baunilha. Em geral eu não sentia cheiro de nada, mas fingia sentir. O que importava mais do que o cheiro era a expressão de pura alegria enquanto passávamos pela sua preciosa coleção.

Meu pai também estava fazendo progressos, trabalhando duro para estar em todos os lugares em que precisavam de sua ajuda. As pessoas começaram a confiar um pouco mais nele. Certa vez, ele estava na cidade quando viu o membro de uma gangue que já tinha uma ordem de prisão decretada. Meu pai se aproximou, pronto para prendê-lo e levá-lo até a delegacia, que ficava a alguns metros de distância. O homem olhou em volta, e havia muita gente, incluindo alguns dos seus amigos. Ele se inclinou para o meu pai e perguntou baixinho: "Tem outra forma de fazermos isso?"

Meu pai também olhou em volta e viu várias pessoas os encarando. Ele percebeu que, embora o homem tivesse aceitado o próprio destino, estava em busca de um pingo de dignidade na situação. "Posso prendê-lo aqui", disse meu pai em tom baixo, "ou você tem cinco minutos para aparecer, por livre e espontânea vontade, na delegacia." Meu pai saiu e, cinco minutos depois, o homem se entregou voluntariamente na delegacia para ser fichado.

Essa abordagem nem sempre tinha o mesmo resultado. Meu pai foi até Ruatāhuna, uma comunidade próxima e pequena, com uma população de apenas algumas centenas de pessoas, para falar com um homem que cultivava uma grande plantação de *cannabis*. Era uma viagem de uma hora para voltar à delegacia de Murupara, então meu pai pediu ao homem que fosse até lá da próxima vez que estivesse na cidade.

Em vez disso, o homem decidiu fugir para uma cabana escondida no meio da floresta. Sua realocação repentina não era segredo, mas ele esperava que a região remota impedisse sua prisão. Meu pai é bom, mas também é firme. Se a pessoa não cumprisse o combinado, ele dava um jeito de cumprir. No dia do aniversário de 31 anos da minha mãe, ele acordou às seis da manhã, pegou a mochila e saiu pela porta. Fez a caminhada de quatro horas pelas cercanias de Ruatāhuna, cruzando um rio profundo oito vezes antes de chegar à cabana do homem, que o recebeu com um olhar derrotado.

"Eu bem que achei que você acabaria aparecendo", disse o homem com um suspiro.

Estávamos em Murupara havia mais ou menos um ano quando meu pai se ofereceu para ficar no tanque de mergulho da feira da escola. Estava frio: nas fotos daquele dia havia muita gente usando moletom e casaco. Em uma delas está meu pai, sentado em uma tábua precária de madeira sobre o tanque de água gelada. Os pés estão descalços, mas fora isso ele está com o uniforme completo. Mostra um sorriso confiante, as mãos apoiadas nas coxas, mas os dedos estão abertos, como se estivesse se preparando para o momento em que alguém acertaria a bolinha no alvo, fazendo com que caísse na água. Em volta dele estão os moradores da cidade: crianças, pais e professores, cada um esperando sua chance de afundar o chefe de polícia.

Na foto seguinte, meu pai está encharcado, claramente ainda se recuperando do choque dos muitos mergulhos. A sua volta, as pessoas estão rindo. Minha mãe não aparece nas fotos, mas sei que ela estava lá, só que longe da lente da câmera, sorrindo para meu pai e segurando uma toalha seca e uma muda de roupas.

Também tem uma foto minha com Louise em uma dessas feiras. Estamos em algum tipo de reboque, para darmos uma volta, acho. Na imagem, estou de pé vestindo um colete vermelho com um casaco também vermelho por cima, fazendo meu cabelo louro se sobressair. Ao meu lado, Louise está agachada, olhando pela beirada do reboque como se esperasse que o trator desse um tranco para a frente. A nossa volta estão outras crianças, de diversas idades. Uma delas, um garoto de uns doze anos com camisa xadrez, acena animadamente para a pessoa que está tirando a foto. Outro chupa o dedo enquanto também acena. Várias garotas na fila em frente ao reboque estão de costas para a câmera enquanto se preparam para a volta. Olhando para a imagem hoje, percebo coisas que não me lembro de notar na época, como os sinais de gangues que algumas crianças estão fazendo, e o fato de que os únicos rostos

Pākehā no reboque são o meu e o de Louise. Na época, porém, éramos só um bando de crianças. Algumas curtiam rúgbi ou corrida de touros. Quase todas gostavam de pirulitos, peixe com batatas fritas e salsichas grelhadas. Algumas não estavam de sapatos e outras talvez morassem em casas com janelas quebradas, mas todas curtiam a volta no reboque na feira da escola.

No início de 1988, depois de quase três anos na casinha pequena e quadrada atrás da delegacia, minha família entrou no Toyota Corona de novo enquanto um grande caminhão dava ré na entrada de nossa casa e carregava o conjunto de jantar Crown Lynn e nosso sofá de madeira com forro áspero. Àquela altura, eu tinha passado metade da minha vida em Murupara, mas meu pai tinha um novo emprego.

No futuro, quando as pessoas me perguntavam sobre minha naturalidade, Murupara não era minha resposta. Porém, duas décadas depois, como parlamentar recém-chegada, sentada em meu gabinete, uma jornalista me fez uma pergunta diferente. Estávamos sentadas frente a frente, ela trazia um bloco de anotações no colo e estendia um dos braços segurando um gravador.

"Quando você entrou para a política?"

Tamborilei os dedos no meu colo, olhando para ela e para o gravador. Ao lado dela havia uma estante grande de madeira com os exemplares de nossa legislação encadernados de azul. Minha escrivaninha, com revestimento de couro verde e cadeira alta reclinável, dava para o átrio parlamentar.

Por um instante, olhei para a luz forte do abajur em um dos cantos, e pensei em um lugar totalmente diferente. Vi uma fileira de casas em ruas amplas. Vi o sol refletindo na cobertura preta da cama elástica, pés descalços pisando sobre as rachaduras do pavimento, pilhas de pacotes de doces de vinte centavos. Vi um garotinho segurando seu caderno com tiras de papelão de amostras de perfume, e um outro, ainda menor, com sua mochila enorme e chorando sozinho. Pensei em justiça, na forma como as circunstâncias podem levar uma comunidade a ter dificuldades e em como essas pessoas ainda conseguem manter o *mana*, a dignidade. Pensei no meu pai se esforçando para ajudar mais do que magoar, e na minha mãe, também fazendo o seu melhor. E então soube: a resposta certa era Murupara.

Eu entrei para a política por ter morado em Murupara.

Três

Tenho uma característica facial muito específica, e não é algo a que uma pessoa educada se referiria como o meu sorrisão. Se você estiver à minha esquerda não vai deixar de notar: uma cicatriz fina e branca que começa no canto do olho e segue na diagonal pelo meu nariz, até a ponta externa da narina. A cicatriz é um testemunho permanente da minha compulsão quase constante para ser "útil". Também é uma lembrança física da pequena chácara de 12 mil metros quadrados nos limites de Morrinsville, a cidade leiteira que sempre vou considerar meu lar.

Meu primeiro contato com a chácara foi quando os pais da minha mãe, vovô Eric e vovó Margaret, eram os proprietários. A chácara era a segunda tentativa de empreendimento do meu avô depois de vender a fazenda leiteira na qual os dois haviam trabalhado por trinta anos.

Vovô Eric, um homem alto e de feições marcantes, era tão impaciente quanto focado. Ele sempre tinha algum tipo de projeto: conserto, colheita, reparo, melhoria, geralmente usando uma bermuda de lã e meias puxadas até os joelhos. Era um homem com uma missão constante e implacável. Quando íamos à chácara, eu às vezes espiava na garagem e observava enquanto ele falava sozinho e trabalhava, exatamente como minha mãe. *Tá legal*, poderia dizer a si mesmo enquanto fazia uma tarefa. *Isso se encaixa aqui e isso entra aqui*. Ele às vezes cantarolava. Qualquer que fosse o caso, aquilo trazia uma leveza rara ao seu rosto, que, na época, quase sempre estava sério.

Meu pai uma vez me disse que vovô Eric era a pessoa mais inteligente que já tinha conhecido. Onde quer que eu olhasse naquela chácara, havia provas dessa inteligência: o separador de maçãs que vovô consertara, o trator vermelho que restaurara, fotos antigas dos barcos que fizera com as próprias mãos. Ele também já tinha construído casas inteiras, mas na chácara — que tinha dois andares de madeira, com um design distinto pelas paredes de troncos aparentes e vigas interligadas — ele só fizera modificações e concluíra a obra.

A constante ocupação do meu avô significava que ele tinha pouquíssima tolerância para erros, mesmo de crianças pequenas. Então Louise e eu "ajudávamos" a vovó. Não lembro de já ter visto minha avó usando qualquer outra coisa que não uma saia comprida e uma blusa, com o cabelo no estilo rainha Elizabeth, mas com um toque do caos de Julia Child.

Às vezes ela colocava Louise e eu em um reboque que meu avô tinha feito, prendia-o a um cortador de grama e saía dirigindo pelo terreno da chácara. Ficávamos sentadas no banco duro de madeira, quicando e balançando ao lado de cestos de frutas, olhando para as costas de vovó Margaret enquanto sua cachorrinha corgi nos acompanhava. É possível que ela tenha escolhido essa raça em homenagem à rainha, mas não havia nada de elegante e majestoso em minha avó. Talvez por isso tenha escolhido o singelo nome de Shannon para o animal.

De vez em quando, vovó Margaret se virava para ver se não estávamos muito na beirada do reboque, dando um sorriso de dentes brancos e falsos antes de voltar o olhar para o caminho arenoso. Era fácil fazê-la rir, e ela jogava a cabeça para trás ao fazer isso. Às vezes, durante aquelas gargalhadas, a dentadura se soltava da gengiva, e eu me lembrava das balas em forma de dente que comprávamos na loja da esquina.

Louise e eu costumávamos brincar sozinhas na chácara, correndo descalças de um lado para o outro por entre as fileiras de árvores, com cuidado para não atrair as abelhas que pairavam sobre as frutas caídas no chão. Sempre que parávamos para recuperar o fôlego, respirávamos fundo e sentíamos o cheiro doce e enjoativo de maçãs apodrecendo. Mas eu não queria apenas brincar na chácara, queria ajudar. Estava desesperada para usar um avental, separar as frutas no separador ou operar o velho guindaste vermelho de colheita para ver se alcançaria as maçãs que não conseguia pegar nem quando pulava ou ficava na pontinha dos pés.

Aquelas tarefas não eram para uma criança, foi o que me disseram. Mas às vezes meu impulso de ajudar era maior do que o de ser comportada, e, em uma visita, deixei os adultos em casa conversando e fui até a quietude dos barracões úmidos e gelados de embalagens. Naquele dia, um equipamento que meu avô usava para fazer caixas estava ao lado do separador de frutas. Era ainda maior que ele, e parecia uma roda-gigante. Uma roda era para girar, obviamente, então estendi a mão até o metal frio e o fiz girar. Mas calculei mal a distância entre mim e o aparelho, assim como subestimei o quanto suas bordas eram afiadas. Senti uma pressão contra meu rosto e uma pontada de dor. Algo molhado começou a escorrer pela minha bochecha.

Saí para a luz forte do dia e apareci na frente dos adultos com minhas mãos e meu rosto brilhando com sangue. Os pontos que levei naquela tarde se tornaram minha cicatriz, que ganhei em um lugar que logo chamaria de casa. Também se tornaram um lembrete constante de que meu impulso de ser útil às vezes poderia me causar problemas.

Quando vendeu a fazenda leiteira, vovô Eric começou a plantar kiwis, depois peras, e, por volta de 1988, quando estávamos deixando Murupara, estava de olho na próxima grande onda: abacates em Tauranga. Meu pai tinha um novo emprego, uma promoção para sargento investigador próximo de Hamilton. Ele e minha mãe estavam procurando uma casa, e vovô Eric queria vender a dele.

Meus avós venderam a chácara para meus pais por motivos mais práticos do que sentimentais, e meus pais assumiram a hipoteca e o empréstimo de meus avós com 18% de juros, a taxa média da época. Para meus pais, a compra da chácara foi um risco financeiro. Para mim, a chácara parecia ser uma volta para casa e, ao mesmo tempo, uma grande aventura.

Enquanto Murupara era isolada e dominada pelas florestas, Morrinsville (com sua população de cerca de 5 mil pessoas) era uma comunidade leiteira, a cerca de 25 minutos de Hamilton, a cidade mais próxima, e a uma hora da praia. Na verdade, o slogan da cidade um dia seria “Morrinsville: onde você não está longe de nenhum lugar” — mas logo foi abandonado, quando os dirigentes perceberam que não estavam atraindo pessoas para lá, e sim mostrando como era fácil ir embora.

Morrinsville era o tipo de cidade pequena na qual as pessoas se dividiam em dois grupos: rural e urbano. Ambos eram pragmáticos, despretensiosos, bem-humorados e, em geral, conservadores. Moradores urbanos ou rurais ajudavam a trocar o óleo de um carro de forma tão eficiente quanto conseguiam ordenhar uma vaca. Quando eu era criança, a única diferença que via entre os dois tipos era que um acordava mais cedo, usava botas e dirigia mais quilômetros para ir ao mercado que o outro. Mas, mesmo naquela época, eu sabia que chamar alguém de urbano era um insulto.

Nossa casa, com seus dois andares, era bem maior do que a que tínhamos morado em Murupara, e com espaço suficiente para que Louise e eu tivéssemos quartos separados. A casa ficava bem perto da cidade, adjacente a uma plantação de milho e ao Morrinsville Golf Course. Durante o tempo que moramos lá, ouvíamos pancadas esporádicas no telhado ou batidas no vidro da janela, indicando que algum jogador novo estava no campo de golfe.

A oeste havia uma pequena floresta de uns 12 mil metros quadrados. Não era muita coisa, apenas alguns pinheiros e um pouco de mato. Para Louise e eu, porém, era um mistério a ser explorado. Na floresta, três tocos de árvore se tornavam pessoas imaginárias com suas próprias histórias, ocupando um mundo que era só meu e de minha irmã. Às vezes encontrávamos tesouros na floresta: latas de cerveja, embalagens de biscoito e até preservativos. Uma vez encontramos uma calcinha fio dental, uma tira de tecido aparecendo no meio da vegetação rasteira, e nós a desenterramos. Minha mãe me ensinou de onde os bebês vinham quando ainda morávamos em Murupara. "Não quero que aprenda sobre isso com algum coleguinha na escola", ela explicou, mostrando um livro ilustrado com muitas imagens que me fizeram querer cobrir os olhos. Ainda assim eu não consegui fazer a ligação entre o livro e aquela calcinha na ponta de uma vara.

Quando não estávamos brincando na floresta, Louise e eu fazíamos algumas tarefas na chácara. A carga de trabalho que meus pais assumiram ao se mudarem para uma chácara funcional foi imensa, e, àquela altura, nós já tínhamos idade para ajudar sem atrapalhar. Meu pai passava o dia resolvendo casos e prendendo bandidos. À noite ele passava pela porta, colocava uma bermuda e uma camisa velha, calçava as galochas Red Band que já tinham desgastado os pelos de suas canelas musculosas e saía de novo. Às vezes eu montava em minha bicicleta e ia atrás, observando enquanto ele seguia para o barracão com o pulverizador nas costas, espirrando pesticida pelas fileiras de árvores.

Louise e eu não éramos as trabalhadoras mais produtivas. Os aventais de colheita chegavam a nossos joelhos e, se os enchêssemos, ficavam pesados demais para que pudéssemos levantá-los até os cestos de maçãs. Eu tentava podar as árvores, mas minhas mãos não eram fortes o suficiente para as tesouras de poda. Eu enchia as caixas, mas tinha dificuldade de colocá-las nos páletes. Eu provavelmente era mais um obstáculo do que uma ajuda, exatamente como foi com meu avô, mas colocava minhas galochas cinza e corria pela chácara com minha tiara de cabelo escorregando para os olhos. Tudo isso porque via e sentia que meus pais precisavam de ajuda.

Cinco meses despois que chegamos a Morrinsville, meu tio Mark, irmão mais novo da minha mãe, sofreu um acidente em uma cidade vizinha. Mark era tão alto quanto vovô Eric, tinha o mesmo nariz e o mesmo maxilar forte. O cabelo, porém, era castanho e com corte tipo *mullet*, e, embora ele às vezes ajudasse meus avós na chácara, costumava trabalhar em indústrias rurais, mas só o suficiente para manter seu adorado carro funcionando bem, com seu motor barulhento e sua pintura lustrosa.

Eu não entendia meu tio Mark. Ele *parecia* adulto, mas não era possível que fosse. Afinal, não era casado nem tinha filhos. Tomava cerveja na lata. Sempre parecia estar em algum lugar: curtindo com os amigos, viajando ou só dormindo até tarde.

E então ele estava no hospital. Estava bebendo com três amigos antes de entrarem em um carro. A caminho de casa, bateram em um trem em movimento. Posteriormente eu ficaria sabendo que o acidente tinha sido tão feio que a polícia não tinha sequer conseguido identificar quem era o motorista. Os passageiros foram lançados para fora do veículo ou ficaram presos nas ferragens do carro totalmente destruído e irreconhecível. Dois morreram na hora. O terceiro sofreu ferimentos graves.

Quanto ao tio Mark, minha mãe contou que ele tinha resistido, mas os médicos não sabiam ao certo se o cérebro ainda estava vivo. Pensei muito naquilo nos dias que se seguiram ao ocorrido: que uma pessoa pode ter um corpo que respira, pode estar viva, sem, na verdade, *estar ali*. Minha mente de sete anos de idade não conseguia compreender aquilo. Eu ficava imaginando o que aquilo significava caso os médicos estivessem errados. E se meu tio conseguisse nos ouvir e tentasse falar com a gente, mas estivesse congelado como às vezes ficamos quando estamos presos em um pesadelo? Que assustador seria aquilo.

Minha mãe ficava indo e voltando do hospital, e eu a assolava de perguntas. Ele já tinha acordado? Estava melhorando? Era possível testar para descobrir se o cérebro dele estava funcionando? Os médicos tinham como saber com certeza? Eu precisava ver com meus próprios olhos, mas tinha medo. Por fim, um dia, quando minha mãe não conseguiu encontrar ninguém para ficar com a gente em casa, ela colocou Louise e eu no carro e nos levou ao hospital.

Era junho, inverno na Nova Zelândia, e eu conseguia ver minha respiração se condensando em uma nuvem de fumaça diante de mim enquanto atravessávamos o estacionamento. Dentro do hospital, porém, o ambiente era parado e sem estação definida. Seguimos mamãe pelos corredores intermináveis, vislumbrando alguns carrinhos de metal e salas de espera com pessoas sentadas em cadeiras de vinil. Finalmente, em algum ponto dentro do hospital, minha mãe empurrou uma porta de vaivém e nós entramos com ela em um quarto que tinha cheiro de desinfetante e estava cheio de camas, cada qual separada por uma cortina. Meus avós apareceram atrás de uma das cortinas, mas eu mal os vi. Meus olhos estavam fixos no leito hospitalar diante de mim.

Meu tio alto e aventureiro estava agora deitado com a barriga para cima, totalmente imóvel. Sua pele estava pálida. Apenas algumas mechas de cabelo apareciam por baixo das bandagens que envolviam sua cabeça. Seus olhos estavam fechados e intumescidos. Um aparelho que mais parecia um acordeão subia e descia no ritmo do peito do tio Mark, e um tubo de plástico saía de seu pescoço. Como uma coisa que parecia tão desconfortável, tão *sufocante*, podia ajudá-lo a respirar? Atrás do meu tio máquinas emitiam bipes, registrando sinais vitais que eu não compreendia.

Fiquei imóvel, tentando fingir que não estava com medo de todos aqueles equipamentos e tubos. Os adultos sussurravam entre si e acabaram saindo para o corredor, talvez para falar com um médico, ou então para conversar longe dos ouvidos de tio Mark, caso ele pudesse escutar. Louise e eu ficamos sozinhas com nosso tio e todo aquele aparato.

Olhei atentamente para o rosto do tio Mark. Observei seus olhos, suas mãos. Eu queria um movimento, por menor que fosse, algum sinal de que ele sabia que estávamos ali e que não estava preso. Assim que eu o visse, poderia contar para os outros. Poderia sair para o corredor e gritar: "Ele ainda está aqui, mãe! Eu vi um dedo se mexer. Ele deve estar acordando!". Eu sabia exatamente como todos iriam reagir. Eles arfariam e se abraçariam, aliviados. Correriam para a cabeceira do meu tio chorando de alegria. É isso que fariam; eu só precisava ver algum movimento.

Mas tio Mark não se mexeu, e, por mais que eu desejasse isso, de nada adiantaria. Em retrospecto, acho que essa foi a primeira vez que percebi que a vida de uma pessoa pode mudar para sempre, às vezes de forma trágica, em um piscar de olhos.

As semanas passaram, mas meu tio continuou inconsciente. As respostas da minha mãe foram ficando mais tristes e menos esperançosas. Sem sinais de melhora, os médicos estavam cada vez mais convencidos de que o cérebro de tio Mark tinha morrido. Sem a ajuda dos equipamentos e aparelhos, o corpo dele provavelmente seguiria o mesmo caminho. Minha mãe estava no hospital quando meus avós tomaram a difícil decisão de desligar os aparelhos que mantinham seu único filho vivo.

Naquela noite, depois que minha mãe voltou para casa, ouvi enquanto ela descrevia para meu pai o que tinha acontecido. Ela ficou observando o quarto de tio Mark por uma janelinha enquanto os profissionais da área de saúde começaram a desligar os equipamentos. O acordeão que respirava por ele parou de se mover. Todo mundo esperava que seu corpo também parasse de funcionar. Em vez disso, meu tio começou a tossir e a arfar, em busca de ar. Os segundos se passaram enquanto minha mãe observava, segundos que ela disse parecerem minutos, parecerem uma eternidade. A tosse foi passando, substituída por um ofegar e, por fim, um ritmo constante.

Ele estava respirando. Meu tio Mark ainda estava vivo.

Nas semanas seguintes, a extensão dos ferimentos do meu tio ficou mais nítida. Ele acordou, mas estava totalmente cego, além de ter sofrido um significativo dano cerebral. Mas isso são apenas palavras. A realidade era muito maior. Observei meu tio tentando comer e beber de novo, pressionando com dificuldade o botão da caneta esferográfica de ponta retrátil enquanto estava na cama, e depois aprendendo a andar de novo. Ele nunca mais poderia viver sem os cuidados de alguém. E, por ora, esses cuidados seriam oferecidos pela família, incluindo minha mãe.

Sim, as coisas podiam mudar em um piscar de olhos, e isso fazia com que tudo parecesse ainda mais frágil.

Um tempo depois do acidente do meu tio, comecei a sentir dor de barriga. Na minha mente era algo simples assim: eu tinha uma barriga que doía. No passado, quando minha barriga doía, a dor vinha e logo passava, mas então começou a doer o tempo todo. De manhã, à noite e no intervalo entre uma coisa e outra. Sempre que eu sentia algo, avisava minha mãe. Às vezes me deixava faltar à aula, mesmo que ela e meu pai estivessem trabalhando mais do que nunca.

No fim das contas, ela me levou a um médico que me fez várias perguntas e apertou minha barriga, enquanto minha mãe acompanhava tudo com as sobrancelhas franzidas. Quando a consulta acabou, ela decidiu que reduziria minha carga de estudos pela metade. *Que bom*, pensei, *minha mãe entendeu que não estou bem*. Passaram-se anos até ela me contar o que o médico disse de verdade: que dores constantes na barriga são uma forma comum de as crianças manifestarem estresse.

Eu não estava doente, estava preocupada.

Mas, ao passo que tudo que estava acontecendo na família da minha mãe era devastador, a família do meu pai era uma fonte constante de acolhimento. Todo domingo depois da reunião, meus pais, Louise e eu visitávamos a vovó Gwladys e o vovô Harry, pais do meu pai.

Minha avó era orgulhosa. Sempre contava que sua mãe saíra da Escócia para a Nova Zelândia trazendo consigo apenas três coisas: o filho, uma pistola e um violino. Nunca ouvi outras histórias da minha bisavó, mas a imaginava igualzinha à minha avó: destemida, engraçada e um pouco assustadora.

Vovó mantinha o cabelo grisalho com um permanente que retocava toda sexta-feira na cidade. Às vezes, a química usada dava um tom arroxeado ao cabelo. A casa dela, perto de Te Aroha Domain, não era chique, mas limpa e lustrosa, sempre aspirada até não restar um grão de poeira.

Vovó passava a maior parte do tempo na cozinha. A comida era sua linguagem de amor, e, às vezes, ela a enfiava goela abaixo. Se houvesse trabalhadores em sua rua, vovó faria bolinhos e chá e sairia, ordenando: "Venham se sentar um pouco, meninos. Venham comer alguma coisa. Agora!".

Na sua própria casa, em um pequeno espaço perto da porta dos fundos, ela guardava algumas latas que eu tinha certeza de que eram mágicas, porque estavam sempre cheias com os mais deliciosos biscoitos amanteigados e que, por mais que meu pai e eu comêssemos, nunca ficavam vazias.

Vovó quase sempre tinha um avental amarrado na cintura, pantufas de lã nos pés e Dinky, seu amado cachorro branco e castanho, perto dela. "Sai da frente, Dinky", ela às vezes se irritava enquanto fazia as coisas na cozinha. Mesmo as pessoas que mais amava ocasionalmente eram alvos de sua raiva.

Mas não havia alvo maior daquela raiva do que aquilo que vovó descrevia como "conservadores rurais". Ela se filiara ao Partido Trabalhista em 1938 e presidia a seção local, organizando reuniões em sua sala de estar. Acreditava em cuidar dos que trabalhavam muito e tinham menos, e não se retraía ao discutir com quem não agia assim. Parecia que sempre que Robert Muldoon, o primeiro-ministro conservador da Nova Zelândia quando eu era criança, aparecia na televisão, ela se levantava e desligava o aparelho antes que ele falasse qualquer coisa.

Apesar da extrema independência da minha avó, havia coisas que ela nunca fazia sozinha. Dirigir, por exemplo. Essa tarefa era feita exclusivamente pelo vovô Harry, um homem silencioso e forte, com um queixo grande e fiapos ralos de cabelo louro. Harry seguia uma rotina. Começava o dia tomando o mingau salgado da vovó, com creme e um pouco de açúcar mascavo em cima. Depois do café da manhã, ele religiosamente fazia a trilha inferior da montanha Te Aroha.

Em nossas visitas dominicais, enquanto vovó ficava na cozinha e o resto da família conversava, vovô Harry sempre se sentava em silêncio à mesa de fórmica, encostado na parede, pernas cruzadas, mexendo em uma tampinha de garrafa ou em um pedaço perdido de arame. Às vezes parava, olhava em volta ou passava a mão pelo cabelo ralo antes de voltar à própria distração.

Meus avós tiveram sete filhos, que vieram em duas ondas. Havia os três de antes da guerra e, com quase dez anos de intervalo, os quatro de depois da guerra: dois pares de gêmeos — Keith e Marie e Ian e Ross, meu pai. Esse intervalo de dez anos entre os dois conjuntos de filhos era o motivo de a família quase nunca se reunir como um todo. Ao menos era o que eu achava.

Entre todos os meus tios e tias, Marie era a que mais se parecia com a vovó, e era tão política e articulada quanto a mãe. Ela fumava, era direta e estava sempre com roupas impecáveis. Usava saltos altos com tanta frequência que dizia que se sentia mais confortável com eles do que quando estava descalça. Até mesmo seus chinelos tinham salto.

A maquiagem também estava sempre impecável: quando nos visitava, ela colocava o espelho na mesa de jantar, espalhava os cosméticos e ia aplicando diversas camadas, segurando um cigarro entre os dedos bronzeados, cujas unhas estavam sempre esmaltadas de rosa brilhante. Invariavelmente usava blusas de manga comprida e calças que cobriam a maior parte de suas pernas. Mas, às vezes, quando se inclinava ou esticava o braço, eu via as profundas cicatrizes.

Eu conhecia a história daquelas marcas: quando Marie tinha quatro anos, encontrou uma caixa de fósforos no barracão que vovó usava para lavar roupas em um velho tanque de cobre. De alguma forma, seus dedinhos miúdos conseguiram acender um deles, e seu vestido de poliéster pegou fogo. Um homem com quem meu avô trabalhava chamado Jim a viu sair da lavanderia envolvida pelas chamas. Jim correu até Marie e a atirou ao chão, fazendo-a rolar pela colina em uma tentativa de apagar o fogo.

Por muitos anos a pele de Marie trouxe as consequências daquele momento, com uma cicatriz da mão de Jim na lateral de seu corpo. Embora Jim provavelmente tenha salvado sua vida, 80% do corpo de tia Marie sofreu queimaduras naquele dia, e ela passou por muitas cirurgias ao longo da vida. Talvez por isso ela fosse tão corajosa e ousada.

Uma vez, quando eu era bem pequena, mostrei a ela um ursinho de pelúcia com um coração vermelho de plástico. Quando você apertava, o coração batia. "Meu Deus!", gritou tia Marie. "Esse negócio ia me dar um puta susto!" Era a primeira vez que eu percebia um adulto da minha família — sem ser a vovó, quer dizer — falar palavrão. Eu não era tão crédula a ponto de achar que ninguém que eu conhecia falava palavrão, ou que quem fazia isso era mau. Mesmo sendo uma família mórmon, meus pais tinham uma atitude de "cada um sabe de si". Ainda assim, era tão raro ouvir um palavrão em casa que isso se sobressaiu em meus ouvidos de oito anos de idade.

Embora não houvesse muitos palavrões sob o teto dos meus pais, havia muitas discussões. Não importava o que estivesse acontecendo na chácara ou com meu dever de casa, minha mãe esperava que todos estivéssemos sentados para o jantar exatamente às seis da tarde — *seis em ponto!*. Minha mãe sempre gritava com impaciência quando não estávamos à mesa na hora certa para comer um dos pratos que ela preparava em rodízio: bife à milanesa, lasanha, atum com molho branco, carne enlatada cozida lentamente na panela elétrica (sempre acompanhada do molho do livro de receitas da Edmonds, servido com purê de batata e repolho picado) e, às vezes, arroz frito, graças a um curso noturno de culinária chinesa que fizera na faculdade local. Na hora do jantar, a TV ficava sintonizada no noticiário para que meus pais soubessem o que estava acontecendo no mundo.

Louise não era fã da televisão e não gostava do noticiário das seis. "O motivo de um jantar em família não é passar tempo juntos e conversar?", às vezes reclamava. "Em vez de ficar sentado em silêncio com a TV ligada!".

"Psiu!", era a resposta irritada da minha mãe. "Estamos ouvindo as notícias."

Algumas vezes, porém, era minha mãe que não conseguia ficar em silêncio. Ela não era muito interessada em política e não compartilhava do conservadorismo de seus pais. Apegava-se a uma visão de mundo que valorizava a justiça e o bom senso. De vez em quando ouvia algo na televisão que a enfurecia, e a coisa ficava bem feia. Se houvesse algum julgamento de grande destaque cujo desfecho achasse inadequado, ela gritava para a TV: "E quem julga os juízes? *Quem julga os juízes*?!". Minha mãe comia devagar e de forma metódica, mas, naqueles momentos, balançava o garfo no ar, agitada. Uma vez ficou tão irritada que um grão de milho ficou preso em sua garganta e ela precisou de auxílio médico para retirá-lo — fato que meu pai nunca se cansava de lembrar.

"Cuidado, Laurell", dizia ele com toda a calma. "Vai acabar no hospital de novo."

"Só estou irritada", retrucava ela, balançando a cabeça e colocando o garfo de volta ao lado do prato. "Às vezes as pessoas que estão no poder me irritam muito."

Na maior parte do tempo eu só observava, em silêncio, tentando absorver tudo. Nunca tinha saído do país nem andado de avião, nem mesmo saíra da ilha Norte da Nova Zelândia. Mas, da mesa da cozinha, assistia às matérias sobre o atentado de Lockerbie, ou às imagens da queda do Muro de Berlim com as pessoas comemorando nos escombros; vi um único manifestante parar tanques de guerra na praça da Paz Celestial, e Nelson Mandela deixar a prisão. Nem sempre compreendia o que estava vendo, mas as notícias deixaram suas marcas. A cidade onde eu morava, a vida que eu levava, tudo isso parecia muito distante do que via na TV todas as noites. Ainda assim, não era. Desde que houvesse pessoas nas imagens, eu me sentia, de alguma forma, ligada a elas. Elas também estavam me mostrando uma coisa. *O mundo é tão grande, e a vida pode ser tão frágil*, era o que eu compreendia. *Mas não grande a ponto de que alguém não possa fazer alguma coisa para mudá-lo.*

Na chácara, nós podávamos, colhíamos e encaixotávamos as maçãs Granny Smith para exportação. O que sobrava empacotávamos em caixas de papelão de vinte quilos que empilhávamos em um reboque e íamos até Temple View, a comunidade mórmon próxima a Hamilton. A maioria das pessoas teria dificuldade para consumir vinte quilos de maçã, mas os mórmons são incentivados a sempre ter um estoque de três meses de comida em conserva na despensa. Então basicamente não existe um lugar melhor para vender frutas do que em um estacionamento mórmon.

Preparávamos conservas do que não era vendido e as guardávamos em um armário que ia do chão ao teto da garagem. Às vezes, quando meus amigos – que não eram mórmons – iam a nossa casa e viam fileiras e mais fileiras de vidros e latas, arregalavam um pouco os olhos, exclamando coisas do tipo: "Eita, quanta comida tem aqui!?", "Vamos brincar de mercado, tipo, de verdade?", "Se o fim do mundo chegar, é aqui que eu vou me abrigar".

Foi nessa época que comecei a entender como a religião da minha família era estranha para algumas pessoas. Eu nem sempre sabia como explicá-la. Como se explica algo que é tão parte de você? A religião era o lugar para o qual eu me voltava quando tinha uma pergunta sem resposta, ou quando alguma coisa parecia injusta ou assustadora. Eu amava principalmente a forma como uma oração poderia resolver quase todos os problemas. Perdeu algo importante? Reze. Está se sentindo triste, ansioso ou preocupado? Reze. Está com dor de barriga? Reze. Às vezes eu começava a rezar sem nem perceber. Essas orações sempre começavam do mesmo jeito: "Querido Pai Celestial". Depois eu listava as coisas pelas quais era grata – meus pais, minha casa e às vezes minha irmã –, só porque minha mãe ensinara que era errado pedir alguma coisa antes de demonstrar gratidão. E, se estivesse desesperada, acrescentava uma promessa final: "Ajude-me a encontrar o Teddy, e prometo que vou arrumar meu quarto".

A igreja me ensinou a ter valores, mas também a preencher o tempo. Havia sempre muitas atividades que precisavam ser realizadas: limpar as lápides do cemitério local, cantar na casa dos idosos, faxinar a capela, aspirar o chão, desinfetar os mictórios, jogando bolinhas de limpeza que pareciam balas, mas tinham um cheiro horrível. Sempre tinha alguma coisa para fazer ou alguém precisando de ajuda.

A igreja também ajudava a delinear o que eu faria quando crescesse: me casar. Quando era pequena, cheguei a dizer para minha mãe que eu precisava juntar cem dólares neozelandeses para quando me casasse, porque casar era "caro". E eu teria filhos. Meu futuro estava definido. Desde que não me metesse em nenhum problema.

Quando completei oito anos, fui batizada e assim me tornei membro formal da Igreja de Jesus Cristo dos Santos dos Últimos Dias. Um dos treze artigos de fé da igreja, o batismo não só marca a entrada formal dos fiéis na congregação, como acontece com muitas religiões, mas também os limpa de todos os pecados.

Eu estava animada com esse rito de passagem. Eu sabia que, quando o dia finalmente chegasse, iam me afundar dos pés à cabeça na água para que tivesse um novo começo. Todos os meus pecados seriam apagados.

E eu tinha alguns pecados dos quais queria me livrar. Tinha chamado minha irmã de vaca muitas vezes. Raramente obedecia quando me mandavam limpar meu quarto. E uma vez fiquei procurando os presentes de Natal e encontrei um vestido que minha mãe costurara cuidadosa e meticulosamente para mim. Eu estava ansiosa para me livrar de todas essas transgressões da minha mente e do registro de pecados. Ainda assim, não consegui evitar a pergunta: aquilo não significava que eu ia começar uma lista com novos pecados? Não seria muito melhor ser batizada quando fosse adulta, que é quando todos os pecados *bem grandes* acontecem? Mas aparentemente não era assim que as coisas funcionavam.

Depois do meu batismo, fizemos uma festinha com maionese de ovos ao curry, batata frita e bolo de chocolate. Enquanto os adultos conversavam, minha curiosa prima mais nova, que só tinha sete anos, me bombardeou com tantos questionamentos que tive dificuldade de acompanhar. Me esforcei muito para responder tudo, até ela fazer uma pergunta que eu não estava esperando: "Você sabe de onde vêm os bebês?". Eu sabia que aquilo deveria ser respondido por um adulto, alguém que tivesse um livro ilustrado como o que a minha mãe me mostrara. Mas ela foi bem insistente e, quanto mais perguntava, mais eu hesitava, até que acabei cedendo.

Mais tarde naquela noite, depois que voltamos para casa, o telefone tocou. Meu pai atendeu. "Oi, mano", disse meu pai, como sempre fazia quando seu gêmeo ligava. Ele ficou em silêncio por um tempo, com o fone colado no ouvido. Então virou-se para mim e franziu a testa: "Jacinda disse *o quê?*".

Foi quando eu soube que meu recomeço tinha acabado. E não fazia nem 24 horas.

No decorrer dos anos seguintes, trabalhei e brinquei na chácara depois da escola e nos fins de semana. Mas as articulações da minha mãe começaram a doer, e ela se perguntava se poderia ser por causa do produto que borrifávamos nas maçãs. Por fim começamos a substituir grande parte das macieiras por ovelhas. Meu pai me ensinou a cuidar de cordeiros recém-nascidos, a dirigir o trator e a cultivar verduras e legumes. Também me orientou sobre como prender gambás, um animal adorado na Austrália, mas uma praga que ameaçava a vida selvagem da Nova Zelândia e que sempre devorava nossas frutas. Quando havia uma quantidade grande demais de gambás, meu pai pegava sua espingarda calibre 22.

Sempre que via que meu pai ia sair no escuro, eu me empertigava. "Posso ir com você?", me oferecia. Eu tinha medo de gambás. Às vezes eles apareciam do lado de fora da janela do meu quarto, os olhinhos brilhando na escuridão. O som gutural e rouco parecia a voz de um fumante. Mas eu estava disposta a deixar tudo de lado se isso significasse ser útil.

"Só quando você aprender a usar uma arma de forma cuidadosa e adequada", dizia meu pai, antes de sair pela noite. Então em seguida ele me ensinou a usar a espingarda. Colou um alvo, mostrando-me como segurar a arma no ombro e me preparar para o tranco depois do tiro. Não importava quantas vezes disparasse, eu sempre levava um susto. Mas estava determinada a aprender.

Eu fazia muitas coisas naquela época que, creio, davam a impressão de que era uma moleca. Andava pela chácara na velha moto Honda do meu pai, minha mãe meneando a cabeça por causa da velocidade e avisando para ele: "Ela *não* vai sair na rua com isso, Ross". Certa tarde, fiquei observando enquanto meu pai dava uma olhada na parte inferior do nosso cortador de grama motorizado de segunda mão, que tinha quebrado pela terceira vez naquele ano. Eu estava na pedra solta que ficava na beirada do grande barracão de ferro corrugado, certa de que meu pai ia conseguir consertá-lo. Ele se deitou no chão quente de concreto do barracão, mexendo-se desconfortavelmente, uma expressão consternada no rosto. Meu pai estendeu um braço e pediu uma chave inglesa. Fui correndo até a caixa de ferramentas enferrujada como se alguém estivesse cronometrando.

— Valeu — disse ele, mantendo os olhos no cortador de grama. — Você é o mais próximo que tenho de um filho.

Meu pai já estava lutando com uma das peças quando registrei as palavras. *O mais próximo que tenho de um filho*. Meu pai nunca, nem uma vez, deu a entender que sentia qualquer vazio por não ter um menino. Mas eu sempre presumira que todos os pais queriam filhos homens. Não era assim? Ao que tudo indicava, eu não precisava me preocupar. Se houvesse algum vazio, eu o estava preenchendo. Sua filha. Logo fiquei radiante, na sombra do barracão, meu rosto voltado para o sol. Eu era útil. E isso me enchia de orgulho.

Mais ou menos naquela época, fiquei com febre e comecei a vomitar. Depois de alguns dias, estava tão mal que meus pais me colocaram para dormir em um sofá-cama no mezanino para que pudessem ficar de olho em mim, algo que nunca tinham feito antes.

Enquanto eu alternava entre vigília e sono, as cenas a minha volta mudavam. Eu abria os olhos e a claridade me provocava tanta dor que minha mãe corria para fechar as cortinas. Na penumbra, adormecia de novo, só para acordar com meu pai ao lado, com a mão na minha testa. Quando abria os olhos de novo, minha mãe estava levantando a minha cabeça para me ajudar a beber algo.

Minha pele ficou coberta de bolinhas, e, depois de várias noites de febre e vômito, meu pai me levantou do sofá e desceu comigo até o carro. Minha mãe me entregou o pote de sorvete vazio por precaução, e eles me levaram pela segunda vez a um médico, e lá continuei segurando o pote durante o exame.

Estava me sentindo muito mal para prestar atenção ao que o doutor dizia, mas, em algum momento, eu o interrompi para vomitar. Meu pai me levou de volta para o carro, enquanto minha mãe ficou mais um tempo com o médico, que disse para me levarem para casa que eu ficaria bem.

Mas não fiquei. Passaram-se dias. À noite, eu dormia perto dos meus pais. Durante o dia, ficava no sofá no primeiro andar para que pudessem ficar de olho em mim. Era lá que estava deitada, agora bem mais magra e desidratada de tanto vomitar, quando ouvi uma voz forte e determinada: "Cadê ela?".

Minha avó estava na porta, com seus cachos grisalhos e o cardigã esticado sobre a blusa. Seus óculos grandes estavam na ponta do nariz. "Ah, aí está você", disse ela com voz determinada. Mesmo com os olhos semicerrados, consegui ver algo na mão dela. "Sua mãe me disse que você não está se hidratando o suficiente." Ao lado do sofá havia uma caneca intocada de suco de uva e uma colher. Vovó colocou a mala no chão, sentou-se na beirada do sofá e pegou a caneca. Ela não era o tipo de mulher a ser desobedecida.

Levantei a cabeça devagar, permitindo que ela me desse colheradas do líquido roxo. Ela ficou falando sobre a importância da hidratação. Detectei em sua voz preocupação misturada com irritação: eu não deveria estar doente, ou não *tão* doente assim. "Ah, muito bem, querida."

Quando terminei, ela assentiu, satisfeita. "Trouxe uma coisa para você", disse, pegando a mala preta. Era um estojo duro, revestido de couro antigo, com dois fechos enferrujados e uma alça gasta. Ela abriu os fechos e empurrou a tampa. Não consegui me sentar, mas dava para ver que era um violino de um tom escuro de marrom.

"Este violino foi da minha mãe", contou ela, enquanto tirava o instrumento com todo cuidado para levantá-lo, de modo que o visse melhor. Duas das cordas ainda estavam no lugar; as outras tinham arrebentado e estavam penduradas. O interior do estojo era forrado com um papel amarelo manchado, e consegui ler um nome inscrito: McRae. O nome de solteira da minha bisavó. A mulher que viera da Escócia trazendo consigo apenas o filho, uma pistola e um violino.

Este violino.

"Quero que você cuide disto", disse minha avó. Àquela altura, já havia um tempo que eu estava aprendendo a tocar o instrumento. Não que eu fosse boa. Nunca aprendi a ler partituras, tocava de ouvido e decorava as músicas.

Não conseguia imaginar por que minha avó estava me dando um dos seus objetos mais estimados nem por que ela havia escolhido aquele momento. Talvez sentisse que eu estava mais doente do que os médicos achavam. Se esse fosse o caso, ela estava certa: depois de um tempo eu seria internada com o diagnóstico de doença de Kawasaki, uma condição médica rara que acomete crianças, causando uma inflamação dos vasos sanguíneos. Fiquei internada por uma semana, e muitas outras se passaram até que recuperasse as forças.

Naquele momento, tudo que eu sabia era que aquele violino era a coisa mais linda e especial que eu já tinha ganhado. Queria que a vovó soubesse como eu estava grata, como aquele presente fez com que me sentisse especial. Mas meus olhos estavam tão pesados. Eu os fechei e, quando abri de novo, vovó não estava mais lá.

Quatro

Alguns meses depois que minha avó me deu o violino, minha família foi à casa dela para o almoço de Natal. Como sempre, meu pai estacionou atrás do carro do vovô Harry, com sua placa personalizada "T AROHA". Desci do carro esperando ver vovó ali como sempre: na cozinha, preparando o assado.

Vovó preparava um delicioso cordeiro com batatas e repolho na manteiga, bolinhos de arroz e de aveia fritos com um molho dourado. De alguma forma ela conseguia fazer tudo isso em um antigo fogão a carvão. O fogão era de esmalte verde manchado com portas marfim. Vovó o usava não apenas para preparar as refeições, mas também para aquecer toda a água da casa. Vovô Harry sempre ficava por perto, em silêncio. De vez em quando ele se levantava, pegava um atiçador, abria a tampa de ferro no alto do fogão e colocava mais carvão, que tirava de um balde de cobre.

Mas nesse dia, mesmo que o ar estivesse perfumado com o cheiro usual de banha quente, vovó não estava na cozinha. Ela estava na sala, em sua cadeira favorita: um modelo de balanço antigo, estofado de verde-oliva. Um cobertor de lã aquecia suas pernas. A sala estava silenciosa, e o som do relógio de pêndulo do vovô, que ficava no corredor, parecia alto. Os olhos da vovó estavam fechados enquanto ela se balançava suavemente para a frente e para trás na cadeira. Seus cachos estavam mais soltos do que o usual e amassados na parte de trás da cabeça, um sinal de que ela tinha dormido. Mas foi sua pele que me chamou mais atenção. Minha avó estava amarela.

Espiei na cozinha. As panelas e frigideiras estavam espalhadas pela bancada, e o assado estava no forno. A mesa estava posta com os pratos e talheres. *Que bom*, pensei. *Ela só está descansando. Tudo está normal*. Mas mesmo enquanto eu dizia isso para mim mesma sabia que não era verdade. Eu tinha ouvido meus pais conversando sobre a saúde dela naquela manhã. Mencionaram alguma coisa no fígado, exames e uma doença da qual eu nunca tinha ouvido falar: cirrose.

Todos os adultos estavam conversando, carregando sacolas de comida e presentes de Natal, e tudo estava bem. Ninguém mencionou a aparência da vovó, a cor estranha e como ela parecia quieta. Observei meu pai ir até o canto da cozinha perto da porta dos fundos, onde ficavam as latas de biscoito. Ele pegou uma delas, sacudiu-a e abriu a tampa. Pegou um pedacinho pálido de biscoito amanteigado, levou à boca e devolveu a lata.

Vovó dormiu praticamente o tempo todo que estivemos lá. Quando acordou, sorriu e deu uma instrução estranha, comeu bem pouquinho e insistiu que estava bem.

Na visita seguinte que fizemos, ela estava sentada nos degraus dos fundos da casa, aproveitando o sol. Estava com a blusa, a saia e o cardigã de sempre. De pantufas. Dinky estava perto dela. *Que bom*, pensei. *Ela está melhorando*. Mas quando me aproximei vi que a pele dela estava ainda mais escura. As pernas estavam inchadas acima das pantufas, e eu não conseguia mais ver suas canelas.

Coloquei os braços em volta do ombro da vovó para lhe dar um abraço, do jeito que sempre fiz. Em vez de me abraçar de volta, a cabeça dela ficou mole e pousou na lateral da minha perna. Fiquei parada ali, o mais imóvel que consegui, para que ela pudesse descansar.

Minha avó escocesa, orgulhosa e forte, estava se apoiando em mim.

Enquanto eu estava na escada, meu pai foi novamente ao cantinho dos biscoitos e pegou uma lata em cima do freezer. Deu uma chacoalhada, mas não ouviu nada. Colocou a lata disfarçadamente de volta à prateleira.

Algumas semanas depois, eu estava em um banco da igreja anglicana de Te Aroha, ouvindo os sons da gaita de foles, e reconheci a música: "Grandioso és tu", um clássico cântico religioso escocês, uma despedida adequada para a mulher mais escocesa que nunca tinha visitado a Escócia.

Ela teria amado isso, pensei. Talvez estivesse amando. Talvez estivesse nos observando bem naquele momento, enquanto balançava a cabeça diante de tanta tristeza.

Eu acreditava em Deus. Acreditava no céu. Acreditava que minha avó tinha ido para lá. Não deveria estar feliz por ela? Em vez disso, estava de cabeça baixa, os olhos fixos no meu vestido, me esforçando para não chorar. Era a roupa mais elegante que já tivera: azul-marinho, com um decote canoa floral. Eu tinha usado o vestido algumas semanas antes, para ir a um casamento. Naquela ocasião, Louise e eu tínhamos corrido e brincado pela Te Aroha Domain, entrando e saindo da antiga Rotunda. Não fazia ideia naquele dia que meu melhor traje talvez não fosse usado apenas em ocasiões felizes, mas também nas que faziam eu me sentir muito, muito triste.

Depois da cerimônia religiosa, todo mundo saiu do templo e se espalhou pela rua. Louise e eu ficamos do lado de fora, observando meu pai e seus irmãos se reunirem em volta do carro funerário. Pela primeira e única vez na minha lembrança, todos os filhos da vovó estavam presentes — os de antes e os de depois da guerra —, embora eu não os tenha visto conversar muito. Tia Marie estava de costas para mim, mas vi seus ombros sacudindo de forma irregular. O rosto do meu pai estava oculto por óculos de sol tipo aviador, mas, quando ele ajudou a colocar o caixão no carro, tenho quase certeza de que estava chorando.

Quando penso naquele dia, percebo que não tenho lembranças do meu avô Harry no funeral. Era como se ele sempre estivesse em um canto silencioso e, às vezes, fora do campo de visão.

No salão do templo, depois do enterro, os filhos de antes e de depois da guerra continuaram em sua estranha divisão. Quando se juntaram como grupo, xícaras de chá e bolinhos de aspargos na mão, as conversas pareciam difíceis. A tensão continuou no dia seguinte em nossa casa, quando nossos pais disseram que tinham que ir a uma reunião familiar, do tipo que os netos não participavam. Depois ouvi meus pais cochichando, as vozes bem baixas que usavam para conversar sobre o trabalho do meu pai ou discutir coisas que não queriam que escutássemos.

Eu notava essas coisas, mas não dava atenção. Estava ocupada demais me distraindo: passando tempo com os primos, escrevendo em meu diário e procurando desesperadamente um medalhão que minha avó tinha me dado uma vez, com uma silhueta de plástico de uma mulher na frente, o tipo de imagem que se veria em um broche vitoriano. Embora barato, aquele medalhão de repente começou a parecer uma relíquia valiosa.

No domingo seguinte, parei no calor da cozinha da casa dos meus avós de Te Aroha e fui recebida pelos cheiros conhecidos: torresmo e batata-doce, purê de batata, ervilha com hortelã. Os cheiros eram tão familiares que quase esperei ver minha avó ali. Mas era só o vovô Harry na pia, com um garfo na mão, batendo a manteiga em uma panela de repolho picado. Ele olhou para nós em um cumprimento silencioso e fez um gesto para nos sentarmos para que ele pudesse servir o almoço, o mesmo tipo de comida que sempre achei que vovó fazia sozinha. Até agora. *Talvez eu não conheça meu avô tão bem assim*, pensei.

Embora nossa rotina aos domingos não tenha mudado, outras partes da minha vida estavam mudando bem rápido. Minha irmã, por exemplo. A diferença de dezoito meses entre nós estava começando a parecer maior. Claro, ela me convenceu a aprender o alfabeto de sinais para que pudéssemos nos comunicar durante as longas horas que passávamos no templo. Mas, fora isso, quase não brincávamos mais.

Nossas visitas à floresta diminuíram, mas, antes de cessarem completamente, encontramos um último tesouro descartado: duas caixas de papelão, do tamanho das caixas de maçã que Louise e eu ainda tínhamos dificuldades para carregar. Elas estavam caídas de lado, o conteúdo espalhado por entre as agulhas de pinheiro que cobriam o chão. Filipetas de supermercado. As caixas continham centenas de folhetos de marketing, cada um anunciando a promoção da semana no Four Square mais próximo. O tipo de folheto que o supermercado pagava para alguém colocar na caixa de correio das pessoas. Mas quem quer que fosse responsável por isso optou por jogar tudo fora, bem no chão do nosso playground na floresta.

Perguntei a Louise o que deveríamos fazer. Mas minha irmã, apesar de ser mais velha e mais inteligente, também não sabia. "Vamos mostrar para a mamãe?", perguntou ela. Arrastamos as caixas por algumas centenas de metros, nossos braços queimando. Quando chegamos em casa, minha mãe pegou um folheto e franziu a testa. Do lado de fora de uma das caixas ela viu uma etiqueta desbotada com um número de telefone. Ela tirou o fone do gancho e começou a discar.

– Meu nome é Laurell Ardern. Moro em Morrinsville e minhas duas filhas encontraram alguns folhetos na floresta... Sim, duas caixas... Completamente cheias.

Os folhetos, descobrimos depois, eram de uma empresa de entrega local. Eles tinham notado que uma das rotas não estava recebendo os anúncios, mas não sabiam bem o motivo, e então entenderam: o garoto que tinham contratado para distribuí-los tinha jogado tudo fora, e agora parecia que tínhamos feito com que ele fosse despedido.

Antes de desligar, minha mãe fez uma pausa, com o fone colado no ouvido. "Sim, elas adorariam fazer isso. Sim, tenho certeza."

Ela desligou e se virou para nós, com uma expressão estranha no rosto. "Bem, meninas, eles perguntaram se vocês queriam assumir a rota de entrega, e eu disse que sim." E foi assim que consegui meu primeiro emprego.

Toda semana, eu colocava tudo na minha bicicleta Raleigh verde com freio traseiro e saía com Louise. A bicicleta oscilava por causa do peso extra dos folhetos enquanto seguíamos para as duzentas casas que formavam nossa rota, do outro lado da cidade. A entrega levava horas. Nada disso teria problemas, não fosse pelo número 22 da Lincoln Street. Ou, para ser mais precisa, o rottweiler que morava nesse endereço.

Em um dos meus primeiros dias no trabalho, eu tinha acabado de pegar um folheto na pilha e estava pronta para colocá-lo na caixa de correio quando ouvi um inconfundível rosnado. Ergui o olhar, e lá estava ele: o maior rottweiler que já existiu, vindo na minha direção com os dentes arreganhados. Ele parecia o pneu potente de uma picape gigante: cheio de impulso e dentes afiados. "Louise!", gritei pedalando como se minha vida dependesse daquilo. "Louiiiiiiiiiise!"

Chamar Louise era inútil. Ela odiava cachorros e dificilmente viria me ajudar. Quando deu uma olhada de onde estava, um pouco mais adiante, o olhar dela me disse tudo: *Jacinda, por favor, sacrifique-se para que esse monstro não venha para cima de mim.*

Eu passei a odiar a Lincoln Street depois disso. Havia dias que eu chegava ao número 22 e ficava sentada do outro lado da rua, tentando ver o cachorro antes de atravessar. Em outros dias recorria a uma tática diferente, esperando no início da rua, e, então, usava toda a minha força para passar correndo pelo portão, jogando o folheto para trás, sem parar. Às vezes eu até rezava, mas o animal sempre parecia estar disposto a tirar um pedaço da minha perna.

Apesar do medo, nunca pulei o número 22. Eu não podia. Entregar um folheto naquela casa e em todas as outras casas da rota era parte do meu trabalho. Não cumprir minha obrigação seria errado. Como se eu estivesse trapaceando. Seria como decepcionar alguém, em algum lugar, e se eu fizesse isso... bem, quem sabe exatamente o que poderia acontecer? Mas sei que me sentiria muito culpada. E talvez esse fosse o tipo de transgressão que entraria na minha lista de pecados.

Percebo agora como isso pode parecer uma grande bobagem. Será que as pessoas da casa número 22 *queriam* um folheto de supermercado? Até onde eu sabia, os donos podiam muito bem enfiar o folheto no lixo antes mesmo de chegarem até a porta de entrada. Mas, em minha mente infantil, aquele folheto representava a divisão clara entre fazer o que era esperado de mim ou não. Eu tinha que entregar.

Adoraria dizer que, conforme fui crescendo, aprendi a usar um pouco mais de equilíbrio no meu senso implacável de responsabilidade. Que comecei a me comportar mais como Louise diante daquele rottweiler e conseguir dizer: "Valeu mesmo, mas não vou simplesmente me colocar diante dos dentes afiados que são meu pior pesadelo".

Mas, se eu tivesse feito isso, acho que minha história teria sido outra.

Nesse meio-tempo, com ou sem um rottweiler feroz, *todas* as casas da minha rota recebiam o folheto.

À medida que Louise foi ficando mais ocupada com a escola e seus novos amigos, comecei a passar cada vez mais tempo com uma garota animada de olhos claros e cabelo escuro chamada Fiona. Ela era tão confiante e alternativa quanto possível aos doze anos de idade. Ouvia músicas de bandas das quais eu nunca tinha ouvido falar, era obcecada pelo The Doors, e era muito engraçada.

Fiona tinha uma irmã gêmea, Penelope, e um irmão mais velho chamado Theo, que eu achava igualzinho ao River Phoenix. Theo estudava com Louise, e o jeito tímido que ela usava para falar dele fez com que eu percebesse que minha irmã também o considerava bonito. Quando Theo começou a estudar em um colégio interno, isso só serviu para aumentar a mística em torno dele.

O pai de Fiona era contador. Um homem prático, que gostava de jogar golfe e apostar em corridas de cavalo. A mãe de Fiona, por outro lado, era diferente de todo mundo que eu conhecia. Vicky era grega e conheceu o pai de Fiona, Stephen, em um cruzeiro. Ela se casou com ele e foi morar em Morrinsville no fim dos anos 1970, uma época em que só dava para comprar azeite na farmácia local.

Vicky me fascinava e me intimidava. Ela usava pulseiras de prata teatrais que tilintavam nos pulsos quando fumava ou preparava comida mediterrânea. As mesmas pulseiras balançavam para cima e para baixo quando ela erguia o braço para intervir quando as filhas discutiam. Vicky as admoestava com um sotaque grego acentuado, enquanto Theo caminhava silenciosamente pela cozinha com um vidro de Nutella em uma das mãos e uma colher na outra.

Uma tarde, Fiona e eu estávamos sentadas no chão da nossa sala de aula quando nossa professora do ensino fundamental dois começou a lição colocando uma fita cassete em um aparelho de som. Quando ela apertou o "play" o som de um violão começou a tocar, seguido por uma voz masculina: *Now I've been happy lately/ Thinking about the good things to come* [Ando alegre ultimamente/ Pensando em tudo de bom que vem pela frente]. O nome do cantor, explicou nossa professora, era Cat Stevens.

Fiona amava música, e fiquei imaginando se conhecia aquela. Meus pais adoravam os Platters e os Carpenters, mas aquilo, *aquilo* eu nunca tinha escutado. Fiquei sentada ali, com as pernas encolhidas embaixo do corpo, a saia xadrez azul do uniforme cobrindo meus joelhos, ouvindo enquanto ele cantava sobre a beira da escuridão e sobre um trem que estava vindo para nos levar de volta para casa.

Perto de mim, alguns outros alunos estavam agitados e conversando. Não eu. Eu me inclinei e fiquei ouvindo cada palavra enquanto ele cantava sobre "o mundo como ele é", *the world as it is*. Algo me parecia estranhamente familiar: a desafinação, a urgência da melodia, o coral de vozes. Fechei os olhos, tentando bloquear o barulho dos outros alunos a minha volta para conseguir ouvir todos os versos. Todas as palavras. *Why must we go on hating*? [Por que seguimos espalhando ódio?] Quando o refrão começou a tocar de novo, senti uma coisa no meu peito se expandindo, como se fosse sair pela boca.

Ah, não. Eu ia começar a chorar.

Olhei em volta. Aquilo estava acontecendo com outra pessoa? Tinha alguém olhando para mim? Senti o rosto quente, e sabia que aquilo significava que eu estava ficando vermelha, uma aflição que tinha começado a me perseguir recentemente. *Ninguém chora só por ouvir uma música*, eu disse a mim mesma. *É só uma música. Por que eu choraria por causa de uma música?*

A sensação não era totalmente nova. Na verdade era uma coisa que sempre acontecia comigo, mas até então só no templo. Eu aprendi que aquela sensação irresistível era o Espírito Santo. Mas ali estava eu, na minha sala de aula de escola pública, ouvindo uma música que não parecia ter nada a ver com o Espírito Santo. Quando a música acabou, enxuguei o rosto e olhei para Fiona, tentando fingir que não tinha chorado.

Não sei por que minha professora pôs aquela música para tocar naquele dia. Mas a canção e as lágrimas inexplicáveis ficaram em minha mente por muitos anos depois disso.

O mundo estava mudando rápido. A União Soviética tinha caído, e os mapas estavam sendo redefinidos. A Guerra da Bósnia tinha começado, e havia uma onda devastadora de fome na Somália. Vi imagens angustiantes no noticiário noturno e ouvi algumas explicações para elas, mas, para mim, raramente faziam sentido. Em especial quando as imagens eram de crianças no meio de guerras ou sem ter o que comer.

Quando a instituição World Vision começou uma arrecadação da qual os estudantes eram encorajados a participar, eu me inscrevi. Fui até os vizinhos, pais de amigos e parentes, enchendo um envelope de moedas. Esse ato parecia tão pequeno, tão insignificante, e era sempre acompanhado de um pensamento persistente e irritante: *alguém deveria fazer alguma coisa*.

Aqui na Nova Zelândia, os debates giravam em torno de uma coisa chamada "Mother of All Budgets" [Mãe de todos os orçamentos], que propunha cortes de benefícios sociais no orçamento do governo. Além disso, pela primeira vez as pessoas eram cobradas por internações hospitalares, e o custo de ir para a universidade estava aumentando. Os estudantes começaram a protestar. Vi jovens entusiasmados, de braços dados, às vezes lutando para manter a posição, mesmo quando policiais de capacete chegavam com tudo.

Eu conseguia relacionar muitas das manchetes dos jornais a pessoas que conhecia, até mesmo a minha família: eu já fora internada no hospital. Não parecia justo que meus pais acabassem com uma conta altíssima por minha causa. Ou que minha irmã, a primeira da família a ir para a universidade, talvez tivesse que pegar um empréstimo maior. Mas, naquela época, a única forma pela qual eu conseguia articular minha opinião sobre aquelas coisas era dizendo que aquilo não parecia certo.

Então um dia vi no jornal do meu pai uma charge política: a imagem exagerada de uma mulher, que reconheci do noticiário como a ministra da Fazenda Ruth Richardson, mexendo um caldeirão borbulhante de sopa. Diante dela havia uma fila de crianças com expressão de fome, cada uma com uma tigela na mão. Mas, em vez de as crianças serem servidas com a sopa, Ruth Richardson as obrigava a dar o pouco que tinham. Eu ainda era jovem demais para compreender os detalhes, mas minha reação à charge foi direta e instintiva. Eu sabia que a Nova Zelândia já tinha muitas crianças vivendo na pobreza. Eu as tinha visto em Murupara, e as via em Morrinsville também. E agora o governo planejava pôr fim aos benefícios com os quais aquelas famílias contavam, programas que ajudavam as crianças. Aquilo definitivamente não parecia certo.

No fim do ensino fundamental dois, eu não apenas assistia ao noticiário, mas conversava sobre ele. Meus amigos em geral não queriam discutir política e eventos mundiais, mas às vezes os pais deles queriam.

Nessa época eu sempre ia à casa de Fiona. A porta vivia destrancada, e já era esperado que, quando eu chegasse, era só entrar. Fiz aquilo dezenas de vezes, sempre com um constrangido "Olá??" na entrada. O escritório de Stephen era bem ali, e às vezes ele era o primeiro a me cumprimentar. Stephen era membro da Associação de Consumidores e Contribuintes, então minhas opiniões explosivas eram quase sempre opostas às dele. Conforme fui crescendo, nossas discussões sobre os noticiários ficaram mais frequentes, e sempre terminavam da mesma forma: com Fiona pedindo para darmos um tempo naquela conversa.

No caminho pelo corredor até o quarto que Fiona e Penelope dividiam, eu sempre dava uma espiada no quarto do Theo. Embora ele geralmente estivesse no colégio interno, às vezes eu o via andando com um roupão velho e barato, o cabelo louro caindo nos olhos. Theo não falava muita coisa, mas, quando falava, costumava ser para fazer alguma observação irônica, para implicar ou debochar de Fiona. Quando o filme *Quanto mais idiota melhor* chegou à Nova Zelândia, foi Theo que nos mostrou. Fiona e eu depois assistimos várias vezes, reencenando a parte do carro sempre que estávamos no banco de trás do utilitário vinho do pai dela, cantando "Bohemian Rhapsody" a plenos pulmões enquanto Stephan curvava os ombros como se estivesse tentando bloquear os ouvidos.

Eu tendia a ficar quieta quando Theo estava por perto. Usava aparelho fixo para consertar meus dentes proeminentes, lidava com os resquícios de um permanente caseiro ridículo e com uma tendência de ficar vermelha como um pimentão sempre que estava com vergonha. Assim, o silêncio sempre pareceu uma opção melhor do que dizer algo idiota. Parecia que Louise sentia o mesmo. Quando ela foi fazer a prova para tirar sua carteira de motorista, encontrou Theo por acaso na saída, e perguntou como ele tinha se saído. "Reprovado", respondeu o garoto de cabeça baixa.

Naquela noite, mamãe insistiu que Louise ligasse para ele para animá-lo, talvez convidá-lo para ir ao cinema, e Louise se retraiu diante da ideia. "Eu não posso ligar para Theo Lindsay! Que vergonha!"

Quando eu tinha quinze anos, esperava ser legal sem fazer esforço, assim como Theo. Mas, por enquanto, eu estava tentando lidar com o aparelho nos dentes, o cabelo ridículo e, em 1994, o ensino médio.

Cinco

Morrinsville College era a única escola de ensino médio da cidade e ficava a apenas algumas quadras da minha antiga escola, mas, com cerca de seiscentos alunos distribuídos por cinco séries, parecia um mundo totalmente novo. Louise já estudava lá havia dois anos. Aos quinze, tinha cabelo castanho longo, pernas compridas que a faziam parecer tão graciosa quanto uma dançarina de jazz e uma inteligência que a tornava a melhor aluna de quase todas as matérias. Também tinha uma pequena tendência rebelde, ou pelo menos era o que eu achava. Ela enrolava a saia do uniforme, por exemplo. Tudo isso a tornava a pessoa certa para fazer um monte de perguntas quando meu primeiro dia de aula se aproximava. *Onde os alunos mais velhos se sentam? Posso te dar oi se a gente se esbarrar? E a mamãe?, posso simplesmente ir à cantina sempre que quiser?* Naqueles últimos anos minha mãe estava trabalhando na gestão da cantina da escola, um espaço apertado no fim do corredor com barrinhas de cereais, pacotinhos de batata chips, tortas de carne e salgados de salsicha.

A cada manhã, quando minha mãe chegava e encontrava as pilhas de torta de carne a esperando, eu seguia para a área externa do prédio de ciências. Lá encontrava meus amigos fazendo hora até o sinal tocar. Nos meses mais quentes, ficávamos nos bancos externos diante das salas e tomávamos sacolés de frutas tropicais. Quando o frio de junho chegava, ficávamos tremendo, puxando as meias brancas para manter as pernas aquecidas no ar frio.

Em um desses dias frios de junho, cheguei e vi meus colegas de pé, em um grupinho, falando em voz baixa. Ficou claro que algo importante, algo *sério* tinha acontecido. Coloquei minha mochila de lona verde embaixo do banco quando uma garota de cabelo cacheado chamada Sarah me viu. Ela se aproximou. "Jacinda, você ficou sabendo?" A pergunta foi feita em um tom de urgência, e o rosto dela estava vermelho.

Fiquei sabendo? Era tão cedo ainda. O que poderia ter acontecido antes das nove da manhã?

"É a Fiona", disse Sarah. Eu me empertiguei; não fazia ideia do que viria em seguida. "O irmão dela se suicidou."

Com certeza Sarah continuou falando. Na minha lembrança, porém, ela desapareceu depois de dizer aquela frase.

Theo, pensei. *O irmão de Fiona é o Theo, um cara inteligente, bonito e tão engraçado. Que é silencioso como minha irmã, que tem aeromodelos na estante do quarto e adesivos de bandas na cômoda, que come Nutella direto do pote e às vezes dá um sorriso insolente. Theo.* A ligeira névoa pairava nos campos distantes, úmida e silenciosa. *O irmão de Fiona, Theo, se matou.*

Peguei minha mochila e saí correndo. Passei voando pela sala de matemática. Pelo lugar onde entrava na fila para fazer trabalhos com metal. Pela quadra e pelo caminho que levava à cantina e à minha mãe, que estava ensacando tortinhas. *Minha mãe vai saber o que fazer*. Mas claro que ninguém, nem mesmo minha mãe, poderia resolver um problema como aquele.

Pouco tempo depois, eu estava na porta da casa de Fiona, o Toyota da minha mãe estacionando na entrada da garagem.

Minha mãe ligou para a casa de Fiona da cantina. Falou com Stephan, que confirmou — sim, era verdade. Era bom eu ir até lá. Fiona queria me ver. A porta estava aberta como sempre, mas eu me sentia quase uma invasora, perto demais da linha de frente do luto de alguém.

Respirei fundo e bati à porta um pouco antes de entrar. A sala do andar de cima estava repleta de adultos. Ainda mais adultos estavam de pé em volta da mesa de jantar laqueada de preto, e havia mais um monte deles na cozinha. As vozes eram baixas, os rostos, um borrão. Desse borrão surgiu o rosto de Stephan. Ele fez um gesto para os fundos da casa. "As meninas estão no quarto delas", disse ele com simplicidade.

Quando passei pelo quarto do Theo, dei uma espiada, como sempre fazia: o papel de parede xadrez, a cadeira de escritório verde, os adesivos, a maioria já meio que arrancada, como se Theo tivesse mudado de ideia sobre os ter colado para começo de conversa. A cortina de estampa floral e alegre que Vicky deve ter escolhido para ele, os livros da escola, todos empilhados de forma desordenada na estante.

O quarto do Theo, com as coisas do Theo.

Ouvi a televisão no quarto das meninas, sintonizada em algum programa matinal. Abri a porta e larguei a mochila no chão. Fiona e Penelope se viraram. O cabelo de Fiona estava molhado no rosto, os olhos vermelhos e inchados. Abri a boca, mas eu não tinha palavras. Até aquele momento, tudo relacionado a nossa amizade tinha sido simples e fácil. Brincávamos juntas, passeávamos, dançávamos e assistíamos a filmes. Cantávamos músicas bobas, líamos a revista adolescente *Cleo*, discutíamos Jim Morrison e ouvíamos Smashing Pumpkins, tentávamos fingir que éramos adultas. Apesar de tudo aquilo, éramos só crianças.

O que você diz em um momento como esse? Talvez nada. Talvez seja suficiente olhar nos olhos uma da outra e se abraçar e cair no chão. Por um longo tempo, talvez vocês só se abracem e chorem. E, quando as lágrimas diminuírem, só por um instante, talvez você apanhe três saquinhos amassados de pirulito de pêssego que você pegou na cantina da sua mãe só para ter algo para oferecer, qualquer coisa, mesmo que pareça algo tão pequeno e idiota. Talvez, então, cada uma abra o pirulito ainda sem dizer nada e o coloque na boca, como se tudo estivesse normal, mesmo sabendo que não há nada de normal; que nada, nunca mais, vai parecer normal de novo.

Talvez você só faça isso.

Fiona pediu para dormir lá em casa. A casa dela estava cheia demais, tudo era devastador e triste demais. Ficamos deitadas na escuridão tranquila do meu quarto e, pela primeira vez, minha amiga fez perguntas sobre a minha religião. Para onde eu acreditava que as pessoas iam depois que morriam? Respondi o que eu realmente acreditava: que Deus existia, assim como existia uma vida depois da morte. Um lugar onde as famílias se reencontravam um dia. Eu disse isso porque era no que acreditava e também porque parecia o certo a se dizer. De que outra forma alguém poderia passar por algo como aquilo?

Alguns dias depois, eu estava na casa de Fiona um pouco antes do funeral de Theo, quando um convidado fez um comentário sobre Deus na hora do almoço. Vicky estava servindo sopa e pão para alguém, e, embora eu não consiga me lembrar direito das palavras do convidado, sei que ele só estava tentando oferecer algum tipo de consolo, do mesmo jeito que eu tinha feito com Fiona.

Ao ouvir a palavra Deus, Vicky colocou a concha na mesa. "Deus?", questionou ela com voz cortante e forte, mas trêmula também, e continuou: "Se Deus existe mesmo, como pôde tirar meu filho? Como pôde...?"

Em vez de concluir a pergunta, Vicky bateu na mesa laqueada com tanta força que os garfos e facas saltaram enquanto ela sufocava um grito. No silêncio que se seguiu, ninguém olhava para ninguém. Minha mente começou a trabalhar, procurando uma resposta para ela. *Se Deus existe, como ele pôde...?*

Durante toda a minha vida fui um membro ativo na igreja. Nunca duvidei da existência de Deus nem da verdade da religião, que fazia parte da minha vida desde que vovó conversou pela primeira vez com os missionários mórmons, muito antes de eu nascer. A única coisa da qual nunca duvidei foi da minha própria fé.

Sempre aprendi que tudo o que acontecia fazia parte do plano divino. Se houvesse uma pergunta para a qual você não tinha resposta dentro da sua fé, então não era para você entendê-la. E aquela simples ideia tinha sido suficiente. Até aquele momento.

Ainda acredito no Senhor, meu Deus, eu me lembro de pensar. *Mas não entendo isso.*

Nunca vou entender isso.

Seis

Uma vez ouvi uma piada na escola, quando não tinha mais que dez anos de idade. No meio de um monte de crianças saindo para o corredor, depois da aula, uma garota da minha idade gritou "Ei!", para ninguém em particular e para todo mundo de uma vez. Ela esperou até perceber que havia pelo menos algumas crianças ouvindo, e começou seu número improvisado de comédia. "Qual a diferença entre um mórmon e um Lada?"

Para compreender o contexto dessa piada e sua resposta, é preciso saber algo que poucas crianças de dez anos sabiam: que Lada era uma marca de carros baratos, fabricados por uma estatal russa e com reputação de péssima qualidade. Eu não sabia disso. E sinceramente não sei se *alguma* das crianças ali sabia. Mas claro que essa não era a questão. Aquela era uma piada sobre mórmons, e eu era mórmon.

A garota esperou um pouco e declarou em tom de riso: "No mórmon você pode fechar a porta!".

Duvido que ela soubesse o que estava dizendo. Era uma menina legal, que me deixava ouvir suas fitas cassete do Guns N' Roses e com certeza estava repetindo alguma coisa que ouvira. Mas a premissa da piada, de que os mórmons saem batendo de porta em porta em nome da religião, não estava errada. E, embora a piada não tenha feito ninguém rir, teve um impacto: plantou em mim o medo de bater às portas.

Ainda assim, quando eu tinha mais ou menos treze anos, chegou minha vez de sair batendo às portas em nome de Deus. Meus sentimentos em relação a isso eram conflitantes. Por um lado, sempre senti a religião como algo pessoal, individual. Pelo que me lembro, a coisa mais próxima de uma discussão com alguém fora da minha família foi naquela noite na minha casa, com Fiona. Mas havia bons motivos para bater às portas também.

Compartilhar nossa fé era uma parte importante de ser mórmon, e eu era mórmon, dos pés à cabeça. Mesmo que houvesse questões que minha fé não tinha como responder, perguntas como a de Vicky, por exemplo. No entanto, minha resposta não era perder a fé, mas sim me apoiar nela. Então, um dia, quando os "anciãos" locais, jovens que vinham de outros países para uma missão, perguntaram se eu queria me juntar a eles por uma tarde, respondi que sim.

Os missionários que estavam em Morrinsville eram em sua maioria estadunidenses bondosos e honestos. Usavam um tipo de uniforme: terno preto, camisa branca de botão, gravata e um crachá com o nome na lapela. Para nossa tarde de visitas de porta em porta, selecionei o tipo de roupa que usaria em um domingo: saia até a canela e uma blusa. Então nós três nos dirigimos a uma rua de casas de classe média com uma arquitetura simples, típica de meados do século XX. O bairro era exatamente onde eu encontraria pessoas que conhecia da loja da esquina, das quadras de jogos e — que os céus não permitissem — da escola.

Eu estava nervosa. Todo o cenário era imprevisível. Quando você vai até a porta de uma casa, não faz ideia de quem está do outro lado. Um estranho? Alguém que você conhece? A pessoa vai ser educada ou hostil? E não importam as respostas ou como você se sente por estar parada ali, você precisa começar a falar da coisa mais pessoal que pode compartilhar: sua crença em Deus.

Quando os missionários se aproximavam de cada porta eu ficava atrás, observando e ouvindo. Em geral ninguém atendia. Se alguém abria a porta, os anciãos sempre começavam da mesma forma: *Olá, senhor/senhora. Somos da Igreja de Jesus Cristo dos Santos dos Últimos Dias.* Em geral era nesse ponto que a conversa terminava abruptamente. No mórmon você pode fechar a porta.

Quando a porta não se fechava na hora, eu me aproximava um pouquinho mais e analisava se havia alguma coisa que pudesse acrescentar. Não importava a dificuldade daquilo, eu me obrigava a continuar, superando meu forte impulso de pular casas, mesmo que cada uma delas fosse equivalente àquela da Lincoln Street, com seu rottweiler atrás do portão.

Embora naquela tarde eu não visse os missionários irem muito além das apresentações, notei que eles sempre terminavam as conversas da mesma forma: *Existe alguma coisa que possamos fazer por você hoje?* E todas as vezes, como eu ficava em algum ponto entre a entrada de carros e a porta, observei que uma simples oferta pode mudar o comportamento do interlocutor. Se a pessoa estivesse segurando a porta telada o suficiente para espiar, ao ouvir a pergunta ela se abria um pouco mais. Ou, se estivesse olhando para o cachorro que estava segurando entre as pernas, a pergunta feita com sinceridade fazia o morador erguer o olhar, mesmo que só por um instante.

Anos mais tarde, eu seguiria o caminho da entrada de carros de milhares de casas e bateria a milhares de portas para falar não sobre Deus, mas sobre outro grande tema: a política. Eu aprenderia que estava certa em ficar nervosa ao bater à porta das pessoas, embora não pelos motivos esperados. Não é só a imprevisibilidade da experiência que a torna tão delicada; é a intimidade. Mas também é isso que torna tudo tão especial.

A porta de uma casa oferece uma compreensão inicial em relação à vida de outra pessoa. Sapatos espalhados e galochas viradas de cabeça para baixo na porta dos fundos dizem um pouco sobre quem mora ali; brinquedos e mochilas na entrada são um sinal do tipo de rotina da família.

Embora tenha tido dificuldade em iniciar conversas sobre Deus e às vezes até sobre política, aprendi que poderia perguntar a alguém sobre sua vida e o que faria a diferença para essa pessoa — bem, isso eu conseguiria fazer. Isso eu gostaria de fazer. Eu poderia conversar com a mãe cuja casa era tão mal ventilada que faixas de umidade escorriam pelas janelas e deixavam as crianças doentes. Eu poderia me sentar com um homem que tinha acabado de deixar as ruas para morar em sua primeira casa e falar da alegria de ter um teto que também continha a dor da solidão. Na verdade, eu conseguiria fazer isso tudo sem reservas. Naquelas portas do futuro, eu não só iria perguntar, mas também compartilhar: ideias que eu vinha transformando em políticas, políticas que poderiam resolver um problema. E, quando eu fizesse isso, não haveria mais necessidade de hesitar.

Aprender a bater de porta em porta quando eu era adolescente trouxe outros benefícios. Fez com que todas as outras abordagens não solicitadas parecessem menos intimidadoras, como na tarde da véspera do meu aniversário de catorze anos, quando minha mãe me levou até o centro da cidade para procurar um emprego.

Naquele dia, voltei para casa depois da escola e encontrei minha mãe esperando por mim, ainda usando seu uniforme da cantina, um avental alaranjado com um cardigã cor de creme. Na voz calorosa, mas firme e prática que deixava claro que estava decidida, ela declarou: "Filha, está na hora de procurar um emprego de verdade". Louise e eu não estávamos mais distribuindo panfletos — o volume ficara excessivo até mesmo para meus pais —, o que significava que tinha chegado a hora de algo novo. Louise já estava trabalhando em uma loja especializada em frutas e vegetais chamada Vege Bin, e, com o meu aniversário se aproximando, minha mãe chegou à conclusão de que eu já tinha "idade suficiente" também.

Nunca houve um tempo da vida da minha mãe em que ela não estivesse trabalhando — se não por dinheiro, então pelo menos para ajudar. Ela ajudava na fazenda dos pais, sob o olhar impaciente do meu avô. Na adolescência, trabalhava nos fins de semana em uma hamburgueria da rua principal de Te Aroha. Ela sempre desejou ser contadora um dia, e com certeza tinha condições para isso, mas nunca tivera a chance nem o apoio para fazer faculdade. Ninguém na família dela teve.

Então minha mãe conseguiu um "bom emprego local" cuidando da folha de pagamento em um posto de gasolina em Te Aroha e, depois, foi atendente nos Correios. Quando Louise e eu nascemos, ela organizou o horário de serviço de acordo com nossas necessidades. Ela substituía professores doentes na escola de ensino médio em Murupara, fazia faxina na delegacia e no templo mórmon e administrava a cantina da Morrinsville College. As escolhas da minha mãe nunca tinham a ver com o que ela queria, mas sim com as necessidades e expectativas dos outros. Agora era minha vez de ser útil e encontrar meu próprio emprego.

"Pegue seus boletins e certificados escolares", orientou minha mãe.

"Quais?", perguntei.

"Todos eles."

No meu quarto, peguei uma antiga pasta azul com bolsos plásticos e comecei a arquivar tudo que consegui encontrar: conquistas acadêmicas, um prêmio em um concurso de tortas em uma feira na escola, um prêmio pelo bezerro que levei no Calf Club Day.* Tudo completamente irrelevante, mas colocado na pasta assim mesmo.

O distrito comercial de Morrinsville não tinha mais que um quilômetro de comprimento. Não tinha shopping nem restaurantes de franquia. As opções de emprego para adolescentes da minha idade eram bem limitadas. Havia um restaurante de delivery de comida chinesa, uma lanchonete de peixe e fritas, uma hamburgueria, uma papelaria, uma loja de eletrodomésticos e uma de presentes.

Era uma tarde de sexta-feira. As lojas já estavam encerrando o expediente, ao passo que as lojas de entrega estavam se preparando para o turno mais movimentado da semana. Enquanto caminhava pela rua com minha pasta azul embaixo do braço, senti um aperto no estômago. Eu realmente ia de loja em loja pedir um emprego? Aquilo parecia quase tão assustador quanto acompanhar os missionários batendo de porta em porta.

Minha mãe e eu paramos primeiro no Golden Kiwi, uma lanchonete de peixe e fritas famosa em Morrinsville. Em todos aqueles anos, a decoração continuava quase inalterada: peixe fresco na vitrine, paredes com painéis de madeira, fórmica marmorizada vermelha nos balcões e grandes cardápios na parede. Dentro da lanchonete, portas de vaivém separavam a cozinha do resto do espaço, com suas paredes de cimento, cadeiras de vinil e toalhas de mesa de xadrez vermelho. No Golden Kiwi, era possível comprar uma refeição completa com cinco dólares neozelandeses, com peixe, fritas e salada. Se estivesse disposto a gastar mais, poderia até pedir um pargo fresco. Independentemente do pedido, você sempre se encontraria com pelo menos um membro da família Covich, que era dona do lugar havia quase três décadas.

Quando entrei, uma sineta tilintou na porta, um som que eu já tinha ouvido em muitas noites de quinta-feira, quando minha família comprava quatro pratos de peixe e duas porções de fritas. O movimento já estava grande, o cheiro e o som de fritura no ar. Carol Covich estava atrás do balcão com um uniforme azul e anotava um pedido. Ela era baixa, com cabelo curto, como se não tivesse tempo para se arrumar, e se movia com o ar de alguém com quem você não gostaria de se meter. O marido de Carol, Grant, estava lá atrás, na

* Calf Club Day é um evento tradicional em escolas rurais da Nova Zelândia, no qual crianças apresentam e competem com bezerros, cordeiros e cabritos que criaram e treinaram. (N. T.)

cozinha, o cabelo preto lustroso e o bigode fino visível atrás das portas de vaivém. Apesar do movimento, nem Grant nem Carol pareciam cansados. Quando chegou minha vez, Carol pegou a caneta e um bloquinho. "O que vai querer?"

Respirei fundo e coloquei a pasta no balcão. "Oi", disse eu.

Lembre-se, sorria, comece a conversar... com esta mulher incrivelmente ocupada.

Engoli em seco e abri um sorriso radiante.

"Eu queria saber se você precisa de... ajuda."

Carol me olhou, como se estivesse analisando se eu valia seu tempo.

"Você está procurando um emprego?" Carol pegou minha pasta e começou a folhear minha coleção de certificados. Os olhos se estreitavam a cada página, talvez sem saber ao certo como ter uma boa classificação numa competição com um bezerro vivo me qualificava para um emprego.

"Você já trabalhou antes?"

"Eu distribuía panfletos", respondi. "E também sempre ajudei em nossa chácara."

Ela pensou um pouco, colocou minha pasta azul no balcão e a deslizou de volta para mim. "Bem", disse ela. "Nós estamos mesmo precisando de alguém que trabalhe às sextas-feiras, das cinco da tarde até o fim do expediente. É para anotar os pedidos por telefone e no balcão, e também ajudar no restaurante. Depois que fecharmos, ajudar na limpeza. Pagamos cinco dólares neozelandeses por hora. Se você vier na semana que vem, podemos ver como se sai. O que acha?"

Assenti.

"Espere um pouco." Carol foi até os fundos e voltou com um uniforme. "Comprei em um bazar de garagem", disse ela, entregando-o para mim. "São uniformes antigos de enfermeira, mas funcionam bem. Certifique-se de usar sapatos fechados. Tem muita gordura quente nos fundos."

E foi isso. Consegui meu primeiro emprego de verdade, ou pelo menos o primeiro teste.

Meu alívio por ter conseguido um emprego foi quase que imediatamente substituído por uma nova preocupação: *e se eu estragasse tudo?* O Golden Kiwi ficava movimentado, muito movimentado, principalmente nas noites de sexta-feira. Imaginei Grant passando por um monte de pedidos, o telefone tocando, todos os clientes impacientes no restaurante. *E se eu perder o emprego no meu primeiro turno?*

Minha mãe teve um emprego parecido na adolescência e ainda se lembrava do básico do que eu precisaria aprender. Quando chegamos em casa, ela desapareceu na cozinha para voltar em seguida com a metade de um repolho.

"Aqui." Ela abriu uma folha de jornal e colocou o repolho diante de mim. "Treine embrulhar isso", disse ela.

Quando olhei para minha mãe sem entender, ela se sentou no chão, colocou o repolho no meio do jornal e o embrulhou com a precisão de alguém embalando um presente, mas sem durex nem fita. A manobra exigia não apenas uma pegada firme, mas também uma virada cuidadosa e rápida para impedir o repolho de cair.

"Prontinho", disse minha mãe, satisfeita. Ela se recostou, admirando o trabalho. "Claro que com as fritas você vai precisar ser bem cuidadosa na hora de virar, ou elas vão se espalhar. Agora tente você."

Desembrulhei a verdura e a reposicionei no meio. Que substituto ruim para fritas, pensei. Mesmo assim era mais difícil do que parecia. Não dobrei o papel com firmeza suficiente e, quando tentei virar, o repolho escapuliu pela lateral e rolou pelo chão.

Minha mãe me deu um sorriso tranquilizador. "Tente de novo."

Embrulha, desembrulha, repete. Embrulha, desembrulha, repete. Eu treinava o movimento dezenas de vezes à noite, parando apenas para pensar em como aquela cena era ridícula: era a véspera do meu aniversário de catorze anos e lá estava eu, sentada no chão da sala, embrulhando e desembrulhando metade de um repolho no jornal. Mas nem mesmo o absurdo da situação me fez parar.

Havia tantas coisas que poderiam dar errado no meu turno. Errar um pedido por telefone, entregar a comida errada para um cliente, não conseguir embrulhar o lanche direito, fazendo fritas e salsichas caírem no chão. Carol meneando a cabeça, antes de me puxar de lado no meio do expediente para dizer: "Acho que isso não vai dar certo". Não havia nada que eu pudesse fazer para evitar qualquer um daqueles cenários, a não ser treinar. E foi o que fiz. Repetidamente, até conseguir fazer com facilidade, e depois mais algumas vezes, só para garantir. *Embrulha, desembrulha, repete.*

Esse lance de imaginar os piores cenários e atuar obsessivamente para evitar que acontecessem seria um ensaio para um tipo completamente diferente de trabalho. Da mesma forma que ao bater a portas ou entregar uma pasta para um quase estranho e pedir que confiasse em mim, eu já estava começando a me preparar para um papel que nunca imaginei que desempenharia.

Mas, naquela época, eu só sabia de uma coisa: logo teria fritas para embalar. Então era melhor continuar treinando. Com um repolho.

Se minha mãe era minha maior torcedora em casa, meu maior incentivador na Morrinsville College era o sr. Fountain, meu professor de estudos sociais e história. Ele começou a lecionar na escola assim que saiu do curso de professores. Ele era de Wellington, o que era suficiente para torná-lo "chique" aos nossos olhos. Ainda assim não havia um pingo de pretensão no sr. Fountain. Na verdade, ele usava calça de sarja com tanta frequência que alguns alunos começaram a implicar, chamando-o de comunista.

Apesar de seus vinte e poucos anos, o sr. Fountain já tinha perdido quase todo o cabelo. Usava óculos pequenos e redondos, e adentrava a sala todos os dias cheio de energia, como alguém que tivesse tomado uma xícara a mais de café do que deveria. Cada aula representava para ele uma chance de apresentar uma lição de vida. Certa vez reorganizou a sala de aula para que se parecesse com o Parlamento. Em outra ocasião, deu uma aula de história da Índia trazendo dois artigos diametralmente opostos sobre Gandhi: um criticando o líder e o outro celebrando suas realizações. No final, ele disse: "Descubram quem ele era. Descubram sozinhos". O sr. Fountain queria que aprendêssemos a formar nossa própria opinião. Talvez também quisesse nos ensinar outra coisa: tanto as pessoas quanto a história são complicadas.

Naquela época o currículo de história dava aos professores a possibilidade de escolher o conteúdo que seria abordado em sala de aula. Em vez de abordar história inglesa ou europeia, que era o padrão da maioria das escolas, o sr. Fountain costumava buscar pontos que cobrissem o passado da Nova Zelândia.

Desse modo, foi na Morrinsville College que comecei a desenvolver uma compreensão sobre a complexa história da Nova Zelândia: aprendi a história da assinatura do He Whakaputanga, a Declaração de Independência maori, em 1835; e da assinatura subsequente do Tratado de Waitangi, entre os chefes maori e a Coroa inglesa, em 1840. Aprendi que a tradução para o idioma maori do tratado, a versão assinada por quase todos os chefes, enfatizava *tino rangatiratanga*, ou autodeterminação, o que era diferente da versão em inglês. Aprendi também sobre as guerras do século XIX que vieram após o tratado, incluindo a invasão do exército inglês a Waikato, onde eu morava, e as diversas leis discriminatórias impostas pelo governo colonizador — que confiscou milhares de quilômetros de terras maori e alienou gerações de maori do próprio idioma e cultura.

Em tudo isso, sr. Fountain enfatizava a força e a inovação do povo maori para resistir à colonização: o desenvolvimento de táticas militares, o estabelecimento de novas entidades políticas — como o movimento do rei maori e o uso de resistência não violenta para se opor à agressão e à injustiça. A história era sombria, dolorosa e não resolvida, além de estar intimamente ligada a questões que apareciam naquela época nos noticiários. Em outras palavras, a história não estava presa ao passado nem a algum capítulo que fora fechado; estava acontecendo ali, a nossa volta.

Em 1995, quando eu tinha quinze anos, o governo fez uma declaração oficial de desculpas ao povo maori de Waikato por brechas no Tratado de Waitangui. Em seguida foi assinado o Acordo Tainui, que incluía compensação financeira para os muitos casos de confisco de terras. Foi o primeiro acordo entre os maori e o governo, o que provocou muitos debates nos noticiários. Repórteres colocavam o microfone na cara das pessoas na rua, perguntando se elas achavam que o acordo era uma boa ideia. Em geral ouvíamos comentários como "Isso tudo já não ficou no passado?" ou "Precisamos olhar para a frente". Havia um nervosismo estranho nessas respostas, como se lidar com um erro de alguma forma tornasse todos cúmplices. Ou talvez menos patriotas. Mas aprender a história da Nova Zelândia não mudou meus sentimentos em relação a meu país. Na verdade, foi na aula do sr. Fountain, lição por lição, que aprendi que amar o seu país significa ver todos os erros que precisam ser corrigidos e tudo o que você pode fazer para torná-lo melhor.

Enquanto eu amava história, Louise era muito boa em química, biologia, matemática e física — matérias que não eram tão simples para mim. Ela também tinha uma forma de canalizar a própria criatividade: a fotografia. Minha irmã comprou uma câmera fotográfica 35 mm e a carregava para todo lado. Nos eventos familiares, nos obrigava a posar, mexendo na câmera por muito tempo até todo mundo perder a paciência quando o timer não funcionava. Na chácara, havia uma cozinha sem uso no galpão refrigerado, a qual meus pais pintaram de preto, e investiram seiscentos dólares neozelandeses comprando equipamentos de segunda mão em vendas de garagem para fazer uma sala escura para a revelação de fotos.

Eu amava ajudar Louise naquela sala escura. Ficávamos juntas com a luz vermelha brilhando, misturando produtos químicos e observando as imagens tomarem forma, tirando as fotos das bandejas e pendurando-as pelo cômodo. Às vezes a sala escura parecia nosso próprio mundo, exatamente como nossa pequena floresta tinha sido. A fotografia de Louise também se tornou uma forma de explorar um pouco mais sobre a nossa família. Depois que vovó morreu, encontramos alguns negativos antigos nos seus pertences, os quais Louise e eu revelamos em papel fotográfico.

Em uma das fotos, vovó e o vovô Harry estavam juntos em algum tipo de vestíbulo. Vovó estava com óculos de gatinho e um chapéu tipo *pillbox* sobre os cachos bem definidos. Em outra, os quatro filhos pós-guerra, nenhum com mais de seis anos de idade, formavam uma fileira no jardim da vovó, apertando os olhos para a câmera. Estavam todos descalços e usando chapéus de palha. Atrás deles, a casa que eu conhecia tão bem, exatamente como sempre a vi, ainda que meu pai ainda usasse fraldas na época. Eu conseguia imaginar até mesmo as partes da casa que não estavam na fotografia: a varanda coberta, a janela da frente, o pináculo pontiagudo no topo do frontão do telhado, que a vovó me disse que era para impedir que bruxas pousassem ali.

Em outra foto, vovô Harry estava na margem de um rio usando uma camisa xadrez com as mangas dobradas até os cotovelos, um canivete e um amolador nas mãos. Ao lado dele estava meu pai, talvez com uns vinte anos, segurando um cisne negro pelo pescoço. Meu pai estava inclinado para longe do animal, já usando seu sempre presente topete. Louise e eu ficamos olhando a foto, surpresas de saber que nosso pai tinha caçado quando mais jovem, e também que era possível caçar cisnes. Quando meu pai e o pai dele ficavam juntos assim, a diferença de tamanho entre ambos era marcante. Embora nosso pai não fosse um homem pequeno, vovô era bem mais alto.

Mas, quando Louise e eu mostramos a foto para meu pai, ele meneou a cabeça. "Esse não sou eu", ele se limitou a dizer, "é o Jim."

Já tínhamos ouvido falar do Jim. Ele tinha trabalhado com meu avô Harry e foi ele que fez tia Marie rolar pela colina quando o vestido pegara fogo, tantos anos antes. Até então eu nunca tinha visto uma foto de Jim. Era mesmo ele?

Louise e eu não fizemos perguntas. Simplesmente continuamos revelando os negativos, rindo do nosso erro. Mas era um erro que não sairia da minha mente.

Durante os anos 1990, ou as questões políticas da época se intensificaram ou eu fiquei mais politicamente consciente. Quanto mais observava, mais começava a compartilhar o que pensava e em mais controvérsias me metia, inclusive na mesa de jantar de casa.

Felizmente minhas fortes opiniões logo encontraram uma saída mais prática. Descobri que eu não era uma oradora ruim, e ganhei por vários anos seguidos o concurso de oratória da escola. Um tempo depois, com o incentivo da minha mãe, acabei entrando em outros concursos. Embora amasse ficar diante de outras pessoas para compartilhar uma história ou ideia, o nervosismo que sentia para falar em público era quase debilitante. A partir do instante que o concurso era anunciado, eu ficava obcecada com ele e não pensava em praticamente mais nada. Na véspera de cada competição eu dormia mal, acordando muitas vezes para ver se tinha decorado meu discurso bem o suficiente e o que faria se me perdesse. De manhã, meu estômago se contraía e eu não conseguia comer nada.

À medida que meus discursos foram ficando maiores, descobri um novo problema, o mais debilitante de todos: às vezes eu não conseguia falar. Literalmente. Acontecia sempre após três ou quatro minutos: minha boca ficava seca. Meus lábios colavam nos dentes. Era um esforço para formar as palavras de forma adequada e, se o discurso durasse mais de cinco minutos, eu simplesmente não conseguia articular nada. A causa era simples: quando eu ficava nervosa, perdia a capacidade de produzir saliva. Era como se o cérebro ficasse tão focado no que quer que estivesse elevando meu nível de estresse e meus batimentos cardíacos que não conseguia fazer mais nada.

Minhas soluções variavam. Tentei usar balas fortes de hortelã antes de subir ao palco. Tentei beber água com limão. Tentei ficar repetindo a palavra "limão, limão, limão". Minha mãe chegou a procurar um farmacêutico, voltando com pastilhas usadas para pacientes de quimioterapia cujas glândulas salivares haviam sido afetadas. Nada funcionava. Na verdade, minha obsessão só piorava as coisas.

O interessante é que nunca parei para me perguntar por que ficava tão nervosa. Afinal, por todas as avaliações padrão, eu era uma ótima oradora. Dedicava um bom tempo para preparar cuidadosamente meus argumentos.

Decorava todos os discursos, de modo que era raro ter de olhar minhas anotações. Eu já tinha vencido prêmios na escola e em alguns concursos regionais também. Mas a verdade era que nunca consegui me livrar da sensação de que algo poderia dar muito errado. E que, quando acontecesse, essa seria a prova de que eu não era boa o suficiente nem para estar lá.

Foi o sr. Fountain que chegou o mais próximo de explicar o que estava acontecendo. Ele participara de competições no ensino médio, chegando a ganhar o concurso nacional da ONU em 1989. Quando lhe contei sobre a extensão do meu nervosismo, ele assentira com ar pensativo. "Sabe de uma coisa, Jacinda", disse ele, "às vezes estou diante desta sala de aula e me convenço de que alguém vai surgir ali de trás daquelas carteiras e dizer para toda a turma que não sei o que estou fazendo." Precisei de um instante para compreender o que ele estava me dizendo. O sr. Fountain era o melhor professor que eu já tivera. E o que ele tinha acabado de descrever era tão familiar. Foi quando ele usou uma expressão que nunca esqueci.

Ele disse: "Essa sensação se chama síndrome do impostor".

Absorvi aquilo. "Síndrome do impostor." Três palavras que pareciam peças de um quebra-cabeça se encaixando. Logo perguntei por que o sr. Fountain sofreria de um problema como aquele, mas eu não estava pronta para estender a mesma generosidade a mim. A preocupação dele era irracional, pensei, a minha não era. Ainda assim, aquele momento foi de grande alívio para mim. Se o sr. Fountain se sentia do mesmo jeito que eu, se havia dois de nós, então deveria haver outras pessoas que também se sentiam assim. Muitas, até. Afinal, o fenômeno tinha até nome. Nada disso me auxiliaria com o estômago agitado ou a boca seca, mas me ajudaria a continuar. E foi assim que acabei chamando a atenção do time de debates.

Eu tinha quinze anos quando a primeira oradora do time da escola não pôde ir a um torneio e me chamaram para substituí-la. Eu já assistira a vários debates do time e achava tudo muito mais emocionante que os monólogos dos concursos de oratória. O debate envolvia trocas intensas entre os participantes, réplicas inteligentes e até interjeições de sanção nas quais os membros do time se colocavam de pé e gritavam: "Ponto de informação!". Sentada na plateia, eu sempre me via formando argumentos em minha mente, como se já estivesse no palco.

Minha primeira experiência foi em um torneio regional, no qual estaríamos competindo com times de outras escolas de toda a região de Waikato. Meus colegas de time, Anthea e Matthew, eram dois anos mais velhos que eu. Matthew mal precisava preparar os próprios discursos, os quais proferia com um ligeiro sotaque elegante que escondia o fato de ser filho de um caminhoneiro. Anthea era cuidadosa e meticulosa, conseguindo separar cada ponto de um argumento até não restar mais nada. Quanto a mim, meu trabalho era organizar o time. Apresentar nosso principal argumento e voltar no final para fazer a declaração de fechamento, chamada de "resposta do líder".

Desde o início senti que participar de debates era algo que eu conseguia fazer. Às vezes eu entrava em discussões com os meus pais, e até mesmo com os pais dos meus amigos, sobre vários assuntos, o que significava que sabia formar um argumento e entrar em uma discussão. Com minha insistência em me preparar ao máximo e minha tendência de imaginar sempre o pior cenário possível, eu conseguia pensar em todos os argumentos que poderiam vir como resposta do lado oposto. Até então minha preocupação quase perene parecia debilitante, mas de repente passei a senti-la mais como um superpoder.

Ganhamos aquele primeiro debate, e, quando a primeira oradora conseguiu uma bolsa de estudo e se mudou para o exterior, tornei-me membro oficial do time. Eu não apenas continuaria debatendo pelo resto do ensino médio, mas também entraria para o time regional de Waikato para competições nacionais. Ao longo de anos, eu defenderia coisas nas quais acreditava e outras nas quais não acreditava. Os debates eram sobre questões atuais, questões apenas teóricas, questões que me faziam pensar — *fumar deveria ser proibido; a Nova Zelândia deveria se retirar da Commonwealth* — e, acima de tudo, uma questão sobre a qual eu refletiria bastante no futuro: *a diferença entre o que somos e o que poderíamos ser é o maior dos desperdícios.*

Os debates me levariam a lugares que nunca imaginei e me fariam andar de avião pela segunda vez na vida. Também permitiriam que conhecesse a ilha Sul e a capital do país. Foi por causa dos debates que visitei o Parlamento da Nova Zelândia e participei de eventos e jantares formais que serviam comida como "brie com crosta de pimenta", seja lá o que isso fosse.

Às vezes minha boca ainda ficava tão seca que eu nem conseguia emitir o som das vogais? Sim. Eu costumava ficar nervosa? Sempre. Meu estômago doía antes de cada torneio, com tanta intensidade que me impedia de comer de manhã? Sim. Mas foi a primeira vez que algo transformou o que antes eu considerava uma fraqueza debilitante em uma força. E não foi a última.

Sete

Havia sempre uma rotina estável nos meus turnos nas noites de sexta-feira no Golden Kiwi. Eu chegava às cinco usando meu uniforme azul-claro, que ficava na altura dos joelhos e tinha um zíper da bainha até o discreto decote em V. Embora tivesse sido um uniforme de enfermeira em outra vida, eu desconfiava de que era algo que estava mais para uma lanchonete de casa de repouso dos anos 1980.

Grant preparava peixes, fritas, salsichas e qualquer coisa que pudesse ser mergulhada na fritadeira de imersão. Outro cozinheiro ficava responsável pelos grelhados, virando os hambúrgueres e os bifes. Carol e eu anotávamos os pedidos, atendíamos o telefone e, no balcão, embrulhávamos a comida e servíamos as mesas dos clientes que comiam no restaurante. Quando as portas se fechavam, às oito da noite em ponto, passávamos a hora seguinte limpando mesas e balcões, desinfetando a vitrine onde ficavam os peixes no gelo, contando o dinheiro do caixa e fazendo uma limpeza profunda dos tonéis, dos tapetes e do piso. Depois disso eu ia para casa e caía dura na cama.

Uma noite de sexta-feira, quando estava no segundo ano do ensino médio, eu não tinha planejado voltar para casa como sempre, mas sim ir à festa "chefão e chefona". O chefão e a chefona eram os alunos mais importantes da escola, eleitos para a posição pelos colegas, e aprovados pelos professores e pela diretoria. Embora fossem papéis oficiais, como representantes de turma, a festa daquela noite era um evento totalmente não oficial, uma tradição que envolvia música, amigos e cerveja.

Eu passara o turno inteiro olhando o relógio: meia hora para fechar. Quinze minutos. Cinco minutos. Estava terminando na cozinha quando ouvi a sineta da porta da frente. Olhei pela porta de vaivém para o salão e vi um garoto mais ou menos da minha idade no balcão. Em geral eu ficava bem irritada quando alguém entrava bem na hora de fechar. Mas não consegui ficar com raiva daquele cara. Ele era magro, tinha cabelo escuro e maxilar forte. Estava de camisa xadrez e calça jeans, e os olhos verdes estavam fixos no cardápio. Logo parei diante dele com meu uniforme.

"Pois não?", perguntei, pegando o bloco de pedidos e a caneta.

O sr. Gostoso olhava o cardápio e eu olhava para ele. Ele tinha uma energia agitada e ficava mudando o peso do corpo de um pé para o outro. Seus olhos se dirigiam para todos os lados, mesmo enquanto fazia o pedido. Esforcei-me para voltar à cozinha com uma indiferença calculada. Enquanto pendurava o pedido, ouvi Carol na despensa organizando caixas. E então, atrás de mim, ouvi outro som, o sino da caixa registradora.

Espere. Não tem mais ninguém lá. Por que a caixa...

Voltei correndo pelas portas a tempo de ver o sr. Gostoso debruçado no balcão, tirando o dinheiro do caixa com as duas mãos. "Ele está roubando o dinheiro do caixa!", gritei. Carol era pelo menos trinta centímetros mais baixa e trinta anos mais velha que eu, mas apareceu como um raio. Passou por mim e estava nos calcanhares do garoto quando ele abriu a porta da frente e saiu correndo.

"Devolva o meu dinheiro!" Carol o perseguiu. E eu também. Lá fora, ele entrou em um Triumph marrom velho que estava estacionado no fim da rua. E então desapareceu, virando a esquina tão rápido que não conseguimos pegar a placa do carro. Carol e eu ficamos no meio da rua, olhando para o lugar onde o carro estava.

Quando a polícia chegou, já era tarde. Fui para casa, tirei o uniforme, usei meu desodorante Impulse para cobrir o cheiro de fritura e fui para a festa com bem menos entusiasmo do que estava antes.

A festa foi na casa de um aluno que ficava nos limites da cidade. Havia vários carros antigos no jardim e o som alto do Metallica saía pelos alto-falantes. Adolescentes com calças baggy e camisetas estampadas bebendo em cadeiras de plástico e apoiados em fardos de feno lotavam os fundos da casa.

Do outro lado do jardim, vi minha amiga Ginny. "Você não vai acreditar no que aconteceu hoje à noite", comecei.

Ginny e eu tínhamos ficado muito próximas alguns anos antes, quando fizemos um trabalho de ciências que avaliava se o jeans desbotava mais rápido quando exposto ao sol ou quando era lavado. Ginny era mais popular que eu. Era inteligente e estudiosa, com um cabelo louro acobreado e talento para os esportes. Nós nos sentamos juntas e contei a história para ela enquanto observava o pessoal conversando em grupos no escuro.

Em algum momento o "chefão" passou, seguido por um grupo de caras. Naquele grupo vi alguém que não frequentava a nossa escola. Ele tinha cabelo escuro, estava de jeans e camisa xadrez, e tinha uma energia nervosa.

"Ginny", agarrei o braço da minha amiga. "É ele! Bem ali!" Era *ele*, o cara que tinha acabado de roubar o Golden Kiwi.

Observei quando o sr. Gostoso foi iluminado pela luz da varanda. Ele ainda não tinha me visto. Considerei minhas opções. Eu poderia ir para casa e chamar a polícia. Era a coisa mais responsável a fazer, e possivelmente a forma mais rápida de Carol e Grant recuperarem o dinheiro. Mas era a festa do chefão e da chefona, o maior evento do ano. A chegada da polícia acabaria com tudo, e eu não queria ser responsável por aquilo.

Mas também não podia ficar sentada, sem fazer nada.

"Gin, o que você acha de fingir que está interessada no cara para conseguir o telefone dele?", sugeri. Em questão de minutos inventamos um personagem para Ginny, e ela foi para a varanda. Fiquei para trás, observando na escuridão quando ela se sentou ao lado dele e começou a conversar. Minha amiga logo estava rindo, jogando a cabeça para trás. Foi tão convincente que comecei a me perguntar se ela estava se esquecendo do motivo de estar lá. Depois eu a vi pegar uma caneta, e em alguns minutos estava de volta a meu lado, já me entregando um papel com o número de telefone. Corri de volta para o meu carro.

Meu pai estava na cozinha quando cheguei em casa e contei tudo para ele, que me repreendeu, em tom de desaprovação:

"Jacinda, você deveria ter chamado a polícia." Mesmo assim ele pegou o telefone e ligou perguntando pelo garoto. A pessoa do outro lado, que parecia ser a mãe dele, disse que sentia muito, mas que ele não estava em casa, e sim em Morrinsville, na festa do primo.

O sr. Gostoso acabou passando por um processo na Vara da Infância e Juventude. Devolveu o dinheiro roubado com uma taxa de juros de cinco dólares neozelandeses por semana, e ainda teve de se desculpar com Carol e Grant pelo crime.

Mas não foi o fim da história para mim. Fiquei pensando sobre aquela noite por meses a fio. Não tinha sido o crime do século, mas eu queria saber se ele tinha pensado em cometê-lo, se tinha planejado antes que acontecesse. Por que tinha feito aquilo? Por que alguém faria uma coisa daquelas? Essas eram perguntas que eu já tinha visto meu pai fazer. Agora elas também me incomodavam.

Uma noite, no seu último ano de ensino médio, Louise estava fazendo o dever de casa de biologia quando ergueu os olhos da tarefa e perguntou: "Pai, qual o seu tipo sanguíneo?".

Ele estava à mesa, lendo o jornal. Tínhamos terminado de jantar e eu estava na cozinha cuidando da louça enquanto minha mãe fazia conservas. "AB positivo", disse ele com certeza. AB é um dos tipos mais raros de sangue, e ele e seu irmão gêmeo, Ian, faziam parte desse grupo, disse meu pai.

"E o vovô?"

Meu pai parou antes de responder: O positivo. Louise comparou a resposta com uma tabela. Depois ficou em silêncio, folheando o caderno e o livro didático.

"Calma aí", disse ela. "Tem certeza, pai?"

Ele respondeu que sim, e Louise olhou para o caderno de novo. "Mas isso não é possível."

Àquela altura, minha mãe já tinha se aproximado do meu pai. Os dois trocaram um olhar significativo, do tipo que os casais trocam quando têm um segredo que de repente é descoberto.

Levei apenas alguns momentos para entender o que aquele olhar significava. Apenas o suficiente para diferentes lembranças do passado se encaixarem nos devidos lugares. O constrangimento no funeral da vovó. A reunião de família depois. A distância tácita da família. E depois a foto: vovô Harry e o homem segurando o cisne. O homem que era igualzinho ao meu pai, tão igual que tínhamos achado que fosse ele. Mas não era. Era o Jim. O homem que trabalhava com meu avô.

Era o Jim.

E de repente tudo fez sentido.

O pai biológico do meu pai era o Jim.

Não me lembro muito da conversa depois disso. Mas nos anos seguintes meu pai confirmaria que sim, era verdade. Não, ele não sabia a história toda. E, quando perguntei se aquela verdade tinha mudado a forma como se sentia em relação à mãe, ele respondeu que não. Mas mudara em relação ao vovô Harry. "Ele devia saber", disse meu pai. "Mas não me amou menos... Passei a amá-lo e a admirá-lo ainda mais por isso." Enquanto dizia isso, comecei a pensar no meu avô, aquele homem que estava quase sempre nas sombras e que, de repente, apareceu por completo, deixando de ser apenas a pessoa que se sentava ao lado do fogão a carvão e passando a ser a pessoa que o usava. O almoço de Natal que de alguma forma aconteceu mesmo quando vovó estava doente não fora sinal de uma recuperação milagrosa; Harry dera um jeito.

Talvez o que acontecera tantos anos atrás fosse bem menos importante do que o amor tranquilo e consistente que se seguiu. Mas algumas coisas só são óbvias quando observadas em retrospecto.

Passaram-se anos até eu tirar o violino da vovó de baixo da minha cama, aquele que ela me dera tanto tempo atrás, quando eu estava fraca e febril no sofá da sala. Nunca aprendi a ler partituras, e minha habilidade de lembrar uma música de ouvido acabou chegando ao limite. Então eu desisti. Desde essa época o violino ficara ali, largado.

Depois de descobrir sobre minha avó e Jim, fiquei chateada, zangada até, em nome de todas as pessoas que presumi que ela magoara. Meu pai, minhas tias e tios, meu avô. E isso foi antes de começar a pensar no que a igreja diria a respeito. Hoje, porém, percebo que não estava chateada apenas pelas outras pessoas, mas também pelo que aquilo significava para mim e para as minhas lembranças.

Eu queria que a vovó fosse a pessoa que eu achava que conhecia, e apenas aquela pessoa. Mas, assim que soube do Jim, parecia que minhas lembranças sobre ela haviam sido desmontadas. Eu queria tanto poder conversar com a vovó, perguntar o motivo, o que tinha acontecido, para que eu pudesse começar a colocar as peças de volta em seus devidos lugares.

Mas agora minhas perguntas duras tinham começado a se suavizar. Muitas coisas que antes pareciam ser pretas ou brancas começaram a ficar cinzentas. As pessoas eram complicadas. A vida era complicada. Por que esse não seria o caso da minha família também?

Sentei-me no chão, com o estojo do violino diante de mim. Abri-lo parecia entrar em uma máquina do tempo. Havia o forro amarelo com pontinhos prateados, a curvatura do instrumento de madeira. Vovó tinha me contado que o violino fora feito por um aluno de Stradivari, o maior fabricante de violinos de todos os tempos. O instrumento tinha viajado por quase 20 mil quilômetros por mar, da Escócia para a Nova Zelândia, tinha passado da minha bisavó para a minha avó, e depois para mim. Eu era sua guardiã agora, e estava mais do que na hora de o violino ser restaurado.

O instrumento estava em uma loja em Hamilton havia apenas alguns dias quando recebi uma ligação do restaurador, dizendo que não era possível que o violino tivesse a idade que eu lhe dissera. Que, embora o estojo certamente fosse antigo, era bem provável que seu conteúdo tivesse sido fabricado nos anos 1950. Retruquei que não era possível; afinal, ele viera da Escócia três gerações antes. O homem sugeriu com delicadeza que eu perguntasse a meus familiares se minha avó o teria mandado para uma restauração, quem sabe para alguém que não fosse tão correto, talvez?

E foi como eu descobri que minha avó tinha sido ludibriada, seu precioso violino fora roubado por um comerciante de antiguidades que batia de porta em porta décadas antes, tendo sido substituído por um falso.

Fiquei tão triste. Registrei toda a história da lamentável saga no meu diário, debatendo-me entre seguir adiante com a restauração do violino e me sentir tão triste com a perda. Além disso, porém, havia uma questão mais profunda: aquela nova informação mudava a forma como eu me sentia em relação ao violino? Com certeza outros o valorizariam menos, mas e quanto a mim?

E quanto a vovó? Minhas lembranças de infância eram menos reais só porque a história dela era mais complexa para mim agora? As novas informações que eu recebera a definiam? Ou eu poderia simplesmente me agarrar à pessoa que eu conhecera, exatamente como a conhecera?

Alguns dias depois, liguei para o restaurador. "Pode continuar com o trabalho, por favor", disse eu. O violino não era uma antiguidade, é bem verdade. Mas continuava sendo um tesouro de família.

Oito

À medida que se aproximava o fim do ensino médio, havia uma decisão que eu precisava tomar: *o que fazer da minha vida?* Eu me torturava com essa questão. Tinha certeza de que, independentemente da escolha que fizesse, esse seria meu caminho *para sempre*.

No decorrer dos anos, pensei em várias carreiras: advogada, agente tutelar da polícia, terapeuta. São trabalhos úteis, que ajudam as pessoas, e talvez o mais importante é que estavam a meu alcance. No entanto, será que eu estava pronta para escolher apenas um? Então, em relação à faculdade, pensei em fazer um bacharelado em arte, uma boa graduação generalista, que me permitiria estudar várias matérias que eu amava, como história e política. Mas, quando compartilhei esse plano em casa, meu pai opinou: "Bem, é melhor aprender a perguntar 'Com ou sem fritas?', porque esse é o único tipo de emprego que você vai conseguir com uma formação em artes".

Meu pai não estava sendo cruel. Eu sabia disso, mesmo enquanto revirava os olhos para ele. Seu objetivo era só que eu tivesse segurança profissional, do tipo que ele tinha em sua carreira de décadas. Minha irmã e eu seríamos as primeiras da família a cursar uma universidade. Parecia que a educação superior tinha se tornado um privilégio caro. Se eu fosse pedir um empréstimo para pagar a faculdade ou os gastos de moradia, os juros logo começariam a se acumular, mesmo antes de eu me formar, a uma taxa de 7%. Eu não sabia se um dia chegaria a ganhar o suficiente para pagar um empréstimo assim.

Queria um bom emprego, um trabalho estável, mas havia uma chance razoável de não conseguir *nenhum* trabalho que pagasse bem. Afinal de contas, acabaria me casando e tendo filhos, e quem sabe o que poderia acontecer em minha carreira depois disso?

Minha irmã já estava noiva do namorado, Warren, que ela conhecera na igreja. Eu gostava dele. Ele era tímido e silencioso, e muito doce com Louise. Eu estava feliz por ela, mesmo que, no íntimo, estivesse triste porque aquilo significava que minha companheira quase constante e confidente mais próxima iria se mudar. Mas seu noivado reforçou uma certeza que eu sempre tive: que sucesso significava ter uma família. A única outra certeza que eu tinha era que amava política. Àquela altura eu já tinha assistido a duas eleições e sabia que o Partido Trabalhista tinha todo o meu apoio, o mesmo que minha avó sempre defendera.

Eu também tinha dois empregos: meu turno no Golden Kiwi e um cargo de caixa no mercado local. Às vezes nosso candidato trabalhista entrava na fila do meu caixa. Ele não tinha chance de ganhar, não em uma comunidade conservadora como Morrinsville, mas eu sempre estava ávida para conversar sobre política com ele enquanto registrava suas compras: leite, cereal e sacos de maçã.

Mas se *interessar* por política e *trabalhar* com política são coisas completamente diferentes. A política era o tipo de coisa que eu sabia que faria se pudesse ter um hobby. Tratava-se de uma paixão, não de uma profissão.

Um dia, depois de ficar pensando inutilmente sobre meu futuro, fui visitar uma faculdade próxima, a Universidade de Waikato. Peguei folhetos de todos os cursos disponíveis. Li cada um deles e comecei a filtrar as opções. O curso de administração era provavelmente o melhor do país. Mas não era o que eu queria estudar, então o deixei de lado.

Em um dia claro de primavera, alguns meses antes do fim do ano letivo, fui até a cantina da minha mãe. Ela estava sentada diante de um livro-caixa, registrando os ganhos da semana, ao seu lado uma pequena calculadora de mesa com uma fita de papel que imprimia os números.

"Mãe, tomei uma decisão", anunciei. Contei a ela que a Universidade de Waikato estava começando um novo curso, um bacharelado em comunicações, que seria ministrado pela faculdade de administração, mas no qual eu poderia fazer também aulas de relações internacionais.

Mesmo enquanto dizia isso eu ainda não tinha ideia do que queria fazer. Imaginei que meu caminho mais provável seria gerenciamento de comunicação, trabalhando em uma equipe contratada por alguma empresa do setor privado. Eu estava animada com a possibilidade? Na verdade, não. Mas tinha ouvido falar que havia oportunidades de trabalho na área, e isso não bastava? Havia muito mais chances do que minha mãe já tivera.

Ao longo da vida, vi minha mãe colocar as necessidades de todos antes das dela. Trabalhava naquela cantina havia mais de sete anos. E, depois de tanto tempo, ganhava um valor por hora menor do que eu recebia como caixa do mercado. No entanto, só me lembro de ouvi-la dar a entender uma vez que gostaria de alguma outra coisa. Estávamos conversando sobre seu desejo de longa data de ser contadora. Ela dissera: *Teria sido muito satisfatório provar para mim mesma que conseguiria.*

Minha mãe assentiu com alegria, sempre me apoiando. "Que ótimo", disse eu, aliviada por finalmente ter tomado uma decisão. "É isso que vou fazer então."

Tipo assim, o que mais eu poderia escolher? Estudar política? E depois?

E talvez essa teria sido minha vida, isso e a política. Mas então recebi um telefonema.

"Loui-Jacindaaaaa, você pode atender o telefone?" Minha mãe fazia isso desde que me entendo por gente: misturava meu nome com o de Louise, sempre com uma vogal alongada no fim. Com a minha irmã era o contrário: "Jaci-Louiiiiiise". E nem mesmo com a saída de Louise de casa retomei meu nome original.

"Pode deixar!" Coloquei o livro de linguística na mesa, que, para dizer a verdade, era um saco. Eu estava no primeiro período da faculdade àquela altura, mas ainda morava na casa dos meus pais para economizar.

Na cozinha, levantei o fone branco e pesado da base sem fio. "Alô, aqui é Jacinda."

"Jacinda Ardern?", perguntou a voz do outro lado, um homem que parecia confiante e alegre, como alguém distribuindo prêmios em uma estação de rádio. Havia algo vagamente familiar em seu tom.

Saí da cozinha e me sentei no degrau de baixo da escada. A única coisa que dava para ver dali era o banheiro, mas era para onde eu ia quando queria paz e tranquilidade. A última vez tinha sido para abrir os resultados das provas de admissão para a faculdade.

"Jacinda", disse a voz. "Aqui é Harry Duynhoven."

Harry Duynhoven era um dos membros do Parlamento, o representante de New Plymouth, onde tia Marie morava. Ela tinha sido voluntária nas campanhas dele e sempre sentia orgulho da forte maioria que ele tinha, principalmente em um distrito que votara nos trabalhistas em apenas cinco das vinte eleições anteriores. Harry conquistara a confiança dos eleitores em sua cruzada pelas coisas que o indignavam, como vendedores de carros usados que adulteravam a quilometragem de veículos importados.

E agora ele estava me ligando? Por quê?

"Oi, Harry! Que ótimo receber uma ligação sua." Fiz uma careta. Eu parecia alguém que estava esperando uma encomenda.

"Sua tia Marie me disse que você se interessa por política", disse Harry com ar de riso. Eu sabia exatamente o que ele queria dizer: tia Marie devia ter falado de mim como uma mãe orgulhosa. Eu até conseguia imaginá-la dizendo: *Minha Jacinda, ela é tão inteligente, Harry. Você tem que conhecê-la.*

Sim, eu disse para Harry que me interessava muito por política, embora o Partido Trabalhista em Morrinsville fosse bem pequeno, então meu interesse não era muito posto em prática.

"Então, você sabe que teremos uma grande campanha eleitoral este ano", disse Harry. "Uma eleição importante."

Naquela época, o governo era liderado por Jenny Shipley, primeira mulher a alcançar o cargo de primeira-ministra da Nova Zelândia e líder do Partido Nacional. Na Nova Zelândia só existe um corpo legislativo, o Parlamento, e é necessário ter pelo menos metade de seus assentos para formar um governo — o líder do maior partido é nomeado primeiro-ministro. O conservador Partido Nacional já governava o país havia quase uma década. Mas, depois da eleição de 1996, para formar a maioria eles precisavam do apoio do Partido Nova Zelândia Primeiro, um grupo populista liderado por Winston Peters. Tal aliança tinha se rompido recentemente, e as pessoas pareciam estar fartas dos cortes que vinham acontecendo nos serviços públicos.

Agora, em 1999, parecia que os trabalhistas teriam finalmente uma chance de vencer. Se isso acontecesse, a líder do partido, Helen Clark, que tinha décadas de experiência e era tão inteligente quanto séria, seria a nova primeira-ministra.

"Gostaria de saber se você quer vir a New Plymouth e passar um tempo aqui", continuou Harry, "para ajudar na campanha."

Empertiguei-me na escada. Cinco minutos antes, estava tentando desesperadamente manter a atenção nos estudos de linguística e me perguntando se era cedo demais para ir para a cama. Agora estava falando com um parlamentar, e ele surpreendentemente parecia achar que eu poderia ser útil.

Harry começou a me explicar algumas das tarefas para as quais ele precisaria de ajuda. *Recrutamento voluntário... telefonemas... talvez algumas visitas de porta em porta quando a campanha estivesse a pleno vapor.* "E, é claro, no dia da eleição precisamos de ajuda para conseguir votos, levar as pessoas às urnas e fazer verificações", continuou ele.

Minha mente estava a mil. Nos meus dezoito anos de vida, tinha aprendido a fazer um monte de coisas – podar árvores, embrulhar peixe com fritas, registrar compras no mercado –, mas nada daquilo me ajudaria a lidar com uma campanha. Além disso, eu não era de New Plymouth, mas de uma cidade rural de gado leiteiro. New Plymouth era um polo energético, um lugar no qual milhares de pessoas trabalhavam direta ou indiretamente nos setores de petróleo e gás. Eu não sabia nada sobre aquilo.

Por outro lado, eu sabia bater à porta de uma pessoa desconhecida e começar uma conversa. Sabia trabalhar com dedicação e incansavelmente. E, se eu pudesse ajudar Harry, estaria ajudando Helen Clark, a líder do Partido Trabalhista, a ganhar o governo. Aquilo significava dar aos trabalhistas uma chance de fazer mudanças em tudo que eu via que não *parecia certo*. Significava aumento no salário mínimo, melhoria nos direitos dos trabalhadores, a chance de evitar que os estudantes enfrentassem uma dívida estudantil crescente. Significava fazer alguma coisa.

No fim, verbalizei a única objeção que poderia me impedir: "Minha tia não mora mais aí". Marie tinha aceitado um emprego na Austrália como garçonete em um cassino. Pagava bem, mesmo que aquilo estivesse começando a cobrar um preço de sua compleição frágil. As grandes bandejas que carregava acima da cabeça ou equilibrava nos antebraços estavam desgastando as articulações dos ombros. Parecia inevitável que ela voltasse para casa, eu só não sabia quando.

Nesse meio-tempo, não conhecia mais ninguém em New Plymouth, a três horas de carro de Morrinsville, nem tinha dinheiro para pagar por um lugar para morar.

"Vamos encontrar um lugar para você", assegurou Harry. Ele disse de forma tão simples que quase pareceu fácil.

"Claro, Harry", disse eu. Meu estômago revirou um pouco quando eu disse a próxima palavra: "Aceito."

Na Nova Zelândia, a campanha para eleger um governo e um primeiro-ministro é curta e intensa. As eleições ocorrem a cada três anos, mas a data do pleito fica à escolha do primeiro-ministro, que define sempre um sábado, levando em conta tudo, desde férias escolares até o calendário de jogos de rúgbi. De quatro a sete semanas antes do dia da eleição, o Parlamento entra em recesso e os parlamentares saem em campanha.

Quando o gerente de campanha de Harry me ligou alguns dias depois, ele queria que eu fosse para lá o mais rápido possível, bem antes do início da campanha. Eles precisavam de alguém para recrutar voluntários, de modo a já começar a campanha a pleno vapor. Esse trabalho poderia ser feito durante as férias da universidade. Então eu saí do emprego no mercado, coloquei minhas coisas no Toyota Corona da minha mãe e caí na estrada.

A estrada até New Plymouth tem trechos longos de pistas estreitas e cheias de curvas, com uma estranha ponte de mão única e uma ravina afunilada. O Corona da minha mãe era só de quatro marchas, e rangia toda vez que eu passava de noventa quilômetros por hora, como se estivesse implorando pela quinta marcha. O antigo toca-fitas tinha um fio preto comprido pendurado, no qual conectei meu discman. Durante a viagem de três horas, fui cantando com The Smashing Pumpkins, Tripping Daisy e Portishead, e, quando o discman não deu conta, fiz uma estranha capella de "Bohemian Rhapsody". No banco do passageiro havia um grande mapa, mas eu já tinha decorado as principais saídas que precisava pegar. Passei pelas famosas cavernas dos vaga-lumes, atravessei pequenas cidades rurais até chegar à costa oeste, com seu litoral acidentado e as ondas quebrando ao lado da estrada.

New Plymouth não era grande — na época, contava com menos de 70 mil habitantes. Só que eu fora criada em uma cidade que nem tinha semáforo, então aquilo para mim era gigante. Passei pela entrada do município, por postos de gasolina, hotéis e supermercados até chegar às amplas ruas residenciais, cheias de casas de tijolos com alpendres de alumínio branco, e jardins cheios de jasmins e dafnes crescendo no rico solo vulcânico.

Era ali que eu ficaria pelas próximas semanas, na casa de uma voluntária chamada Lorna e de seu marido, Don. Embora nunca a tivesse visto até bater à porta dela, Lorna me recebeu de forma efusiva, com os olhos brilhando atrás de óculos com armação grossa de metal. Lorna devia ter mais ou menos a idade da minha tia, cerca de cinquenta anos, e fez com que eu me sentisse uma pessoa da família, levando-me pela casa até um quarto confortável, com uma cama bem-arrumada.

Nas semanas seguintes, trabalhei na casa de Lorna e na sede do Partido Trabalhista, uma construção pequena de madeira com ares de um salão comunitário de antigamente. À direita ficava Phoebe, a agente eleitoral de Harry, que atuava na assistência social. Se alguém tinha problemas com o auxílio-desemprego ou a imigração, por exemplo, poderia procurar a ajuda do parlamentar local. No escritório de Harry, Phoebe estava lá para ajudar.

Do outro lado ficava a sala de Harry. Não que houvesse muita coisa no espaço. A sala era austera e quase não recebia luz natural. O elemento principal era uma escrivaninha antiga e uma cadeira de escritório com rodinhas. Algumas recordações do Partido Trabalhista enfeitavam as paredes. Não havia computador, e eu tinha a impressão de que Harry gostava de passar seu tempo com as pessoas em vez de naquele lugar mal iluminado.

Passando pelo corredor havia um grande espaço aberto com piso de madeira, janelas grandes, um pequeno palco elevado em um dos lados e uma cozinha do outro. Embora a cozinha estivesse vazia, eu conseguia imaginar chá e bolo sendo servidos naquela bancada, mesas de armar espalhadas pelo salão, pessoas com pranchetas caminhando por ali com as rosetas de cor vibrante do Partido Trabalhista presas ao casaco.

Parada ali, tudo parecia estranhamente familiar, como se de alguma forma eu já soubesse que dali a alguns anos eu teria passado por dezenas de salões exatamente como aquele.

Campanhas precisam de muitos voluntários. Eles são necessários para distribuir panfletos, fazer campanha porta a porta, telefonar e estimular as pessoas a saírem para votar no dia da eleição. Sem voluntários as campanhas fracassam ou nem chegam a decolar. O Partido Trabalhista conta com milhares de membros; o desafio é torná-los voluntários na época da eleição. Meu trabalho era motivar os apoiadores a doar tempo e energia para eleger Harry. Minhas ferramentas eram um grande telefone fixo branco sem fio, dezenas de páginas de uma planilha de Excel com centenas de nomes e números de telefone, e o encorajamento incessante de Lorna.

No primeiro dia, sentei-me à mesa de jantar de Lorna, coberta com uma toalha branca de crochê, enquanto ela andava pela pequena cozinha adjacente. Coloquei uma folha de papel branco embaixo da primeira linha da planilha, para que eu pudesse alinhar o nome e o número de telefone, respirei fundo e comecei a discar.

"Oi, meu nome é Jacinda Ardern, e estou ligando em nome de Harry Duynhoven."

Quando a pessoa respondeu educadamente com um "não, obrigada" e desligou o telefone, fiz uma anotação na planilha, respirei fundo de novo e fui para o nome seguinte.

Bom dia, estou ligando do escritório de Harry Duynhoven para ver se você gostaria de...

Olá, você teria interesse em distribuir alguns panfletos para o Partido Trabalhista...

Oi, meu nome é Jacinda e sou voluntária de Harry Duynhoven...

Uma ligação depois da outra. Em cada uma delas eu ouvia como as pessoas respondiam e tentava começar uma conversa. *Como você acha que vai ser a eleição? O que acredita que poderia mudar as coisas?*

No fim do primeiro dia, eu tinha um roteiro. Mas nem toda ligação era simples. As listas eram de três anos antes. Às vezes as circunstâncias tinham mudado drasticamente, e eu tinha a estranha habilidade de torná-las o mais constrangedoras possível. Perguntei se uma pessoa estaria interessada em distribuir panfletos e descobri que ela não podia mais andar. Quando outra me disse que não podia mais sair de casa, sugeri que fosse parte do grupo de telefonistas — "nós fornecemos as planilhas com os números", disse eu, sem perceber que ela também tinha um grave problema de visão. Diversas vezes pedi para falar com alguém que tinha morrido desde a última eleição. Eu fazia anotações cuidadosas, na esperança de evitar que a próxima pessoa a ligar enfrentasse os mesmos problemas.

Eu continuava. Conferia duas vezes o nome da pessoa, discava, anotava os interesses e a disponibilidade em letra miúda na ponta da planilha. Eu sorria até as bochechas doerem, esperando que meu entusiasmo fosse sentido do outro lado da linha. Quando era atendida com grosseria ou até mesmo hostilidade, respondia com educação e desligava, resmungando só depois: *não precisa ser grosso*, enquanto escrevia em letras grandes NLN na lateral da planilha – "não ligar de novo".

Eu passava horas à mesa de jantar de Lorna. Às vezes, no fim do dia, ia até a sede do Partido Trabalhista, onde digitava as respostas anotadas nas planilhas. Na minha primeira semana também participei de uma reunião de campanha, na qual conheci Harry. Ele era mais baixo do que eu esperava, mas tão esfuziante quanto parecia na televisão. Estava sempre se mexendo, com aquele tipo de energia inesgotável de alguém que ama ter muita coisa para fazer. Também era animado, sempre sorrindo sob a barba branca, agradecendo a todo mundo por tudo – pelo chá, pelos biscoitos, pelo "trabalho brilhante" de um dos voluntários que conseguira outdoors e pelo meu trabalho no telefone.

Estar naquela primeira reunião, conversando sobre o plano para os próximos meses, fez com que me sentisse parte do time, a parte essencial dos bastidores que permitia que todos os grandes eventos públicos acontecessem. Eu me senti útil. Isso me deu toda a motivação de que precisava para continuar com o trabalho entediante de fazer ligações telefônicas.

Perto do fim da primeira semana, eu estava começando a me sentir uma veterana. Discava um número, como já tinha feito centenas de vezes àquela altura, pronta para recitar o roteiro que havia decorado. Enquanto o telefone chamava, eu conferia o nome na planilha diante de mim.

Oi, John, aqui quem fala é Jacinda Ardern. Estou ligando da campanha de Harry Duynhoven. Como você sabe, temos eleição este ano e estamos nos preparando para a campanha. Gostaria de saber se você estaria disponível para ajudar.

"Sinto muito, Jacinda", respondeu John. "Mas ando muito ocupado."

Eles sempre diziam isso. Mas eu já tinha conquistado a ajuda de algumas pessoas ocupadas para fazer um ou outro trabalho.

"Claro." Eu mantinha o tom amigável e caloroso enquanto insistia. "Mas nós temos tarefas bem pequenas e simples, que não exigem muito tempo. E elas fazem toda a diferença!"

Eu olhava para o além, a caneta pronta para designar um trabalho para John.

"É sério", reafirmou ele. "Eu estou *muito* ocupado."

O que pode ser mais importante do que a eleição de um novo governo?, pensei com meus botões. *É um dia a cada três anos!*

"Que tal distribuir panfletos nos horários que você puder?", pressionei.

"Não, eu..."

"Até mesmo um trabalho no dia da eleição faria uma imensa diferença. Você sabe que essa eleição vai decidir se teremos mais três anos de governo do Partido Nacional."

"Olha só, Jacinda, eu realmente não posso", disse ele por fim, usando meu nome para dar mais ênfase. "Eu sou o candidato trabalhista para a região de Taranaki-King."

Olhei para o nome de novo. John Young. Eu conhecia aquele nome. *Ai, meu Deus, fiquei pressionando uma pessoa que está concorrendo ao Parlamento para um lugar ao lado de Harry!* "Claro que está!", respondi, fazendo uma careta. Tentei soar natural. "*John*! Sinto muito, você obviamente tem sua própria campanha para cuidar."

"Sim, sim, tenho." Ele parecia desanimado. Eu não tinha apenas pressionado o homem, mas feito ele duvidar da força de reconhecimento do próprio nome. "Boa sorte com sua campanha", disse ele.

Um monólogo familiar começou a passar pela minha mente, questionando se eu deveria estar ali, fazendo aquele trabalho. Minha cabeça estava apoiada na mesa quando Lorna entrou. "Está tudo bem?", perguntou ela. Contei o que tinha acabado de acontecer na ligação para John Young. Para minha surpresa ela jogou a cabeça para trás e começou a rir, uma risada com todo o corpo, o tipo que eu esperaria da minha irreverente tia Marie.

Continuei seguindo pela pilha de papel, verificando cada um dos nomes. *Peter... Graham... Susan. Dia da eleição, telefonemas, panfletos. Número desligado... doente demais. NLN...* A pilha foi ficando menor, e a lista de voluntários, maior.

Um dia, perto do fim da minha fase de recrutamento voluntário, eu estava na sede do Partido Trabalhista inserindo os nomes das minhas ligações mais recentes na planilha quando ouvi a porta abrir. Olhei naquela direção para ver se havia alguém para atender, quando então ouvi a voz gentil de Phoebe. "Olá! Como posso ajudá-lo?"

Havia um homem mais velho na porta. Estava com uma parca desbotada por cima da calça. Os sapatos pareciam ter mais de uma década de uso, e o rosto estava coberto por uma barba por fazer grisalha. Ele entrou no escritório de Phoebe, e eu ouvi sua história. Era um avô que criava o neto. O menino morava com ele e frequentava a escola, mas sofria de asma grave. A saúde do idoso não era boa o suficiente para trabalhar. Ele estava com dificuldades... com o custo de cuidar do garoto e da casa, além da doença. Ele desconfiava que a casa estava deixando ambos doentes.

Havia algumas coisas que Phoebe podia fazer. Por exemplo, colocá-lo em contato com um sistema de apoio àqueles que criavam filhos de outras pessoas. Se ele morasse de aluguel, ela poderia colocá-lo no programa público de habitação popular. Mas eu sabia que o apoio do governo não seria suficiente, e também que oito anos antes o governo conservador tinha mudado as regras do programa; desse modo, as pessoas que viviam nesse tipo de moradia precisavam pagar o preço de mercado.

Em outras palavras, apesar do trabalho e das boas intenções de Phoebe para *realmente* melhorar a vida daquele homem, o sistema teria de mudar. E aquilo significava que o governo precisava mudar.

Naquela tarde, quando terminei minhas planilhas do dia, guardei tudo e me despedi de Phoebe. Eu já estava em New Plymouth havia quase quinze dias. No entanto, ver aquele homem e ouvir sua história aumentou os riscos daquela eleição — de qualquer eleição. Um pleito não era apenas uma coisa que se debatia em uma tela de televisão. Não envolvia apenas telefonemas ou páginas de uma planilha de Excel, mas coisas reais que aconteciam com pessoas reais. Se Harry vencesse — se o Partido Trabalhista vencesse —, a vida de pessoas reais poderia melhorar.

Entrei no carro e coloquei meus papéis no banco do carona. Quando dei a partida, outro pensamento me veio à mente. *Como seria?* Não apenas ajudar as pessoas, uma por uma — como membro da comunidade ou voluntária, do modo como já tinha visto minha mãe fazer a vida toda —, mas também ter voto e voz no lugar que definia e mudava as regras.

Como seria atuar como parlamentar?, eu me perguntei.

O pensamento se foi tão rápido quanto chegou a minha mente. *Lembre-se de que você precisa de um emprego*, pensei. *Não de um hobby*. Engrenei o carro e saí da sede do partido.

Faltando algumas semanas para a eleição, retornei a New Plymouth. Àquela altura, Marie já tinha voltado do cassino em Melbourne e alugara uma casa em uma rua arborizada. O bairro era próximo à faculdade técnica de New Plymouth, e a casa dela ficava em frente à estação de rádio do campus.

Logo que chegara à cidade, mais de vinte anos antes, Marie tinha acabado de se divorciar e era mãe solo de dois filhos. Havia poucas opções de moradia na época, e, por três meses, ela e as crianças viveram em um trailer dentro de um acampamento enquanto ela procurava um lugar para morar. Todos os dias ela deixava os filhos na escola e seguia para o escritório do programa de moradia na esperança de obter ajuda. No fim das contas, eles a colocaram em uma casa em Marfell, um dos bairros mais pobres de New Plymouth.

Morar em Marfell tinha sido uma grande revelação para Marie. Havia tiroteios e facadas ocasionais. As janelas sempre eram quebradas. Lá tia Marie plantou uma grande horta de verduras e legumes na qual cultivava de tudo, desde beterraba até abóbora. Ela compartilhava com os vizinhos tudo que colhia. Logo se tornou conhecida, a mulher que tinha uma horta aberta para todos. Quando se afiliou ao Partido Trabalhista, no início dos anos 1980, era em Marfell que fazia campanha porta a porta.

Em todos os distritos havia lugares que pareciam mais fáceis. Ruas residenciais sem ladeiras, onde quase todo mundo já tinha se cadastrado e decidido seu voto. Mas esses eram os lugares que tia Marie colocava no fim da lista.

"Você vai aonde as pessoas mais precisam de ajuda", disse-me ela enquanto seguíamos para Marfell para fazer uma campanha juntas pela primeira vez. Como sempre, ela estava impecável: o cabelo louro volumoso, a maquiagem, as roupas. Ela caminhava com confiança pelas ruas nas quais a maioria das pessoas morava em casas do programa habitacional público, para fazer com que se cadastrassem e pudessem votar.

Marie já trabalhava para o Partido Trabalhista havia anos, tendo começado junto com minha avó nos anos 1970, quando Helen Clark estava concorrendo para representar a região de Piako no Parlamento. Todas aquelas eleições significavam que Marie tinha muitas histórias de anos batendo de porta em porta. Como a vez que achara estar cercada por apoiadores do Partido Trabalhista porque "todo mundo estava de vermelho", até descobrir que era a cor da gangue local. No entanto, minha tia não era daquelas que só contava histórias. Se visse alguém necessitado, ela faria alguma coisa imediatamente.

Um dia, há muitos anos, enquanto batia de porta em porta em Marfell, ela encontrou uma mulher cuja casa tinha buracos em praticamente todas as paredes, não havia aquecimento, o vaso sanitário estava quebrado, o chuveiro não funcionava e o forno estava "arruinado", nas palavras dela. Marie voltou e continuou fazendo visitas à mulher, construindo uma relação com ela. Por fim, minha tia a ajudou a acessar o serviço de apoio para consertar a casa. Os buracos foram fechados, o chuveiro e o vaso, consertados, a cozinha, refeita, os tapetes, retirados, e o piso, encerado. Foram instaladas novas cortinas e persianas, e foi feita pintura interna e externa.

Na última visita de Marie, o filho da mulher, membro importante de uma das gangues de motocicleta, estava visitando a mãe. Ele estivera na prisão quando a casa fora reformada. Em vez de deixá-los a sós, Marie não se importou. Conversou com ele sobre a eleição também.

Dia após dia, Marie e eu andávamos juntas. *Tudo bem, querida*, ela me dizia (ela chamava todo mundo de "querida"). *Você vai para o outro lado da rua e visita os números pares. Eu fico com os ímpares. Só me dá um gritinho de vez em quando para eu saber que você está bem.* Com isso ela partia, as sandálias de salto baixo ecoando no pavimento, sem parar até escurecer, antes de voltar para casa e ficar descalça, sempre repetindo as mesmas palavras: "Nossa, meus pés estão me matando".

Foi tia Marie que me ensinou a balançar o portão ao chegar a uma casa nova. *Só dar uma sacudidinha*, explicou ela em nosso primeiro dia. *Se tiver cachorro, ele vai sair e você vai perceber se ele quer um pedaço de você. Na maioria das vezes fica tudo bem. Na verdade, é com os pequenos que você precisa se preocupar. Nunca fui mordida. Pode sacudir, querida. Bem de leve.* E era o que eu fazia, com confiança de que aquilo me protegeria.

Nesse meio-tempo, todas as pessoas que aceitaram meu convite estavam trabalhando juntas nas engrenagens da campanha: distribuição de panfletos, telefonemas, visitas porta a porta sete dias por semana.

Uma noite, estávamos sentados na sala da frente da sede da campanha, cadeiras em volta de uma mesa de centro, conferindo os itens da agenda. "Como está nosso estoque de placas?", perguntou Harry. "Bom", respondeu a pessoa que tomava conta dos cartazes de campanha com o rosto sorridente do candidato. "Só precisamos trocar alguns esta semana." Era ruim para a imagem do candidato se o rosto tivesse sido rabiscado, então uma equipe ligava se houvesse qualquer sinal de vandalismo. A pichação mais comum era o desenho de um pau e bolas, geralmente na testa do candidato. Algumas coisas são universais.

"Tudo bem, então", disse o responsável. "Temos algumas ações de marketing local. Folhetos e coisas assim. Mais alguma ideia?"

Em geral eu me contentava com as coisas que me pediam para fazer: atualizar a lista de voluntários; bater de porta em porta; ajudar Marie a organizar os esforços do dia da eleição com o objetivo de incentivar as pessoas a saírem de casa para votar; mas eu tinha tido uma ideia.

"Bem, estava pensando que talvez valha a pena usarmos a rádio estudantil", propus. Uma das propostas do Partido Trabalhista era tirar os juros dos empréstimos estudantis durante o período do curso. Continuei: "Esse tema tem impacto em tantos alunos de cursos politécnicos. Não sei quantos deles sequer sabem disso. Talvez pudéssemos fazer uma propaganda disso na rádio da escola politécnica".

Harry assentiu.

"Boa ideia. Você acha que pode escrever alguma coisa?"

"Posso tentar."

"Por que você não grava a voz também? É melhor que isso seja feito por alguém jovem do que por um velhote como eu!"

Não demorou muito para fazer o anúncio e colocá-lo no ar. Às vezes eu o escutava enquanto dirigia pela cidade. Uma tarde eu estava voltando para a casa de Marie e ouvi não apenas o anúncio, mas também os apresentadores conversando sobre ele. Eles ainda falavam sobre o assunto quando cheguei à casa de minha tia, então saltei do carro, atravessei a rua, fui até a estação de rádio e me aproximei de uma janela aberta da cabine. Dava para ver dois homens jovens usando fones de ouvido, com microfones a sua frente. Enfiei minha cabeça pela janela e, um pouco insegura, cumprimentei-os.

"Oi! Meu nome é Jacinda. Fui eu que fiz esse comercial." Os apresentadores colocaram um dos microfones mais perto de mim e, de repente, eu estava falando ao vivo na rádio. Não recordo exatamente o que disse, mas lembro que amei aquele momento: poder explicar alguma coisa tão importante para mim, algo que eu sentia ser relevante para todos os jovens — tudo isso com minha cabeça ainda pela janela.

Eu prestava atenção a tudo, a cada detalhe da campanha. Lia os jornais, revisava os anúncios políticos, ciente de que alguém poderia fazer perguntas sobre uma das questões em pauta quando estivéssemos fazendo campanha. Eu participava de reuniões comunitárias, sabia as taxas de desemprego local, os números de benefícios sociais, o preço médio dos imóveis e a disponibilidade de casas do programa habitacional público. Não queria apenas ser uma voluntária, queria ser um repositório de informações para os eleitores indecisos.

Também comecei a apreciar quanto uma conexão pessoal importava para as pessoas. Em New Plymouth as pessoas conheciam Harry. Quando ficavam sabendo que eu estava lá em nome dele, geralmente tinham uma história para contar. Harry tinha visitado o trabalho ou a escola delas, ou ajudara a conseguir uma casa nova. Uma vez visitei uma casa e encontrei a dona ajoelhada no jardim da frente. Quando percebeu minha presença, ela parou de tirar ervas daninhas, levantou-se e se aproximou dizendo que quando o marido morrera, alguns anos antes, Harry tinha mandado um cartão. Ela o manteve na cornija da lareira por meses. Não sabia ao certo como Harry ficara sabendo da perda, mas foi importante para ela que ele tivesse sido informado.

Assim como todos os voluntários, quando Marie e eu visitávamos as casas fazíamos um registro meticuloso de quais eleitores diziam que iam votar no Partido Trabalhista. No dia da eleição, iríamos verificar se aqueles apoiadores de fato tinham ido às urnas. Em caso negativo, moveríamos céus e terras para que fossem. Em um país pequeno como o nosso, uma vaga no Parlamento podia ser decidida por menos de cinco votos — ou apenas um.

Perto da última semana de campanha, percebi que até minha tia estava ficando esgotada. *Certo, querida, vou começar o dia tomando apenas café preto. Mas, no almoço, vamos voltar. Vou fazer para você um dos meus sanduichões com brotos, beterraba e todas as coisas saudáveis. Precisamos continuar fortes.* Ela se sentava por um momento com uma xícara de vidro na mão, de onde saía a fumaça do café instantâneo fresco. Alguns minutos depois, estávamos saindo pela porta.

A contagem regressiva continuava. *Este é o meu último sábado antes da eleição*, pensei comigo mesma. *Esta é minha última segunda-feira, minha última reunião com o candidato, minha última distribuição de folhetos, minha última saída para bater de porta em porta.* Notei que Marie estava fumando um número cada vez maior de cigarros, metade para ganhar energia, a outra metade para acalmar os nervos.

Amo o dia da eleição. Amo ver o ápice do trabalho árduo de tanta gente. Amo ver as pessoas que vêm trabalhar para a Comissão Eleitoral a cada três anos, que levam muito a sério o papel de encorajar os eleitores a votarem. Amo ver os monitores eleitorais sentados ali, com rosetas de diferentes partidos, doando seu tempo só para se certificar de que tudo corra sem problemas.

Amo saber que pessoas de todas as idades, de toda a Nova Zelândia, de diferentes estilos de vida, farão a mesma coisa em um intervalo de poucas horas. Amo ver as plaquinhas laranja de VOTE AQUI espalhadas por todos os lados nas esquinas, perto de escolas, centros comunitários e prefeituras. Amo ver as pessoas seguirem juntas para essas zonas eleitorais, a animação de falar com voluntários de outros partidos, por todo o país, e perguntar: *O que está achando? Como está o nível de comparecimento? Está fazendo sol lá fora? Sim, vamos esperar que não chova, porque isso seria um desastre.*

E então você entra na cabine de papelão, pega aquela caneta laranja forte e marca seu candidato. Atrás daquela marquinha tem tanto trabalho, tanta coisa em jogo, mas também muita esperança. Amo tudo sobre o dia da eleição, e, para mim, tudo isso começou em New Plymouth, que não foi apenas minha primeira campanha, mas também meu primeiro voto.

No dia da eleição, tia Marie e eu acordamos cedo. A seção eleitoral mais próxima de nós ficava bem na esquina, mas pegamos o carro. Marie sabia que teríamos um dia de muito trabalho pela frente, disse ela com a animação transparecendo no rosto bem maquiado, "e vamos estar acabadas no fim de tudo". Estacionamos em frente à escola de ensino médio New Plymouth Boys, uma elegante construção de estilo eduardiano em concreto rústico. O tempo era instável quando entramos em um grande salão. Peguei minha cédula em uma mesa dobrável e fui até a cabine de papelão, então segurei a grande caneta laranja e votei no Partido Trabalhista.

Depois disso saímos, e nuvens cinzentas cobriam o céu. A cabeça de Marie estava baixa e os olhos, marejados. "Sua avó teria amado isso", disse ela, quase que para si mesma. Minha tia enxugou os olhos com cuidado para não borrar o rímel e guardou o lenço de volta na bolsa enquanto pegava a chave do carro.

"Vamos, garota", disse ela. "Ainda temos muito trabalho pela frente."

Naquela noite, tia Marie e eu nos sentamos juntas na sede dos trabalhistas. Balões vermelhos espalhados pelo salão. Mesas pelos cantos com pequenas taças de vinho, pratos de rolinhos de salsicha e tigelas de batata chips. Marie mantinha os olhos fixos na tela do projetor enquanto os resultados chegavam. Manteve-se em silêncio, concentrada.

Foi quando os números de New Plymouth começaram a aparecer na tela, e Marie soltou um: "Iiiiiissso!". Harry sorriu no fundo do salão enquanto todo mundo explodia em aplausos espontâneos. Harry estava reeleito.

Em algumas horas as notícias ficaram ainda melhores. Os trabalhistas tinham derrotado o Partido Nacional, o que significava que Helen Clark, a líder trabalhista, assumiria o cargo de primeira-ministra no lugar de Jenny Shipley.

Olho para trás agora e vejo como tudo aquilo foi incrivelmente marcante: em minha curta vida eu tinha visto não apenas uma mulher chegar ao posto mais alto da nação, mas duas. Por causa delas nunca me ocorreu que meu gênero seria um impedimento para me envolver na política nem que seria impossível uma mulher chegar à liderança. Mas o tipo de personalidade necessária? Bem, isso é outra história. E foi por esse motivo que por ora meu trabalho político e de campanha estava concluído.

Tinha chegado o momento de me concentrar nos estudos e arrumar um emprego.

Nove

Desde que tomei a decisão de continuar morando em Morrinsville com meus pais e estudar na Universidade de Waikato, sabia que minha experiência universitária seria diferente. Para mim não houve dormitórios ou colegas de quarto. Em vez disso, eu fazia uma viagem de 25 minutos todo dia de manhã até o campus, e então passava o dia entre a faculdade de administração, com aparência corporativa, e o prédio de concreto com arquitetura dos anos 1960 da faculdade de humanas. Mas eu não era a única que continuava morando com os pais.

Conheci Alex na primeira semana de aulas na Waikato, em uma palestra de Introdução à Administração. Eu tinha acabado de me sentar quando notei que conhecia uma das alunas de algum lugar. Ela caminhava de um jeito amigável, e me pareceu confiante e simpática. Era mais baixa que eu, talvez tivesse 1,67 metro, e usava o cabelo louro espetado com gel. Mas eram os olhos dela, inquisitivos e observadores, que eu mais reconhecia.

Ela pareceu me reconhecer também porque depois da aula, enquanto eu guardava os livros na mochila, veio em minha direção. Com um sorriso irônico, perguntou: "Você era do time de debates? Na escola?". Era uma pergunta, mas a expressão em seu rosto deixava claro que ela já sabia a resposta.

Fui instantaneamente transportada para a biblioteca do ensino médio, com cadeiras entulhadas na quina formada por duas prateleiras e uma fileira de juízes sentados na frente, fazendo anotações zelosas. Era um debate contra a Cambridge High School. O assunto era "Você tem seu destino nas mãos". Sabíamos que a Cambridge tinha suspendido vários alunos pelo uso de maconha, então construímos nossa argumentação dizendo que o destino poderia ser determinado por muitas coisas, como poder, política e, no caso da escola deles, por ser assunto na mídia. Embora nossa intenção fosse criar um argumento solidário, parece que levamos as coisas para um nível pessoal demais. Não apenas a outra equipe venceu, mas nossos orientadores também tiveram uma discussão animada sobre tática perto da caixa de devolução da biblioteca.

E agora eu me lembrava de Alex. Ela tinha sido impressionante naquele debate: firme, inteligente e com um senso de humor que se sobressaiu na sala cheia de tensão.

Daquele dia em diante construímos uma amizade. Conversávamos sobre tudo: atividades da escola, professores, política, religião. Ela me ajudou a conseguir um emprego para treinar jovens com deficiência intelectual onde ela trabalhava. Também foi graças a ela que consegui um emprego de verão como demonstradora da Tefal em uma loja de departamentos: eu ficava diante de um forno de bancada, uma frigideira e um ferro de passar – às vezes todos de uma vez – enquanto os clientes faziam comentários sobre minha demonstração de "mulher perfeita".

Alex era de ascendência judaica e uma cética por natureza, e às vezes fazia perguntas bem diretas sobre minha fé. Ela sempre parecia mais curiosa do que julgadora. Um dia, durante o almoço em uma lanchonete movimentada da universidade, ela olhou para mim com ar intrigado. "Então você não bebe café?", perguntou.

"Não." Coloquei o garfo ao lado da salada de batata, o prato mais barato e mais substancioso do cardápio. "Tem cafeína", expliquei, como se a prática mórmon de evitar qualquer coisa viciante fosse óbvia.

Alex absorveu a resposta. "Mas os mórmons tomam coca-cola?" Deu para perceber que ela não estava apenas tentando entender as regras da minha fé, mas sim me compreender.

Dei de ombros. "Nem todos", respondi, como se isso pudesse satisfazer alguém, ainda mais minha amiga inteligente.

Embora Alex questionasse as pequenas inconsistências, tinha o cuidado de não apontar as grandes. Quando escrevi um artigo argumentando que a Nova Zelândia deveria introduzir a união civil, Alex nunca fez a pergunta óbvia: *Se eu acreditava que casais do mesmo sexo mereciam os mesmos direitos dos outros, por que seguia uma religião que não aceitava a homossexualidade de forma alguma?*

No entanto, embora ela evitasse claramente fazer esse tipo de pergunta, sua mãe, Paula, não hesitava nem por um segundo. Alex morava com a mãe em Hamilton East, em uma casa recém-reformada do programa habitacional público, não muito longe do campus. Fui até lá algumas vezes para estudar, cercada pelos lindos tecidos que Paula tinha criado para adornar as paredes. A mãe de Alex, psicóloga de formação, era tão inteligente quanto a filha, mas com um senso de humor sombrio. Ela era lésbica. Talvez por isso não tenha conseguido resistir aos questionamento sobre os mórmons e sua visão acerca da homossexualidade. Nesses momentos Alex sempre se irritava e exclamava: "Mãe!". E Paula deixava o assunto para lá, enquanto eu dava uma risada constrangida e perguntava sobre o último bordado. Mas eu tinha recebido a mensagem, e os questionamentos ficaram sem resposta em minha mente.

Até aquele momento, os maiores desafios para minha fé mórmon eram internos. Eu me esforçava para resolver o conflito entre a história da minha avó e os dogmas da igreja. Tentava reconciliar a perda inexplicável de Theo com o conceito de "plano de Deus". Mas aquelas eram as *minhas* batalhas. Vinham de dentro de mim. Agora, pela primeira vez na vida, os desafios e questionamentos estavam vindo de outros, incluindo alguém que se sentia pessoalmente ferida pela minha religião.

Minha resposta para aquele tipo de desconforto era fazer alguma coisa que naquela época eu já fazia havia um tempo: embrulhar e armazenar, compartimentalizar. Pegar todas as perguntas difíceis, colocá-las em uma caixa cognitiva e fazer com essa caixa o que fiz com o violino da minha avó por tantos anos: guardar e ignorar.

Eu me jogava em trabalhos no templo. Tornei-me a representante regional para o grupo de Jovens Adultos Solteiros, ou YSA, na sigla em inglês; lá meu trabalho era criar programas e atividades para os jovens da igreja na região de Hamilton. Em outras palavras, passei a organizar um clube social.

Agora, em vez de ser membro dos mórmons na minha cidade, eu era parte de uma comunidade maior. Fiz novos amigos, alguns dos primeiros mórmons que eram da minha idade e não eram meus primos. Desde Murupara, com meu amigo Walter, o garotinho doce que amava amostras de perfume, eu nunca tinha passado tanto tempo fora da igreja com outros mórmons.

Havia atividades de sobra para os membros do YSA: esportes, reuniões, bailes. E eu passava meu tempo organizando tudo. No entanto, quando pediram que eu ajudasse a organizar uma grande conferência e fizesse uma palestra de trinta minutos, em vez de fazer um sermão baseado nas escrituras, fiz uma coisa diferente. Uma coisa interessante. Criei uma apresentação em PowerPoint sobre meu herói, Ernest Shackleton, e sua Expedição Transantártica Imperial de 1914. Obviamente.

Com tantas atividades e tantos novos amigos mórmons, eu esperava me sentir feliz. Ou ter algum tipo de confirmação de que estava no caminho certo. Eu fazia tudo o que era esperado de mim: tinha um emprego, estudava, frequentava o templo. Uma noite, porém, quando estava dirigindo de Hamilton para casa, simplesmente não consegui afastar a sensação de que, por mais maravilhosas que fossem minhas amizades e por mais bem-vinda que fosse em minha comunidade, eu não me encaixava ali. E, enquanto mantivesse as coisas nas quais acreditava em uma caixa e minha religião em outra, talvez continuasse me sentindo assim.

Tive várias viagens como aquela. Mas eu me permitia acreditar que aquela sensação poderia melhorar com o tempo, a distância e o trabalho. Eu só precisava de uma nova aventura. E talvez, se me aventurasse para mais longe, para um lugar, uma universidade e uma comunidade mórmon maiores, aquela inquietude passaria.

Antes do meu último ano na faculdade visitei o departamento de intercâmbio estudantil e escolhi um programa que me permitiria estudar por um semestre na Arizona State University, onde minha família tinha conhecidos missionários. Eu não moraria no campus, em Tempe, mas sim em Mesa, uma comunidade com dezenas de milhares de mórmons.

Se eu partir, pensei, *talvez consiga entender tudo.*

O calendário acadêmico estadunidense era diferente do neozelandês, o que significava que eu tinha várias semanas livres antes de ir para os Estados Unidos. Foi Alex que deu a sugestão: "Por que você não passa um tempo em Wellington?".

"Fazendo o quê?"

"Um trabalho voluntário. Entre em contato com Harry, diga que quer ajudá-lo em seu trabalho no Parlamento."

Alex era destemida, totalmente livre de incertezas e inseguranças. Parecia que para ela era simples ligar para um parlamentar e me convidar para trabalhar com ele em um lugar que ficava a uma viagem de seis horas e meia da minha casa.

Mas talvez *fosse* simples. Louise e o marido, Warren, moravam em Wellington agora, e eu poderia ficar com eles.

Qual a pior coisa que poderia acontecer? Como se Alex estivesse lendo minha mente, ela insistiu: "Só pergunte. O que você tem a perder?".

"Tá bem", respondi. "Vou ligar."

Algumas semanas depois cheguei a Wellington — uma cidade cheia de pessoas de terno, cafés, criatividade boêmia e vento — para um estágio no Parlamento. Lá o trabalho governamental é feito em um complexo de quatro prédios perto da orla. O mais icônico deles é o Beehive, uma construção dos anos 1970, que, como o nome inglês indica, parece uma colmeia, cilíndrica e mais estreita na parte superior.

O escritório de Harry, porém, ficava no prédio mais tradicional do Parlamento, uma linda construção neoclássica centenária com uma enorme escadaria marcando a entrada. Eu estivera lá para um torneio de debate na época do ensino médio. Eu tinha tirado fotos com meus pais na escadaria e dado uma olhada rápida no salão do plenário do Parlamento. Era só uma turista na época, uma mera espectadora. Agora, enquanto entrava no prédio, a sensação era diferente. Eu tinha um papel a desempenhar, um trabalho.

Era o início de 2001, então ainda havia poucas medidas de segurança. Entrei e levei um tempo olhando tudo. O prédio parecia tão grandioso: paredes e colunas de mármore, pisos de cerâmica, arcos e bustos. Tudo era agitado, ecoante, com ar de importância. Senti como se estivesse nos bastidores de uma peça à qual vinha assistindo a vida toda.

O escritório de Harry ficava no terceiro andar, longe da energia agitada do saguão. Parei diante da porta, uma placa formal indicando o nome dele em letras douradas. Fiquei imaginando como seria ter o nome em uma porta como aquela, com as letras "MP" (Membro do Parlamento) em negrito ao final.

Lembro-me claramente daqueles momentos silenciosos um pouco antes de entrar no escritório de Harry, mas as lembranças do resto do dia são um borrão. A secretária dele, Mari, fez um tour comigo pelo labirinto de prédios e corredores, falando bem rápido enquanto seguíamos: *Ali é o departamento de correspondências, aqui é o corredor do comitê escolhido, esse é o Grand Hall, onde os parlamentares realizam os eventos. Ali é a Câmara do Conselho Legislativo, a biblioteca é para lá, a Bowen House fica para lá, e, claro, os ministros ficam no Beehive.*

Mari também começou a falar sobre as regras que eu precisava saber. *Não usar os elevadores quando os sinos tocam para a sessão de perguntas às duas da tarde; eles ficam reservados para os parlamentares. Não entrar no salão de votação! Além disso, também precisamos nos certificar de que Harry tem a ordem do dia para a sessão de perguntas.* Assenti enquanto Mari falava, sem fazer nenhum questionamento.

Ficou claro que, embora eu conhecesse os fundamentos do nosso sistema parlamentarista como alguém de fora, havia uma série de coisas conhecidas apenas para quem trabalhava lá. As regras do plenário. Por onde passar ou não. Como se dirigir às pessoas. Decidi que era melhor não perguntar nada para não revelar a profundidade da minha própria ignorância. Eu teria de aprender de uma forma diferente: lendo o livro *Prática parlamentar na Nova Zelândia*, com mais de seiscentas páginas, que levei para casa na primeira noite e comecei a estudar atentamente.

Durante o estágio, ajudei com a correspondência de Harry, abrindo e registrando as cartas e às vezes digitando respostas. Eu fazia tarefas pequenas, pegava documentos na caixa de correio e trabalhava em sua newsletter eleitoral.

Por sugestão de Mari, comecei a participar do chá matinal diário com as assistentes executivas no Copperfield's, o café localizado no Beehive, onde todo mundo tomava chá e comia bolinhos de queijo quase do tamanho da minha mão. Foi lá que ouvi que a recepcionista de Phil Goff ficaria afastada por algumas semanas. Eu queria substituí-la? Phil era um político habilidoso e um membro devoto do Partido Trabalhista. Sempre o admirei. Quando jovem, usara cabelo comprido e bigode fino, e ia de moto para protestos como a marcha contra a Guerra do Vietnã e o apartheid. No início dos anos 2000 ele era um dos ministros mais importantes do partido.

Foi quando meu estágio passou do reino tranquilo de Harry para o escritório agitado de Phil, no coração do Beehive, onde assumi os telefones.

Phil era o ministro da Justiça e Relações Exteriores, então as ligações que eu recebia iam de um recurso contra uma condenação, passando por reclamações relacionadas a sentenças em casos importantes, até questões de direitos humanos no Tibete. Eu me esforçava muito naquelas ligações, procurando diligentemente respostas — ou pelo menos encontrando a pessoa que pudesse fazê-lo.

No entanto, logo descobri que os parlamentares recebem um tipo totalmente diferente de ligação, para o qual não existe nenhuma boa resposta. São ligações de pessoas convencidas de que há uma verdade sombria escondida do público. Esses interlocutores em geral estão estressados e, às vezes, zangados. Eu me lembro de atender ao telefone um dia e ouvir a voz de uma mulher claramente chateada. Ela acreditava que o governo tinha um registro seu pegando um carrinho de supermercado, ou pelo menos acho que era isso que estava dizendo. Ela acreditava estar em algum tipo de lista, sendo vigiada, e será que eu poderia por favor tirá-la *daquela lista*?

Perguntei aos colegas de gabinete como poderíamos ajudar aquela mulher que vivia ligando. Eles a conheciam, e conheciam outras pessoas como ela. Eles tinham tentado ajudar, e não, não havia nada que pudesse ser feito. Afinal de contas, não há como provar que uma coisa não existe.

Naquela época não parei para pensar no que poderia acontecer se houvesse uma plataforma grande o suficiente para unir aquelas pessoas que ligavam. Um lugar no qual todos que acreditavam em uma "lista" pudessem se unir e reforçar as crenças uns dos outros. Ou, que os céus não permitissem, que pudesse surgir alguém para manipular todas aquelas pessoas, brincar com o sofrimento delas para benefício próprio. Só pensei na mulher do outro lado da linha, a quem eu não tinha como ajudar, e me senti incrivelmente triste.

Meu estágio passou bem rápido. Quando a recepcionista de Phil retornou, eu começara a aprender as regras do plenário, sabia onde eram as salas dos comitês selecionados e tinha comido muitos bolinhos. Toda noite eu voltava para o apartamento da minha irmã me sentindo exausta, a mente girando com as coisas que tinha aprendido e as pessoas que tinha conhecido. Apesar de todas as regras confusas e do meu medo de cometer um erro, eu amava aquilo tudo. Era um lugar no qual as leis eram alteradas e os problemas, resolvidos. E não apenas no papel, mas para o povo, como as pessoas que conheci batendo de porta em porta em New Plymouth. Sim, a política andava de mãos dadas com a pobreza que eu conhecera tantos anos antes em Murupara, mas eu tinha certeza de que o Parlamento era uma das poucas instituições que poderia consertá-la.

Só que essa convicção se transformava em um capítulo difícil de encerrar. *Um estágio não faz uma carreira*, repeti para mim mesma enquanto arrumava a mala. Havia poucos empregos disponíveis na política; além disso, o que me fazia achar que conseguiria um deles?

No aeroporto, enquanto aguardava a chamada para meu voo para os Estados Unidos, minha mãe estava agitada, lembrando-me o tempo todo a periodicidade com que eu precisava escrever, que ela ia olhar os e-mails todos os dias. Meu pai se inclinou, talvez antecipando a saudade que eu logo sentiria, e sussurrou: "Lembre-se: você está lá para ter uma experiência boa, e o tempo vai passar voando".

Despedi-me deles e me dirigi para o mundão.

Dez

O Arizona era um lugar quente, bonito e caro. Embora tivesse juntado dinheiro para sobreviver lá, não tinha o suficiente para viver de forma independente. Eu morava em Mesa, a quase treze quilômetros do campus, com Alys, uma amiga mórmon recém-casada que tinha conhecido por intermédio de missionários na Nova Zelândia, assim como seu marido, Dale, e o gato sem pelo que parecia saído diretamente do covil do dr. Evil.* Alys e Dale moravam em uma casa de conceito aberto, com mezanino, em uma grande rua residencial.

Tudo era plano e baixo, com a exceção da montanha Camelback brilhando vermelha ao longe. A paisagem desértica era diferente de tudo que eu já tinha visto. A maioria dos quintais na frente das casas era feita de pedra e enfeitada com suculentas: grandes plantas espinhosas e cactos mais altos que eu. Já o quintal dos fundos costumava ter cercas altas, embora eu não conseguisse imaginar crianças brincando do lado de fora. Não naquele calor. Em alguns lugares não havia calçadas, mas aquilo fazia algum sentido. Ninguém ali andava. Mesmo quando eu tentava, as pessoas buzinavam, como se estivessem me avisando que não era uma boa ideia.

Para chegar ao campus eu pegava dois ônibus. Um dia, logo no início do semestre, decidi ir andando para casa em vez de esperar o segundo ônibus no

* Dr. Evil é um personagem representado pelo ator Mike Myers nos filmes da franquia Austin Powers. (N. T.)

calor. Quando cheguei, me olhei no espelho. Parecia um pimentão assado com olhos arregalados. Algumas horas depois tive náusea, dor de cabeça e tontura por causa da insolação. Nunca mais fui nem voltei andando para aquele ponto de ônibus.

As aulas na ASU também pareciam diferentes. Meu professor de política exterior nos Estados Unidos, por exemplo, era um homem alto e assertivo, de peito estufado e voz trovejante. Ele declarou que usava o "método de Harvard". Não perdoava faltas e gostava de convocar os alunos de forma aleatória, apontando para eles. Responda de forma rápida e correta, ou perca pontos. Eu nunca soube direito se era isso que ele queria dizer com método de Harvard; tudo que sabia era que tinha medo daquilo.

Um dia estava no campus comendo um sanduíche de geleia que havia preparado de manhã e a seguinte pergunta surgiu em minha mente: *por que estou aqui?* Eu sabia por que tinha ido, pela empolgação de estar em um lugar diferente e cercada por um número enorme de membros da igreja. E tinha conseguido as duas coisas. Também estava fazendo amigos. Não apenas Alys e Dale, mas vários jovens da igreja. Esses amigos eram acolhedores, engraçados, generosos e bondosos. Apesar disso tudo, porém, eu estava solitária.

A solidão era mais profunda que a saudade. Era muito maior que os quilômetros entre o Arizona e a Nova Zelândia, muito além da mudança de paisagem ou do fato de as ligações de longa distância serem caras demais para permitir que eu falasse com frequência com meus pais. Era algo mais fundamental. Eu tinha ido para lá achando que o Arizona me ajudaria a reconciliar a crescente lacuna entre meus valores e minha religião. Mas isso não tinha acontecido. Na verdade a lacuna parecia maior agora. E eu ainda precisava encontrar alguém ou alguma coisa que pudesse me ajudar. Por que eu estava lá? Não fazia a menor ideia. Sempre acreditei que havia um motivo e um propósito para todas as experiências. Mas assim que terminei o sanduíche e guardei minhas coisas no sol fervente para me dirigir à próxima aula, não consegui ver nenhum propósito naquilo.

Uma manhã, duas semanas depois do início das aulas, acordei com uma notícia no meu rádio-relógio. Em geral os apresentadores tentavam nos acordar com assuntos mais leves, como esportes ou a previsão do tempo, mas naquele dia eles estavam falando de uma coisa diferente. Ainda meio adormecida, registrei as palavras "avião... torre... fogo". Me sentei. Alguma situação terrível em Nova York. O World Trade Center. Um acidente, talvez.

Atravessei rapidamente o corredor revestido de cerâmica e liguei a televisão. E lá estava: *Avião. Torre. Fogo.* Alys, Dale e eu estávamos assistindo ao incêndio na primeira torre quando aconteceu de novo. Um segundo avião, uma segunda torre, um segundo incêndio. Não era um acidente.

Os momentos seguintes pareceram ocorrer em câmera lenta. Assistimos a tudo, junto com o resto do mundo: as pessoas que estavam presas, as que conseguiram escapar de forma inimaginável. *Aquelas pessoas*, pensei, enquanto a voz dos comentaristas virava um ruído branco. *Isso está acontecendo neste exato momento, com pessoas reais.*

Depois de pegar um ônibus quase vazio, acabei chegando, em um silêncio ainda chocado, à faculdade. A rua estava vazia. Não havia quase ninguém no campus. Até mesmo o céu estava calmo. A ASU fica perto do aeroporto Phoenix Sky Harbor. Eu tinha me acostumado ao som dos voos comerciais zunindo no alto e tinha parado de notá-los. A ausência repentina e a quietude nos céus eram assustadoras.

Quase todas as aulas foram suspensas naquele dia. Mas não todas. Minha aula de política externa ia acontecer normalmente. Eu já cheguei sabendo o que o professor esperava de nós. Sentei-me na primeira fileira e peguei meus livros em silêncio. O professor entrou em sala e disse que compreendia que algumas pessoas tinham questionado se a aula deveria mesmo acontecer. Mas os terroristas, ele nos lembrou, queriam que mudássemos o que estávamos fazendo por causa deles. "Bem, que se fodam", declarou ele.

Tinham se passado algumas horas desde o ataque, mas logo o desafio contundente do professor se espalhara por todos os cantos, formando um muro poderoso de patriotismo de um tipo que eu nunca vira antes. O patriotismo no meu país acontecia de formas simples: no modo como mostrávamos nossas paisagens para os amigos estrangeiros, como nos enchíamos de alegria diante de um kiwi com projeção mundial ou como ficávamos emocionados quando víamos o *haka*, uma convocação maori tradicional que simbolizava força, união e *mana*, orgulho. Bandeiras não eram comuns na Nova Zelândia. Durante o hino nacional não levávamos a mão ao peito. Nosso patriotismo era diferente.

Mas não tínhamos acabado de perder milhares de vidas em um evento horrendo.

Nas semanas e meses depois do Onze de Setembro, vi o patriotismo se tornar um meio para mostrar que o espírito estadunidense não fora derrubado.

Havia bandeiras por todos os lados, não apenas no alto de prédios públicos, mas penduradas em janelas, estampadas em camisetas, impressas em papel e coladas nas janelas de ônibus e portas automáticas de farmácias.

Fiquei vagando pela paisagem, tentando entender tudo. Eu assistia ao noticiário constantemente, com a esperança de compreender algo além das manchetes: o que o mundo tinha acabado de testemunhar e o que estava acontecendo como resposta. Assistia aos líderes do país na televisão. Ouvi-os dizer: *esses atos de assassinato em massa tinham como objetivo amedrontar nossa nação e levá-la ao caos e ao isolamento*; *os Estados Unidos foram o alvo porque somos o mais brilhante farol de liberdade*. Mas tais declarações não resolviam as questões em minha mente, que eu presumia que seriam respondidas em algum momento por alguém.

Eu estava em uma aula de comunicação quando cometi o erro de fazer a pergunta eu mesma. Perto do fim da aula, meu professor convidou os alunos a falar sobre como estavam se sentindo. Depois de alguns minutos, um cara atlético no fundo da sala levantou a mão. Disse que desde o ataque ele não conseguia olhar para "uma pessoa árabe" sem se perguntar se ela era terrorista. Virei-me para ouvi-lo, mas, assim que ele acabou de falar, olhei para o professor, esperando que corrigisse o aluno: *Não se pode julgar todo um grupo pelos atos de poucos*. Ou: *É possível condenar o extremismo violento sem condenar todo um povo*. Em vez disso, porém, o professor apenas assentiu.

Acho que foi um erro levantar a mão. Uma parte de mim sabia disso mesmo na época. Eu era só uma garota vinda do outro lado do mundo. Não era meu luto, meu país não tinha sido atacado. Mas lá estava aquela pergunta de novo. Quando o professor me chamou, comecei: "Eu só... acho que...". Eu conseguia ouvir meu forte sotaque neozelandês, tão diferente de todas as outras vozes ali. "Bem, não entendo por que ninguém está perguntando... *por quê*." Essa era a pergunta que eu vinha me fazendo desde criança, e que continuaria a fazer pelo resto da vida. O que incita alguém a cometer um crime ou praticar um ato de violência, até mesmo de violência em massa? Afinal, se soubermos os motivos talvez possamos *fazer* alguma coisa. E eu queria acreditar que poderíamos *fazer alguma coisa*.

O professor olhou para mim com uma expressão de descrença. "Você está me dizendo que, se eu entendesse por que isso aconteceu, aceitaria a morte de milhares de pessoas?"

"Não! Claro que não." Não era o que eu estava tentando dizer, nem de longe. A sala imergira no mais absoluto silêncio. "Não, eu..." Esforcei-me para procurar palavras que ainda não tinha. O que eu queria dizer era mais ou menos assim: *Se não entendermos como os terroristas surgem, como vamos evitar o próximo ataque, ou o seguinte a ele? Se não perguntarmos por quê, não estamos apenas aceitando que essa violência é inevitável? Que não podemos ajudar as pessoas a se sentirem seguras de novo? E se esse for o caso, o que vai ser deste mundo?* Antes que eu tivesse tempo de formular uma resposta, o professor me deu as costas e liberou a turma. Os outros alunos passaram por mim. Não sei se evitaram estabelecer contato visual comigo, porque estava ocupada demais tentando não olhar para eles. Peguei meus livros, decidindo silenciosamente nunca mais falar nada em sala de aula.

Fiquei quieta, naquela aula e em todas as outras, pelo resto do semestre. Eu estudava muito. Entregava os trabalhos em dia. Ainda estava solitária. Ainda não tinha resolvido a dissonância entre meus valores e minha fé. Mas, em algum ponto ao longo do caminho, a falta de propósito desapareceu. Era como se finalmente houvesse um motivo para estar ali, embaixo do sol fervente. Eu estava lá para ouvir. Para ver. Para observar. Eu não sabia o porquê. E ficaria sem saber por um bom tempo. Só tinha uma sensação: o mundo tinha mudado e era importante prestar atenção.

Onze

Da primeira vez que vi Catherine Healy, ela me lembrou daquelas mães envolvidas ativamente na associação de pais e mestres. Usava blazers e pérolas, e tinha um sorriso simpático e confiante. Era inteligente, articulada e tão organizada quanto imperturbável. Eu conseguia imaginá-la voltando para casa do trabalho em alguma vida alternativa — chefe de recursos humanos em uma multinacional, talvez —, só para fazer a volta e ir para uma reunião de diretoria da escola. Mas Catherine Healy não era uma mãe desse tipo, embora sempre lembrasse as pessoas que muitas mulheres que ela representava eram. Healy era diretora do Coletivo de Prostitutas, e defendia a descriminalização do trabalho sexual.

Conheci Catherine Healy em meu primeiro emprego depois da universidade. Quando me formei concluindo meu semestre na ASU, Phil Goff me ofereceu um cargo em seu gabinete. Eu seria pesquisadora e ajudaria com questões como a redação de sua newsletter. Era um emprego inicial, mas uma chance empolgante de trabalhar na política. Entrei na divisão de um flat no Brooklyn, um bairro nas ladeiras dos arredores de Wellington, com duas velhas amigas e duas completas estranhas. Tinha uma varanda caindo aos pedaços e uma piscina cheia de algas verdes. Mas nada disso importava, principalmente porque não levou muito tempo para toda a minha vida girar em torno da política.

Eu trabalhava o tempo todo. Era fácil agir assim, já que Phil fazia o mesmo. Às sete e meia da manhã ele estava em sua mesa lendo o *Herald* e o *Dominion*, selecionando artigos, sublinhando com uma caneta esferográfica os pontos que gostaria de discutir com a equipe, fazendo anotações nas margens. Como ministro, ele tinha uma equipe de nove pessoas e seu gabinete estava sempre cheio de atividades. Todo mundo andava por lá, conversando com fones de ouvido. Mas mesmo depois que toda a equipe tinha saído Phil continuava lá, finalizando o dia de trabalho por volta das dez da noite, quando saía para um rápido jogo de squash "para limpar a mente". Nos fins de semana e feriados, Phil era conhecido por prensar feno e consertar cercas em sua propriedade próxima a Auckland. Ele era a definição de uma pessoa que precisa ser ativa para relaxar.

Phil nunca pedia que trabalhássemos além do horário, mas eu queria. Além das atividades da igreja e das reuniões no templo, as únicas folgas que eu tirava eram para sair com as equipes de outros parlamentares. Ficávamos no bar do Beehive, chamado apenas de 3.2, conversando intensamente sobre as novas leis de sentenciamento ou sobre a lei de prostituição.

O fato de haver pessoas trabalhando na questão devia-se a uma estranha tradição no sistema parlamentar da Nova Zelândia chamada lata de biscoitos – ou, como é formalmente conhecida, "Members' Bills", ou seja, projeto de lei parlamentar. Na Nova Zelândia, qualquer membro do Parlamento pode escrever um projeto de lei, atribuir-lhe um número e colocá-lo em uma lata de biscoitos (literalmente) pintada de branco com flores azuis que fica na secretaria. Quando há tempo disponível, um número é sorteado direto da lata, e aquela proposta será debatida no Parlamento para averiguar se há apoio suficiente para que se torne lei. Um veículo de notícias descreveu a lata de biscoitos de "Loteria de leis", e parece isso mesmo. No entanto, mudanças inovadoras foram feitas a partir dela, entre as quais a lei para descriminalizar a prostituição, proposta por Tim Barnett, um parlamentar trabalhista eleito por Christchurch Central.

Houve um emblemático argumento de direitos humanos pela descriminalização, e é difícil imaginar qualquer pessoa apresentando o caso de forma mais potente do que Catherine Healy. Trabalhadoras do sexo, ela explicou, podiam ser extremamente vulneráveis, por estarem sujeitas a ataques, estupro e tráfico. Se o trabalho dessas pessoas é ilegal, elas não têm como contar com a proteção do Estado.

Como ministro da Justiça, Phil teve um papel importante ao dar ao Parlamento conselho oficial sobre a lei. Desse modo, participei de algumas reuniões com Healy. Enquanto citava estatísticas e compartilhava histórias de trabalhadoras do sexo que conhecia, ela sempre se empertigava e usava um tom contido. Olhava todo mundo nos olhos. Eu sempre me via assentindo também.

Minha posição política diferia da visão da igreja mórmon? Com certeza. Mesmo assim ignorei o choque de valores e acrescentei um item à caixa metafórica na qual colocava todas as coisas que não conseguia resolver.

De vez em quando amigos questionavam minha compartimentalização, exatamente como Alex fizera na época da faculdade. A conselheira sênior de Phil certa vez me perguntou se ser mórmon e trabalhar com ela na lei de prostituição era uma questão. "Não", respondi sem hesitar. "Os mórmons são contra a prostituição, mas ignorar que ela existe não torna ninguém mais seguro."

A mulher sorriu para mim. "Justo", disse ela. Embora minha resposta tivesse colocado um fim na conversa, fiquei com uma sensação parecida com a que tinha nos debates da escola, quando havia um tempo limitado para me preparar e eu me agarrava a qualquer argumento que me ajudasse a seguir em frente. Existe uma diferença entre ter uma resposta e acreditar nela.

Por quanto tempo alguém, mesmo uma pessoa extremamente reflexiva, consegue funcionar em estado de compartimentalização total? Muito, na verdade.

Deixei o gabinete de Phil e aceitei a promoção a conselheira política de Harry — que, àquela altura, era ministro adjunto de Energia e Transportes. Meu dia a dia girava mais em torno de segurança energética e exploração de petróleo, gás e minerais. Aprendi tudo sobre permissão de minas, perfuração marítima, incluindo o Anexo 4 da lei de extração de minerais da Coroa de 1991.* Eu ia a conferências de energia, visitava petrolíferas, vestia macacões e capacetes de proteção e descia a centenas de metros da superfície, onde o ar era úmido e pesado. Esse trabalho tinha seus próprios desafios. Era um trabalho progressivo na tensa área do setor de extração; eu quase sempre era a única mulher presente e sentia constantemente que precisava provar meu valor. Apesar disso tudo, o trabalho raramente me colocava em conflito direto com igreja.

Raramente, o que é diferente de nunca.

* O Anexo 4 da lei de minerais da Coroa define áreas onde a exploração mineral é restrita ou proibida na Nova Zelândia. (N. T.)

Em 2004, outro projeto de lei parlamentar foi sorteado da lata de biscoitos. Dessa vez era uma lei que permitiria que casais do mesmo gênero tivessem seus relacionamentos legalmente reconhecidos. Era uma lei de união civil, como aquela sobre a qual eu tinha escrito um artigo na faculdade. Em geral os parlamentares costumam seguir o partido em tais leis, mas nesse caso seria um "voto de consciência", o que dava aos parlamentares a liberdade para votar de acordo com o que acreditavam.

Harry era católico e contrário à lei. Eu era a favor.

"Mas você *é mórmon!*", exclamou ele na primeira vez que discutimos a respeito. Lembro que ele estava em frente à porta do escritório enquanto eu estava sentada à minha mesa, olhando por cima do computador. "Como uma boa mórmon pode ser a favor da união civil?", ele me pressionou.

A verdade é que eu era mais do que simplesmente "a favor". Eu tinha me envolvido ativamente na campanha pelo direito de união civil. Assinei meu nome em petições públicas e ajudei a desenvolver estratégias para que a lei passasse. E, quando milhares de membros de um grupo religioso apareceram na frente do Parlamento vestidos de preto e gritando "Já chega!", fiquei do outro lado.

Olhei para Harry. Eu conhecia e acreditava em todos os argumentos dos direitos humanos. Mas não era isso que ele estava perguntando. A questão era como *eu* poderia ser a favor. Senti meu rosto ficar quente e enrubescer, e, para Harry, devo ter parecido zangada. "Só sou a favor", respondi, com voz contida. Em retrospecto, acho que estava constrangida. Tinha mantido o dilema entre minha fé e meus valores pessoais tão bem guardado que não fazia ideia de como conversar sobre aquilo nem comigo mesma, quanto mais com meu chefe.

Manter tudo encaixotado não tinha sido tão difícil. Minha igreja era de tantas formas amorosa e bondosa, focada em servir e fazer caridade, e tinha as pessoas mais compassivas e altruístas que eu já conhecera. Nunca ouvi uma pregação no púlpito dizendo que alguém era ruim, ainda mais por causa da própria sexualidade. Ainda assim o que Harry questionava fazia sentido. A teologia da minha igreja dizia que ser gay ou lésbica é errado, um desafio a ser superado. Ao fazer campanha a favor da união civil, eu finalmente manifestava de forma clara e decisiva a minha discordância.

Foi por meio da campanha em prol da união civil que eu conheci Grant Robertson, conselheiro político da primeira-ministra Helen Clark. Ele era uma das pessoas mais importantes no governo, mas nem dava para perceber pela forma como agia. Ele nunca estava ocupado demais para parar e conversar ou perguntar como alguém estava. Cuidar das pessoas como mentor informal era sua especialidade. A única dica de que havia mil outras coisas que Grant precisava fazer era a forma como os olhos dele às vezes passeavam por todo o ambiente.

Grant estava sempre um pouco desarrumado, com a camisa para fora da calça e, às vezes, até manchada de café. Ele tinha um rosto largo e amigável, usava óculos de armação leve e era conhecido por sua profunda paixão por rúgbi e música. Também era abertamente gay.

Grant cresceu na cidade de Dunedin, na ilha Sul, sem assumir sua sexualidade; ele foi alvo de bullying e sofreu de depressão. No ponto mais crítico da adolescência, comprou uma garrafa de gim e bebeu inteira a caminho de uma festa para a qual não tinha sido convidado por ser "bicha". E então desmaiou na entrada.

Em 1986, ele assistiu quando o Parlamento aprovou a reforma da lei que criminalizava a homossexualidade, tornando-a legal. A luta política para sua aprovação tinha sido feia, carregada de uma crueldade quase indescritível de parlamentares como Norman Jones, que certa vez, em um discurso, afirmou que olhar para gays era como "olhar para Hades... Não olhe muito, para não pegar aids".

Eu costumava me perguntar como devia ter sido para o jovem Grant estar sentado diante da TV e ouvir aquelas palavras. Ainda assim, sempre que falava daquele período da história, ele reforçava como aquilo fora validador. Como se a crueldade do debate tivesse encolhido diante da importância do desfecho, e o que importava era que havia parlamentares dispostos a lutar. Talvez esse fosse apenas um dos motivos para que ele então se esforçasse tanto pela aprovação da lei de união civil. Mas, enquanto eu o observava trabalhar, não fazia ideia de que ele estava prestando atenção em mim.

Eu era uma conselheira relativamente júnior naquela época. Tinha vinte e poucos anos, e, por mais que o trabalho político me empolgasse, havia dias em que me lembrava como era inadequada para tudo aquilo.

Logo no início, o conselheiro de Phil, um operador político experiente e conhecido pela inteligência e pelo cinismo, pediu para eu distribuir um relatório sobre a reforma de bebidas alcoólicas escrito pelo ministro da Justiça. "Comece pelos parlamentares do governo", instruiu. O Partido Trabalhista estava no poder, o que significava que eu devia começar pelo nosso time. "Quando terminar, você pode entregar as cópias para a oposição." Trabalhei com afinco durante toda a tarde, etiquetando e preparando os envelopes. Fiz exatamente como ele pediu: levei o relatório primeiro para os trabalhistas e só depois para o Partido Nacional. No fim do dia, tinha distribuído o documento para todos. Quando o conselheiro de Phil soube, ficou furioso. "O relatório tinha sido embargado", disse ele balançando os braços em um estado de raiva e descrença. "Não era para você entregá-lo para a oposição *hoje*."

Quando o conselheiro entrou no escritório de Phil para reclamar do "desastre" causado pela nova funcionária, fui para o banheiro, entrei em uma das cabines, tranquei a porta e comecei a chorar.

Não era só que eu fosse nova em tudo aquilo. Estar na política, por qualquer período, em qualquer nível, exigia dureza. Isso era verdade para quem estava nas linhas de frente, como os parlamentares, ou nos bastidores, como eu, que era pouco mais que uma engrenagem da máquina. Havia armadilhas por todos os cantos. Os oponentes estavam sempre esperando qualquer erro que pudesse ser explorado e amplificado. Os críticos eram cruéis, e o sentimento do público mudava com rapidez e facilidade. Eu tinha certeza de que uma pessoa precisava de nervos de aço para sobreviver naqueles corredores, e, enquanto chorava no banheiro, tinha convicção de que não era meu caso.

Ainda assim, em que outro lugar haveria a chance de fazer o bem para tanta gente? Eu sempre pensava naquele momento em New Plymouth, quando só tinha dezoito anos e escutei o avô grisalho de barba por fazer descrever para Phoebe todas as dificuldades para cuidar do neto. Foi a primeira vez que vi a política pelo que ela poderia ser: uma forma de mudar as coisas tanto para um indivíduo como para centenas de milhares de pessoas. E para mudar todas as questões que me tocavam, como a pobreza e a desigualdade. Em que outro tipo de emprego isso seria possível?

Eu me esforçava para mascarar minhas dúvidas e sensibilidades. Ninguém nunca me veria chorando em um banheiro. Para o mundo exterior eu parecia ser promissora, um membro esforçado do Partido Trabalhista, destinado a subir e possivelmente se tornar parlamentar um dia. Comecei a ouvir comentários. *Aquela Jacinda é batalhadora.* Ou: *É melhor ficar de olho nela.* Ou ainda: *Pode ser o nome dela na porta um dia desses.* Nesses momentos olhava para parlamentares como Phil e via as longas horas de trabalho, as reuniões e os eventos constantes, a crítica implacável de pessoas que achavam que ele fazia pouco, e de outras que achavam que ele fazia demais.

Um dia estávamos indo de carro para o aeroporto de Auckland depois de uma difícil reunião pública, e fiquei observando do banco de trás enquanto Phil se recostava no apoio de cabeça, soltando o ar pesadamente. Ele se virou, olhou para mim com expressão cansada e esfregou a testa. "Jacinda", disse ele, "se um dia te chamarem para se candidatar, não aceite."

"Até parece", respondi. "Você não precisa se preocupar com *isso*, Phil."

Eu estava trabalhando para o governo havia dois anos quando Grant ligou e me convidou para um café no Beehive. Era sexta-feira e, assim, não havia sessão no Parlamento. Sem os parlamentares, o café Copperfield's não era tão cheio. As pessoas ficavam mais tempo à mesa, relaxando depois de uma semana intensa. Quando Grant apareceu, estava com seu "uniforme casual": jeans, tênis Vans preto e um suéter de lã escura.

Grant pediu café preto; conhecendo-o como o conheço hoje, percebo que era provavelmente o terceiro do dia. Eu não sabia bem o motivo do encontro, mas, quando ele me perguntou como estavam as coisas no gabinete de Harry, contei a verdade. Que eu estava procurando outro emprego. Que Harry era um bom homem, mas que eu vinha tendo cada vez mais confrontos com ele.

Não era apenas o fato de Harry ter votado não para as leis de união civil e de descriminalização da prostituição. Aqueles eram votos de consciência e de escolha totalmente livre. Era o fato de que ele frequentemente queria seguir com ideias que não faziam parte da agenda governamental, o que causava um atrito entre nós sempre que eu usava esse argumento. Eu ficava presa entre apoiar Harry e apoiar o governo trabalhista.

Grant me ouviu com atenção, assentindo. Seus olhos estavam cansados, mas eram calorosos e cheios de empatia, como se dissesse: *Ei, eu já carrego os problemas do mundo nas costas, então pode desabafar.* Nos anos seguintes eu veria várias vezes esse lado de Grant — não só comigo, mas com todos a sua volta.

"Não sei o que fazer depois disso", disse eu. Era verdade. Eu não tinha um plano de carreira claro, nem naquela época, nem nunca. "Mas me candidatei a uma vaga no Ministério de Desenvolvimento da Juventude."

"Bem", disse Grant. Ele assentiu como se já soubesse que eu estava procurando um emprego, e era bem provável que soubesse mesmo. "Eu estava pensando que você seria bem útil para nós no nono andar." O nono andar do Beehive era um lugar rarefeito. Era onde ficava o gabinete da primeira-ministra, onde as decisões eram tomadas, aonde poucas pessoas iam e menos pessoas ainda trabalhavam. E Grant Robertson estava me oferecendo um trabalho lá. A posição era de conselheira júnior; eu faria pesquisas, ajudaria no planejamento dos dias de Helen na estrada e prestaria auxílio a Grant.

Era 2005, ano de eleição, e já fazia quase seis anos desde que os trabalhistas tinham assumido o governo. Sob a liderança de Helen Clark, o partido conquistara muitas coisas — crédito fiscal para famílias, aumentos no salário mínimo, um fundo nacional de previdência — e dera início às negociações de um grande acordo de livre-comércio com a China. Mas, naquele ano, Helen ia concorrer com o novo líder da oposição, Don Brash, que fizera uma entrada tardia na política, depois de dirigir o Banco Central.

Dizer que eu não era fã de Brash seria um eufemismo. Ele alegou que o sistema de bem-estar social era uma "esmola estatal indefinida", disse que abandonaria a posição antinuclear do país, em vigor havia tempos e muito celebrada, e, num discurso ao Rotary Club de Ōrewa sobre questões maori, afirmou que havia separatismo racial e uma "indústria de queixas arraigadas por tratados" na Nova Zelândia, de uma forma que me pareceu pura provocação racial. Na minha opinião, Brash não tinha nada que ser primeiro-ministro. Mas ele estava subindo nas pesquisas.

Agora, ali no Copperfield's, Grant tomou o último gole de café, levantou as sobrancelhas sobre os óculos e perguntou: "E então, você aceita o emprego?".

Eu estava aterrorizada. Mas não havia nenhum lugar melhor para se estar durante uma eleição do que bem no meio de tudo. Eu queria desesperadamente ajudar o Partido Trabalhista a continuar no poder e manter Don Brash fora.

Eu disse sim.

Diziam que Helen Clark só dormia quatro horas por noite e dedicava toda sua vida ao serviço público. Ela era inteligente, estratégica, totalmente imperturbável e uma trabalhadora dedicada.

Talvez tenha sido por isso que logo que fui para o nono andar raramente a via. Eu trabalhava a poucos passos do gabinete dela, mas nunca entrei lá.

A maior parte das tarefas me era passada pela chefe de gabinete de Helen, Heather Simpson. Fora do Beehive poucas pessoas sabiam quem era Heather, e ela gostava disso. Mas, pelos corredores, ela era conhecida e intimidadora, era direta, inteligente e dona de um humor ácido. Era tão influente que as pessoas chamavam Helen e Heather de H1 E H2, e a brincadeira geral era que ninguém sabia ao certo qual era qual.

A abordagem de Heather era sempre direta, qualquer que fosse o assunto. Ela usava cores neutras, não se maquiava e usava óculos de armação de metal, sobre os quais olhava ao passar uma tarefa. Logo no início Heather me chamou à sala dela para pedir ajuda. Nem me lembro sobre o que era, só lembro que eu fazia anotações intensas, tentando desesperadamente guardar todas as informações e assentindo deliberadamente para provar que entendia tudo que ela dizia. Em determinado ponto, Heather fez uma pausa. Quando olhei para ela, a mulher estava me encarando, sem piscar. "Você entendeu o que acabei de pedir ou vai sair daqui e passar a próxima meia hora tentando entender?", perguntou ela.

Engoli em seco. "A segunda opção."

Heather soltou um suspiro exasperado e começou a explicar a tarefa de novo, mas com um ligeiro sorriso nos lábios. Percebi que ela tinha pelo menos gostado da minha sinceridade.

Já estava no emprego havia uma semana quando finalmente fiquei cara a cara com a primeira-ministra. Eu tinha acabado de participar de uma audiência controversa com o executivo chefe do órgão de competências educacionais. As provas para bolsas escolares do ano anterior tinham tido uma taxa inexplicavelmente alta de reprovação, causando revolta entre pais e estudantes. Helen estava se preparando para a sessão de perguntas no plenário onde seria questionada pela oposição, e havia uma chance de que alguém pudesse fazer uma pergunta sobre a avaliação, então entrei para dar um resumo. Segui Grant e Heather até o gabinete da primeira-ministra, no qual Helen estava sentada à mesa de reuniões. Diante dela havia uma xícara de chá e um sanduíche de salada de ovos, seu almoço de todos os dias, assim como uma pilha de documentos.

É isso, pensei, me sentando. *Uma chance de conhecer Helen de forma adequada. Pretendo contar para ela que minha vó trabalhou em sua primeira campanha para representar Piako. Que ela era a presidente do comitê eleitoral e que também tirou uma foto com o primeiro-ministro trabalhista, publicada na primeira página do* Piako Post *e, ah, como parecia feliz e orgulhosa. Minha avó, Gwlaadys Ardern, faleceu em 1992, mas sei que Helen vai se lembrar mesmo assim. E eu sou Jacinda Ardern, e estou muito feliz de estar aqui.*

Mas eu tinha me esquecido. Helen era a mulher que certa vez, quando a porta do avião *Defense Force* tinha aberto em pleno voo, simplesmente segurara os documentos para que não saíssem voando. Helen era tão concentrada, e em uma hora seria frita pela oposição. Não havia tempo para reminiscências nem sentimentalismos. Ela olhou para mim com a caneta pairando sobre o papel e disse apenas uma palavra: "Comece".

No fim da reunião, Grant e Heather saíram. Eu estava guardando minhas anotações para segui-los quando Helen se dirigiu a mim. "Qual é mesmo o nome?" Àquela altura éramos só nós duas na sala. *Este é o meu momento*, pensei, parando perto da porta, *minha chance de me apresentar direito*. "JA-CIN-DA AR-DERN." Disse meu nome bem devagar, pronunciando cada sílaba de forma metódica. Helen olhou para mim por um instante, com um leve menear de cabeça e uma expressão confusa no rosto. "Não", disse ela de forma direta. "Como se pronuncia Van Rooyen? O executivo chefe do órgão de competências educacionais?"

Quando atravessei os dez metros entre a sala de Helen e o escritório que eu dividia com Grant, meu rosto estava vermelho como um pimentão. Nem precisei contar para Grant que tinha acontecido uma coisa, ele percebeu na hora. Quando expliquei minha tentativa não solicitada de me apresentar, ele soltou uma gargalhada. "Aaaaah", disse ele rindo, "isso é bom demais!" Eu soube naquele momento que Grant me ajudaria a passar pelo que quer que tivéssemos que enfrentar.

Os riscos pareciam enormes no nono andar. Um erro ao inserir um dígito ou uma palavra mal colocada em um orçamento, uma frase truncada sobre algum detalhe político, tudo isso tinha o potencial de colocar Helen na primeira página dos jornais com alguma manchete terrível, ou dar a Don Brash uma narrativa para explorar. Nesse novo emprego, era eu que costumava marcar os eventos para Helen, e eu temia fotos ruins na mídia com tanta intensidade quanto temera aquele rottweiler tantos anos antes. Não era um problema imaginado. Eu me lembro de ver Don Brash no noticiário uma noite. Ele tinha visitado uma pista de corrida ou algo do tipo, e por isso usava um macacão. Mas, para chegar ao veículo de corrida, precisou subir na grade de proteção. Fiz uma careta, quase sentindo pena dele enquanto assistia às tentativas, até que por fim ele levantou a própria perna por cima da estrutura para entrar no carro.

Mesmo Helen, sagaz como era, não ficava imune. Eu me lembro de um dia assistir ao noticiário das seis da tarde. Tinha me questionado se deveríamos tê-la mandado a uma fábrica de processamento de frango, onde era preciso usar redes de cabelo. Felizmente tivemos uma distração; Harry estava ao lado de Helen, usando uma redinha ridícula na barba.

Quando a campanha de 2005 começou, eu passava a maior parte do tempo ao lado de Grant, curvada sobre o computador até os ombros e pulsos doerem. Uma das políticas em que vínhamos trabalhando com muito afinco tiraria os juros dos empréstimos estudantis, avançando um passo nas ações iniciadas em 1999. Para promover essa política, Helen visitou várias universidades em eventos que às vezes ficavam caóticos. Um dia ela foi à Universidade de Canterbury em Christchurch. Eu me sentei no escritório com Grant, observando o evento no noticiário do meio-dia.

Grant e eu compartilhávamos um espaço entulhado, cheio de gaveteiros de arquivo, que serviam como um tipo de divisória. Eu me esforçava para manter meu lado arrumado, enquanto o de Grant tinha pilhas imensas de documentos. "Arrumação não é tudo", era o que ele costumava dizer, encolhendo os ombros.

O escritório tinha um pequeno aparelho de TV em cima de um dos armários, e sempre o ligávamos para assistir aos telejornais. Aquela era uma das partes mais empolgantes e viciantes daquele cargo: ver o trabalho que tínhamos feito horas antes ser exibido para todos. *Fiz parte disso*, eu às vezes pensava. Mas, no dia da visita de Helen ao campus da Universidade de Canterbury, tudo que vi foi um tremendo desastre. Na tela diante de nós ela estava cercada por uma multidão descontrolada, com alunos carregando faixas ofensivas e placas escritas à mão. VC É TÃO FEIA, dizia uma. DENTES BONITOS, dizia outra. Eu me encostei em um dos gaveteiros, passando mal.

"Que horror", murmurou Grant, com os olhos fixos na tela. Assenti, sabendo que era bem provável que aquelas imagens fossem ser exibidas exaustivamente.

Helen fez seu discurso, esforçando-se para ser ouvida por sobre os gritos. Assim que terminou, seguiu para o carro.

Minutos depois, o telefone de Grant tocou. Era Helen, ligando da rua. Grant tinha acabado de sair da sala, mas, quando informei isso, ela retrucou: "Pode ser você mesmo". Com a voz calma ela me disse que haveria outro evento, dessa vez na Universidade Victoria em Wellington. Eu agora era responsável por me certificar de que a coordenação fosse melhor que a anterior.

"Ok", respondi, esperando soar confiante.

No dia do evento na Universidade Victoria, cheguei mais cedo ao campus. Eu mal tinha dormido. Se o evento não desse certo, eu sabia que aquilo provavelmente indicaria o fim de visitas universitárias. Fiz tudo a meu alcance; procurei aliados no campus, assim como jovens membros do Partido Trabalhista sediados lá. Mesmo assim eu estava preocupada.

Quando cheguei, um líder sindical que conhecia bem já estava lá, na primeira fileira, com representantes mais jovens da entidade, cada qual segurando letras brancas gigantescas. Helen teria a sua volta um muro que dizia V-O-T-E N-O-S T-R-A-B-A-L-H-I-S-T-A-S. Logo os parlamentares começaram a chegar, incluindo um dos nossos ministros, Steve Maharey, um ex-acadêmico de maxilar quadrado. Quando Helen apareceu, bem na hora marcada, havia uma multidão amigável que a aplaudiu com entusiasmo. Ela seguiu para o microfone, parecendo relaxada. Estava tão à vontade, na verdade, que quando um cara seminu apareceu para protestar na frente da multidão, com uma sunguinha no estilo do personagem Borat, ela apontou diretamente para ele e fez uma piada: "Olhem, um homem sem roupa. Não é muito impressionante. Alguém pode me dar um microscópio?". A multidão caiu na gargalhada.

Tudo bem, pensei. *Vai ficar tudo bem.* Os únicos manifestantes da oposição que consegui identificar estavam em um grupo pequeno de rapazes com camisetas que pareciam indicar que eram da ala jovem do Partido Nacional. Eles se colocaram atrás da multidão, bem longe das câmeras, e suas provocações não foram captadas pelos microfones.

Ainda assim fiquei de olho neles durante todo o evento. Havia algo no ar de satisfação que exibiam, como se metade da curtição para eles não fosse apenas o desprezo que sentiam, mas o fato de poderem demonstrar isso em público. Continuei observando atentamente enquanto seguiam Helen, gritando palavras de protesto até ela entrar no carro.

Eu deveria tê-los ignorado. O evento fora um sucesso. Além disso, eles pareciam ser apenas membros da oposição. Era exatamente o tipo de coisa que eu devia esperar. No entanto, meu coração estava disparado; meu cansaço misturado com adrenalina agora tinha se transformado em raiva. Assim que o carro se afastou, fui até eles. "Não acredito nas coisas que vocês disseram", eu disse, irritada. Mas na verdade queria gritar: *Vocês não sabem como é difícil fazer esse trabalho? E só ficam nesse grupinho, gritando insultos pessoais. O que fizeram não foi uma demonstração de discordância política, foi apenas um monte de ofensas baratas*. Mas minhas palavras ainda não estavam prontas. Eu não teria nenhum monólogo impressionante por anos. Nenhum discurso pronto. Em vez disso, o que saiu da minha boca foi: "Como é que beijam a mãe de vocês com essas bocas sujas?".

Steve Maharey, o ministro do Desenvolvimento Social, acabou testemunhando o confronto. Quando chegou, um dos manifestantes sibilou: "Controle sua *mulher*, Steve". A voz do cara transbordava condescendência. Eu estava prestes a retrucar quando Steve ergueu uma das mãos.

"Calma, gente", disse o ministro, do jeito que um professor talvez fizesse em sala de aula. Ele se colocou entre mim e o cara e repetiu: "Calma, gente. Vamos parar por aqui". Então se virou para mim e disse baixo, mas com firmeza: "Venha, Jacinda. Hora de ir".

De volta ao Beehive, Steve me chamou a um canto. "Você não pode permitir que te atinjam."

Eu sabia que ele estava certo. Se eu pretendia continuar na política, mesmo que em um trabalho de conselheira, tinha que manter a calma. Mas como? Tudo parecia tão pessoal, e eu sempre fui muito sensível. Como faria para mudar?

Por volta daquela época, Annette King, a ministra da Segurança, conheceu meu pai em um evento com policiais em Wellington. Quando ela ouviu o sobrenome dele, ficou radiante. "Eu conheço sua filha." Ela se inclinou para acrescentar uma coisa que as pessoas às vezes diziam: "Ela vai ser uma ótima parlamentar um dia".

"Ah, não", respondeu meu pai protetor. "Jacinda é sensível demais para *isso*."

Ele não estava errado. Àquela altura eu conhecia pessoas que estavam se candidatando; um de meus colegas de apartamento tinha decidido concorrer ao Parlamento. Às vezes eu me sentava no sofá, ouvia-o discursar, e lhe dava feedbacks e ideias. Sei que minhas contribuições foram úteis e que meus instintos políticos eram fortes. Ainda assim lá estava eu, no sofá, à noite, pensando: *Ele é tão corajoso.*

Todos os dias, todos a minha volta eram modelos de pessoas na política. Havia Helen, forte e habilidosa; Heather Simpson, inteligente e prática. Havia o equilibrado Steve Maharey; Phil e seu intenso foco; e Harry, com sua energia ilimitada. Nenhum deles, pelo menos em um primeiro momento, parecia "sensível". A sensibilidade era minha fraqueza, meu defeito trágico, a característica que poderia me impedir de continuar fazendo o trabalho que amava.

À medida que a eleição se aproximava, a dor que eu tinha começado a sentir nos pulsos foi subindo para os braços. Doía digitar, mas não era como se eu pudesse parar de fazer isso. Havia uma eleição, as pesquisas mostravam um resultado apertado e eu tinha de escrever relatórios de campanha e releases. Ficava acordada todos os dias até altas horas da madrugada com Grant e Heather, preparando briefings para comunicados de campanha.

Comecei a fazer fisioterapia de dois em dois dias. Eles usavam bandagens em meus ombros para aliviar um pouco a tensão, mas eu tive alergia à fita usada e minha pele começou a coçar, ficando vermelha e inflamada.

Tarde da noite, ou nas primeiras horas da madrugada, eu voltava para casa na escuridão, com dor nas costas e nos braços, ouvindo "Fix You" do Coldplay nos fones de ouvido, como se a voz de Chris Martin em falsete pudesse me oferecer algum tipo de conforto. Em vez disso, chorava durante todo o caminho.

O lugar onde eu procurava um pouco de consolo em momentos como aquele não estava mais do mesmo jeito que antes, e a culpa era minha. Havia meses que não ia ao templo. Todos os domingos eu ficava deitada na cama, olhando para o teto, tomada de culpa até finalmente poder dizer: *Já é tarde demais para ir.* Como se o universo tivesse tomado a decisão por mim.

Em retrospecto, sei exatamente quando parei de frequentar a igreja. Não muito tempo depois que comecei a trabalhar no gabinete de Helen, fui ao cinema com um grupo de amigos da campanha de união civil. O filme era *Louvado seja*, uma comédia romântica sobre um gay no armário em uma missão mórmon que se apaixona pelo vizinho assumidamente homossexual. Por causa disso ele é rejeitado pela família e enviado para uma terapia de conversão. Sentada no escuro do cinema, sentindo o cheiro de pipoca a minha volta, comecei a chorar e não consegui mais parar. Mesmo depois que o filme acabou, as luzes se acenderam e saímos do Courtenay Place eu continuava chorando, aquele tipo de choro feio, soluçado e ofegante que era totalmente exagerado para o doce sentimentalismo do filme.

Conversei com meu bispo sobre as dificuldades que estava tendo com a igreja. Ele foi bondoso, mas seu conselho — *Algumas coisas não foram feitas para serem compreendidas* — não me ajudou. Conversei com minha mãe, que me mandou rezar. Ela conversou com meu pai, que disse: "Jacinda toma grandes decisões o tempo todo. Talvez seja melhor confiar nela para tomar esta".

Eu queria muito que alguém me dissesse como agir. Mas ninguém podia fazer isso. Então finalmente aceitei o que já estava acontecendo de modo inconsciente há tanto tempo. Eu tinha deixado a igreja, tinha deixado algo que era como um lar para mim, algo que tinha sido tão parte de mim que era quase impossível imaginar o que restaria no lugar. Quem eu era se não era mais mórmon? Como poderia definir onde a fé na qual fora criada ou os valores que tinha começavam e terminavam? Como saberia se era uma pessoa boa sem uma religião para me guiar? Mas eu não estava pronta para encarar nenhuma daquelas perguntas. O luto por perder minha fé era o suficiente.

Assim que Helen foi eleita para um novo mandato, pedi demissão.

Eu já estava trabalhando no Beehive havia mais de três anos. Tinha tido três chefes diferentes, três pontos de vista do que era necessário para o governo. A maioria dos amigos que eu via regularmente era do trabalho. Eu não tinha um relacionamento, nenhuma família nem filhos no horizonte, e agora não tinha nem religião. A política tinha se tornado minha vida a tal ponto que eu sabia que, se ficasse na Nova Zelândia, tudo continuaria igual.

"Você tem um bom emprego." Meu pai me pressionou quando liguei para contar que estava saindo. "Um emprego *muito* bom. Por que pedir demissão?"

Porque você estava certo quando disse que eu era sensível demais.

Eu tinha feito meu melhor, trabalhado até meu corpo chegar ao limite, e tudo que conseguira fazer fora me agarrar à ideia de ser uma boa conselheira. E, embora Helen Clark tivesse me mostrado que era possível ser mulher na política, ninguém tinha me mostrado que dava para ser sensível e sobreviver.

Eu estava fugindo? Provavelmente. Mas era melhor do que ficar e encarar o fato de que não conseguia fazer alguma coisa.

Comprei uma passagem para Nova York, um lugar onde tinha uma amiga e um sofá para dormir, e parti.

Eu não tinha um emprego, não tinha um plano e não fazia ideia do que estava por vir.

Doze

Quando concorre ao Parlamento, você faz uma escolha: liderar, ser porta-voz das grandes ideias. Vai para a linha de frente, pede votos e diz: *Veja por que devo ser sua parlamentar*. Você é decidida, confiante, e deve estar pronta e disposta a entrar no palco.

Talvez para algumas pessoas seja assim. Mas não necessariamente para todo mundo. É possível que a decisão aconteça aos poucos, em incrementos minúsculos, de modo que quase não pareça uma decisão. Talvez você até diga não em um primeiro momento, talvez mais de uma vez. Pode dizer não quantas vezes quiser. Às vezes, simplesmente acontece. Pelo menos foi assim comigo.

A primeira ligação chegou em um dia frio no fim de 2007, dois anos depois de eu ter deixado o Beehive. Eu estava em uma plataforma gelada de trem na zona sul de Londres, observando dois australianos empurrarem um carrinho de churrasco. Era um ano de mudanças. Alguns meses antes eu vira Tony Blair fazer seu último discurso no Parlamento. Nos Estados Unidos, Barack Obama, um senador progressista de Illinois, tinha anunciado sua candidatura à presidência.

Naquele dia, porém, minha mente estava em coisas mais mundanas, como saber se a linha verde do metrô chegaria — estranhamente — na hora. Senti a vibração do celular Nokia no bolso do casaco. Peguei-o, meus dedos vermelhos de frio, e vi o nome na tela: Phil Goff.

Hum. Phil nunca me ligava.

Quando deixei a Nova Zelândia em direção a Nova York, fiquei hospedada na casa de uma amiga, dormindo no sofá, fui voluntária em um sindicato de cuidadores domiciliares e em um refeitório comunitário, e acabei com minhas economias mais rápido do que imaginava. Foi quando arrumei as malas e fui para Londres, onde poderia trabalhar.

Consegui um emprego como conselheira política em um órgão do gabinete do primeiro-ministro chamado Departamento para a Otimização da Regulação,* um cargo que colocava fim a qualquer conversa, mesmo com a pessoa mais educada do mundo. Eu tinha até começado a resumir o que fazia. Um dia, voltava para casa, um apartamento que dividia com dois outros neozelandeses em Fulham. Nosso vizinho de cima estava sentado no alto da escada, aproveitando o raro sol britânico. Começamos a conversar e, quando chegou à parte em que eu dizia com o que trabalhava, contei que atuava no gabinete. "Ah, sim", disse ele com um forte sotaque australiano, enquanto balançava a cabeça. Depois de uma pausa ele perguntou: "Que tipo de armários você faz?". Ele não estava tentando ser engraçado nem nada, a pergunta era genuína.

"Para escritórios e salas de jantar", respondi. Dei um sorriso e o deixei tomar sol em paz.

Eu viajava muito, mas não como a maioria das pessoas. Era voluntária no Sindicato Internacional da Juventude Socialista, uma organização de mais de um século de existência que representava os ramos jovens de partidos progressistas de todo o mundo. Eu passaria de vice-presidente a presidente — a primeira mulher da minha região a chegar a esse patamar.

Estava evitando a política na Nova Zelândia. Até aquele momento.

Havia anos que não falava com Phil. Àquela altura ele estava envolvido na finalização do acordo de livre-comércio com a China, o primeiro do mundo, não sem controvérsias. Eu sabia que ele era ocupado. Então por que estava me ligando? E tão tarde? Já passava das dez da noite em Wellington.

Nossa conversa começou com amenidades. Sim, estava frio. Sim, eu ainda amava morar em Londres. Minha irmã tinha um ótimo emprego e também

* Em inglês, Better Regulation Executive (BRE). Trata-se de um órgão vinculado ao gabinete do primeiro-ministro do Reino Unido que tem como objetivo simplificar regulamentações e reduzir a burocracia para empresas e cidadãos. (N. T.)

morava em Londres. Tinha se separado de Warren, mas fora isso ela estava feliz e ocupada. Eu tinha feito muitos amigos lá e adorava meu trabalho como servidora civil. Viajava muito com o Sindicato Internacional da Juventude Socialista, sim, exatamente como Helen Clark nos anos 1970. Em outras palavras, tudo estava ótimo. E como estavam as coisas em Wellington?

Phil foi direto ao ponto: "Precisamos de candidatos jovens".

A mesma sugestão que eu já ouvira em Wellington. Dessa vez, porém, de forma mais direta. Phil não estava sugerindo que eu me candidatasse um dia, mas que me candidatasse na eleição de 2008, o ano seguinte.

O Partido Trabalhista vinha sofrendo perdas no terceiro mandato, algo que atingia todos os partidos da Nova Zelândia depois de oito anos de eleição. O Partido Nacional, por sua vez, fizera progressos significativos desde o último pleito. Seu novo líder, John Key, ex-executivo de um banco de investimentos, era considerado pragmático e afável. Estava com um bom embalo e, faltando um ano para a eleição, já tinha superado os trabalhistas nas pesquisas em mais de dez pontos.

"Nós definitivamente precisamos de jovens, e precisamos de mais mulheres também", continuou Phil. "Você consideraria voltar para casa? E concorrer?"

O dia estava cinzento, uma daquelas manhãs em que eu já sabia que teríamos poucas horas de luz natural decente. Mas, em minha mente, estava de volta ao carro com Phil em 2002, passando pelas ruas arborizadas de um bairro residencial enquanto seguíamos para o aeroporto depois de uma reunião pública difícil. *Se um dia te chamarem para se candidatar*, ele me dissera, *não aceite*.

Agora eu observava meu trem parar na plataforma e as portas se abrirem. Fiquei imóvel enquanto um dos australianos entrava no vagão, puxando um dos lados do carrinho de churrasco enquanto o outro o empurrava. A estrutura da grelha fez barulho ao passar na plataforma, bem na hora que as portas se fecharam. Então fiquei olhando enquanto o veículo partia.

Agradeci a Phil por pensar em mim, mas eu estava curtindo a vida em Londres. Estava ocupada e feliz, e tentaria ajudar os trabalhistas a vencerem de lá.

A conversa não parou ali, não imediatamente. Falamos mais um pouco; enquanto Phil defendia a ideia de que, embora nunca houvesse uma boa época para se candidatar, aquele momento era melhor do que nunca, eu tentava sair da situação. Ainda que ele não tenha se detido muito no motivo de estar me convidando, o fato de ter pegado o telefone para me ligar já era um grande elogio da parte dele.

Foi uma injeção de confiança. Eu tinha deixado a política para trás na Nova Zelândia, mas pensava nela o tempo todo. Será que tinha o que era necessário para me candidatar? Conseguiria aguentar o jogo duro da vida no Parlamento? Não, ou ao menos eu achava que não. Mas lá estava a vozinha na minha mente, aquela da qual não conseguia me livrar. *E se...*

"Obrigada pelo convite, Phil", respondi. "Agradeço, mas não."

Passaram-se meses. Os dias começaram a ficar um pouquinho mais quentes. Abandonei o metrô e comecei a ir andando para o trabalho, ouvindo as notícias da Nova Zelândia enquanto caminhava pelas margens do Tâmisa. Quase conseguia sentir a eleição pairando no ar — a tensão, a animação e a minha ausência. Eu estava a milhares de quilômetros de distância, mas ansiava por fazer parte daquilo. Ligava para meus amigos para saber o que tinha perdido, o que estava acontecendo. Então, um dia, tive uma ideia para preencher o vazio: *por que não trazer a campanha para cá?*

Eu poderia muito bem fazer uma campanha de registro de eleitores em Londres, pensei, fazer com que os neozelandeses que moravam lá votassem. Afinal, para poder votar, bastava que tivessem ido à Nova Zelândia uma vez nos últimos três anos. Eu poderia montar uma equipe para me ajudar. Poderia até parecer com as campanhas que já tinha feito no meu país, mesmo que não fosse, mas pelo menos eu sentiria que estava ajudando.

Então, certa manhã em meu novo apartamento em Brixon, recebi outra ligação, dessa vez de Grant. Quando compartilhamos aquela salinha entulhada no Beehive, nos tornamos bons amigos. Conversávamos sobre tudo: soluções de problemas no trabalho, minhas dificuldades com a religião, o que faríamos depois que saíssemos do Beehive.

Passávamos tanto tempo juntos, Grant brincava, que ele tinha me corrompido. Meu amigo falava muito palavrão, e em algum momento comecei a xingar de um jeito que deixaria minha tia Marie cheia de orgulho. Era com ele que eu estava na primeira vez que enchera a cara de vinho. Na manhã seguinte, foi Grant que me perguntou o que eu tinha comido. Quando respondi que só tinha ingerido umas colheradas de mingau, ele balançara a cabeça. "Venha comigo." Juntos fomos a uma lanchonete e ele comprou um salgado de salsicha gorduroso com molho de tomate. Foi um santo remédio.

No início de 2008, Grant já tinha deixado o Beehive e estava trabalhando na Universidade de Otago, mas tomara a decisão de concorrer como candidato do Partido Trabalhista em Wellington Central, um distrito de grande projeção na capital. Seria uma disputa acirrada, mas em minha mente nunca houve dúvida: Grant fora feito para o Parlamento.

Naquele dia conversamos um pouco sobre minha campanha de registro de eleitores em Londres. Fui determinada em relação a isso: recrutei voluntários, fiz camisetas e pendurei cartazes. Tínhamos um cronograma de eventos para ir: jogos de rúgbi, shows e lugares que sabíamos que os neozelandeses costumavam frequentar, para nos certificarmos de que se registrariam. Tínhamos até um slogan: "Have your say from far away" [Dê sua opinião, mesmo de outra região]. O que não tínhamos, porém, era um gancho, algo que realmente mudasse o jogo e chamasse a atenção da mídia.

"Sabe, Jacinda", disse Grant. "Se você quisesse ajudar o Partido Trabalhista daí de Londres, você *poderia* tentar um lugar na legenda partidária."

A legenda partidária. Comecei a andar pela sala. *Claro, a legenda partidária.*

Para entender o que Grant dizia, é preciso compreender o sistema eleitoral da Nova Zelândia, uma representação proporcional mista (MMP, na sigla em inglês). Nesse sistema, cada voto tem dois votos: um eleitoral e um no partido. O voto eleitoral é direto: você escolhe o candidato que quer que represente sua região no Parlamento. Aquele que recebe a maioria dos votos ganha aquela vaga. A maioria dos assentos parlamentares (72 de 120) é preenchida dessa forma.

Já no voto no partido, você escolhe a sigla que gostaria de ver formar um governo. Na maioria das vezes o eleitor vota no mesmo partido de seu candidato. Em New Plymouth, por exemplo, isso significava um voto para Harry e um para o Partido Trabalhista. Na noite da eleição, todos os votos são contados. Se um partido tem mais votos do que assentos que ganhou pelos votos eleitorais, recebe um "acréscimo", ou seja, alguns parlamentares vêm pela legenda partidária – Grant estava sugerindo que eu me candidatasse dessa forma.

A legenda continha a relação completa de possíveis parlamentares, classificados de forma ascendente. O líder do partido – que no caso dos trabalhistas era Helen Clark – é o primeiro da lista. Essa pessoa é seguida por políticos com grande votação, na maioria parlamentares eleitos, com alguns aspirantes salpicados entre eles, contemplando quase todos os candidatos que estão concorrendo a uma vaga e alguns que não estão. Estar na lista não significa que você será um parlamentar; há mais gente na lista do que vagas disponíveis, mas é uma ótima forma de apoiar o partido.

Minha campanha de registro de eleitores precisava de uma plataforma. Se eu pudesse me colocar como candidata, em vez de apenas como uma pessoa aleatória tentando registrar eleitores, talvez conseguisse atrair um pouco mais de atenção da mídia e mais eleitores dispostos a votar.

Era como se Grant lesse minha mente: "Se você for candidata, isso deve atrair eleitores e vai ajudar o partido", disse ele ao telefone. Mesmo a uma distância de quase 19 mil quilômetros, ele sabia como me convencer a fazer alguma coisa. E eu consegui imaginá-lo andando de um lado para o outro, esticando as costas, as sobrancelhas se levantando de forma brincalhona enquanto falava.

"Acho que isso realmente ajudaria o partido, Jacinda."

Prendi a respiração por alguns segundos, tentando entender se o que eu estava sentindo era nervosismo ou empolgação.

"Hum", disse eu, por fim. "Talvez eu faça isso."

Ao se candidatar ao Parlamento, talvez você se convença de que não está fazendo isso *de verdade*, que é só um nome em uma lista para ajudar sua *verdadeira* causa: colaborar para a vitória do Partido Trabalhista. É o único motivo para fazer isso. Ajudar o partido, não se tornar uma parlamentar.

Em casa, antes de dormir, você pede para sua irmã tirar uma foto do seu rosto. Você imprime os formulários e os preenche, escrevendo seu nome com cuidado, em letras de fôrma grandes e legíveis. Você sente um frio na barriga ao marcar o quadradinho: "candidata do partido". Você então assina o formulário com uma letra cursiva tão ilegível que poderia ser o nome de qualquer um. Mas é o seu.

Você escaneia tudo e envia os documentos. Em seguida apaga a luz e fica deitada no escuro, sem pregar os olhos. Você disse não tantas vezes, mas talvez agora tenha dito sim.

Depois disso as coisas aconteceram bem rápido. Peguei um voo para a conferência da legenda regional em Wellington, onde a legenda partidária seria criada e classificada. Era estranho estar de volta, como se os dois anos em que estivera fora não tivessem acontecido. Meus pais foram comigo; atravessamos o estacionamento de cascalho enquanto eu explicava o que estava prestes a acontecer. Seria um pouco como aqueles encontros-relâmpago para escolher um possível namorado. Eu e mais algumas dezenas de candidatos, incluindo Grant, iríamos nos apresentar a pequenos grupos de membros locais do Partido Trabalhista, responder perguntas e compartilhar nossa visão para o partido. Cada um de nós seria classificado regionalmente; depois de algumas semanas, o comitê nacional mesclaria todas as legendas regionais em uma, com as classificações numéricas de todos.

Minha mãe estava animada e me apoiando, enquanto meu pai demonstrava certa insegurança. "Concorrer a um cargo que você não vai ganhar é uma boa ideia?", perguntou ele, franzindo a testa. Expliquei meu raciocínio de que aquilo talvez ajudasse a campanha em Londres, e que aumentar o número de eleitores do partido por lá era importante. Principalmente com a disputa acirrada em locais como Central Wellington, por onde Grant concorria.

Entramos em um salão bolorento, do tipo usado para reuniões de escoteiros. Ao entrar, cumprimentei rostos conhecidos com um aceno de cabeça, pessoas do trabalho em campanhas ou sindicatos. Lá dentro havia cadeiras de empilhar enfileiradas e voltadas para a frente. Fiquei na parte de trás do espaço, passando os olhos pela multidão até ver Grant. Tecnicamente éramos concorrentes. Mas não havia ninguém no Parlamento que eu quisesse ver mais do que ele. Grant era progressista, inteligente, engraçado e bondoso. Se ele não ganhasse a eleição, um bom lugar na legenda partidária seria seu ingresso para o Parlamento. Para mim aquele era o dia de Grant.

Quando chegou a hora, fui passando pelos grupos, falando animadamente sobre mim e respondendo às perguntas.

Oi, meu nome é Jacinda, estou trabalhando em uma campanha de registro de eleitores em Londres.

Por que estou aqui? Sou membro do partido e voluntária em campanhas há anos, assim como vocês. Quero ajudar o Partido Trabalhista a vencer.

Com a parte dos encontros-relâmpago concluída, nós nos reunimos em um grupo maior para que o processo de classificação começasse. Sentei-me com meus pais enquanto assistia à nomeação dos parlamentares.

Nomeações. Apoio. Sim. No início tudo foi rápido, uma formalidade da classificação dos parlamentares existentes. Então a primeira nova abertura chegou.

"Nomeações?" O silêncio tomou conta do salão. Um membro da equipe de Grant se levantou e gritou: "Grant Robertson!". Esperei um segundo para que um apoiador se levantasse. Em vez disso, foi o próprio Grant que se pôs de pé.

"Não quero ser classificado. Não até Jacinda Ardern ter sido." Ele abriu um sorriso para mim que dizia: *Sei exatamente o que acabei de fazer.* Seu olhar se voltou para a frente. Fiquei em silêncio no salão, assistindo a todo o processo fervilhar a minha volta. Alguém me nomeou, alguém apoiou a nomeação e meu nome foi colocado na legenda. Grant tinha acabado de garantir que eu tivesse uma classificação maior que a dele. Aquele ato poderia ser a diferença entre ele estar no Parlamento ou não. Até hoje esse foi um dos atos políticos mais altruístas e generosos que já vi.

E um dos que me colocaram mais próximo do Parlamento.

Quando se concorre ao Parlamento, você espera. Espera a campanha começar. Espera os panfletos chegarem. Espera até poder colocar os cartazes. Espera alguém atender à porta. Espera para saber se as pessoas vão escolher você, ou, antes, se seu partido vai fazer isso.

Às vezes, porém, no fundo, você já sabe.

Quando o comitê nacional se reuniu para mesclar todas as legendas regionais em uma classificação final, eu já estava de volta ao meu apartamento em Londres. Eram cinco da manhã quando meu Nokia ganhou vida.

"Cara", disse uma voz rouca do outro lado da linha.

Era meu amigo Tolley, o líder sindical que me ajudara a planejar a visita de Helen Clark à universidade, aquela na qual eu tinha perdido a paciência com um grupo de opositores.

"Você é o vigésimo nome. Você é a número vinte."

Número vinte? Aquilo significava que estava à frente de parlamentares já eleitos. Eu tinha me dedicado muito ao partido, tinha construído uma boa rede de contatos e estava tão comprometida como qualquer um para fazer com que o Partido Trabalhista fosse eleito. Ainda assim fiquei surpresa.

Sentei-me na cama. Meu quarto estava escuro e silencioso, meus colegas de apartamento estavam dormindo nos respectivos quartos. Na última eleição, o Partido Trabalhista tinha conquistado cinquenta assentos no Parlamento. Desde o início do sistema MMP, os trabalhistas nunca ficaram com menos de 37 assentos.

Não importava o que acontecesse no dia da eleição, era quase certo que eu entraria no Parlamento.

Mas claro que isso não era o fim da história, nem perto disso. Em algumas semanas eu descobriria que não tínhamos um candidato na minha antiga cidade, Morrinsville. E não era de estranhar, já que era um assento impossível de ganhar. Eles vinham procurando alguém para concorrer no lugar onde eu fora criada. Eu estava na legenda partidária e era quase certo entrar para o Parlamento, mas ainda poderia concorrer por um distrito. Quase todos os candidatos faziam isso.

A resposta era óbvia: eu concorreria ao assento impossível de ser vencido, na cidade onde crescera.

Arrumei as malas com tudo que tinha no apartamento de Londres. Meu tempo no exterior tinha terminado. Eu ia voltar para casa.

As vaias não começaram altas. A princípio era um zunido, um coral de um número relativamente pequeno de pessoas; os precursores, pode-se chamar assim. No início parecia quase um ruído ambiente. Mas logo outros se juntaram. E mais outros. E pouco depois havia um coro glorioso do mais absoluto desdém.

Eu estava em meu primeiro debate como candidata, e as coisas não estavam nada boas. Cerca de cinquenta pessoas se reuniram em Matamata, a vinte minutos de Morrinsville, em um salão comunitário com pé-direito baixo e cadeiras acolchoadas. O moderador era de um grupo de lobby rural chamado Federated Farmers, e a maioria das pessoas era conservadora.

Sempre que o candidato do Partido Nacional falava, eu via todos assentindo com a cabeça, seus olhos brilhando. Quando chegou a minha vez, a pergunta foi sobre mudança climática. Não me lembro exatamente as palavras, mas eu me lembro da insinuação: eu "acreditava" naquilo?

Assim que comecei a responder, vi braços cruzados, cabeças meneando, sorrisos se transformando em olhares atravessados da mais pura desconfiança.

Meus olhos se voltaram para o fundo do salão. Minha mãe estava empertigada na cadeira, radiante por me ver ali, como se seu amor pudesse por si só compensar a hostilidade de todos os outros. Ao lado dela estava minha avó Margaret, com uma ligeira expressão de ceticismo atrás dos grandes óculos de armação retangular. Os cantos da boca estavam voltados para baixo, indicando seu desprazer.

Algumas semanas antes, minha avó tinha me emprestado o carro para fazer visitas de porta em porta. Ela exibia aquela mesma expressão enquanto assistia ao vovô Eric, que bondosa e carinhosamente me ajudava a colocar alto-falantes e placas do Partido Trabalhista no teto do carro. Quando um vizinho passou, minha avó gritou de forma chamativa: "É cada coisa que a gente faz pelos netos!". Que não restem dúvidas sobre a afiliação política dela.

Minha avó não era uma apoiadora dos trabalhistas. Não mesmo. Mas quando respondi à pergunta sobre mudança climática pelo menos ela não me vaiou, como os demais. Mantive meus olhos nela por mais um instante. Pelo menos *acho* que ela não estava me vaiando.

Eu me importava profundamente com a questão climática. O conceito maori de *kaitiakitanga*, a ideia de que somos todos guardiões da terra, do mar e do céu, era muito real para mim. Ainda me lembro que quando era bem pequena aprendi sobre o buraco na camada de ozônio e o impacto que produtos químicos usados em coisas como latas de aerossol tinham nessa questão. Aquilo afetava a atmosfera em nossa região, já que a Nova Zelândia era menos protegida do sol do que a maioria dos lugares.

Minha mente ainda infantil ligou os pontos. *As pessoas em todo o mundo estão usando spray de cabelo e por isso eu preciso usar mais protetor solar?* Aquela foi a primeira vez que compreendi que os seres humanos não apenas afetam o planeta, mas que nossas escolhas afetam uns aos outros, mesmo quando estamos a milhares de quilômetros de distância. Agora, com a crise climática, estávamos vendo essa dinâmica em proporções gigantescas. Na Nova Zelândia, a mudança climática ameaçava nosso litoral, as áreas baixas e com risco de alagamento, e nossos vizinhos do Pacífico.

Os trabalhistas tinham aprovado recentemente um sistema de precificação de emissões, mas não sem oposição. Em comunidades rurais, como Matamata, havia a preocupação de que as emissões agrícolas, que vinham principalmente dos gases liberados pelo gado, um dia pudessem ser incluídas no sistema. Alguns achavam isso injusto; outros se recusavam a acreditar que o metano fosse parte do problema. Houve quem fosse de trator até o Beehive para protestar, como um parlamentar do Partido Nacional que foi à escadaria do Parlamento dirigindo um trator Massey Ferguson enferrujado e enlameado. O nome dele era Shane Ardern, e era um primo distante (*por casamento*, como tia Marie sempre gostava de lembrar).

Mas eu acreditava que precisávamos ser francos sobre o que a mudança climática significaria. Mesmo se isso envolvesse uma onda de desconforto naquele salão na forma de vaias altas.

No fim do evento, com aplausos nada entusiasmados, troquei um aperto de mãos com meus oponentes e, depois que um homem mais velho e irado com fiapos de cabelo preto penteados sobre a careca apontou para mim e me xingou de comunista, aproximei-me da minha família. Minha mãe abriu um sorriso encorajador e deu tapinhas no meu ombro.

"Muito bem, filha!", disse ela.

"Obrigada, mãe. Mas acho que não foi *tão* bem assim."

"Por que você acha que não foi bem?", perguntou ela como se tivéssemos vivenciado coisas completamente diferentes.

"Hum... as vaias?", perguntei.

Ela fez um gesto leve com as mãos.

"Eu não me preocuparia com isso."

Virei-me para vovó Margaret.

"E o que você achou, vó?"

Ela olhou em volta do salão esticando o pescoço.

"Achei a candidata do Nova Zelândia Primeiro maravilhosa", respondeu ela, referindo-se a Barbara Stewart, uma mulher de pouco mais de cinquenta anos com uma grande roseta preta e branca na lapela. Ela se virou para mim com uma expressão esperançosa: "Será que você pode me apresentar a ela?".

Foi quando percebi que talvez nem minha própria avó votasse em mim.

Depois de alguns muitos eventos ruins, você vai conversar com um parlamentar, alguém que você chama de amigo. Vai contar sobre as vaias, e ele vai dar de ombros. "Hum", ele vai dizer, "se 50% do público não discordar de você, é provável que você não esteja dizendo nada."

Você vai se lembrar muito disso quando alguém lhe mostrar o dedo do meio. E isso vai acontecer muito.

Eu não ia ganhar o voto eleitoral. Aquilo era quase certo, já que o eleitorado do meu distrito de Morrinsville era conservador demais para qualquer candidato trabalhista.

Mas isso não me impediu de fazer uma campanha como se toda a eleição dependesse disso.

Usei todas as técnicas de visitas porta a porta que aprendera em New Plymouth, balançando portões, tocando a campainha em áreas onde eu sabia que havia eleitores trabalhistas — não apenas uma, mas várias vezes. Preenchi infindáveis formulários de registro eleitoral para pessoas que votavam pela primeira vez e fui até os recantos mais distantes do distrito, onde não havia voluntários para distribuir panfletos.

Depois de quatro semanas, o dia da eleição chegou. Os trabalhistas apareciam em desvantagem em quase todas as pesquisas. A ideia de vencer se mostrava cada vez menos provável. Mas você não saberia de nada disso pelo jeito que minha tia Marie saiu em uma campanha feroz nos últimos dias.

Na noite da eleição, usei um vestido vermelho que tinha comprado algumas semanas antes e um sapato estilo boneca de salto alto. Minha mãe, tia Marie e eu entramos no novo Toyota Corolla da minha mãe e fomos até o clube Taniwharau League em Huntly, um grande espaço com bar nos fundos e placas do Partido Trabalhista apoiadas nas paredes. Nós nos sentamos a uma mesa redonda para assistir aos resultados em uma TV grande que em geral exibia jogos de rúgbi. No meio dos clientes de calças de moletom e camisas de rúgbi, senti que tinha me vestido bem demais.

Quando os números começaram a chegar, eles só confirmaram o que já esperávamos: não ganhei a vaga da região rural e conservadora em que fora criada. Eu dependeria da legenda partidária. Apesar disso houve um brilho de alegria: Grant vencera em Central Wellington.

Mas as decepções da noite ainda não tinham terminado. Depois de um tempo, os números de Harry mostraram que ele perdera a vaga de New Plymouth por 105 votos. A meu lado, Marie começou a chorar, e então fomos embora.

Estávamos voltando para casa no escuro, minha mãe assentindo a meu lado enquanto Marie chorava no banco de trás, quando Helen Clark chegou à sede eleitoral do Partido Trabalhista, reconheceu a derrota para John Key e renunciou.

Os trabalhistas tinham perdido o governo. O Partido Nacional conservador assumiria o poder. Pensei nas coisas que os trabalhistas tinham conseguido e que tudo aquilo poderia ser desfeito.

Mas os trabalhistas tinham conseguido 34% de votos no partido, mais do que o suficiente para garantir uma vaga para mim no Parlamento. Eu ia ser uma parlamentar.

Quando você faz o juramento no Parlamento, a experiência pode ser agridoce. Talvez você esteja na oposição, observando um partido que não é o seu assumir o governo. Os parlamentares que você admirava e para os quais talvez tenha até trabalhado podem não estar mais lá, as plaquinhas de metal com o nome deles sendo removidas e substituídas por nomes novos nas portas. Todas as coisas que você queria fazer e mudar teriam de esperar, e era difícil saber até quando.

Ainda assim, em uma manhã de novembro, você acorda cedo e se veste com um blazer preto, fecha cuidadosamente uma pulseira que fora da sua avó, banhada a ouro com um desenho de bambu. Algumas horas depois, você vai sair do salão de votação e entrar no plenário, aquele salão de pé-direito alto, painéis de madeira e cadeiras de couro verde. Você vai se sentar em uma das cadeiras. E, quando ouvir seu nome ser chamado, vai cruzar o plenário, levantar a mão e fazer o juramento, e a sensação vai ser de felicidade.

Talvez você sinta até que aquela é a honra de toda uma vida.

Treze

Eu sabia que eu estava atrasada mesmo antes de olhar no relógio. Pegara a passarela errada para o Parlamento. Agora estava no fim de um longo corredor de tapete vermelho e paredes cor de creme, sem nem saber se aquele era o andar certo.

Eu tinha tomado posse havia menos de uma semana e, assim como os outros novos parlamentares, recebi o material que fazia parte do programa de orientação, uma grande pasta branca cheia de divisórias coloridas e informações sobre como estabelecer meu gabinete, as regras de uso da biblioteca do Parlamento e como preencher as planilhas de viagem. O programa também incluía sessões presenciais, como o ensaio daquele dia no plenário para se certificarem de que aprenderíamos a usar os microfones. Era para lá que eu estava indo. Todos os cerca de trinta novos parlamentares estariam lá, treinando como se fosse o primeiro dia em algum acampamento de debates do ensino médio.

Quando cheguei à entrada da câmara, a sessão já tinha começado. Todos os recém-empossados ocupavam cadeiras de couro verde diante de mesas de madeira com microfones pretos se elevando sobre elas. Uma pessoa de túnica preta estava lá na frente falando, provavelmente alguém da secretaria, mas não consigo mais me lembrar exatamente do que estava dizendo. Só me recordo de me esgueirar um pouco curvada, do jeito que fazemos quando entramos em um cinema quando o filme já começou, tentando encontrar um assento vazio perto da primeira fileira.

Coloquei a pasta na bancada e me sentei em uma das cadeiras de couro macio, afundando um pouco mais que o esperado. Empertiguei-me e olhei para os rostos a minha volta. Aquele foi o momento em que a realidade me acertou como uma onda: eu era uma parlamentar. *Estava sentada no plenário não como uma turista nem para algum tipo de cerimônia, mas porque agora era o meu trabalho estar ali.*

Os novos parlamentares se alternavam para falar ao microfone agora. Mirei Grant, que olhava para mim com expressão assustada, como se estivesse prendendo a respiração, e percebi que ele estava tendo uma sensação parecida com a minha. Mas também vi que os olhos dele estavam começando a marejar, como se estivesse prestes a cair na risada ou no choro. Ele sustentou o olhar por mais um segundo e, antes que a emoção pudesse se aprofundar, disse só com os lábios: "Merda". Nós nos recostamos na cadeira, dando risinhos discretos.

Olhei para o lado oposto. Foi quando me dei conta de outra coisa, algo preocupante. Se havia um lugar em que ser sensível e pensativa demais ia me atrapalhar, seria ali. Bem naquele plenário.

Embora o plenário talvez fosse considerado majestoso, também podia parecer um ringue de luta. Primeiro há seu esquema de assentos com uma configuração em ferradura e em degraus: os parlamentares governistas de um lado, a oposição do outro, o público geral assistindo da área reservada na parte superior, como se fosse um espetáculo de gladiadores. E é exatamente isso que pode parecer durante o esporte sangrento da sessão de perguntas.

A sessão de perguntas é um evento de uma hora de duração que acontece todos os dias às duas da tarde, sempre que o Parlamento está aberto. É nessa situação que os parlamentares oposicionistas exigem respostas do governo: do primeiro-ministro e dos demais ministros. Só que é bem diferente de uma simples sessão de perguntas e respostas. A sensação é de uma batalha nada legal de rap, com insultos, zombarias e provocações. Agora eu era a mais nova e mais jovem parlamentar no ringue gladiatório; Phil Goff era o novo líder do Partido Trabalhista e mais uma vez meu chefe.

Não demorou muito para que eu fosse alvo de chacota pela primeira vez. Estava conversando com Annette King, a vice-líder do partido e braço-direito do Phil. Ele não estava na câmara, então me sentei na cadeira dele para conversar com Annette. Isso tudo era normal. Parlamentares andavam pelo plenário o tempo todo, fosse para dar apoio quando alguém fazia um discurso importante, fosse para ter uma conversa discreta com um colega, como eu estava fazendo naquele momento. O que não se fazia, porém, era proferir um discurso na cadeira do líder.

Quando o orador me chamou para fazer minhas observações, só me levantei de onde estava, ou seja, da cadeira de Phil, e comecei meu discurso, uma gafe tão grave que era um convite para zombarias.

"Você acha que deveria estar no comando?", gritou um ministro do Partido Nacional.

"Você seria tão inútil quanto seu líder atual", gritou outro parlamentar, conseguindo atingir a Phil e a mim com poucas palavras. E, de repente, tinha um monte de gente gritando comigo.

Não era comparável a quando fora vaiada em campanha lá em Matamata. Afinal, a vaia é um tipo generalizado de barulho, tão desprovido de especificidade que é possível se desligar dele. Aquilo era diferente. Eu era alvo de uma zombaria barulhenta e audível, com palavras que conseguia ouvir com dolorosa clareza.

Por um momento fiquei parada ali, absorvendo tudo aquilo. Todos pareciam adultos, com suas roupas formais e abordando assuntos sérios. Mas era possível nos imaginar facilmente em um pátio de escola primária e presumir que estávamos brigando por causa de um jogo de handebol. Uma das parlamentares parecia particularmente alegre. Era uma mulher muito inteligente, confiante e respeitada por todos os lados. Usava terninhos sob medida e parecia ter estudado em escola particular. Mas lá estava ela, o cabelo balançando e o rosto corado, apontando na minha direção como se não passássemos de crianças no corredor da escola. Quando as piadas ficaram mais altas, os membros do meu partido saíram em minha defesa.

Vocês não querem ouvir!

Não aguentam uma boa discussão!

Eu ainda estava falando, mas mal conseguia ouvir minhas próprias palavras. Não queria que meu nervosismo interno se transformasse em tremor externo. Não queria que vissem como eu me sentia inexperiente e tola. Então disfarcei a vergonha com o volume da minha voz, falando cada vez mais alto, como se isso substituísse a força que não sentia. Depois voltei para o meu lugar, castigando-me internamente, as palavras do meu pai ainda ecoando em meus ouvidos: *sensível demais para o Parlamento.*

Eu não era ingênua. Sabia muito bem que aquele trabalho vinha com comentários depreciativos de outros políticos, insultos casuais do público, e o triste mas simples fato de que qualquer um que assuma os holofotes pode e vai atrair discurso de ódio. Eu sabia que tudo isso era inevitável, mas agora estava aprendendo na prática. E parecia brutal.

Minhas opções para resolver o problema eram limitadas. Eu era só uma nova parlamentar quase sem nenhuma influência. Não podia mudar as regras. E, com certeza, não tinha como mudar a cultura. Em vez disso, pensei em fazer mudanças em mim. E sabia exatamente a quem deveria pedir ajuda. A um parlamentar trabalhista conhecido pelo espírito de briga: Trevor Mallard.

Eu não conhecia Trevor, mas já o tinha visto quando eu trabalhava no gabinete de Helen Clark, geralmente porque ele estava em algum tipo de problema. Naquela época, se os parlamentares trabalhistas saíssem da linha, se falassem quando não era sua vez ou desrespeitassem alguma regra, tinham que se justificar com Heather, também conhecida como H2. E Trevor sempre recebia recados de H2. Ele estava no Parlamento havia décadas, tempo suficiente para ter lutado bravamente para descriminalizar a homossexualidade em 1986. Tinha o físico de um técnico escolar de rúgbi e era implicante, impulsivo e bruto, um cão de ataque do partido que despertava a fúria dos inimigos e, às vezes, a impaciência dos amigos. Um dia, durante um intenso debate na câmara, um membro da oposição fez uma observação pejorativa sobre a família de Trevor. No fim da sessão, Trevor fez um gesto para o colega ir com ele "lá fora" e, depois de uma tensa discussão verbal no vestíbulo, o trabalhista o atacou.

Alguns dias depois de minha gafe no plenário, procurei Trevor nos corredores. Contei para ele o meu erro e, depois, disse de forma direta: "Preciso ficar mais forte". Expliquei a ele que, se eu não começasse a me importar menos com o que as pessoas diziam para mim e sobre mim, aquele trabalho iria ser pesado demais. E, já que era a pessoa mais durona e menos sensível que eu conhecia, será que ele poderia me ajudar?

Trevor parou de andar e se virou para mim. Enquanto me ouvia, sua expressão se transformou em surpresa. Depois, ele franziu a testa. "Jacinda, é assim que você me vê?"

Ele estava brincando? Era assim que *todo mundo* o via. Sorri, presumindo que a resposta era óbvia.

Trevor afastou o olhar por um momento. Depois se inclinou e disse com uma voz clara: "Prometa que não vai tentar endurecer, Jacinda. Você sente as coisas porque tem empatia e porque se importa. No instante em que você mudar, vai deixar de ser boa em seu trabalho". Com isso, ele me deu um sorriso compreensivo e se afastou pelo corredor.

No Parlamento, o partido que está no poder define a agenda. Agora o Partido Nacional tinha essa função, e todos os dias eu os via desfazer tudo que os trabalhistas tinham realizado sob a liderança de Helen Clark. Um dia, quando não faltava muito para o fim do meu primeiro mandato, saí do plenário depois de o governo fazer mudanças no KiwiSaver, um programa importante de aposentadoria que os trabalhistas tinham se esforçado para criar. Em um sofá no vestíbulo, ouvindo o debate de longe, estava o criador do programa: Michael Cullen. Sua cabeça estava um pouco baixa e, se notou minha presença, não demonstrou. Ele tirou os óculos e enxugou os olhos. Ouvir anos de trabalho destruídos em algumas horas o levou às lágrimas. Eu me lembraria de seu rosto e daquela cena sempre que ajudasse a desenvolver e aprovar uma lei no futuro. O desafio nem sempre é promover a mudança, mas fazer com que ela perdure.

Na oposição havia pouquíssimas chances de mudar qualquer coisa. Criávamos leis para a lata de biscoitos na esperança de que nossos números fossem chamados. Desenvolvíamos emendas para propostas de leis ou fazíamos esclarecimentos sobre novas leis, e raramente tínhamos sucesso. Nosso principal poder, porém, era fomentar a oposição pública contra a agenda do governo, e isso não era muito. Se havia qualquer dúvida em relação a nossa irrelevância, eu era lembrada disso sempre que ligava para minha irmã. Eu descrevia as enormes batalhas políticas em assuntos que considerava essenciais para o futuro do nosso país, só para ouvi-la responder: "Ah, perdi tudo isso". Para Louise, assim como para muita gente, todas as discussões travadas pelos partidos eram registradas simplesmente como "política".

Então como um parlamentar de oposição pode começar a cortar esse ruído e encontrar uma forma de conversar com as pessoas? Uma opção era por meio da mídia.

Comecei a aceitar todas as entrevistas que podia: pequenos jornais rurais, canais regionais de TV, rádios estudantis. *Sim, aceito falar com vocês. Sim, posso lhes dar meia hora. Sim, vou sentar com alguém de dezoito anos que acabou de entrar para a faculdade de jornalismo.* Eu via isso como parte do meu trabalho: alcançar todos os eleitores, em todos os lugares, em qualquer mídia que consumissem, não importando o número de exemplares vendidos ou de visualizações. Mas nem todas as oportunidades de mídia que chegavam eram pequenas.

Algumas semanas depois que cheguei ao Parlamento, recebi a ligação de um produtor da maior atração matinal do país. *Breakfast* era o equivalente neozelandês do *Good Morning America* ou do *Today Show*, um programa de entrevistas com horas de duração, transmitido ao vivo para centenas de milhares de lares em todo o país. Ele tinha um quadro semanal chamado "Young Guns", no qual dois jovens parlamentares, um do Partido Nacional e outro do Partido Trabalhista, debatiam assuntos da atualidade. O produtor me disse que queria me testar junto com Simon Bridges, um político em ascensão no Partido Nacional.

Eu gostava de Simon. Assim como eu, ele estava em seu primeiro mandato, e também tinha se envolvido com política na adolescência. Simon era o mais novo de seis filhos, e seu pai era um pastor batista. Ele tinha uma autoconfiança fácil e afável e um senso de humor autodepreciativo. Embora aquele fosse apenas um teste, se Simon e eu nos saíssemos bem, se conseguíssemos transmitir nossas ideias de forma clara, se a Nova Zelândia gostasse de nós, talvez pudéssemos continuar. Se não, eles testariam outras pessoas. No início tudo parecia mais com *Survivor* do que com um programa matinal de variedades.

Simon e eu concordamos de antemão que, se aquilo fosse o *Survivor*, nós dois queríamos sobreviver. Então mantivemos o debate amigável, leve, enérgico o suficiente para parecer real, mas sem golpes baixos. E funcionou. Por vários anos Simon e eu nos encontramos para ocupar as mesmas cadeiras, semana após semana, e debater acerca de tudo, de venda de ativos públicos a taxas de desemprego; a ideia era ter assuntos sérios intercalados com momentos mais leves.

Nós geralmente sabíamos os assuntos com antecedência, mas um dos apresentadores de *Breakfast*, Paul Henry, costumava trazer assuntos de surpresa. Uma vez, depois de fazer sua apresentação de sempre, ele se virou para mim e começou: "Então...". Fiquei esperando uma pergunta sobre política governamental. Em vez disso, a voz de barítono perguntou: "Você acha que o nome Eskimo Lollies* é racista?".

O quadro "Young Guns" me ensinou a estar preparada para qualquer coisa, a manter a calma ao deixar meu fone intra-auricular cair, de modo que eu não conseguia ouvir o entrevistador, ou ao experimentar um terremoto no meio da transmissão ao vivo, ou ainda ao ver um bando de gaivotas invadindo o fundo de uma entrevista ao ar livre. Mas também provou que era possível discordar do oponente sem levar para o pessoal.

Isso não significa que eu gostava de aparecer na TV. Sempre ficava nervosa e constrangida demais, porém sorria o tempo todo. Eu ria, compartilhava ideias, apresentava argumentos políticos. Mas, por dentro, minha mente era um turbilhão, pensando na última coisa que eu tinha dito enquanto formulava o que ia dizer em seguida.

Mas o fato de estarmos lá significava que todo mundo estava interessado no que dizíamos.

Um dia uma secretária de imprensa disse: "Você sabe que todo mundo assiste isso no mudo, não é?". Não sei se ela queria que eu me sentisse melhor em relação a possíveis erros ou fazer com que me concentrasse mais em minha aparência. Na verdade eu já tinha que chegar ao estúdio do *Breakfast* vinte minutos antes de Simon para a maquiagem. Tenho certeza de que eu também passava mais tempo pensando no que vestir. Além disso, quanto mais longo o segmento, mais insegura eu ficava. Talvez isso se devesse à pessoa que gastou cinquenta centavos nos correios para me enviar o recorte de um anúncio de ração com a caricatura de um cachorro dentuço. Acima, em letras garrafais, a pergunta: "POR QUE VOCÊ PARECE COM ELE?". Outras críticas foram um pouco mais educadas, como o e-mail que recebi de um telespectador do *Breakfast* expressando a forte convicção de que meu cabelo, com seus tons acobreados, contrastava demais com o preto de Simon. Eu já tinha pensado em tingi-lo?

A opinião pública julga as mulheres de forma distinta. Tudo é diferente para mulheres. Ponto. Eu sentia isso de forma vívida quando estava na televisão. Talvez tenha sido por isso que, quando recebi uma ligação da editora de

* Produzidos pela empresa Pascall, os Eskimo Lollies eram balinhas populares na Nova Zelândia. O nome foi alvo de críticas por usar "Eskimo", termo considerado inadequado por inuítes por sua origem imposta por colonizadores. (N. T.)

uma revista feminina me perguntando se aceitaria participar de uma série de artigos sobre autoimagem corporal como forma de empoderamento feminino, aceitei. Havia uma chance de falar sobre como era se ver constantemente através dos olhos dos outros, comparando-se com algum padrão impossível e velado. Podemos ser nós mesmas, mas não nos mostrar muito. Podemos estar confortáveis, mas nunca desleixadas. Usar roupas elegantes, mas não pomposas demais. Estar sob o olhar do público me fez mais insegura, mas talvez também tenha me tornado mais consciente de como o julgamento adicional que as mulheres enfrentam é injusto. Então a resposta foi que sim, eu adoraria falar sobre autoimagem com mulheres de toda a Nova Zelândia.

"Ótimo", disse a editora. "Para acompanhar as matérias, gostaríamos de uma foto sua de maiô ou usando um modelador."

"Modelador?"

"É, tipo Spanx, sabe?", disse ela.

Espere um pouco, pensei. *Eu não sabia que aquilo era uma situação do tipo mostrar e contar. Você quer que eu seja fotografada usando Spanx em uma revista que vai ficar na sala de espera de médicos, em supermercados e na mesinha de centro perto da cadeira da minha avó?*

Eu poderia ter dito não. Na verdade eu quase disse. Em vez disso, porém, algumas semanas depois estava diante da câmera usando uma calça modeladora tipo corsário enquanto um estranho mirava um secador em mim para criar um efeito esvoaçante em meu cabelo armado e penteado para trás.

Duvido que tenha feito diferença para as neozelandesas ver uma parlamentar usando modelador em uma revista. Mas a chance de fazer nem que seja uma pessoa pensar menos sobre sua aparência e mais sobre sua capacidade de realizar um trabalho me deixou feliz por ter feito aquilo. Afinal, eu tinha uma plataforma. Podia ser pequena, podia significar me colocar em uma situação humilhante de vez em quando, mas era alguma coisa.

E quase todos os dias eu procurava me lembrar do motivo de fazer oposição, de me sujeitar a ser criticada pela minha aparência e aguentar provocações de meus colegas parlamentares: *porque isso fazia a diferença*. Sim, às vezes era um martírio. Mas sempre havia um motivo para me levantar de manhã.

Às vezes conseguíamos impedir coisas com as quais discordávamos, como quando pusemos fim ao plano governamental de permitir a mineração em áreas preservadas. Ou colocávamos projetos de lei na lata de biscoitos, como meu projeto de combate à pobreza infantil. Às vezes aqueles projetos eram sorteados, como a proposta que escrevi para atualizar as leis de adoção. E todos os dias – todos os meus dias como parlamentar – eu me encontrava com pessoas a quem poderia ajudar.

Logo no início, conheci uma avó que criava uma neta com a síndrome do bebê sacudido. Musicoterapia ajudava, mas o governo tinha cortado o benefício dela para isso. Pude ajudar com a reintegração do benefício. Houve também um empresário que explicou uma peculiaridade da lei neozelandesa determinando que, quando eles inseriam a classificação etária em um DVD ou CD, tinham de colocar isso *por baixo* do plástico transparente, não por cima. Isso significava mais tempo e dinheiro para reembalar e lacrar novamente a mercadoria. Consegui fazer as alterações nessa lei para corrigi-la. Era algo tão pequeno, tão burocrático, mas ajudou alguém.

Sempre havia alguma coisinha a ser feita pelo povo, e cada uma dessas coisas se somava para resultar em uma sensação de estar sendo útil. Isso costumava ser o suficiente para me impulsionar a seguir em frente, continuar o caminho mesmo nos dias mais difíceis.

Em 2011 eu estava me preparando para uma nova eleição, dessa vez como candidata à vaga concorridíssima em Auckland Central. Eu fora eleita pela legenda partidária, o que significava que tinha responsabilidades, poderes e deveres de qualquer outro parlamentar, mas não tinha um assento, ou seja, um distrito para representar diretamente. A região de Auckland Central combinava comigo. Era onde eu morava quando não estava em Wellington para meu trabalho no Parlamento. Era uma comunidade urbana jovem, onde moravam muitos profissionais e estudantes. Algumas pautas importantes para mim, como questões sociais e de mudança climática, tinham ressonância em Auckland Central. Mas, se eu quisesse ganhar o assento, teria de concorrer com a atual parlamentar, Nikki Kaye, do Partido Nacional.

Nikki e eu tínhamos mais ou menos a mesma idade e formação semelhante. Assim como eu, ela começara bem cedo na política e já tinha morado em Londres. A competição entre duas jovens de partidos rivais foi rapidamente apelidada por um jornalista de “a batalha das gatas”. Éramos tratadas como novidade, mas também, por sermos duas jovens na política, éramos, de alguma forma, intercambiáveis.

Empenhei-me ao máximo naquela eleição. Comprei um pequeno trailer de 2,5 metros e mandei decorá-lo com as cores do Partido Trabalhista. Fui a festivais e parei em esquinas para realizar encontros improvisados. Descobri formas de entrar em prédios de apartamentos para bater às portas e chegar a eleitores que seriam inalcançáveis de outra forma. Coloquei pôsteres pela cidade, distribuí panfletos e participei de reuniões públicas. Consegui uma grande equipe de voluntários, que se tornaram uma família para mim. Entre eles havia uma mulher vibrante e bem-sucedida chamada Barbara Ward, que conhecia a região de Auckland Central de cabo a rabo; ela começou a trabalhar no meu escritório nessa época e continua comigo até hoje.

Dei meu sangue na campanha. Mesmo assim, na noite da eleição de 2011, Nikki ganhou a vaga de Auckland por uma diferença de 717 votos, e uma vez mais o Partido Trabalhista perdeu para o Partido Nacional. Embora Phil, o líder trabalhista, tenha recebido votos o suficiente para que candidatos da legenda partidária, como eu, voltassem ao Parlamento, eu sabia que ele renunciaria à liderança do partido. Todo o resto era incerto.

Eu estava exausta ao sair com alguns voluntários do nosso evento na noite de eleição, enquanto descíamos a Ponsonby Road, uma rua conhecida por seus bares e restaurantes elegantes e algumas lojas de grife. Eu estava usando um vestido vermelho de decote drapeado e o mesmo sapato boneca de salto da eleição de três anos antes. Era tarde, os clientes saíam para a rua, seguindo sua vida, enquanto nos sentíamos derrotados. Passei por um grupo de jovens saindo de uma das boates ao lado de uma hamburgueria. Uma moça olhou nos meus olhos e gritou: "Adorei o vestido!".

Agradeci. *Vou aceitar isso*, pensei.

Ela baixou o olhar e acrescentou: "Mas com esse sapato seus tornozelos ficaram gordos!".

Meu segundo mandato, mesmo sendo uma parlamentar por legenda partidária, foi ainda mais intenso que o primeiro. Tornei-me a porta-voz do desenvolvimento social, lidando com tudo, desde sistema de benefícios até proteção infantil. Continuei participando do quadro "Young Guns" e aparecendo em outros veículos da mídia, esforçando-me ao máximo para promover o Partido Trabalhista. E eu ia a eventos, muitos eventos: inauguração de galerias, premiações, eventos comunitários. Um membro experiente da nossa equipe me disse uma vez: "Nunca coma enquanto está de pé" — um alerta em relação aos resultados de uma longa torrente de canapés. O mais desafiador para mim, porém, era precisar sempre de um acompanhante, e Barbara Ward desistiu de intermináveis noites de sua vida para garantir que eu nunca estivesse sozinha em um evento.

Íamos a concursos de perguntas e respostas em escolas e a eventos beneficentes. Aceitei até ser DJ em uma loja de discos chamada Real Groovy. Por uma hora fiquei na frente da loja, fazendo uma mixagem de Janis Joplin com Unknown Mortal Orchestra. Depois disso, fui chamada para tocar em um festival de música chamado Laneway, e a partir daí "DJ" foi equivocadamente acrescentado à minha lista de ocupações.

Em outubro de 2012, fui à premiação de restaurante do ano em Auckland com outro amigo, Colin. Ele era modelo, apresentador de TV e excelente companhia. O evento foi organizado pela revista *Metro*, e Colin e uma atriz famosa formavam o casal de capa da edição de restaurantes. Foi uma noite excepcionalmente glamorosa, cheia de celebridades, e ocorreu em um templo do centro da cidade. Os bancos foram retirados e substituídos por mesas e por uma iluminação aconchegante.

Entrar de braços dados com Colin, o astro da capa, com seu smoking sob medida, foi como estar atrás de um pavão deslumbrante com toda sua plumagem aberta. Eu me esforcei para acompanhá-lo, sorrindo como se não estivesse com um vestido e um par de sapatos emprestados. O salão estava cheio quando ouvi Colin chamar a atriz que dividia a capa com ele, Shavaughn Ruakere. Ela pareceu flutuar, de forma totalmente relaxada, em nossa direção, impecável naquele salão quente que já fazia meu buço suar. Uns vinte metros atrás estava seu companheiro, Clarke Gayford. Eu não conhecia Clarke pessoalmente, mas sabia quem ele era. Todo mundo de trinta e poucos anos, minha idade na época, sabia: apresentador do C4, o equivalente neozelandês da MTV, ou, se você fosse um "tradie" — encanador, eletricista ou construtor —, definitivamente o conhecia como embaixador dos veículos Holden, uma marca famosa por suas caminhonetes de pequeno porte.

Eu era de Morrinsville, então o conhecia por causa das picapes.

Àquela altura eu já estava acostumada a eventos e festas de gala e a falar amenidades, mas não estava acostumada a pessoas famosas. Então, quando

Colin apresentou todo mundo, senti-me uma nerd do time de debates. Mas também notei os olhos de Clarke passeando pelo salão. Ele era bonito, como todo mundo a minha volta, com maxilar forte, olhos escuros e cabelo escuro um pouco bagunçado, mas não parecia à vontade — nem no salão, nem de smoking. *Hum*, pensei, surpresa diante do constrangimento dele. *Acho que já participei de eventos o suficiente para fingir que pertenço a este lugar.*

Dois anos depois do início do meu segundo mandato, peguei um avião para Londres, onde minha irmã ia ter um bebê. Ela estava com Ray, seu companheiro, havia anos. Eles tinham se conhecido na aula de salsa e moravam juntos em um apartamento pequeno, em um bairro residencial da cidade. Aquela seria a primeira filha de Louise e minha primeira sobrinha.

A experiência de parto da minha irmã não foi fácil. Eu soube disso, mas, quando finalmente cheguei ao hospital, ela mal teve forças para me cumprimentar. Louise tinha recebido uma transfusão de sangue, estava pálida e com o cabelo grudado na testa. Ela fez um esforço para se sentar. Deitada no bercinho aos pés da cama estava Isabella. Minha mãe se encontrava ali também, cuidando de tudo.

Inclinei-me sobre o berço e olhei para as orelhinhas minúsculas da minha sobrinha. Eram iguais às da minha irmã. Diferente de Louise, os olhos de Isabella eram escuros, assim como o cabelo em sua cabecinha delicada. Senti uma conexão imediata com aquele pequeno ser humano. Como se, de alguma forma, a bebê fosse parte de mim.

Durante todo o tempo em que eu estava envolvida no turbilhão da política Louise construíra uma vida para si, usando sua inteligência e seu diploma em ciências para seguir uma carreira no setor de controle de qualidade de uma farmacêutica. E agora ela era mãe também. Observei o rostinho de traços finos de Isabella e fiquei me perguntando se seria o único bebê que eu teria a chance de amar daquele jeito.

Eu estava com 33 anos. Trabalhava sem parar. Desde que entrara para o Parlamento, meu relacionamento mais longo durara três meses. Talvez eu tivesse escolhido inconscientemente a política em vez de uma família. Mesmo assim, eu não tinha feito essa escolha. Ainda pensava na maternidade o tempo todo. Meu desejo de ser mãe não era exatamente um "desejo", era uma suposição. Ou uma certeza.

Sentia que uma pequena parte de mim tinha sido designada como um espaço de maternagem e que em algum momento eu daria uma criança àquele espaço. Eu talvez tivesse deixado a igreja, mas todas as suposições da igreja não tinham me deixado. Ainda acreditava que meu destino era estudar, casar e ter filhos, nessa ordem.

Não sei ao certo, porém, se minha família ainda acreditava que eu estivesse trilhando esse caminho. Por muito tempo, mesmo depois que eu saíra da igreja, minha mãe se agarrara à ideia de que minha vida seguiria uma trajetória mais tradicional. Depois do casamento da minha irmã, muitos anos antes, minha mãe disse, com seu jeito bem direto: "Jacinda, nós gastamos 4 mil dólares neozelandeses no casamento de Louise, então reservei a mesma quantia para quando você se casar". Ela não disse isso para me pressionar, mas sim para deixar registrado. Afinal, minha mãe vinha de uma família com cinco filhos, então ela sempre teve muita atenção à justiça.

Não pensei muito sobre a ideia de casamento até me mudar para Londres e minha mãe me ligar para dizer: "Sabe o dinheiro que separei para seu casamento? Então, decidi investir em títulos de longo prazo". O recado ficou claro: "Acho que você vai ficar solteira por um bom tempo".

Depois, quando fui eleita para o primeiro mandato no Parlamento, precisava de um carro, e minha mãe deu o golpe de misericórdia: "O que você acha de em vez de te dar aquele dinheiro para o seu casamento eu te dar meu Toyota Corolla?". Meu dote agora era um Toyota Corolla vermelho 1996.

Durante aquela visita a Londres para conhecer minha sobrinha, sentei-me no chão da sala do apartamento da minha irmã e abri o laptop. Louise já estava em casa, descansando, enquanto Isabella dormia. Minha mãe estava do outro lado da sala dobrando as roupas recém-lavadas. Eu voltaria para a Nova Zelândia em alguns dias. Quando abri meu e-mail, havia um monte de mensagens de trabalho. Mas também havia um e-mail inesperado.

"Hum", eu disse.

Do outro lado da sala, minha mãe ergueu os olhos das toalhas: "O que foi?".

Meus olhos passaram pela mensagem. "Só um e-mail de um cara que trabalha em uma rádio." Fazia pouco mais de um ano desde que eu conhecera

Clarke Gayford na premiação de restaurantes, e eu acreditava que ele sequer se lembrava disso. "Parece que ele não está satisfeito com o governo, está dizendo que quer ajudar na minha campanha."

"Isso é muito bom", comentou minha mãe, pegando outra toalha.

"É, sim", respondi, clicando em responder. "É muito bom."

Catorze

Subi a Ponsonby Road um pouco antes da hora do almoço. Era setembro, algumas semanas depois da visita a Louise e Isabella em Londres. Era primavera na Nova Zelândia. O ar estava quente, o céu era de um tom impressionante de azul. Passei por bares famosos, restaurantes, estúdios de yoga e livrarias até chegar a um café com um pátio de paralelepípedo nos fundos. Ficava na parte oeste de Ponsonby, bem em frente à More FM, a estação de rádio na qual Clarke Gayford trabalhava.

Não caia de cara no chão, pensei abrindo a porta do café. *Não seja uma idiota na frente do cara da propaganda da Holden.*

Clarke e eu estávamos nos encontrando para um "café", a forma de os neozelandeses se referirem a qualquer coisa, de reuniões formais a encontros. No e-mail, Clarke explicou que estava insatisfeito em relação a algumas mudanças controversas nas leis de segurança e inteligência que John Key e o Partido Nacional tinham acabado de aprovar. Em vez de ficar reclamando, ele disse, achou melhor fazer alguma coisa a respeito. Ele gostaria de ver o Partido Trabalhista vencer de novo e queria saber se poderia ajudar de alguma forma em minha campanha.

A oferta de Clarke parecia genuína, e eu sempre estava disposta a encontrar pessoas interessadas em política. Ainda assim fiquei surpresa. Clarke era mais famoso do que a maioria dos voluntários de campanha. Ele era uma personalidade televisiva, um DJ popular, o tipo de cara que apresentava prêmios na TV e organizava shows. Também não atrapalhava o fato de Shavaughn Ruakere, a namorada dele havia três anos, estrelar um drama hospitalar na TV.

No café, parei no balcão para pedir um cappuccino e fui até os fundos, onde Clarke me esperava. Trocamos um aperto de mãos e eu me sentei na cadeira de ferro fundido. Geralmente não se começa uma conversa com política. Então, embora aquele fosse o motivo principal da nossa reunião, discutimos algumas coisas primeiro, como música.

"Sério que você gosta de drum and bass?", perguntou Clarke, levantando as sobrancelhas. Assenti, perguntando a mim mesma por que meu amor por esse subgênero da música eletrônica o surpreendia. "Alguém em particular?"

Pensei por um segundo, preocupada em classificar equivocadamente minhas bandas favoritas. "Concord Dawn", disse eu. "E Shapeshifter. Assisti ao Pacific Heights há um tempo também. Mas acho que eles fazem um som mais eletrônico..." Parei de falar, percebendo de repente que estava falando com um DJ de verdade. Clarke ficou olhando para mim por mais um segundo e depois inclinou a cabeça com ar de dúvida. Eu o tinha surpreendido. Acho que eu não parecia uma pessoa interessada naquele tipo de música.

Quando começamos a falar sobre política, foi minha vez de fazer perguntas. Clarke estava farto do governo do Partido Nacional; ele se importava profundamente com o meio ambiente e com as mudanças da biodiversidade dos oceanos que observava desde pequeno na costa leste. Ele se debruçou na mesa enquanto falava, gesticulando para enfatizar seu argumento. Clarke também me surpreendeu. Ele não parecia uma pessoa interessada em política.

"Então", disse ele finalmente se recostando na cadeira e ajustando o chapéu. "Se eu puder fazer alguma coisa para ajudar..." Ele parou de falar.

Havia uma coisa.

Na primavera, todos os anos, há um concurso acirrado na Nova Zelândia. Celebridades, políticos e pessoas de todas as profissões se tornam embaixadores, ativistas, militantes, todos trabalhando em prol de um objetivo comum: escolher o pássaro do ano da Nova Zelândia. O que pode parecer curioso para o resto do mundo constitui uma batalha séria para nós, uma nação que ama uma boa competição, principalmente quando há um azarão no páreo.

Alguns meses antes de meu encontro com Clarke, a Forest and Bird, ONG responsável pelo evento, pediu-me para ser a chefe da campanha para a pardela-sombria, ou *tāiko*, uma ave endêmica da Nova Zelândia. Quando contei a

Clarke sobre minha campanha, ele se empolgou. Começou a descrever em que ponto do golfo Hauraki tinha visto pardelas-sombrias, explicando que elas só se reproduzem nas ilhas Little Barrier e Great Barrier, e que o número de pássaros vinha diminuindo acentuadamente por causa de práticas pesqueiras predatórias.

Os olhos dele se iluminaram. "Por que você não vem ao meu programa falar sobre as pardelas?", disse ele. Então, uma semana depois, lá estava eu.

O encontro seguinte com Clarke foi para tomar uma cerveja em um restaurante japonês que ficava entre o trabalho dele e o meu. Ele estava terminando um prato de sushi quando cheguei.

"Desculpe", falou ele, com a boca ainda cheia. Ele meio que se levantou para me dar um abraço educado. "Acabei de sair do trabalho e ainda não tinha comido nada. Mas não sei se foi uma boa escolha. O peixe não está muito fresco." Assim fui apresentada à abordagem de Clarke a respeito da segurança alimentar. Também serviu como uma deixa para falarmos de novo sobre o amor dele pelo mar.

Clarke fora criado nas cercanias de Gisborne, na costa leste da ilha Norte. Seu pai era pomicultor, um homem prático e trabalhador que nunca se sentava. Sua mãe, Peri, era assistente social. Em Gisborne Clarke se apaixonara pelo mar. Quando criança, no verão, costumava acordar antes do alvorecer para ir pescar na praia de uma cidadezinha costeira chamada Mahia. Aos dez anos já tinha decorado os nomes dos peixes em latim, maori e inglês. Quando adolescente, pegava a bicicleta para ir à casa da avó de um amigo, onde havia uma prancha de surfe guardada embaixo da casa. Ele deixava a bicicleta lá, pegava a prancha e ia para a praia para ser o primeiro a pegar ondas naquele dia.

Clarke conhecia o mar, mas também o que estava acontecendo com ele. Queria inspirar as pessoas a fazer alguma coisa e tinha uma ideia para um programa de pescaria, explorando a vida marinha no Pacífico — como pescar, como preparar uma comida maravilhosa e também como proteger o oceano. Clarke queria usar esse espaço para conversar sobre regulações, pesca predatória, aquecimento dos oceanos e poluição.

Naquela noite, terminamos a cerveja e parecia que tínhamos falado sobre tudo. "Avise se tiver alguma emergência provocada pelo sushi", disse eu quando saímos do restaurante e nos despedimos com um abraço, já como amigos de verdade.

Depois disso, começamos a nos encontrar com regularidade, às vezes com Shavaughn, outras vezes em grupos maiores. Alguns amigos de Clarke trabalhavam com música, tocavam em bandas ou faziam filmes. Outros só gostavam de pescar. Suponho que eu era a "amiga política" dele. Mas nenhum de seus amigos fazia com que eu me sentisse deslocada. Eram gentis e se importavam com o mundo, e eu notava como Clarke sempre os ajudava.

Na primeira vez que fui à casa de Clarke, vi que o quarto dele era pintado de rosa. E não era um tom clarinho, mas sim um rosa-choque do tipo que você veria na casa dos sonhos da Barbie. Aparentemente ele fizera muitas pegadinhas com uma amiga, que retribuiu pintando todo o quarto daquela cor enquanto ele estava viajando. Quando essa mesma amiga recebeu o diagnóstico de câncer terminal, uma das últimas "pegadinhas" de Clarke foi obrigá-la a puxar um tecido que ele prendera à lateral do barco dele. Sob o tecido, ele tinha pintado flores de hibisco e o nome dela, Helena, que passou a ser o nome do barco, tudo isso em rosa-choque.

Clarke não era como as pessoas que eu conhecia na política. Quase todo mundo com quem eu trabalhava pensava constantemente em pesquisas, mensagens e em se conectar com os eleitores. Afinal de contas, política é atrair os outros. Clarke, porém, era desinibido e despreocupado. Ele às vezes era tímido e controlado, mas sempre completamente autêntico.

Oito meses depois do nosso primeiro café, Clarke e eu nos encontramos em um movimentado estande de comida mexicana em uma praça de alimentação que ficava no meio do caminho entre a minha casa, em Freemans Bay, e a de Clarke, em Ponsonby. Ele parecia bastante cansado, o que era incomum. Mas espalhou pimenta em tudo diante de si e começou a comer. Conversamos. Tudo parecia normal. Mas ele parecia muito cansado.

"E como está Shavaughn?", perguntei.

Houve um silêncio constrangedor antes de ele dizer: "A gente terminou".

"Ah", comentei, colocando meu taco no prato. "Sinto muito."

Esperei para ver se ele queria dizer mais alguma coisa. Quando começou a falar sobre o festival de comédia que chegava à cidade, acompanhei-o. Nunca mais abordamos o assunto. No dia seguinte, mencionei o término de Clarke com Barbara, que conhecia mais da minha vida do que qualquer um além da minha família. Ela levantou as sobrancelhas. "*Ah*", Barbara disse, lançando um olhar significativo para mim.

Por anos minha vida amorosa, se é que pode ser chamada assim, foi cercada de pequenas humilhações e fracassos constantes. Na época da faculdade, namorei basicamente mórmons. Em Londres, houve uma sequência de encontros ruins, como o chef que engravidou a ex-namorada ou o adorável jornalista que decidiu se mudar para a África... Ou pelo menos acho que ele se mudou para lá.

Mas eu conseguia conhecer gente nova naquela época, o que ficou mais difícil depois que voltei para a Nova Zelândia. Como parlamentar, não achava que podia simplesmente entrar em um aplicativo de encontros. E, embora eu às vezes conhecesse pessoas da política, àquela altura eu já tinha tido não apenas um, mas dois namorados que terminaram comigo por causa da minha carreira. Aparentemente não queriam "atrapalhar", ou pelo menos foi o que um deles disse por mensagem de texto.

Eu costumava pensar no conselho que uma parlamentar mais velha me dera um pouco antes de eu enviar os documentos para entrar na legenda partidária: *Não entre no Parlamento solteira, ou você vai continuar solteira.*

Mas então Clarke apareceu.

Demorou um tempo. E foi parecido com concorrer ao Parlamento pela primeira vez: um passo, depois outro, cada um deles tão pequeno que não sei exatamente o momento em que tudo aconteceu. Foi na viagem para a ilha Waiheke? Ou na vez que almoçamos e ele deu um apertãozinho no meu joelho por baixo da mesa? Ou na primeira vez que ele me levou para jantar na casa de sua irmã e comemos com as cadeiras de alimentação das sobrinhas dele a nosso lado? Tudo que sei foi que um dia, quando as coisas tinham sido especialmente difíceis no trabalho, Clarke sugeriu que eu tirasse umas horas de folga à tarde.

"O dia está bonito", disse. "Perfeito para se estar no mar. Vai te fazer bem."

Nós nos encontramos no apartamento dele; entrei no Jeep enquanto ele puxava o reboque do barco pela curta distância até o ancoradouro. Fiquei no píer segurando as cordas enquanto ele baixava o barco para a água.

Logo depois estávamos deslizando por um oceano calmo, seguindo para um lugar onde Clarke tinha certeza que conseguiria pescar um pargo, quando ele apontou animadamente para o alto. Acompanhei o movimento com o olhar bem a tempo de ver uma silhueta no céu. Uma pardela-sombria.

Não sei exatamente o que aconteceu naquele momento, mas foi quando eu soube. Não haveria mais "meu amigo Clarke e eu", mas apenas "nós".

Enquanto minha vida pessoal finalmente tinha se acertado, as coisas no Partido Trabalhista estavam bem indefinidas. Os problemas começaram depois que perdemos a eleição de 2011. Se existe uma coisa que se segue a uma perda quando se está na oposição, é a turbulência. Depois da eleição, Phil renunciou com elegância, mas em seguida as coisas pareceram um pouco como o Casamento Vermelho em *Game of Thrones*.

Houve uma disputa com três candidatos a líder, todos eles chamados David. O vencedor foi David Shearer, um cara responsável que tinha trabalhado na ONU. Ele participou de algumas das crises humanitárias e de segurança mais complexas do planeta, e seu papel como líder do Partido Trabalhista exigiria cada uma das habilidades conquistadas lá. A liderança dele foi abalada por vazamentos e brigas internas, além do desapontamento que faz parte de ser da oposição.

Continuamos atrás nas pesquisas, e um dia, enquanto tentava demonstrar a estupidez das novas regras governamentais de pesca, David Shearer se colocou de pé no plenário, segurando dois peixes mortos. A ideia deu errado, e o ridículo de tudo aquilo foi demais. Sabendo que tinha perdido a confiança dos outros parlamentares trabalhistas, Shearer renunciou.

Teve início outra disputa pela liderança. Dessa vez, Grant concorreu. Sempre achei que ele seria um líder incrível para o partido, capaz de nos conduzir para a vitória, e, quando ele fizesse isso, seria um primeiro-ministro fora de série. Eu me ofereci para ajudá-lo na disputa.

O primeiro trabalho que assumi era bem simples: levar Grant de carro até uma reunião na qual ele enfrentaria seus dois adversários: David Cunliffe e Shane Jones. O evento ficava a uma hora de carro de Wellington, e, quando saímos da cidade, percebi que Grant estava nervoso. Esforcei-me para ajudá-lo a se preparar, conversando sobre o formato e as perguntas que poderiam fazer para ele. Não sei quem de nós notou primeiro que tínhamos perdido a saída. Mas, quando isso aconteceu, estávamos presos na autoestrada, sem chance de retorno pelos próximos vinte minutos. Como um casal tenso, ficamos em silêncio pelos quarenta minutos que restavam de viagem. Quando finalmente chegamos, Grant abriu a porta e correu pelo vestíbulo, vermelho e muito irritado.

Grant fez uma campanha maravilhosa. Ele proferiu discursos entusiasmados em todas as reuniões de que participou sobre a importância de igualdade, justiça, educação de qualidade e direitos trabalhistas. Demonstrou não apenas seus conhecimentos ao responder às perguntas feitas, mas também como podia ser *engraçado*. Grant queria estabelecer uma ligação com o maior número de membros possível, fosse por meio da mídia ou em uma reunião na sala de alguém.

Infelizmente outros membros do partido foram convencidos de que David Cunliffe era o homem certo. David entrara no Parlamento em 1999, o ano que Helen Clark levara o Partido Trabalhista à vitória. Era filho de um vigário anglicano e nascera em Te Aroha, a mesma cidadezinha dos meus pais. Ele tinha sido bolsista Fulbright e pesquisador na Universidade Harvard, além de consultor de gestão do prestigiado Boston Consulting Group. David morava em Herne Bay, uma das comunidades mais ricas do país, embora ocupasse uma vaga da região trabalhadora de West Auckland.

David Cunliffe se posicionava como um candidato "de esquerda", o Bernie Sanders ou o Jeremy Corbyn da Nova Zelândia. Os discursos firmes que fazia às vezes beiravam o evangelismo, acusando o governo do Partido Nacional de inimigo das classes mais baixas. Depois, em um ambiente mais corporativo, ele temperava suas falas com linguagem gerencial, usando frases e gestos que pareciam ter saído diretamente de um manual de consultoria. Era difícil não se perguntar acerca de sua autenticidade.

No entanto, era provavelmente em relação à lealdade de David Cunliffe que eu tinha mais objeções. Ele não apenas se recusara a aceitar David Shearer como líder, mas também tinha feito uma oposição clara e pública a ele, agindo como se o Partido Trabalhista parecesse um grupo mais de brigas do que de ideias. Eu simplesmente não conseguia entender: quem escolheria David Cunliffe como líder quando poderia ter Grant?

Eu continuaria na dúvida. Menos de um mês depois de David Shearer ter renunciado ao cargo, David Cunliffe foi eleito líder do Partido Trabalhista, tendo como vice David Parker. Saímos de um David para outro, tendo um terceiro na reserva.

Logo depois da votação, fui até o escritório de Grant e fechei a porta. Nós nos sentamos juntos no sofá. Ele tirou os óculos e esfregou os olhos. Vi que estava se perguntando o que mais poderia ter feito. Finalmente, ele suspirou e apoiou a cabeça no encosto do sofá.

"É como se a banda que eu liderava na faculdade tivesse voltado para me assombrar", disse Grant. Olhei para ele sem entender. Na Universidade de Otago, Grant tinha sido muitas coisas: ativista, presidente da associação de alunos, gestor de produtos em um mercado, assistente de biblioteca e aparentemente líder de banda.

"Que banda?", perguntei.

Ele esfregou a testa, colocou os óculos de volta e começou a rir.

"A banda se chamava Too Many Daves."*

Alguns dias depois do fim da disputa, passei pela sala de um dos conselheiros mais experientes, Raj Nahna. Eu não o conhecia muito bem, mas tinha grande admiração por ele. Antes de entrar para a política, Raj trabalhara em uma firma de advocacia. Seu comprometimento com a política progressista o levara até o Missouri, onde fizera campanha para Barack Obama. Desde então se tornara um membro importante do Partido Trabalhista, quase sempre circunspecto e, para alguns, conhecido por seu cabelo comprido e bagunçado.

No escritório de Raj, encostados em mesas ou ocupando cadeiras, havia alguns conselheiros que tinham trabalhado para o líder do Partido Trabalhista. David Cunliffe basicamente despedira todos eles, incluindo Raj. Fiquei indignada. Qualquer retaliação na disputa pela liderança deveria afetar todos os políticos. Além disso, não dá para construir um gabinete apenas com pessoas que concordam com você. Mas aquele era o show de David Cunliffe.

Foi mais ou menos nessa época que eu estava sentada à minha mesa quando Clare-Louise, minha assistente executiva, entrou. Ela fora uma voluntária dedicada a mim na campanha em Auckland Central, e então eu a contratara. Clare-Louise era mais nova que eu, mas tinha um ar de vigilância maternal. "Você viu a charge?", perguntou ela com um tom de preocupação.

* Algo como "Muitos Daves", referência ao título de um livro infantil do Dr. Seuss. "Dave" é um apelido comum para David. (N. T.)

Charge? O que quer que fosse, eu não tinha visto.

"Saiu no *The Timaru Herald*." De forma quase constrangida, ela colocou o jornal dobrado em minha mesa, revelando a charge com a imagem de um ringue de boxe. No canto, um David Cunliffe com expressão cautelosa, sentado em um banco usando luvas de boxe. Um balão de fala acima de sua cabeça dizia: "O comitê interno só aceitaria minha equipe se eu encontrasse um lugar para Jacinda Ardern". Em primeiro plano, havia uma representação da minha pessoa, usando biquíni e botas pretas de salto alto, meu sorriso dentuço tão grande quanto meu cabelo. Nas mãos, uma placa informando PRIMEIRO ROUND.

Olhei para a data do jornal. Tinha sido impresso naquela manhã, 19 de setembro. Dia do sufrágio feminino.

Enquanto olhava a charge diante de mim, meu telefone começou a tocar. Era a minha mãe.

"Você viu?", perguntei.

"Ah, o quê? A charge?", retrucou ela com o mesmo ar animado de quando toda a sala me vaiara em minha primeira candidatura parlamentar. "Ah, claro que vi. Não é hilária? Eu gargalhei!" Ela riu.

Hum, talvez tudo esteja nos olhos de quem vê. Talvez eu não deva me preocupar muito, pensei. Mas, assim que minha mãe e eu desligamos, recebi uma ligação de uma jornalista, perguntando minha opinião oficial sobre a publicação. "Pode descrever o que achou ao ver o desenho?" Quando não respondi, ela insistiu: "Tipo, *com certeza* você ficou com raiva. Isso a reduz a uma *mulher troféu*". Sabia que a jornalista só estava tentando fazer com que eu reagisse. E parte de mim queria reagir. Naquela imagem eu não era uma política, uma pessoa digna de respeito, muito menos a número quatro na minha bancada, uma das parlamentares mais experientes do partido. Eu estava lá para mostrar uma placa.

Mas essa é a armadilha. Se eu falasse aquilo, seria vista como uma pessoa sem humor e sensível demais. E isso viraria uma história. Imaginei que o truque era fazer um comentário que não levasse aquela história adiante, mesmo que isso significasse não fazer nada para as mulheres na política. "Bem", disse eu por fim. "Acho que o povo de Timaru merece charges melhores."

Logo em seguida, David Cunliffe me chamou em seu gabinete. Depois de escolher David Parker, um colega inteligente e cuidadoso, para seu vice, ele agora estava pensando em quem ocuparia os cargos restantes.

"Jacinda", disse David, fechando a porta atrás de mim. Eu me sentei no sofá enquanto ele andava de um lado para outro na sala.

"Entããããão..." Ele logo parou, como se estivesse pensando em voz alta. "Quero que uma mulher seja a número três em meu gabinete." Ele olhou para mim, esperando uma reação. Assenti. Aquilo com certeza fazia sentido. Havia dois homens na liderança da bancada. Um pouco de equilíbrio de gênero parecia uma boa ideia.

"Estou pensando em você para esse lugar", disse ele com os olhos fixos em mim, como se estivesse avaliando minha resposta. Fez uma pausa antes de acrescentar: "Mas estou preocupado de isso parecer... bem... *apenas simbólico*". Ele enfatizou a última parte, do jeito que se faz com uma criança ao pedir que soletre uma palavra.

Eu esperei. Havia tanta coisa que ele poderia dizer, como, por exemplo: *É claro que não penso assim.* Ou: *Veja bem, isso são apenas percepções.* Em vez disso, ele deixou a palavra "simbólico" pairando entre nós.

Percebi que David esperava que eu apresentasse um motivo para ocupar o terceiro lugar mais importante de sua equipe. Mas isso significaria dignificar a declaração dele com uma resposta. Ele queria que eu apresentasse todos os motivos para minha posição não ser simbólica, para eu não ser apenas a garota do ringue. E isso era algo que eu jamais faria.

"Bem, David", respondi, "ou você pensa assim ou não pensa." E quando ele ficou ali calado, me olhando, acrescentei: "Ou eu mereço ser a número três ou não. Você precisa decidir".

David assentiu, como se eu tivesse dito algo profundo. Mas, alguns dias depois, quando anunciou a formação de seu gabinete, não era uma mulher que ocupava a terceira posição.

Com a liderança de David Cunliffe, veio uma reestruturação de responsabilidades, e me tornei a porta-voz de segurança e sistema prisional; artes, cultura e herança cultural; e infância (esta por um pedido meu). Estava convencida de que, para abordar mudanças políticas — questões de Justiça, saúde mental, vício e sistema prisional –, era necessário primeiro focar a infância. Dediquei-me de corpo e alma às minhas pastas.

Fiz questão de visitar todas as penitenciárias que pude. Inspecionei as instalações e tentei entender por que nossos programas de reabilitação fracassavam. Nessas visitas, eu caminhava pelos pátios das prisões ou por fileiras de celas e ouvia as mesmas provocações a que estava acostumada no plenário, apesar de serem de mais baixo calão. Também ouvi histórias brutais de prisioneiros em instituições nas quais os serviços de saúde mental eram insuficientes. No entanto, eu ainda estava convencida de que o maior legado que poderia deixar no sistema prisional seria trabalhar nas políticas para a infância.

Nessas questões eu tinha uma conselheira informal, minha amiga Julia, cujo amor por políticas se igualava ao meu. Julia era mais nova que eu, mas não parecia. Sempre que nos encontrávamos ela avaliava se eu estava comendo bem ou dormindo o suficiente. Julia deveria ter sido médica, mas optou por uma carreira em saúde pública. Ela chefiava um serviço de saúde materna em uma das partes mais pobres do país, e juntas desenvolvemos um programa chamado Best Start, um crédito fiscal de sessenta dólares neozelandeses por semana para todas as famílias depois do nascimento de um filho, o suficiente para cobrir o custo de fraldas e fórmula infantil, caso necessário. Não era uma novidade na Nova Zelândia, mas uma reapresentação do benefício universal que tínhamos antes dos cortes do Mother of All Budgets. Mais de vinte anos depois, desenvolvemos uma política para corrigir aquele erro.

Só precisávamos vencer.

O vencedor deveria ter sido Grant. Eu não parava de pensar naquilo quando a eleição de 2014 se aproximava. O que tinha começado com uma liderança de seis pontos do Partido Nacional quando David Cunliffe foi eleito passou a mais de vinte em apenas um ano.

Atirei-me na campanha. Novamente fiz uma tentativa de ser mais do que uma parlamentar pela legenda, e tentei me eleger pela região de Auckland Central. Houve mudanças significativas na região, com uma redivisão distrital naquela área, que retirou alguns dos bairros mais trabalhistas do distrito, o que tornaria minha vitória sobre o Partido Nacional ainda mais difícil. Mas não desisti.

Lançamos a campanha "Pergunte qualquer coisa" para me conectar com os eleitores. Distribuímos pela cidade cartões-postais que poderiam ser enviados de volta para mim gratuitamente; colocamos outdoors com espaço reservado para grafitarem perguntas. Usamos até anúncios no Tinder: "Cansado do Tinder? Relaxa, existem candidatos políticos querendo bater um papo (sobre a eleição). Então pode perguntar o que quiser (sobre a eleição)".

Faltando três meses para o pleito, cheguei atrasada ao simpósio Women's Refuge. Os índices de violência doméstica na Nova Zelândia eram chocantes. Quase 50% dos homicídios no país eram resultado desse tipo de delito, e quase todos podíamos nomear algum conhecido impactado por isso. Se o Partido Trabalhista vencesse a eleição, investiríamos pelo menos 60 milhões de dólares neozelandeses nos serviços essenciais, de prevenção e educação, para facilitar a proteção de sobreviventes e condenar os agressores. O simpósio era uma chance de compartilhar tudo isso.

Quando cheguei, David Cunliffe já estava no palco, atrás do púlpito preto, com os braços estendidos, a camisa com o primeiro botão aberto. Ao lado dele, parlamentares de outros partidos estavam sentados em cadeiras de plástico. Três de cada lado. Nos nove meses como líder do Partido Trabalhista David Cunliffe não tinha feito nada para mudar minha ideia em relação a ele. Eu me pegava prendendo a respiração sempre que ele falava. Naquele dia, porém, ao olhar para meus colegas no fundo do salão, eles pareciam estar prendendo a respiração também. Aproximei-me do nosso porta-voz da Justiça, Andrew Little. Ele fora advogado sindical e tinha a postura de um homem disciplinado. Ainda assim parecia mais empertigado que o usual.

"Como está indo tudo?", perguntei em um sussurro.

Andrew manteve os olhos fixos à frente. "David acabou de se desculpar por ser homem", disse ele com voz neutra.

"*Ele fez o quê?*" Era uma pergunta retórica. Eu tinha ouvido Andrew.

"Ele se desculpou por ser homem", repetiu, como se ainda não estivesse acreditando. "Foi a primeira coisa que ele disse."

Nós dois sabíamos o que aquilo significava: que nada mais naquela conferência importaria. Nem nossas políticas, nem as estatísticas assustadoras. Nem o fato de que existiam soluções para o problema, coisas que poderiam ajudar as pessoas de verdade. Apenas as palavras de David — *Senhoras e senhores, permitam que eu comece com um pedido de desculpas. Eu não costumo dizer isso, mas peço que me desculpem por ser homem* — e as implicações de que todos os homens são inerentemente violentos ou, pelo menos, que precisam se desculpar por existir.

Entendi o que David estava *tentando* fazer: expressar um tipo de empatia que talvez tivesse funcionado naquele salão. Mas ele fez isso sem pensar no que significaria quando fosse captado pelas câmeras e microfones e transmitido para o resto do mundo.

Naquela tarde, filmamos um anúncio de campanha para a televisão. O plano era nos reunirmos nos jardins do Parlamento, separados o suficiente para que fosse possível ver cada um dos membros do Partido Trabalhista. Alguns leriam uma frase sobre política; por fim, David concluiria, dizendo: "Vote positivo, vote no Partido Trabalhista". Quando estávamos no local marcado, um vento do sul começou a soprar. Meu cabelo caiu no rosto. O gramado estava fofo e meu salto afundou na terra. Àquela altura, o comitê parlamentar já estava sabendo do pedido de desculpas de David. Não precisamos nem discutir o assunto, dava para ver como os outros se sentiam pelas sobrancelhas franzidas, os maxilares contraídos e as expressões de sofrimento enquanto liam a frase do anúncio. *Vote positivo, vote no Partido Trabalhista.*

Mas nenhum de nós estava se sentindo minimamente positivo.

"David! David! Como você se sente em relação aos resultados desta noite?"

Era a noite da eleição. Eu estava em nossa pequena sede na região de Auckland Central com os voluntários do partido, assistindo a uma jornalista que se aproximara de David Cunliffe por entre um grupo de apoiadores. David ignorou a pergunta, sorrindo e acenando com a cabeça para as pessoas na multidão. Mesmo que a noite ainda não tivesse terminado, era a votação do nosso partido que eu acompanhava agora. E as coisas não pareciam boas.

Não restava dúvida de que tínhamos perdido a eleição. A única coisa a definir era quão devastadora seria a derrota. À medida que os números passavam pela tela diante de nós, eu sabia que voltaria ao Parlamento pela legenda partidária, mas por muito pouco. Eu me perguntava quantos dos meus colegas perderiam seus assentos.

Ajustei o vestido de renda vermelha que comprara especialmente para a noite. Dessa vez optei por sapatos que não fizessem meus tornozelos "parecerem gordos" (assim esperava). Minha mãe estava perto de mim, sorrindo e conversando com as pessoas que conhecera durante a campanha. Ela passara boa parte do último mês em nossa pequena sede, sempre pronta a coletar dados de ligações para a campanha, atender um voluntário retornando de visitas porta a porta ou providenciar uma toalha a um distribuidor de panfletos que chegara encharcado, tudo isso usando uma roupa na qual se lia: "Minha filha é candidata e tudo que consegui foi esta camiseta".

Eu sabia que precisava dizer algumas palavras, mas temia isso. O que havia para dizer? Os voluntários tinham se esforçado muito, e não apenas pela vitória, mas porque cada um de nós queria fazer a diferença em relação à crise climática, ao aumento da pobreza infantil e ao número de pessoas em situação de rua. Eu sofria de ver a expressão sombria enquanto se consolavam com bebidas e conversavam em pequenos grupos solenes. Quando subi ao pequeno palco na parte de trás do estúdio, houve aplausos e comemoração. Engoli em seco algumas vezes e expressei meu agradecimento, enquanto meus olhos se voltavam frequentemente para o fundo do salão.

Era onde Clarke estava, encostado na parede, observando-me atentamente e retribuindo meu olhar com um sorriso encorajador. Desci do palco, e Clarke logo estava a meu lado. Ele me abraçou pelos ombros e me disse que tinha reservado um hotel próximo.

"Amanhã você pode dormir até mais tarde e tomar um café da manhã demorado", disse ele.

Eram duas da manhã quando finalmente chegamos ao hotel e fomos para a cama. O Partido Trabalhista não tinha apenas perdido, tivéramos nosso pior resultado desde 1922, recebendo apenas 25% dos votos. Com certeza eu continuaria como parlamentar da legenda partidária, mas tinha falhado em minha terceira tentativa de representar um distrito. Quando Clarke apagou a luz da mesinha de cabeceira eu caí em mim, em relação ao resultado não apenas do dia, mas dos últimos meses, dos últimos anos. Sabia que estava prestes a voltar para o mesmo turbilhão feio, a mesma negatividade; o pior de tudo, ainda estávamos de mãos atadas para apresentar as políticas que eu acreditava serem tão necessárias.

Comecei a chorar; a soluçar, na verdade. Clarke não disse nada. Nem precisava. Ele só me abraçou apertado, e eu chorei até dormir.

Quinze

Quando Phil Goff perdeu a eleição, ele renunciou. Quando David Shearer percebeu que não tinha o apoio dos colegas, também renunciou. Já David Cunliffe tomou uma decisão diferente.

Alguns dias depois da eleição, Cunliffe convocou a equipe do Partido Trabalhista, incluindo os que tinham perdido mandatos no Parlamento, para uma reunião. Já participei de muitos eventos desse tipo em minha vida, e até hoje esse foi o pior de todos. Sempre há um brilho cinzento no dia seguinte a uma derrota, mas a atmosfera geral depois da eleição de 2014 estava mais pesada que o usual.

Nós nos encontramos na apertada sala de reuniões do primeiro andar, onde mal cabia nossa equipe esvaziada. Vínhamos usando aquele espaço havia um tempo, desde que David decidira dar um novo uso para a sala da bancada de oposição, transformando-a em seu "centro de operações": ele tirara seus conselheiros de salas mais privadas e os colocara juntos no salão, para que pudessem trabalhar como uma "máquina azeitada".

David estava na frente da sala, atrás de uma mesa, e nós estávamos sentados em cadeiras enfileiradas diante dele. Ele fez alguns comentários introdutórios e deu início à reunião. Por convenção, o que é dito na reunião da bancada fica na reunião da bancada, e essa é uma regra que sempre vou seguir. Mas o que aconteceu em seguida foi exatamente o que se esperaria de alguém que deixasse uma panela no fogo e aumentasse a temperatura sem permitir nenhuma liberação de calor. A tampa acaba explodindo.

Naquela sala havia pessoas que tinham perdido o emprego, e outras que tinham perdido a esperança. Muitas tinham perdido as duas coisas. Mas era mais do que isso. Havia parlamentares que vinham de distritos nos quais os eleitores tinham muitas dificuldades e lidavam com uma pobreza profunda e desumana. Esses parlamentares entendiam exatamente o que nossa perda significava. E então, um de cada vez, meus colegas aproveitaram a chance de se levantar, alguns com lágrimas nos olhos, outros com raiva, para dizer exatamente isso. Eu me lembro de olhar para dois novos parlamentares. Eles permaneceram em silêncio, como gambás diante de faróis, seus olhos passando de um orador para outro, enquanto registravam a fúria e o sofrimento dos demais. A expressão deles parecia dizer: *As reuniões da bancada são sempre assim?*.

Horas se passaram. Finalmente, Trevor Mallard se levantou: "Olha, antes de continuarmos, posso fazer uma sugestão?".

Todos esperamos por uma de suas pérolas de sabedoria.

"Posso sugerir...", começou ele, fazendo uma pausa para olhar para todos nós, antes de terminar: "que a gente faça um intervalo para pedir alguns rolinhos de salsicha?"

Aprendi duas lições naquele dia. Primeiro, nunca reunir a equipe em um momento de frustração. Segundo, sempre pensar em lanches.

Uma semana depois, David finalmente renunciou, dando início a uma nova disputa pela liderança, a qual ele prontamente anunciou que iria disputar. Não tenho como explicar a lógica por trás da decisão de David, pois aquilo nunca fez muito sentido para mim, mas presumo que ele acreditava ter o apoio de membros do Partido Trabalhista e queria provar isso concorrendo. Para fazer seu anúncio ele foi a Auckland — o conselho nacional do partido vinha se reunindo nos escritórios de um sindicato que ficava lá. No entanto, como o sindicato ainda não havia escolhido o candidato que apoiaria para líder do partido, pediram que David fizesse seu anúncio em outro lugar. Ele então se deslocou alguns metros nas ruas movimentadas de Kingsland, fazendo inadvertidamente seu anúncio diante de um prostíbulo. Na política, existe a possibilidade de uma foto ruim a cada esquina.

No entanto, outros candidatos também apareceram: Grant, David Parker, Nanaia Mahuta e Andrew Little. Andrew era ex-líder sindical e já tinha trabalhado como advogado sindical, então, quando anunciou sua candidatura, todos presumiram que teria o apoio dos sindicatos. Essa foi a gota d'água para David Cunliffe, que se retirou da disputa. Pela primeira vez em muito tempo eu me senti aliviada.

Eu gostava e respeitava todos os candidatos na disputa pela liderança, mas meu voto era para Grant. Naquela ocasião, em vez de apenas me juntar à sua campanha, ele me pediu que concorresse como vice-líder. Fiquei um pouco hesitante em assumir esse papel, mas Grant insistiu que, se concorrêssemos como um time, isso atrairia mais votos. Eu queria que ele ganhasse, então formamos uma dupla ou, como uma charge que unia nossos rostos dizia: Gracinda.

O lançamento de nossa campanha aconteceu em um bar em Auckland com vista para a cidade. Grant cortou o cabelo para o evento e, com um terno bem ajustado e uma gravata vermelha, estava impecável e — ele mesmo admitiu — atipicamente elegante. Usei um batom chamativo e um blazer de cor clara com fios prateados, o qual eu esperava que compensasse o fato de estar passando mal. No dia anterior, acordara com a garganta pegando fogo. Clarke me levara ao médico, o que não ajudara muito.

"Deve ser uma virose. Não tem nada que possamos fazer. Tente tomar um pouco de conhaque." Segui as orientações, e ainda tomei uma boa dose de vitamina C. Não adiantou nada.

Grant notou que eu estava doente assim que cheguei. "Sua voz está horrível", disse ele baixinho, por causa da mídia presente.

"Valeu", respondi, esforçando-me para sorrir para as câmeras que pipocavam diante de nós. Alguns minutos mais tarde, movida pela adrenalina, apresentei Grant com o discurso mais animado que consegui. Horas depois, Clarke me encontrou em casa, no sofá, ainda com a roupa do lançamento, agora quase sem conseguir falar. Ele deixou na mesa a sopa que tinha comprado para mim e fez um gesto em direção à porta.

"Venha", disse. "Vou te levar para a emergência."

Fui internada no hospital com uma infecção secundária a uma amigdalite, uma doença chamada angina. Fiquei mal e fui internada duas vezes. Foi na segunda internação que uma figura de direita alegou que eu estava tendo um colapso mental.

Deitada no leito do hospital com uma lesão na garganta, praticamente sem conseguir comer nem falar, pensei no que fazer. Era uma daquelas escolhas impossíveis na política. Se eu abordasse os boatos publicamente, mesmo que só para negá-los, corria o risco de ampliar aquela mentira. *Eu nem tinha ouvido falar nisso até ela bater nessa tecla*, alguém poderia dizer. Pior ainda, responder aos rumores poderia ter o efeito de legitimá-los inadvertidamente: *Se foi importante o suficiente para ela responder, talvez* seja *verdade*.

E tem também o teor dos boatos. Talvez tenha sido um problema de garganta que me levara ao hospital, mas e se não tiver sido? Eu odiava a ideia de a saúde mental de alguém ser usada como arma dessa forma. Mas claro, aqueles rumores tinham um objetivo. Quem os criara estava tentando fazer com que eu parecesse "instável", "frágil" demais para ser vice-líder, e talvez até mesmo para estar na política. Parece, inclusive, que a pessoa dissera isso. A forma mais estratégica de responder me pareceu seguir em frente.

Fiquei fora de ação por duas semanas, e, quando finalmente melhorei, dediquei-me ao máximo para apoiar a candidatura de Grant à liderança do partido. Ele estava perto, eu sentia. Participamos de reuniões de campanha, demos vários telefonemas, enviamos inúmeros e-mails e tivemos conversas honestas com membros do partido, nas quais compartilhei tudo que sabia de Grant como pessoa. Não era apenas uma questão de acreditar nas ideias dele, mas em sua forma de liderar. Ele era empático, respeitoso e tinha princípios. Essas conversas eram, na maior parte das vezes, positivas. Mas nem sempre.

Nas campanhas anteriores de Grant à liderança, por debaixo dos panos houve muitos questionamentos sobre a sexualidade dele. Dessa vez, como ele estava mais perto do que nunca, parecia que isso tinha se tornado uma questão maior. Alguns veículos de imprensa especulavam abertamente: *a Nova Zelândia está pronta para ter um líder gay?*.

Eu estava caminhando perto de casa quando um membro sênior do partido me ligou para conversar sobre a disputa. Eu o conhecia bem. Ele gostava de Grant e o respeitava muito, então fiquei muito surpresa ao ouvi-lo dizer: "A Nova Zelândia não vai votar nele". Eu estava subindo uma ladeira na hora e não sei dizer se comecei a ofegar por causa do caminho íngreme ou da minha indignação.

"Por que *nós* devemos fazer julgamentos em nome do povo da Nova Zelândia?", perguntei. Eu acreditava que os eleitores neozelandeses mereciam muito mais crédito do que aquele político lhes dava. Além disso, como poderíamos testar se éramos realmente um partido progressista se não estávamos dispostos nem a apoiar um candidato gay?

Eu sabia que Grant estava preocupado com o impacto que qualquer discussão e discordância acerca da sexualidade dele pudessem ter. "Eu me preocupo com os jovens que estão vendo isso", disse-me em particular. Esse era um pensamento comum para Grant. Afinal, ele já tinha sido um daqueles jovens.

Foi mais ou menos nessa época que eu estava caminhando pela K Road, o equivalente ao distrito da luz vermelha, para participar de um debate em um evento de arrecadação de fundos para uma organização LGBT. Foi quando ouvi alguém chamar meu nome. Era uma voz desconhecida, mas seu tom me dizia que não se tratava de um estranho.

Ao me virar, me vi diante de uma pessoa com um vestido justo e dourado, grandes saltos plataforma e um penteado volumoso tipo colmeia. No rosto havia uma sombra brilhante e os lábios estavam pintados de vermelho. Uma drag queen glamourosa e confiante, de uma beleza extraordinária. Mas eu a conhecia?

Parecia que sim. "Jacinda, sou *eu*." Havia algo na postura, na suavidade de seu rosto. Uma lembrança antiga foi desbloqueada. Talvez nos conhecêssemos.

"Sou eu, *Walter*."

Em um piscar de olhos, tudo ficou tão óbvio. Walter, meu doce amigo da comunidade mórmon de Murupara. A criança adorável que colecionava amostras de perfume tantos anos atrás, que fizera o papel de Lobo Mau na produção de *Chapeuzinho Vermelho* da igreja. Walter, que fora se arrumar comigo para a peça dos Smurfs na escola, mas que queria tanto ser a Smurfette que trocáramos nosso figurino e eu fora para a escola como Papai Smurf. *Claro. Walter*. Nós rimos e nos abraçamos, e, naqueles breves instantes, não parecia que mais de 25 anos tinham se passado.

Havia tantas perguntas que eu queria fazer, mas o tempo não permitia. Em vez disso, saí do nosso curto reencontro na K Road acreditando totalmente que não importava nascer em uma família mórmon ou agnóstica, em uma cidadezinha como Murupara ou em uma metrópole como Auckland, nós somos quem somos, e ninguém deve dizer que isso não é o bastante.

Nem para Grant. Nem para Walter. Nem para ninguém.

Nunca.

Nós nos reunimos em Wellington para o anúncio do novo líder. Depois da contagem dos votos, o presidente do partido compartilhava o resultado com os candidatos em particular. Depois eles reuniam todo mundo em um grande salão, no qual os parlamentares e a mídia estariam presentes, esperando ouvir quem seria nosso novo líder — aquele que, se tudo desse certo, levaria os trabalhistas enfim à vitória.

Fiquei no fundo do salão, com Clarke a meu lado. Ele tinha vindo de Wellington de avião sabendo que, se Grant vencesse, eu me tornaria a vice. Ele queria estar ao meu lado "por via das dúvidas". Eu não sabia se a ideia era me consolar ou comemorar. Não importava. Eu estava grata por tê-lo ali.

Fiquei balançando para a frente e para trás no meu salto. Torcendo. Desejando. Grant poderia representar uma nova forma de liderança. Mas ele também não continuaria a tentar e fracassar. Ele deixara bem claro no decorrer da campanha que aquela seria sua última tentativa; se não conseguisse a liderança, aquilo seria um sinal de que o partido não o queria.

Quando a porta se abriu, fiquei observando Grant. Sua cabeça estava baixa, e ele olhava para os próprios pés. Assim que cruzou o portal e entrou na sala de reunião, ergueu a cabeça e fixou o olhar em mim. E eu soube. Ele estava com um sorriso constrangido, quase forçado. Eu já tinha visto aquele sorriso umas mil vezes. Dessa vez ele dizia: *Nós tentamos.*

Instantes depois, o anúncio oficial: Andrew Little era o novo líder do Partido Trabalhista. Grant tinha perdido por 1%.

Eu não podia demonstrar emoção. Não seria justo. Andrew era meu colega também, e era nosso novo líder. Eu gostava dele. Mas a derrota de Grant foi imensa. Desde o instante que começamos a trabalhar juntos, eu vira em Grant alguém que mudaria a forma como olhamos para os políticos, e talvez até mudasse o público que queria se engajar politicamente. Mas agora aquilo tinha acabado. Para sempre.

Ele podia ter sido grande, pensei. *E agora nunca vamos saber.*

Havia uma seriedade em Andrew Little que eu respeitava. Antes de ser o líder do partido, ele fora secretário nacional do Sindicato dos Engenheiros, trabalhando incansavelmente e demonstrando um fervor no plenário que lhe dera a alcunha de Angry Andy [Andy Zangado]. Eu achava o apelido injusto. O que eu via era alguém disposto a lutar.

Havia seis anos que estávamos na oposição, e nesse período tínhamos aprendido algumas lições. Sob a liderança de Andrew, nossa equipe passou a ser disciplinada. Todos os vazamentos que tinham desestabilizado o partido por tantos anos acabaram. Trabalhamos muito em políticas eleitorais e em articular nossa visão. Estávamos, pensei, começando a ter prontidão para governar.

Eu me dava bem com Andrew. Sempre foi assim. Ele me concedeu um assento na primeira fila e me deu a pasta da Justiça, junto com artes, pequenos negócios e política infantil. Continuei promovendo o Best Start, o auxílio financeiro para crianças, assim como as leis que eu apresentava para ajudar crianças em situação de pobreza. Eu queria entender o que estava acontecendo com os programas estatais de assistência social. Para isso, li anos de relatórios de autópsias realizadas em crianças que morreram enquanto deveriam estar sob a proteção de agências governamentais. Conversei com especialistas e tentei identificar onde o sistema estava falhando com elas. Ainda assim colocaram um rótulo em mim. Na maioria das vezes vinha de comentaristas; eram alfinetadas intencionais em artigos ou textos opinativos. *O que ela fez?* Eles diziam que eu não dera "nenhuma contribuição importante no [meu] trabalho na pasta" e que "rostinhos bonitos só levam a pessoa até certo ponto". Fui chamada de insípida, inexpressiva e até de "completamente imbecil". A crítica era tão comum que às vezes eu ouvia as palavras ecoando em minha própria mente. O que eu *tinha* feito?

Tinha dedicado três mandados à construção de soluções que estavam prontas e esperando para ser implementadas. Eu as tinha lançado no ar como fogos de artifício, esperando chamar a atenção de todo mundo ou ter algum impacto. Mas isso não aconteceu. Em um ciclo de mídia de 24 horas por dia, ao longo de sete dias da semana, missivas políticas ou a chegada a um consenso não eram coisas que os editores se animavam para publicar nem geravam manchetes atraentes. Certo ou errado, a mídia precisava de um ringue de boxe, com um político de cada lado. Esse era o caminho para o sucesso e, por extensão, para o nosso sucesso. Mas eu conseguia ver que essa abordagem tinha um custo alto.

Eu visitava regularmente as escolas. Se precisava clarear os pensamentos, visitava uma escola. Se estivesse estressada, sentindo-me vazia ou precisando de inspiração, seguia direto para uma escola. Eu amava conversar com jovens sobre política e tomadas de decisão; amava até as perguntas contundentes que faziam. Em geral, nessas visitas eu conversava com os alunos sobre liderança, e fazia um teste sobre como eles achavam que uma liderança deveria ser. Eu falava para os alunos fecharem os olhos, imaginarem uma pessoa que trabalhava na política e, depois, pedia que me dissessem o que tinham visto. Eles levantavam as mãos e descreviam as imagens que vinham à mente: "homem", "velho", "grisalho". Depois eu pedia que descrevessem o que tinham ouvido ou o tom de voz daquela pessoa imaginária. As palavras vinham rápido: "confiante", "zangado", "agressivo". Repeti esse exercício em várias salas de aula por todo o país, e as respostas eram sempre as mesmas. E não era de estranhar que os alunos pensassem assim, já que era o que viam nos meios de comunicação.

Eu nunca seria aquele tipo de líder. Nem queria tentar ser. Se a única forma de concorrer com a oposição era atacando e diminuindo as pessoas, então talvez eu *fosse* medíocre mesmo. Não queria escolher entre ser uma boa política e ser o que eu considerava uma boa pessoa, então me acostumei com as críticas.

Quando fiquei em paz com isso, tive de enfrentar uma nova questão: a especulação da mídia sobre algo que eu nunca esperara ter de lidar em público: se eu estava grávida ou não.

Dezesseis

Em 2017, estávamos em outro ano eleitoral quando fiquei muito resfriada. Eu estava de cama, sentindo-me fraca e cheia de pena de mim mesma. Eu vagava entre o sono e a vigília quando peguei meu celular. *Que horas são mesmo?* Dez e meia da manhã. Foi quando recebi uma mensagem. De uma jornalista.

Você está livre?

Digitei uma resposta rápida: *Estou doente.*

Um minuto depois veio a resposta dela: *Doente como?*

Eu disse que era o tipo de doença que me deixaria de cama por dias e acrescentei: *Como um homem gripado. E aí?* Eu não queria saber a resposta dela, só queria voltar a fechar os olhos e deixar o sono espantar a dor de cabeça. Mas temia que, se eu não escrevesse nada, ela me ligaria.

A chefia acabou de ouvir um boato sobre sua barriguinha, ela escreveu. *Estou cumprindo ordens e verificando se você Ainda Não Está Grávida.*

Ah. Isso de novo.

Os boatos estavam rolando havia pelo menos um mês, talvez mais. Tinham começado em maio, na noite do anúncio do orçamento governamental, que é uma das épocas mais intensas, quando trabalhamos por mais horas no Parlamento. O governo libera o orçamento oficial para o ano seguinte; depois, o partido da oposição faz um mergulho profundo nos números.

No fim daquele dia, alguns parlamentares e funcionários tinham saído para beber no bar do Beehive. Lá, em vez de pedir uma taça de vinho, tomei um refrigerante com uma rodela de limão. Isso aparentemente basta para instigar especulações acerca de uma mulher em idade reprodutiva. As perguntas começaram a chegar. De um jeito ou de outro. Depois mais algumas. Por fim, decidi fazer uma declaração oficial: não, eu não estava grávida. Mas obviamente minha declaração não adiantara nada, porque três semanas depois ali estávamos novamente.

Febril e irritada, digitei a resposta para a repórter: *Existem diversos momentos em que sinto empatia pelo trabalho que você faz, e esse é um deles. Confirmo que ainda não estou grávida e que não existe nenhum motivo para fazer uma cobertura dos meus órgãos reprodutivos. Se você quer uma notícia arrasadora, porém, essa virose é de matar.*

Virei-me para o outro lado. Agora eu não só me sentia doente, mas triste também. O que eu disse para ela era verdade. Não estava grávida, mas *estava* tentando.

Foram seis meses agitados.

No verão anterior, tudo parecia bem simples. Clarke e eu começamos a procurar uma lugar para morarmos juntos, uma casa para reformar em uma rua pequena e tranquila de Auckland. Também começamos a falar em filhos.

Mas, no início de dezembro, inesperadamente uma vaga foi aberta para o assento trabalhista de Mount Albert, a antiga cadeira de Helen Clark. A vaga significava que haveria uma eleição local, apenas para aqueles eleitores, mesmo que ainda faltasse um ano para a eleição geral. Mount Albert era uma região onde os trabalhistas eram fortes. O lugar era ocupado por uma mistura de jovens profissionais, residentes de longa data e algumas famílias migrantes. Também era uma chance de parar de contar apenas com a legenda partidária e ter um distrito eleitoral para representar. Decidi concorrer.

Logo depois Clarke e eu escolhemos uma casa em Mount Albert, uma construção aconchegante de tijolos coberta de telhas de uns trinta anos, o equivalente neozelandês a um bangalô, que compramos de uma viúva idosa. A casa tinha um carpete cor de pêssego e papel de parede texturizado, os quais começamos a retirar imediatamente. Clarke era competente com quase qualquer tipo de projeto do tipo "faça você mesmo" (a não ser quando o blindex do banheiro estilhaçou na cabeça dele). Eu, por outro lado, precisei da ajuda da minha mãe para tirar o papel de parede, lixar e pintar, tudo isso enquanto estava em campanha.

Em fevereiro, venci a eleição do distrito de Mount Albert no que a mídia apelidou de "avalanche". Embora essa fosse a verdade, já que ganhei com 77% dos votos, a disputa não foi exatamente emocionante. O Partido Nacional nem mesmo tinha um concorrente. Além de mim, havia um candidato do Partido Verde e um grupo eclético de representantes de partidos bem menores, entre os quais a Liga Comunista, o Partido pela Legalização da Cannabis e o Não Partido, cuja plataforma consistia inteiramente em um encorajamento do boicote às eleições. Eles tiveram dezenove votos.

Mesmo assim, uma vez mais me atirei na campanha como se minha vida dependesse disso. E, quando acabou, eu era, por fim, uma parlamentar eleita pelo meu próprio distrito eleitoral.

Não que eu tenha tido tempo para comemorar. Ainda era ano eleitoral. O país iria às urnas em sete meses, e, dessa vez, tínhamos esperanças.

O primeiro-ministro John Key tinha anunciado havia pouco tempo sua renúncia. Geralmente descrito como um conservador apaixonado, ele fora primeiro-ministro por oito anos. Conseguira manter níveis sólidos de popularidade durante seu governo, mesmo ao fazer coisas impopulares, como aumentar impostos em bens e serviços e privatizar ativos estatais.

Para nós, do Partido Trabalhista, o anúncio dele criou um grande ímpeto de esperança. Parecia que tínhamos passado os três últimos mandatos de oposição em uma selva. Agora que John Key tinha renunciado havia uma abertura, uma oportunidade, e nós queríamos aproveitá-la.

No entanto, com a eleição se aproximando, um comentário sobre uma possível alteração na liderança trabalhista veio a público; não era nada relacionado ao líder, Andrew Little, mas a sua vice.

A vice-líder era então Annette King, minha amiga e o mais próximo que tive de uma mentora. Annette estava no Parlamento havia mais de trinta anos e já tinha sido ministra de diversas áreas. Era pragmática e sábia, uma política astuta e eficaz, que havia ajudado o partido a se estabilizar em alguns de seus períodos mais difíceis.

Annette também era mestre na compartimentalização. Certa vez eu a vi em uma discussão acirrada no plenário, o tipo de coisa que eu teria ruminado por horas. No instante em que ela se sentou de novo em sua cadeira, pegou o celular, abriu o jogo *Candy Crush* e começou calmamente a combinar doces brilhantes como se nada tivesse acontecido.

Annette tomava conta de mim, torcia por mim e me colocava para cima, sempre terminando nossas conversas com: *Você está se saindo muito bem.* Ou, depois de um dia muito longo, às vezes me mandava uma mensagem de texto dizendo: *Você foi ótima hoje.* Ela também vivia me aconselhando a ser responsável por minha própria agenda, para que a política não consumisse toda a minha vida. E, provavelmente porque ela não acreditava que eu seguiria seu conselho, chegara a armar alguns encontros para mim antes de eu conhecer Clarke.

A vice-liderança do partido existe em parte para fortalecer a chapa. Annette tinha feito um excelente trabalho no cargo. Alguns comentaristas, porém, sugeriam que talvez ter um rosto novo como número dois ajudaria o partido. Até mesmo Annette já tinha feito essa pergunta a Andrew em particular. Ele disse que queria que Annette ficasse, mas isso não impediu que os questionamentos continuassem.

Embora Annette e eu talvez nos vejamos como amigas e colaboradoras, nem sempre foi assim que nos mostraram, e eu odiava isso. Sempre que comentaristas discutiam uma possível alteração na liderança, isso era apresentado de uma forma simplista: velho versus novo, última geração versus próxima geração. Uma charge nos retratava como uma égua e uma potra correndo lado a lado. Outra mostrava Annette se olhando no espelho com as palavras VICE-LÍDER TRABALHISTA acima, e meu sorriso dentuço brilhando para ela. Não havia nuance, nem reconhecimento de que aquilo não era uma briga, de que Annette e eu não estávamos em guerra.

No entanto, em meio a tanta especulação, Annette, bem a seu estilo, decidiu tomar a questão nas próprias mãos. No dia 1º de março, anunciou sua renúncia não apenas como vice-líder, mas também como parlamentar. Ela dedicara 33 anos ao Parlamento, onze ciclos eleitorais. Estava pronta para partir. E, com isso, Andrew me convidou a assumir o papel de vice-líder.

Na noite que anunciou seus planos, Annette me enviou uma mensagem de texto: *Você vai se sair muito bem. Não duvide de si mesma. Levante a cabeça e diga que está pronta.*

Eu poderia ter dito a eles que estava pronta, mas nem sempre me sentia assim. E um comentário quando assumi o papel de vice-líder não ajudou. Um jornalista experiente escreveu no *New Zealand Herald* de 3 de março de 2017: "Então Andrew Little conseguiu uma peça decorativa na figura de Jacinda Ardern".

Ah, isso de novo. Logo depois do anúncio de Andrew, eu estava no Copperfield's quando ouvi uma voz conhecida na transmissão ao vivo do plenário. Era de uma das parlamentares governistas, uma mulher mais ou menos da minha idade. Ela estava na tribuna do plenário fazendo um discurso que incluía minha promoção. Li a legenda na tela, incluindo meu nome e as palavras "um facelift cosmético superficial". Ela continuou dizendo que eu tinha sido escolhida só por conta das fotos.

Pediram-me que respondesse ao comentário, como se não fosse aquela mesma armadilha de sempre. Então optei por falar pouquíssimo sobre o discurso, concentrando-me, em vez disso, no meu papel e usando meu primeiro pronunciamento oficial como vice-líder para falar sobre a saúde mental dos jovens e as coisas que tinham me mantido na política.

Por dentro, porém, comecei a notar que alguma coisa estava mudando sempre que ouvia comentários como aquele. Depois de oito anos no Parlamento, eu não ficava mais chocada com aquilo. Também não ficava surpresa. Nem ofendida. Na verdade, algo mais poderoso estava começando a acontecer. Ouvir os outros me insultarem passou a ser um antídoto contra minha síndrome do impostor. Eu ainda duvidava de mim mesma? Com certeza. Mas ter minhas próprias dúvidas era uma coisa. Ouvi-las publicamente ditas por outras pessoas era completamente diferente. Eu sentia como as palavras pareciam erradas de um jeito que nunca consegui quando as dúvidas vinham de dentro de mim. Eu *não era* superficial; eu *não era* vazia. E agora estava determinada a provar isso.

Tudo aconteceu muito rápido em 2017. Eu tinha uma nova casa, um novo assento parlamentar em Auckland, um novo papel no partido e uma nova eleição dentro de dois meses. E, como se isso não bastasse, tinha também um novo médico: um especialista em fertilidade.

Eu estava com 36 anos na época, e era bem realista. Quando não fiquei grávida depois de vários meses tentando, presumi que minha idade pudesse ser parte da questão e me consultei com um médico para fazer exames.

Saí de uma reunião da bancada para atender a ligação que me informaria dos resultados. Eles mostraram que uma gravidez sem intervenção era improvável. Tentei receber essa notícia do mesmo jeito que alguém ouviria que um projeto de reforma estava dando errado. Como se fosse algo que pudesse ser "resolvido", mesmo sabendo que não era tão simples assim.

"Vai ficar tudo bem", assegurou-me Clarke quando contei sobre o resultado dos exames. "Só precisamos ter paciência." Ele não gostava muito da ideia de nos lançarmos em algum tipo de tratamento.

"Estou envelhecendo", respondi. "Essas coisas não ficam mais fáceis com o tempo."

O que eu realmente estava dizendo a ele era que eu queria ter um pouco de controle sobre algo que parecia tão fora do meu domínio. Eu temia que esperar significaria nunca ter um bebê. Então começamos uma nova fase que exigiria inúmeras injeções, muitos exames de sangue e idas e vindas a laboratórios e clínicas.

Tratamentos de fertilidade tomam muito tempo. Não é algo que você pode fazer quando houver um espaço na agenda. Demanda tempo, planejamento e coordenação. Conciliar tudo isso com o trabalho parlamentar parecia impossível. Às vezes eu estava na cidade errada quando precisava fazer um exame de sangue. Outras vezes eu precisava fazer a consulta de forma remota. Em muitas viagens de avião levava uma bolsa térmica verde cheia de hormônios injetáveis, e parecia que estava carregando um órgão para transplante.

Em minhas idas ao laboratório para exames de sangue constantes, eu ficava sentada na sala de espera com meus formulários amarelos de fertilidade, notando todas as outras mulheres com os mesmos formulários. Eu tinha entrado para uma comunidade implícita, unida pelo simples desejo de ter filhos, um desejo por algo que sempre tive como certo. E agora ali estávamos todas nós. Era reconfortante e desolador ao mesmo tempo saber como aquela comunidade era grande.

Mas eu não falava com ninguém. Enfiava meus formulários amarelos na bolsa, fora de vista, por via das dúvidas. Eu não podia ser um membro dessa comunidade de forma declarada. Como parlamentar e vice-líder do partido em um ano eleitoral, a última coisa de que eu precisava era que meu tratamento de fertilidade se tornasse público.

Além disso, parecia não estar funcionando.

O tratamento de fertilidade é um espectro, que varia de intervenções parciais até a fertilização in vitro. Algumas pessoas, como nós, vão seguindo o espectro. Uma opção falha, então você passa para a seguinte, e assim por diante. No início eu conseguia me consolar a cada fracasso. *Há sempre a próxima opção, e vai ter outra depois dessa*. Ajudava também o fato de que Clarke se mantinha sempre otimista.

"Vai acontecer", dizia ele. "Não se preocupe." Eu nunca tinha ouvido três palavrinhas que pareciam tão contraproducentes quanto "não se preocupe". Todas as revistas e comentários davam avisos sobre isso: quanto mais estressada eu ficasse, menos chances teria de engravidar. Mas isso só fazia com que eu me preocupasse ainda mais. *E se nada daquilo desse certo? E se eu não engravidasse? E se nenhum tratamento funcionasse?*

No dia 26 de julho, comemorei meu aniversário de 37 anos com um discurso em uma associação de negócios em Tawa. Fizeram uma surpresa para mim, um bolo cuja cobertura era vermelha e branca, uma alegre referência às cores do Partido Trabalhista. No entanto, tiveram grande prazer em dizer, enquanto eu cortava as fatias, que o bolo em si era azul, a cor do movimento conservador. Eles acabaram rindo um pouco mais do que seria educado.

Aquele era o estado das coisas. Estávamos a dois meses da eleição de 2017, e, mesmo com nova disciplina e nova equipe, mesmo com John Key fora do gabinete e com Bill English, o novo primeiro-ministro nomeado, o Partido Trabalhista continuava sendo alvo de piadas. Estávamos com cerca de 25% nas pesquisas, enquanto os números do Partido Verde cresciam. Anunciamos um plano para criar com eles um bloco de esquerda e nos colocar na disputa para formar um governo juntos, mas ainda não era o suficiente.

Levei o bolo colorido ao gabinete para dividi-lo com meus colegas. Se eu ia ser a piada de alguém, pelo menos poderia guardar o bolo na cozinha da equipe, para que outros também pudessem aproveitar.

Mais tarde naquele dia, eu e Andrew Little visitamos uma empresa de produção de filmes em Miramar. Enquanto seguíamos pela costa de Wellington, passamos por outdoors de campanha do Partido Trabalhista em áreas públicas e cruzamentos. Havia um outdoor com uma foto minha e de Andrew lado a lado, com um fundo vermelho e um texto em letras garrafais gritando

UMA ABORDAGEM INOVADORA. O slogan não fora uma escolha minha. Para mim, parecia mais uma coisa que se encontrava no supermercado, como se Andrew e eu fôssemos produtos do tipo que os vendedores querem que os clientes comprem.

Não muito depois disso, Andrew e eu estávamos sentados em uma sala escura, discutindo política audiovisual com produtores, quando nossos celulares vibraram ao mesmo tempo. Trocamos um olhar. O Partido Trabalhista recebia relatórios semanais das pesquisas eleitorais, sempre no final da manhã. As pesquisas não traziam bons números havia um tempo, mas nas duas últimas tinham sido supreendentemente sombrios. Eu estava preocupada que se nada mudasse, e rápido, seguiríamos em queda livre.

Continuei a conversa. Mas não consegui resistir: por baixo da mesa, peguei meu celular. E, quando uma pessoa começou a falar e ninguém estava olhando para mim, dei uma olhada.

Ah, não.

Eu me esforcei muito para manter uma expressão neutra, mas meu coração estava se partindo. Senti um aperto na barriga e não consegui mais me concentrar no que estava sendo discutido. Não depois de ver aqueles números. Eram piores do que eu imaginava. Uma queda de três pontos em apenas uma semana. Estávamos com 23%, enquanto o Partido Nacional tinha 42%. Não estávamos apenas diante de uma derrota nas urnas, mas de uma verdadeira aniquilação e da perspectiva de perder tantos parlamentares que o Partido Trabalhista, com sua história centenária, poderia deixar de ser um partido grande e confiável. Eu continuava depositando minhas esperanças no início da campanha, dali a algumas semanas, para termos a plataforma de que precisávamos. Mas agora isso tinha ficado ainda mais crítico.

A volta de carro para o Parlamento foi feita em silêncio, e, quando chegamos, Andrew foi direto para seu gabinete, sem nem se despedir. Digitei uma mensagem de texto para ele: *Independentemente desses números, sempre vou manter o otimismo. As coisas vão melhorar!*.

Mas, quando ele respondeu, foi apenas para me dizer que queria conversar.

O gabinete de Andrew estava sempre gelado, e, quando entrei, o ar frio me fez estremecer. Andrew estava atrás de sua grande mesa de madeira, olhando para um ponto além de mim, como se estivesse perdido em pensamentos. Fui até o sofá e me sentei esperando para saber o que ele precisava de mim.

Andrew saiu de trás da mesa e se sentou no sofá diante de mim. Tentei me empertigar um pouco, mas o sofá meio que me puxava para suas almofadas. Andrew ainda não tinha dito nada. Olhei para o relógio. Eram quase duas da tarde. A qualquer momento os sinos começariam a tocar, indicando que precisávamos ir para o plenário, para a sessão de perguntas.

Andrew pigarreou. "Acho que devo renunciar", declarou ele. "E acho que você deve assumir como líder."

Eu conseguia ouvir as vozes no corredor, a agitação dos parlamentares se preparando para a sessão. Portas abrindo e fechando. O zunido de uma impressora. *Andrew quer renunciar e acha que eu devo assumir*. Fiquei revirando as palavras em minha cabeça, tentando ver se faziam sentido.

Eu não era ingênua. Sabia que as pessoas me viam como uma líder potencial. Algumas semanas antes, uma revista publicara uma história de capa com a manchete: JACINDA ARDERN: POR QUE ELA É NOSSA PRÓXIMA PRIMEIRA-MINISTRA. Eu já tinha até começado a aparecer nas pesquisas de preferência, mesmo que com apenas oito por cento. Mas eu já estava na política havia tempo suficiente para saber que comentaristas apontavam parlamentares como futuros líderes o tempo todo. Uma coisa era ouvir os outros especularem. Acontece que isso estava acontecendo a menos de dois meses da eleição. As propagandas já tinham sido filmadas, os outdoors já estavam em seus devidos lugares. Era tarde demais para tudo aquilo.

Fiquei sentada, em um silêncio atordoado, enquanto Andrew explicava que isso talvez fosse melhor para o partido. Ele achava que não tinha chance de ganhar. Se continuasse na disputa, argumentou, talvez os trabalhistas perdessem ainda mais parlamentares.

Mesmo enquanto ele falava, uma parte da minha cabeça estava a mil por hora, já avançando semanas de um futuro hipotético. Aquela parte de mim não estava mais no gabinete de Andrew. Estava em um estúdio escuro de televisão, sabendo que do outro lado das câmeras havia milhões de espectadores de olhos arregalados. Naquele estúdio, as câmeras estavam diante de dois púlpitos, lado a lado sobre o piso lustroso de linóleo. Atrás de um deles, parecendo relaxado e confiante, estava o primeiro-ministro Bill English, não tão afável quanto John Key, mas pragmático e calmo, parecendo um líder de verdade. Atrás do outro, estava eu.

Os debates, pensei. Os debates televisionados. *Não consigo fazer isso. Não consigo fazer nada disso.*

E havia outro motivo para toda a especulação sobre eu me tornar a líder. Ninguém que escrevia aquelas manchetes ou que respondia às pesquisas eleitorais sabia o que eu fazia: e se meu primeiro pensamento ao assumir a liderança fosse listar todos os motivos pelos quais eu não podia, e então eu não fosse forte o suficiente para liderar?

Não sei o que Andrew dizia quando finalmente o interrompi, mas me lembro de ter falado de forma clara e concisa. Com voz firme, expliquei por que mudar agora seria uma péssima ideia. Precisávamos de estabilidade. O partido demandava isso. Os eleitores também. Nós conseguiríamos virar os números quando a campanha começasse. Só precisávamos de tempo. Tempo e consistência. Eu estava no meio da frase quando os sinos começaram a tocar. Tínhamos cinco minutos para chegar ao plenário. Eu me levantei, preparando-me para descer.

"Você quer falar de novo sobre isso?", perguntei.

Ele apenas assentiu como resposta, e eu não soube dizer se o tinha convencido de que precisava ficar ou se tinha apenas convencido a mim mesma.

Seis dias depois, entrei na Câmara do Conselho Legislativo, onde vinte membros da mídia aguardavam. Os microfones estavam ligados e as câmeras, gravando. Assumi meu lugar na frente dos microfones. A meu lado estava Kelvin Davis — antigo diretor de escola, parlamentar por Te Tai Tokerau e nosso vice-líder recém-eleito. Kelvin era um homem de *mana* calmo e com raízes rurais que Grant indicara como vice-líder e a bancada apoiara por unanimidade. Grant estava atrás de mim, e outros membros do Partido Trabalhista estavam à minha volta. Eu usava um vestido preto, blazer e batom vermelhos.

"Obrigada a todos por se juntarem a nós nesta tarde", disse eu. "Quero começar fazendo um breve anúncio." Flashes pipocaram, e ouvi os cliques das câmeras. *Não duvide de si mesma.* Annette tinha escrito para mim alguns meses antes. *Levante a cabeça e diga que está pronta.*

"Depois do anúncio de Andrew esta manhã", continuei, "fui indicada para ser a líder do Partido Trabalhista. Minha indicação foi aceita por unanimidade."

Fui vice-líder por exatamente cinco meses. Agora eu estava concorrendo para ser a primeira-ministra da Nova Zelândia. Houve momentos em que eu parecia pairar sobre mim mesma, apenas uma observadora daqueles eventos acelerados. Tudo parecia surreal demais. Ou, talvez, como um dos meus colegas chocados gritou no fundo da reunião da bancada, quando Andrew anunciou sua renúncia e me indicou: "Isso é a porra de um desastre!".

Fazia seis dias que Andrew tinha me chamado em seu gabinete e me perguntado se deveria continuar como líder. Logo depois saíra o resultado de outra pesquisa e, dessa vez, fora público. A pressão aumentara. Nos dias que se seguiram, eu ainda não sabia o que Andrew estava pensando, mas, no fundo da minha mente, comecei a deixar os cenários possíveis tomarem forma. *SE ele desistisse, o que eu diria? SE eu fosse indicada, o que eu faria? SE eu fosse líder, como seria minha campanha?*

E ali estava eu. Andrew tinha renunciado. Eu agora era a líder do Partido Trabalhista. E faltavam 53 dias para a eleição.

Continuei minhas declarações, usando o truque aprendido anos antes: se eu falasse alto e com força, evitaria o tremor na voz. Usei palavras como "decisão", "firmeza", "determinação". Compartilhei a visão do Partido Trabalhista para a Nova Zelândia: que nosso país fosse um lugar onde todo mundo tivesse uma casa para morar e um trabalho com propósito, onde a educação fosse gratuita, onde as crianças pudessem viver cercadas de criatividade, não de pobreza, onde liderássemos o mundo em termos de soluções ambientais. Em outras palavras, eu queria colocar em prática o *kaitiakitanga*, ou seja, construir uma Nova Zelândia ainda melhor do que a que encontramos. Disse que Kelvin e eu seríamos positivos, organizados e estaríamos prontos para a eleição — como se não houvesse, naquele exato momento, centenas de outdoors por todo o país mostrando o rosto de uma pessoa que não era mais líder do partido.

Quando abri para as perguntas, elas vieram rápido.

Você acha que está pronta para o trabalho de primeira-ministra?

O que acha que a qualifica para isso?

Você acredita que pode formar um governo crível com as pesquisas em 24%?

Quem são Jacinda Ardern e Kelvin Davis?

Depois de responder, mantive a cabeça erguida. Tentei projetar uma confiança que desafiava as perguntas feitas. E então acabou. Foi rápido e, na maior parte do tempo, animado — 25 minutos no total —, e o melhor começo que eu poderia ter dado a nós.

Mas nada do que estava por vir seria fácil.

Com dezoito meses, usando uma roupa que minha mãe guardaria por mais de trinta anos para vestir a neta.

Nossa casa em Murupara, 1986.

Transformer Bar, atrás do Murupara Hotel.

Com cinco anos, aproveitando o trampolim no quintal da nossa casa em Murupara.

Fazendo castelos de areia na praia de Mount Maunganui com Louise (à esq.) e meu pai, 1984.

Vovó Margaret puxando pelo pomar de Morrinsville a carreta onde estamos eu (à esq.) e Louise.

Louise, mamãe e eu na nossa casa em Hamilton, 1982. Eu ainda não tinha completado dois anos.

Papai sendo derrubado na água em Murupara.

Vovô Harry ao nos visitar em Murupara, 1986. Mamãe exibe sua pesca com orgulho.

Sentada no McDonald's do Aeroporto de Auckland com mamãe antes de partir para o Arizona, 2001.

Com meus pais na minha formatura, 2002.

O carro todo enfeitado de vovó Margaret, pronto para a minha primeira campanha como candidata, 2008.

Com tia Marie durante a campanha do Partido Trabalhista, 2011.

Minha primeira coletiva de imprensa como a nova líder do Partido Trabalhista, com Carmel Sepuloni, Kelvin Davis, Grant Robertson e Megan Woods ao meu lado, 1º de agosto de 2007. (Gabinete do Partido Trabalhista)

Subindo as escadas do Parlamento depois de tomar posse como primeira-ministra, com Clarke e as sobrinhas dele, outubro de 2017. (Hagen Hopkins/ Getty Images)

Entrando no Palácio de Buckingham com Neve a bordo, abril de 2018. (Daniel Leal-Olivas/ WPA Pool via Getty Images)

Apresentando Neve ao mundo em uma coletiva de imprensa no Auckland City Hospital, junho de 2018. (Hannah Peters/ Getty Images)

Clarke, Neve e eu com os diplomatas Paula Wilson e Brook Barrington no salão da Assembleia Geral da ONU, setembro de 2018. (Dom Emmert/ AFP via Getty Images)

ESQUERDA:
16 de março de 2019.
O dia seguinte ao
ataque terrorista contra
a comunidade muçulmana
da Nova Zelândia.
(Kirk Hargreaves)

ABAIXO:
Christchurch, após
os ataques terroristas,
março de 2019.
(Mick Tsikas/ AAP Image)

Trabalhando com Raj e escrevendo no quadro branco do meu gabinete no Beehive durante o lockdown da covid-19, abril de 2020. (Le Roy Taylor)

As três primeiras-ministras mulheres da Nova Zelândia: Jenny Shipley, eu e Helen Clark. A fotografia foi tirada em setembro de 2018, numa celebração dos 125 anos do sufrágio feminino no país.

Dezessete

As participações na TV começaram no mesmo instante. Dei uma entrevista ao vivo a Jesse Mulligan, apresentador de um programa chamado *The Project*. Jesse era inteligente e curioso, sagaz, e sempre fazia boas perguntas. Ele confessou, no entanto, haver uma pergunta que não tinha nem certeza se podia fazer. Depois de observar que muitas mulheres têm a sensação de que é preciso escolher entre a carreira e os filhos, ele indagou: "Essa é uma decisão que você sente que precisa tomar, ou sente que já tomou?".

Em outras palavras: *Eu teria filhos?*

Não fazia muito tempo desde que tinha passado pelo meu último tratamento de fertilidade malsucedido – antes de nossos números nas pesquisas despencarem e minha vida inteira virar do avesso. Agora eu era a líder do partido e tocava uma campanha a sete semanas da eleição. Francamente não fazia ideia se um dia teria filhos, ou mesmo se poderia tê-los. E era isso o que tornava a pergunta de Jesse tão difícil de responder. A questão parecia bastante simples, como se uma pessoa pudesse escolher, recusar ou só adiar ter um filho. Eu tinha escolhido ser mãe, meu corpo tinha recusado isso, e agora minha carreira me dizia para adiar. A maternidade, ao que tudo indicava, era determinada por uma série de fatores que fugiam ao meu controle.

Dei a melhor resposta que pude. "Minha situação não é diferente daquela das mulheres com três empregos, ou das que talvez tenham de conjugar diversas responsabilidades." Era uma resposta que não dizia nada.

Não me importei com a pergunta de Jesse. Mas no dia seguinte estava em um camarim apertado, me preparando para participar de um programa chamado *The AM Show*. Estava com meu secretário de imprensa, Mike Jaspers, assistindo ao vivo enquanto aguardava meu segmento. Os apresentadores discutiam meu novo papel. Mark Richardson, responsável pela seção de esportes, disse que eu deveria ser mais sincera quanto a meus planos reprodutivos.

"Se você é o chefe de uma empresa", ele disse, "precisa saber esse tipo de coisa sobre a mulher que está empregando... A pergunta é: tudo bem a primeira-ministra entrar em licença-maternidade estando no cargo?"

Quando chegou a minha vez de entrar no ar, acomodei-me de frente para os âncoras. Não tinha nenhum plano específico em mente, mas o comentário de Mark havia me deixado prestes a explodir de raiva. Uma coisa era se referir a mim, mas ele tinha falado como se todas as mulheres em idade fértil tivessem a obrigação de compartilhar seus planos reprodutivos — e, ao que parecia, não era para que o possível empregador pudesse preparar uma cesta com presentes.

Quando chegou a hora, eu disse: "Sim, no passado já declarei com toda a sinceridade meu desejo de ser mãe. Decidi falar disso, foi uma escolha minha, o que quer dizer que fico feliz em continuar respondendo a essas perguntas".

Então me virei para Mark Richardson e estiquei meu dedo indicador em sua direção. "Quanto a *você*, é completamente inaceitável que em 2017 alguém diga que as mulheres deveriam ser obrigadas a responder a essa pergunta no ambiente de trabalho; *é inaceitável*." A única apresentadora mulher começou a aplaudir enquanto eu dobrava a aposta. Todas as vezes que tinha me calado, que tinha optado pelo silêncio por medo de parecer séria demais, tudo veio à tona de repente enquanto eu repetia as palavras uma terceira vez. "É *inaceitável*."

Já no carro, a caminho do aeroporto, Mike Jaspers pegou o telefone. Um sorriso irônico tomou seu rosto enquanto ele me mostrava a tela. Alguém já tinha transformado aquele momento em meme: eu, com o dedo em riste, as sobrancelhas erguidas e um texto em negrito que dizia JACINDA ARDERN NÃO TEM TEMPO PARA AS MERDAS QUE VOCÊ DIZ.

Fixei um prazo de 72 horas para elaborarmos um novo plano de campanha. Um slogan novo. Novos outdoors e propagandas. Chamei amigos das minhas campanhas de Auckland Central para ajudarem com os slogans e o design. O briefing era simples: eu queria ser otimista, esperançosa, prática. Queria falar não só do que poderia ser melhor, mas de como chegaríamos lá. Estava decidida a me distanciar da negatividade da oposição e das campanhas cheias de ataques. Queria que os eleitores começassem a pensar não só no que ia mal, mas também no que era possível. E, de algum modo, precisávamos exprimir tudo isso em uns poucos anúncios de trinta segundos e em outdoors.

Em 24 horas, Eddy, uma grande amiga e especialista em comunicação, ligou para mim. "Temos uma ideia", ela disse. "Quando você se tornou a líder, encerrou seu post no Instagram com três palavras: MÃOS À OBRA."

Mãos à obra. Gostei. O slogan fazia sentido sozinho, mas também poderia ressaltar afirmações específicas:

Saúde melhor. Mãos à obra.
Educação gratuita. Mãos à obra.
Mais casas. Mãos à obra.
Rios limpos. Mãos à obra.

Kelvin Davis estava a meu lado quando revelamos nosso novo slogan. Nós dois formávamos uma boa equipe, e, enquanto eu pegava a estrada, ele assumia a função de trabalhar com os parlamentares e candidatos. Kelvin foi nosso primeiro vice-líder maori, e havia dias em que eu notava as expectativas pesando em seus ombros, como se coubesse só a ele consertar todos os erros de políticos que tinham impactado os maori antes. Eu sabia que não tinha como mudar isso estando na oposição, mas, no governo, talvez parte dessa responsabilidade pudesse recair também sobre mim.

A impressão e o transporte dos novos outdoors e anúncios levariam duas semanas, mas isso não tinha importância: os voluntários do partido começaram a "emendar" nossas propagandas antigas. Alguns dobravam os anúncios ao meio; outros cortavam o rosto de Andrew Little com estiletes, deixando apenas eu, um buraco e as palavras UMA ABORDAGEM INOVADORA no alto.

Andrew e eu tínhamos filmado propagandas juntos apenas duas semanas antes. Agora eu estava com uma equipe pequena, roteirizando novos cortes de trinta e de noventa segundos, depois gravando cada um deles em estúdio. Todos os anúncios eram curtos e impactantes, falando de nossas plataformas principais enquanto rechaçávamos o ceticismo: *Eles vão desdenhar do nosso otimismo... Vão tentar convencê-lo a não mexer em time que está ganhando... Mas a gente pode melhorar.*

Gravei a mesma fala com ênfases diferentes dezenas de vezes: "Eu estou pronta. Estamos todos prontos. Mãos à obra". Essas três frases. Inúmeras vezes. *Mãos à obra.*

Tínhamos nos empenhado na arrecadação de fundos para a campanha de 2017. Agora estávamos no meio de uma reformulação completa. Isso tinha um custo.

A Nova Zelândia tem um limite rigoroso para gastos de campanha. Na época os partidos não podiam despender mais de 1115 000 milhão de dólares neozelandeses nos três meses anteriores ao dia da eleição, e individualmente os candidatos não podiam exceder o limite de 26 200 dólares neozelandeses. Esses números são considerados risíveis em certos países, mas no nosso as doações geralmente são pequenas, e o Partido Trabalhista é impulsionado pelo povo.

Mandamos e-mails para filiados e apoiadores perguntando se eles poderiam nos ajudar. Qualquer quantia — cinco, quinze dólares neozelandeses, o que as pessoas pudessem doar — faria diferença. E se contribuir financeiramente fosse impossível, talvez pudessem doar tempo. Ser voluntários, distribuir folhetos na rua, ir de porta em porta, ajudar as pessoas a irem votar no dia da eleição. Clicamos em "enviar" e cruzamos os dedos.

Naquela noite, fui até uma sala nos fundos da sede do partido onde membros da equipe da nossa campanha se amontoavam em volta do computador.

"Setecentos dólares!", alguém berrou.

Setecentos? Fiquei decepcionada. Não era possível que aquele fosse nosso total.

A resposta foi exultante. "Não! São setecentos dólares *por minuto*!"

A vitória não era possível, não a sete semanas da eleição e com 23 pontos nas pesquisas. Mas talvez eu conseguisse evitar um desastre.

Naquela primeira semana, ouvi esta frase em conversas particulares diversas vezes: *Lembre-se, você só tem que evitar o desastre*. Ninguém esperava um milagre. Mas talvez, se eu fizesse uma campanha sólida, conseguiria assegurar o número de cadeiras no Parlamento que já tínhamos, conquistar mais algumas, e quem sabe até mudar a narrativa a respeito do partido, para que as futuras eleições pendessem um pouco mais a nosso favor.

Sete dias depois de me tornar a líder, tivemos acesso aos números de nossa primeira pesquisa interna: *o Partido Nacional tinha 43%, o Trabalhista, 36%, e o Verde e o Nova Zelândia Primeiro estavam empatados com 8%.*

Tínhamos subido treze pontos em uma semana. Diante desses números, o instituto de pesquisa incluiu um comentário de uma só palavra: "Boom".

Não, não tínhamos superado o Partido Nacional. Mas isso era desnecessário. No sistema da Nova Zelândia, é raro que um partido ganhe mais de 50% dos votos partidários. Isso significa que os governos são formados por coalizões, com os partidos maiores — o Nacional e o Trabalhista — negociando alianças com os demais. Até então nossos números eram tão baixos que mesmo se formássemos uma coalizão com o Partido Verde não teríamos a maioria. Mas, com esse salto, estávamos no jogo.

A depender, claro, do que o partido Nova Zelândia Primeiro decidisse.

O Nova Zelândia Primeiro é um partido populista, de centro, fundado em 1993 e sempre encabeçado pelo mesmo líder, Winston Peters, uma enorme personalidade política — carismático e direto, com reputação de inconformista. É famoso por usar ternos risca de giz feitos sob medida com lenço no bolso, e cativa principalmente os eleitores mais velhos. Não foi só uma ou duas vezes que, ao fazer campanha de porta em porta, ouvi de senhoras que Winston Peters "pode deixar o chinelo dele debaixo da minha cama quando bem quiser". Até minha avó Margaret tinha uma quedinha por ele.

Tive pouca experiência pessoal com ele. Eu o considerava um enigma, com uma personalidade pública exuberante além da qual eu não enxergava nada. Winston já tinha formado governos com o Nacional e com o Trabalhista, ganhando fama de "influente". Quando nosso salto nas pesquisas veio a público, ele começou a ouvir perguntas sobre a possibilidade de trabalhar conosco.

Tudo se intensificava. A campanha, as expectativas, o ímpeto. De repente não estávamos mais tentando evitar um desastre. Havia a possibilidade de vencermos.

Em uma campanha, passos em falso estão sempre à espreita — podemos cometer um ato falho, um erro de avaliação ou tirar fotos ruins. Fazemos o possível para evitá-los: os eventos são muito bem planejados; os lugares onde vão ocorrer são visitados previamente. Mas, como descobri no dia em que vi Helen se esquivar dos manifestantes no campus, coisas acontecem. E eu cometi erros desde o início.

Vinte e quatro horas depois de me tornar a líder do Partido Trabalhista, já tinha me reunido com os colegas para pensar em todas as políticas que poderiam ser anunciadas nos dois meses seguintes. A lista era abrangente, e incluía desde a proposta de um ano de cursos politécnicos e educação universitária gratuitos, cujo anúncio foi mais precoce do que havíamos planejado, a um referendo sobre cannabis. Estávamos só lançando ideias — anotando um universo inteiro de opções, do qual escolheríamos um punhado de iniciativas grandiosas e uma programação diária de projetos menores. Meu plano era analisar a lista ao longo dos dias seguintes, selecionando os temas que apresentaríamos à população.

Pus a lista dentro de uma pasta e fui para o aeroporto. Mike Jaspers tinha marcado uma breve entrevista para mim antes do embarque. A jornalista estava ao lado de um balcão de check-in, e havia um carrinho de limpeza ali perto. Corri até ela, a pasta enfiada debaixo do braço e uma maleta na mão. Larguei minhas coisas, enfiei os fones nos ouvidos, olhei para a câmera e comecei a falar. Cinco minutos depois, Mike e eu fomos pegar nosso voo.

Estávamos dentro do avião olhando nossos celulares quando Mike resmungou. Tinha acabado de receber uma mensagem da repórter. Após a entrevista, eu tinha pegado a maleta, porém havia deixado a pasta no carrinho de limpeza. Aquela pasta. A que continha folhas e mais folhas com ideias e propostas de projetos — algumas que talvez fossem adotadas, outras não, mas sem nenhuma marca que as distinguisse.

Para quem não estava na reunião, parecia um plano de campanha na íntegra, ainda não anunciado. Um furo de reportagem. Um furo que, caso viesse a público, faria com que perdêssemos o controle de nossa pauta e deixaria nossa campanha em frangalhos. Agora uma jornalista estava no aeroporto com a pasta nas mãos. Mike esfregou a testa, aflito. "O que você quer fazer?"

Como era possível que eu tivesse largado aquilo para trás? Com uma repórter?

"Responde à mensagem dela", eu disse. "Diz que não é nada importante, que ela pode jogar a pasta no lixo. Mas fala isso num tom *indiferente*."

Como se fosse possível adotar um tom indiferente em uma mensagem de texto.

Ao que tudo indica, no entanto, o talento de Mike para escrever mensagens bastou para resolver o problema. Alguns minutos depois, meu secretário de imprensa fechou os olhos e suspirou. A mulher tinha jogado a papelada no lixo. E eu tinha escapado de um erro colossal. Por enquanto.

Planejamos uma visita a Morrinsville. Eu iria à escola em que tinha estudado, faria uma parada no Golden Kiwi e daria uma coletiva na casa onde tinha crescido. Foi em Morrinsville, à sombra de uma árvore que ficava na frente do meu antigo colégio, que uma jornalista muito experiente me perguntou: "Qual é a sua resposta ao anúncio de hoje do índice oficial de inflação?".

O índice oficial de inflação é um instrumento muito importante para o Banco Central da Nova Zelândia, e exerce influência direta sobre a taxa de juros. Eu ainda não tinha visto o anúncio: ele fora feito durante minha visita ao Morrinsville College. Mas isso não era desculpa. Era algo tão relevante que eu já devia ter visto e estar preparada para falar a respeito. De repente a conversa não era mais sobre Morrinsville, mas sobre como era possível uma candidata a primeira-ministra não estar a par do último comunicado econômico.

Passei o resto do dia e toda a noite me remoendo — durante uma teleconferência de campanha, enquanto examinava os papéis com as propostas para o dia seguinte, e ao pendurar na porta do banheiro as roupas que usaria. *Você devia ter respostas. Você devia estar mais preparada.*

A única forma de calar essa voz era usar a mesma estratégia que tinha funcionado muitos anos antes, quando em silêncio, no chão da sala da nossa casa em Lockwood, eu havia embrulhado o repolho várias vezes. Eu me esforçaria ainda mais para estar preparada. Leria mais, passaria mais noites me capacitando para tudo o que pudesse acontecer. Porque podia acontecer qualquer coisa.

Fui para todos os cantos do país. Te Puea Marae. Uma escola de aviação. Um pub da zona rural. Um galpão. Canteiros de obra. Uma escola de cabeleireiros. Universidades em Wellington, Auckland, Dunedin e Hamilton. Fiz enormes comícios em teatros grandiosos antigos, fiz caminhadas em centros comerciais e fui a refeitórios de empresas e fábricas, aos quais chamamos de *smokos*.

Divulgamos um plano de cem dias, a lista de coisas que faríamos assim que tomássemos posse: estender a licença parental remunerada para seis meses; investir em programas de moradia; aumentar os auxílios estudantis; aumentar o salário mínimo; formar uma comissão independente sobre clima; exigir que proprietários de imóveis obedecessem a regras de isolamento, aquecimento e ventilação; e por fim — por fim — lançar o crédito fiscal Best Start e aprovar algumas leis para começar a enfrentar a pobreza infantil. Fazia anos que eu lidava com essas questões, e pela primeira vez fazer alguma coisa sobre isso me pareceu possível.

Em meados de agosto, a praticamente um mês da eleição, nossas pesquisas diziam que o Nacional estava com 40% das intenções de voto, e nós tínhamos 37%. Era uma diferença de apenas três pontos, tão pequena que Winston Peters poderia conduzir o Nova Zelândia Primeiro a fazer uma aliança com o Trabalhista *ou* com o Nacional. Até então ele estava cauteloso, não dava nenhum sinal de qual partido escolheria. Mas, no que me dizia respeito, vencer a eleição e formar um governo agora era uma possibilidade.

Eu raramente estava em casa, e, mesmo quando estava, nem sempre via Clarke. Sua ideia de um programa de televisão sobre peixes havia se tornado realidade. *Fish of the Day* tinha sido escolhido pela TV3, e ele estava ocupado filmando no Pacífico e em várias regiões do país. A gente se falava todos os dias, e, embora ele estivesse sempre disposto a largar tudo para participar da campanha, eu não pedia que o fizesse. Meus pares do sexo masculino geralmente faziam campanha junto com as esposas ou companheiras, mas era diferente para mim. Minha preocupação era que ter Clarke a meu lado com muita frequência desse a impressão de que eu não era forte ou resiliente o bastante para tocar uma campanha sozinha.

Quando Clarke me acompanhava, fazia exatamente o que era necessário — fosse ficar parado a meu lado ou no fundo da sala. Em um evento no vale Hutt, fui rodeada por uma multidão de filiados e apoiadores, e ele ficou num canto segurando meu casaco. Nisso, duas meninas se aproximaram dele e pediram uma foto. Clarke era uma figura conhecida, um rosto familiar na maioria dos lares da Nova Zelândia. Mas as meninas não queriam uma foto com ele. Queriam uma foto com meu casaco.

No começo da relação com Clarke, observei que eu era bem diferente de suas ex-namoradas. A mais recente, é claro, fora Shavaughn. Antes dela, ele tivera um relacionamento com uma cantora premiada, famosa pela voz potente e comovente e por seu estilo arrojado.

E eu? Eu era uma política insegura. O que tinha em comum com elas? Quando falei isso para Clarke, ele me encarou como se eu tivesse feito uma pergunta capciosa; então, passado um instante, ele declarou: "Vocês todas são muito boas no que fazem".

Havia uma dedução nessa afirmativa, uma complementação tácita da frase: *você é boa no que faz, portanto deveria ir em frente e fazer.* E agora eu estava fazendo, e Clarke se esforçava para facilitar minha vida: preparava xícaras de chá, conversava comigo quando os números das pesquisas eram divulgados, mandava mensagens de incentivo quando eu estava na estrada. De modo geral, fazia tudo isso em particular, nos bastidores. Isso até o dia em que um ex-parlamentar chamado Richard Prebble escreveu um artigo de opinião alegando que eu "nunca tivera um emprego de verdade, não tinha experiência de vida e fizera uma carreira apagada como parlamentar".

Clarke rebateu on-line, tuitando que Prebble não passava de um "dinossauro" velho e alarmista. Soube disso não por Clarke, mas por um jornalista que no meio de uma coletiva de imprensa pediu que eu comentasse a situação.

Liguei para Clarke logo depois. "Fiquei sabendo do seu tuíte", eu disse, com a voz brava. Não gostei de ter sido pega de surpresa.

Ele se desculpou — não pelo que tinha escrito, mas por me pegar desprevenida.

"Da próxima vez, eu te aviso", disse, como se essa fosse uma solução boa para o problema.

Mas é claro que não foi. A intenção de Clarke podia até ser boa, e não dava para discordar de sua descrição de Prebble — pelo menos não em particular. Mas o que meu companheiro considerava uma atitude de apoio eu sabia que seria interpretado como um ato de proteção. E que políticos precisam de proteção? Os fracos, é claro. Será que a mesma regra seria aplicada caso nossos papéis fossem invertidos, se ele estivesse se candidatando e eu postasse alguma coisa por ficar frustrada e irritada? É provável que não. Mas a Nova Zelândia já tinha tido 39 primeiros-ministros ao longo de sua história. Só duas mulheres. E, enquanto eu tentava ser a terceira, havia poucas percepções que eu tinha a sensação de poder desafiar. E essa não seria uma delas.

* * *

31 DE AGOSTO: NACIONAL *42%*, TRABALHISTA *42%*, VERDE *4,4%*, NOVA ZELÂNDIA PRIMEIRO *7%*.

Apertei milhares de mãos, distribuí mais abraços ainda. Pessoas idosas, pessoas jovens, pessoas de todas as idades. Tinha dias em que me sentia num abraço quase constante. "Obrigada", eu dizia quando um desconhecido esticava os braços e me trazia para perto. "Sinto uma onda de energia assim."

Debati com Bill English não uma, mas quatro vezes. E embora todos os debates botassem meus nervos à prova, também havia momentos em que me sentia reenergizada – como na vez em que me perguntaram, no segundo debate, se eu descriminalizaria o aborto e eu disse sem titubear que sim.

Dei entrevistas, às vezes várias por dia. Respondia a perguntas quando ainda estava de roupão de banho, e no banco de carros, e em palcos esvaziados de centros comunitários, e, em uma ocasião, jogando pingue-pongue enquanto uma câmera espocava a meu lado. Meu oponente nessa partida, um jornalista de *The New Zeland Herald*, também resolveu me testar a respeito da minha visita à fábrica do isolante térmico da Pink Batts, um mês antes.

"Do que o Pink Batts é feito?", ele perguntou.

"De fibra e vidro reciclado", respondi.

"Que tipo de vidro?"

"Restos de vidraças de janela."

"E qual a temperatura do vidro dissolvido quando aquecido?"

Hesitei. "Mil e duzentos graus." Ele me corrigiu na mesma hora: a resposta era 1300°C.

A campanha foi um teste constante, e, no decorrer dela, minha cabeça avaliava o panorama em busca de possíveis desastres e erros involuntários. Não queria que nada ressurgisse para me assombrar, como David Shearer exibindo um peixe para as câmeras, David Cunliffe se desculpando por ser homem ou Don Brash levantando a perna para entrar no carro de corrida.

Na visita ao curso de turismo de uma escola politécnica, Damien O'Connor, um adorável e às vezes trapaceiro parlamentar do Partido Trabalhista que tinha uma cadeira como representante da zona rural (e foi capa do guia *Lonely Planet* da Nova Zelândia em 1993), incentivou-me a tirar foto em um bote inflável que seria erguido por um grupo de estudantes. Eu me recusei.

"Vamos!", ele insistiu. "Entra aí!" E, embora me sentisse uma estraga-prazeres dizendo não, já previa o meme que surgiria: NEM UM BOTE CONSEGUIRIA SALVAR JACINDA ARDERN.

10 DE SETEMBRO: NACIONAL 42%, TRABALHISTA 38%, VERDE 8%, NOVA ZELÂNDIA PRIMEIRO 7%.

A duas semanas da eleição, caímos quatro pontos. Será que tínhamos atingido nosso platô? Ou seria o começo da queda? Talvez fosse o último caso. Se fosse, a culpa era minha.

O Partido Trabalhista passara anos promovendo a instituição de um imposto sobre ganhos de capital. A Nova Zelândia era, afinal, uma das poucas economias de primeiro mundo sem esse imposto. Andrew havia proposto para o próximo mandato um grupo de trabalho dedicado aos impostos, empurrando qualquer possibilidade de mudança nessa política para o ciclo eleitoral seguinte. Eu achava que precisávamos ser mais rápidos e fazer a coisa toda em um mandato só. Meus adversários publicaram anúncios falsos que deturpavam minha opinião a respeito. De repente me vi forçada a negar políticas que nem sequer existiam.

Estava pensando em impostos quando minha mãe me ligou.

Em minhas candidaturas anteriores, mesmo nos momentos mais agitados, eu continuava a vê-la todos os dias. Mas agora estava tentando percorrer um país de 268 mil quilômetros quadrados em questão de semanas. Minha mãe ainda fazia o possível — me contatava para verificar se eu tinha comido e preparava bolinhas de felicidade enormes, que botava em saquinhos plásticos para mim.

Mas ela não estava ligando para falar da campanha. Meu avô Eric tinha sido levado de ambulância para o hospital. A instituição não tinha vaga disponível, então, após alguns exames, ele recebeu alta no meio da noite. Meu avô estava bem, mas, talvez em razão do estresse da situação toda, minha avó estava mal. "*Acho* que está tudo bem", minha mãe disse, tentando me tranquilizar. "Só queria que você ficasse sabendo."

Desliguei o telefone e fui direto para um encontro com o Grey Power, um grupo de ativismo político para pessoas da terceira idade. Mas minha cabeça estava longe. Durante meu discurso ao Grey Power, fiz a besteira de mencionar a experiência do meu avô como um exemplo de que nosso sistema de saúde precisava de reformas. Não dei nomes, e meus avós nem sequer tinham meu sobrenome, mas é claro que não demorou para um repórter identificar minha família. Pouco depois eu soube que o jornalista planejava uma visita à casa deles. *Por favor*, pedi ao meu secretário de imprensa. *Por favor, convença-o a deixar meus avós em paz.* Por sorte ele conseguiu.

A essa altura, já tinha recebido outro telefonema da minha mãe. Minha avó Margaret tinha sofrido um derrame e não estava bem.

De Auckland para a St. David's Church, em Te Aroha, era uma viagem de duas horas de carro. Assim que Clarke e eu saltamos, vi um fotógrafo erguendo a câmera. Assenti em silêncio, numa espécie de saudação. *Deve ser horrível*, pensei, *ser mandado para fotografar alguém no funeral da avó.*

Eu mal tinha conseguido ver a avó Margaret uma última vez. Ela sofrera um segundo derrame, e, quando cheguei ao hospital, minha família estava reunida em volta dela. Falavam baixinho enquanto ela permanecia deitada, inerte, os olhos fechados. Meu avô Eric estava sentado a seu lado. Ele tinha abrandado com o tempo, se tornara mais gentil, e agora segurava a mão da minha avó. Aproximei-me pela lateral da cama, passei os braços em torno dela, sussurrando meu nome para que soubesse que eu estava ali.

Minha avó sempre teve uma visão de mundo diferente da minha. Discordávamos sobre quase tudo: união civil, o sistema de bem-estar social, imigração. Ela tinha votado em conservadores a vida inteira e se orgulhava disso.

Eu sabia que minha avó me amava. Ela escrevia cartões nos meus aniversários. Sua casa estava sempre aberta para tomarmos uma xícara de chá ou quando eu precisava de um lugar para ficar. Ela tinha me emprestado o carro e ido a comícios meus. Mas eu achava que minhas tendências políticas eram algo que ela suportava. Na melhor das hipóteses, as tolerava. Na pior, aquilo lhe causava constrangimento. E no entanto, no quarto de hospital, depois que me aproximei e sussurrei meu nome, ela disse as suas últimas palavras para mim: "Sinto orgulho de você".

Depois do funeral, avistei Grant, que para a minha surpresa tinha voado até lá. Estava indo na direção dele quando uma congregante, uma mulher da idade da minha mãe que eu não reconhecia, se aproximou. "Jacinda, eu só queria dizer que tem muita gente em Morrinsville rezando por você."

Eu sorri. "Obrigada", respondi. "É muita gentileza."

Ela segurou minhas mãos, apertou-as com força. "Elas não vão *votar* em você", esclareceu, "mas *estão* rezando por você."

Pouco mais de 24 horas depois, era a noite da eleição, e eu estava no palco diante de uma plateia de centenas de voluntários. O evento foi no Aotea Centre, em Auckland, um enorme centro de artes cênicas no coração da cidade. Minutos antes, eu tinha atravessado uma multidão tão grande que minha equipe de segurança nem conseguiu criar um corredor para eu passar, portanto fomos conduzidos por uma fileira de cadeiras abandonadas. Agora que eu estava no palco, não havia ninguém sentado.

Os jornalistas estavam espremidos, parados diante do palco, e vira e mexe tampavam o teleprompter que eu me esforçava para ler. Não tinha importância. As palavras estavam frescas na minha cabeça. Eu as tinha escrito naquela mesma noite, sem saber se reconheceria a vitória alheia ou se teríamos que esperar para ver com quem o Nova Zelândia Primeiro formaria coalizão.

Enquanto os resultados da eleição ainda passavam em uma tela ali perto, comecei meu discurso.

Bill English e o Partido Nacional conquistaram o maior número de votos. Liguei para Bill e reconheci seu feito. Mas o resultado final da eleição de hoje não será decidido por nós, e sim pelo voto proporcional misto. É claro que era uma síntese. Uma forma de dizer que nem o Nacional, nem o Trabalhista tinha votos suficientes para formar um governo próprio. Ambos os partidos precisariam do Nova Zelândia Primeiro.

Fiz o possível para soar otimista, mas a realidade era que precisávamos de mais de sessenta cadeiras para formar um governo. No final da noite, o Trabalhista e o Verde tinham, somados, 52. O Nova Zelândia Primeiro tinha mais nove. Se este optasse por se juntar a nós, teríamos exatamente 61 assentos. Claro que *oficialmente* o número era suficiente. Mas se um único parlamentar falhasse ou desertasse, o governo inteiro desmoronaria. Seria uma loucura o Nova Zelândia Primeiro formar um governo de coalizão tendo a maioria de apenas um assento. Esse era, quase com certeza, o fim do caminho.

No entanto, terminei falando de como faríamos negociações, caso fossem necessárias, e então agradeci a todos que tinham se voluntariado e votado em nós. Sei que algumas pessoas tiveram a impressão de que eu estava reconhecendo a derrota. Talvez uma parte de mim realmente estivesse fazendo isso.

Ao ir para os bastidores recuperar o fôlego, alguém berrou: "A gente pode conseguir nos especiais!".

Os especiais. Esse era o último fiapo de esperança, o último vislumbre de possibilidade. Os votos especiais eram a única razão por que eu não tinha admitido totalmente a derrota. Os "especiais" eram votos extras que ainda seriam contados — os dos eleitores que moram no exterior e daqueles que tinham votado em trânsito. Se muitos deles fossem para o Partido Trabalhista, talvez ganhássemos uma cadeira a mais.

Ainda tínhamos chance.

Esperamos duas semanas. Foi esse o tempo necessário para os votos especiais serem computados. Eram centenas de milhares. A espera foi angustiante. Fiz o possível para descansar, recuperar-me da eleição e me preparar para o que aconteceria em seguida, mas a incerteza toda fazia minha cabeça zumbir. Clarke e eu tiramos um fim de semana de folga na praia, mas, em vez de livros, levei duas pastas cheias de documentos da coalizão passada para estudar. Por via das dúvidas.

Sabia a que horas nosso secretário de partido mandaria mensagem com a contagem final, portanto fiquei olhando para o telefone até o alerta surgir na tela. *Resultado dos especiais absolutamente sigiloso. Embargados até duas da tarde. Nacional -2, Trabalhista +1, Verde +1.*

"Mais dois assentos!", berrei, correndo em direção ao Clarke. "Mais *dois* assentos!"

Bastava para formarmos um governo. Isto é, se o Nova Zelândia Primeiro nos escolhesse.

O Nova Zelândia Primeiro queria algumas semanas para escolher entre nós e o Nacional. Reuni uma equipe de negociação: Grant, Michael Cullen, Annette King e Kelvin, o vice-líder do Partido Trabalhista. Todos entendiam bem nossa posição, dominavam nossa plataforma e conheciam pelos menos algumas das personalidades do Nova Zelândia Primeiro.

Começamos nos encontrando com o Partido Verde, cientes de que para formar o governo precisávamos também entrar em acordo com seus membros. Eu conhecia o líder do Partido Verde, James Shaw. Era o candidato do partido quando ambos morávamos em Londres. Nossas conversas eram amistosas e francas. Como nossos partidos já tinham entrado na eleição com um memorando de entendimento, essas conversas não suscitavam o interesse da imprensa. Todos os olhares estavam voltados para o Nova Zelândia Primeiro.

Eu ainda não conhecia Winston Peters. Havia a persona pública, aquela que vinha com tiradas jocosas e brigas com a imprensa, e o que eu ouvia falar sobre ele em interações pessoais: que era um político à moda antiga, que esperava certo grau de respeito, e que muitos de seus colegas o chamavam de *Matua*, palavra maori que significa ancião ou patriarca.

Durante a campanha, Winston tinha me comparado a um hambúrguer sem carne. Mas eu precisava que ele me escolhesse, que escolhesse meu partido e nossas ideias. Isso se traduziu em debates ridículos que travei dentro da minha cabeça. *Será que levo um lanchinho? Quem sabe o famoso pão de gengibre da Julia? Seria uma atitude simpática? O que um hambúrguer faria? Espera aí, o hambúrguer seria eu?*

Havia uma série de pontos decisivos, nos quais eu não queria fazer mudanças. Um desses pontos inegociáveis era a política imigratória. O Nova Zelândia Primeiro tinha a reputação de ser hostil com comunidades de migrantes, e essa era uma mensagem que eu não queria ver reforçada por meio de nenhum tipo de concessão.

As conversas foram objetivas e respeitosas, embora eu não tivesse nenhuma noção de para qual lado Winston estava pendendo. Fizemos o possível para parecer fortes e confiantes — não só para Winston, mas para o país. Uma tarde, saímos da sala de negociações com as câmeras apontadas para nós através das portas de vidro. Michael, Grant, Kelvin e eu coordenamos nossa saída, subindo as escadas de cabeça erguida até chegarmos às portas automáticas de vidro pelas quais os jornalistas espiavam. Apertei o botão verde com o punho para abri-las. Cronometramos tudo com perfeição para não precisarmos diminuir o ritmo.

Só que as portas *não se abriram*. Tentei de novo. Nada. A essa altura, nosso ritmo foi definitivamente interrompido. Ficamos juntos, as câmeras ainda rodando, enquanto eu apertava o botão mais algumas vezes. Grant acabou também tentando a sorte com o botão, enquanto eu balbuciava como uma ventríloqua, tentando não mexer os lábios: "Que constrangimento enorme, enorme, Grant". Por fim, após a sexta tentativa, Grant tomou as rédeas da situação e empurrou as portas como um super-herói de terno e gravata, e seguimos em frente de novo. Agora, no entanto, tentávamos abafar um acesso de riso.

A verdade é que eu não fazia ideia de como as conversas estavam indo. Talvez formássemos uma coalizão. Talvez eu virasse primeira-ministra. Ou talvez ficássemos mais três anos na oposição. De qualquer modo, estava contente por ter essa equipe ao meu lado.

Foi em meio a esse turbilhão que acabei sentada sozinha *naquele* banheiro, com um palitinho branco na mão, esperando os três minutos recomendados. Estávamos nas últimas etapas de negociações. Clarke estava filmando no norte, bem longe de Wellington. Minha amiga Julia me oferecera comida caseira, chuveiro e cama. Então, quando me ouviu descrever a indisposição que andava sentindo, ela me ofereceu algo mais: um teste de gravidez.

Eu não achava possível estar grávida. Mas algo naqueles 180 segundos fez o implausível se tornar mais próximo da realidade. *E se?* Fiquei pensando, assim como tinha feito semanas antes, quando Andrew disse que eu devia assumir a liderança. *E se?*

Fechei os olhos e levantei a cabeça em direção ao teto. Então respirei fundo, abri os olhos e olhei para baixo.

O palitinho mostrava duas linhas. Positivo.

Positivo? Olhei de novo. Peguei a caixa, li as instruções. Depois olhei a data de validade. Depois o palitinho. Continuava positivo.

Como era possível?

Eu já tinha passado por infinitos exames, várias intervenções médicas malsucedidas. Tinha ouvido que meu trabalho constante, meu estilo de vida e o estresse todo me impediriam de ter um filho. Agora estava ali, tentando me tornar primeira-ministra, e estava grávida. Minha cabeça girava. Agora?! Isso estava acontecendo agora?!

"Juliaaa!", chamei, e então desabei no chão do banheiro.

"Um passo de cada vez", Julia disse quando viu o resultado positivo. Ela me deu um tapinha no ombro. "Um passo de cada vez." Julia me deixou sozinha no banheiro, saiu e fechou a porta. Sentei no vaso e liguei para Clarke.

* * *

Alguns dias depois, Winston Peters anunciou que faria uma coletiva de imprensa durante o noticiário das seis da tarde, quando dividiria com o país qual partido o Nova Zelândia Primeiro tinha escolhido para formar a coalizão – e consequentemente quem seria o próximo primeiro-ministro. Eu saberia da notícia assim como o resto do país: pela televisão.

Nós nos reunimos em meu gabinete, no terceiro andar do Parlamento. Clarke ficou por perto, com uma roupa mais formal que o blazer de todo dia. Annette, Kelvin e Grant estavam lá, é claro, bem como os seguranças encarregados da minha proteção durante a campanha, e mais uma dezena de outros líderes e funcionários veteranos do partido.

Em outros gabinetes do corredor, parlamentares e suas equipes faziam a mesma coisa: esperavam e assistiam. A certa altura, uma comemoração ruidosa veio de uma sala próxima. Foi alta a ponto de suscitar especulações da imprensa de que teríamos recebido um telefonema do Nova Zelândia Primeiro. A verdade é que era apenas um grupo de funcionários assistindo ao programa *The Chase*.

Não houve telefonema nenhum. Eu não fazia a menor ideia do que aconteceria.

Enquanto estávamos no meu gabinete esperando a coletiva de imprensa começar, a televisão estava ligada, mas sem som. Annette se acomodou no sofá, seus olhos se alternando entre mim e a tela a nossa frente. Atrás dela, Grant estava de pé, aflito, com as palmas unidas na altura da testa, como se fizesse uma oração, balançando o corpo para a frente e para trás. Estávamos aguardando. Aguardando que as câmeras saíssem do estúdio e fossem ao vivo para o Beehive. Aguardando que Winston saísse de seu gabinete.

Fora uma longa espera. Esperamos a coletiva. Esperamos cada um dos dias de negociação. Esperamos os resultados das eleições, esperamos as pesquisas, passamos anos a fio na oposição esperando a oportunidade de *fazer* alguma coisa. Dali a poucos minutos a espera terminaria, e ou eu voltaria à oposição ou seria a primeira-ministra da Nova Zelândia.

E então veio uma súbita agitação. "Aumenta o som!" Winston Peters estava na tela.

No decorrer dos primeiros minutos, Winston falou em termos gerais, sem dar pistas de quem havia escolhido. Sua expressão era a de um homem jogando uma partida de pôquer: intensa compenetração, sem dar sinal nenhum. Minha respiração ficou presa na garganta. Então ele falou o seguinte: "Permitam-me dizer que muitos neozelandeses passaram a enxergar no capitalismo atual não um amigo, mas um adversário. E não estão de todo enganados. É por isso que acreditamos que o capitalismo precisa recuperar sua faceta humana".

Essas foram suas palavras: "faceta humana". Com isso, levei minhas mãos unidas até a boca. Porque foi quando eu soube. *Nós* éramos a faceta humana a que ele se referia.

Winston tinha escolhido o Partido Trabalhista.

A sala irrompeu em uma comemoração. Ouvi os gritos a minha volta e ecoando pelo corredor. Mas, para mim, por um instante tudo virou silêncio. Eu fitava a tela, absorvendo o que ele tinha falado. *Escolhemos o Trabalhista.* A ideia era de que eu evitasse um desastre, que poupasse o partido de uma derrota esmagadora. Eu me sentia muito responsável – pelos meus colegas, pela nossa equipe, mas acima de tudo pela população que precisava da nossa vitória. Era uma pressão que eu tentava abafar para conseguir me levantar e seguir em frente todo dia. Mas agora parecia que a tampa tinha sido aberta. Toda pressão, preocupação e medo se esvaíam do meu corpo. O que restava me parecia ser alívio e alegria pura.

Nós conseguimos.

Eu consegui.

Eu seria a primeira-ministra da Nova Zelândia.

Grant me deu um abraço e começou a tremer, com um choro alto, feliz. Clarke, que tinha assistido ao anúncio do canto da sala, aproximou-se e me abraçou. Então alguém, não sei quem, botou um uísque na minha mão. Olhei para o copo de vidro lapidado e o deixei em cima da mesa.

Sim, eu era a primeira-ministra.

E também estava grávida.

Dezoito

Eu poderia contar da minha cerimônia de posse. Poderia contar do vestido que usei, de brocado vermelho e azul, na altura dos joelhos. Ou do ônibus que me levou junto com os novos ministros — pessoas a quem considero parte da família — da pequena cerimônia com a governadora-geral, no Palácio do Governo, até o Parlamento. Poderia contar que ao descer do ônibus ouvimos saxofones, um trombone, um ritmo percussivo constante; que um punhado de membros da icônica banda de Wellington, Fat Freddy's Drop, tocava exuberantemente aos pés da escadaria da Casa Parlamentar, e que pensei: *Esta é a cena mais neozelandesa que eu já vi.*

Poderia contar sobre a multidão daquele dia: as pessoas tomavam o átrio, espremiam-se contra as grades que fechavam o perímetro, contra a estátua do ex-premiê Dick Seddon e umas contra as outras. Pessoas de terno e de camiseta, de xale e de óculos escuros, de cabeça coberta e de boné, uma profusão de cores sob o céu azul-claro.

Poderia contar dos eventos formais: os discursos, a assinatura de ordens, e de terem me posicionado para as fotos oficiais como se estivéssemos na escola. Como foi olhar para trás da mesa da cerimônia de posse e ver meu pai de terno, trocando mensagens com minha mãe, que estava em Londres, onde Louise tinha acabado de dar à luz um menino chamado Alejandro. Em seguida, de entrar no Parlamento de mãos dadas com Clarke e as sobrinhas dele, aquelas que sentavam em cadeirões de bebê quando fui apresentada à família — a mais velha de tênis Converse, a mais nova com as tranças tortas.

Tem tanta coisa que eu poderia contar sobre esse dia, mas tudo me pareceu um borrão, um belo redemoinho de sorrisos, apertos de mão e abraços, o ar fresco soprando pelas janelas do ônibus.

Portanto, vou contar da conversa que tive momentos antes de tudo isso começar. Eu estava no carro, a caminho do Palácio do Governo, onde tomaria posse oficialmente. Estava ao telefone com John Campbell, jornalista a que eu assistia desde meus onze anos. John queria falar comigo nos últimos minutos de sossego, antes de tudo mudar.

Ele perguntou como eu estava e respondi, como se fosse um dia qualquer: "Estou bem, obrigada. E você?".

"Bom, eu estou bem", ele disse, achando graça. "Mas não sou eu que estou indo ao Palácio do Governo para virar primeiro-ministro." Então John perguntou onde eu estava e respondi que estava perto de um Subway. Uma série de britadeiras começou a fazer barulho quando fizemos a curva da Aitken para a Mulgrave Street e passamos pelos arquivos nacionais.

"E quando você voltar", ele disse, "da próxima vez que pisar no Parlamento, você será a quadragésima primeira-ministra da Nova Zelândia. É um feito extraordinário, não?"

Bom, era sim. Eu imaginava que sim.

John me pediu "um último floreio idealista" antes que o trabalho duro de governar começasse. "Uma coisa sem amarras, mais ampla. O que você deseja fazer?"

Eu havia respondido a perguntas como essa centenas de vezes durante a campanha. *Qual era o plano? Qual era o projeto?* Poderia recitar um programa de governo inteiro sem pensar muito. Mas não foi isso o que me veio à cabeça de imediato.

"Quero que este governo seja diferente", declarei. "Quero que a população sinta que ele é aberto, que está escutando e que vai trazer a bondade de volta."

"Bondade." Era essa a palavra. É um termo infantil, de certo modo. Simples. E no entanto abarcava tudo que ficara marcado em mim: meu pai de uniforme em Murupara, concordando em esperar, em não prender um homem na praça da cidade para que ele pudesse preservar o mínimo de dignidade. A esposa de Hamish cuidando da minha mãe quando ela desmoronou, depois minha mãe cuidando de todo mundo. Todas as pessoas que havia conhecido ao longo dos anos: parentes e amigos, pessoas com quem eu congregava em cultos ou com quem trabalhava, até aquelas com quem tinha brigado, mas sempre — sempre — a serviço de algo melhor.

Algumas pessoas achavam a bondade sentimental, suave. Meio ingênua, até. Eu sabia disso. Mas também sabia que estavam enganadas. A bondade tem uma força e um vigor que quase nada neste planeta tem. Já vi a bondade fazer coisas extraordinárias: dar esperança às pessoas, transformar mentes e mudar vidas. Não tinha medo de falar isso em voz alta, e, assim que falei, tive certeza: bondade. Esse seria o princípio que me guiaria independentemente do que me aguardasse no futuro.

"Onde você está agora?", John Campbell perguntou, e respondi que estava perto de um KFC. Rimos e conversamos mais um pouco sobre o que poderia mudar nos dias seguintes, e em que medida. A essa altura eu já estava quase no Palácio do Governo, e tudo estava prestes a começar.

Dezenove

Em uma semana o enjoo matinal se instalou definitiva e consistentemente — assim como tinha acontecido com minha mãe quando estava grávida de mim e precisava alimentar Louise do outro lado da sala. Estava enjoada quando meu pai e Clarke levaram meus poucos pertences do conjugado que eu alugava em Wellington para a residência oficial, à beira do cinturão verde de Wellington. Estava enjoada em meu primeiro passeio pela casa, acompanhada da pessoa que gerenciava a residência oficial — passando pelas salas de reunião do primeiro andar, pelos cômodos residenciais do primeiro-ministro no segundo, a decoração toda eclética e aconchegante, feita de móveis de épocas diferentes da história da Nova Zelândia. Minha náusea não me fazia correr para o banheiro; não naquele momento, pelo menos. Consegui assentir com entusiasmo ao ser conduzida pelos vários ambientes da casa — *esta mesa aqui era de Muldoon, naquele armário ali ficam os artigos de cama e mesa, o kit de defesa civil fica aqui* —, mas meu estômago estava embrulhado, minha cabeça estava meio zonza e minha pele, pegajosa.

O pior momento era assim que eu acordava. Em certas manhãs, eu me levantava da cama e o movimento bastava para fazer minha cabeça girar. Eu corria para o banheiro, onde desabava ao lado do vaso esperando a náusea passar e eu poder me levantar do chão. Conseguia trabalhar e, o mais importante, conseguia me concentrar, mas o enjoo estava sempre presente, o dia inteiro.

Estava presente quando nosso gabinete se reuniu pela primeira vez, poucas horas depois de minha posse, assim como nos dias seguintes, enquanto contratávamos uma equipe e recapitulávamos os inúmeros pontos de nosso plano de cem dias: um plano ambicioso, com quase vinte medidas, algumas das quais exigiam a elaboração ou a implementação de novas leis; e outras, como o plano de tornar gratuito o primeiro ano de universidade ou curso politécnico, exigiam sistemas totalmente novos.

Dei pistas de que estava indisposta? Claro que não. Deixei o enjoo matinal diminuir meu ritmo? De jeito nenhum. Fiz o que inúmeras mulheres fazem todo dia, e o que no decorrer da história sempre fizeram — guardei segredo do que estava acontecendo em minha vida pessoal e segui em frente. Compartimentalizei, como se fazê-lo fosse um esporte olímpico; participei de inúmeras reuniões, não perdi o foco nem revelei nada.

Também descobri algumas coisinhas que ajudavam: água quente com limão. Algumas bolachas de água e sal ao acordar. E então, por sorte, batatas chips de sal com vinagre. Aos montes. A pungência do vinagre com o sal era o que mais me fazia bem, por isso fiz estoque dessas batatinhas no meu gabinete, e comia basicamente um saquinho atrás do outro.

Treze dias depois da posse, quando ainda não fazia nem três semanas que minha vida tinha virado do avesso, acordei com o estômago embrulhado. Como ainda estava escuro, acendi o abajur na mesa de cabeceira, onde havia um pacote de bolachas de água e sal. Mas não tive tempo de comê-las. Não nesse dia. Cheguei ao banheiro a tempo de me agarrar às laterais do vaso de porcelana e vomitar. Até então a náusea me incomodava mais do que o vômito. Agora, ajoelhada nos azulejos do banheiro, eu me perguntava se uma tampa teria sido aberta.

Clarke parou na porta. "Está tudo bem?" Em resposta a essa pergunta, vomitei de novo.

Eu não estava bem. Mas precisava melhorar. Aquele era o dia da abertura do Parlamento, a reunião oficial do governo sob nova liderança. Sob minha liderança. Seria, como sempre, um evento esplêndido, cheio de pompa e circunstância. Gemi, sentindo os azulejos frios debaixo de mim. Precisava me levantar.

Recapitulei os eventos que estavam por vir. Primeiro todos os parlamentares participariam de um desfile formal rumo ao plenário. Depois o novo presidente da câmara, Trevor Mallard, entraria, acompanhado pelo oficial de justiça empunhando a maça cerimonial que representa a autoridade do Parlamento. Enquanto isso, no átrio – o espaço público em frente ao Parlamento usado para cerimônias e manifestações –, as Forças Armadas se reuniriam, os trompetistas da Real Força Aérea tocando seus instrumentos durante a chegada da governadora-geral. Depois viriam o hino nacional, a revista das tropas, e *mana whenua*, um maori local, começaria um *pōwhiri*, saudação tradicional, seguido pelo *haka*, quando a governadora-geral e seu partido entrariam no Parlamento e na câmara legislativa. O evento todo era cheio de tradições e formalidades, e incluía o corpo diplomático, os juízes e ministros. A não ser, claro, que chovesse. Nesse caso, tudo aconteceria em ambiente fechado.

O dia culminaria em um discurso formalmente conhecido pelo nome de "fala do trono". Apesar de escrito pelo governo – ou seja, eu e minha equipe –, seria lido pela governadora-geral. A fala do trono é um informe oficial do projeto que o Parlamento deve levar em consideração nos três anos seguintes. É uma prévia das leis que apresentaríamos, dos problemas domésticos que enfrentaríamos, e até de qual seria nossa postura no cenário internacional. Éramos um governo de coalizão – dos partidos Trabalhista, Verde e Nova Zelândia Primeiro –, e portanto a redação dessa fala não tinha sido fácil.

Passamos semanas elaborando o texto. Tínhamos até chamado Heather Simpson, a H2, para nos ajudar. Heather conhecia tanto o Verde como o Nova Zelândia Primeiro, e tinha sido magistral em nos auxiliar na negociação do texto do discurso. Já tinha me sentido tão intimidada por seu intelecto e sua postura que me pareceu surreal tê-la ali, ao lado da mesa da primeira-ministra, assim como ela ficara quando eu era uma novata de 24 anos. Dessa vez, no entanto, *eu* estava sentada diante da mesa, com um monte de batatas chips de sal com vinagre ao alcance da mão.

Então, com tantos eventos para acontecer dali a poucas horas, dei a descarga e me levantei do chão. E se eu vomitasse naquele dia, durante a abertura da cerimônia? *O que é que eu ia fazer?*

Clarke me trouxe mais água e bolachas. Eu me movimentava com lentidão. Pus uma meia-calça, um vestido azul-marinho com estampa abstrata e um blazer preto. Esperei que minha barriga se acomodasse. Fui para a cerimônia, dei passos ponderados, mantive a cabeça erguida. Não demorou muito para que o salão fosse tomado pelos 120 parlamentares. Na parte da frente do lugar havia pessoas de uniforme militar, trajes formais e togas e perucas do Poder Judiciário. Em uma cadeira régia de espaldar alto estava a governadora-geral, de frente para a multidão. Com um gesto, ela pediu que todos se sentassem, a deixa para me levantar do assento ao lado dela e lhe entregar o discurso que leria. Assim que voltei para meu lugar, ela começou: "Considero um privilégio exercer a prerrogativa de Sua Majestade, a Rainha, e abrir o 52º Parlamento". Talvez tenha sido o ato de levantar, não há como ter certeza. Mas foi quando eu soube que precisava vomitar.

Sentia a parte de trás da minha garganta se contrair, era quase uma sensação de sufocamento. Minha boca aguava, um claro sinal de que o estômago não seguraria nem mesmo a pouca comida que havia nele. Mapeei minhas rotas de fuga: uma porta à direita, um banheiro no saguão antigo. Mas eu sabia que o evento era transmitido ao vivo, e uma primeira-ministra não pode simplesmente sair no meio da fala do trono. *Não vomita. Não vomita. Não vomita.*

Não sei como consegui manter a compostura até o fim da cerimônia, mas nas semanas seguintes esse tipo de coisa aconteceria várias vezes. Durante reuniões com dignitários estrangeiros no Beehive, ao presidir convenções partidárias, no meio de coletivas de imprensa. Meus enjoos eram tão frequentes que comecei a associar o cheiro do nono andar a náusea. Sempre que eu dava um passo para fora do elevador, era tomada por uma onda de enjoo.

Por fim, liguei para minha clínica geral. As únicas pessoas que sabiam da gravidez até então eram Julia e Clarke, portanto minha médica abriu o consultório depois do expediente normal e me deu remédios para náusea. Embora eu a bombardeasse com perguntas sobre a possibilidade de eles fazerem mal ao bebê, sabia que minha única opção era tomá-los.

Então surgiu o empecilho seguinte. "Você precisa fazer exames de imagem", ela disse. Minha médica tinha um velho amigo e colega, um obstetra na Mount Eden Road, ali perto, que seria discreto. Ela pegou o telefone. "Posso mandar uma mensagem para ele, pôr vocês dois em contato, e você parte daí."

Percorremos a Mount Eden Road no domingo à noite, a viatura à paisana que nos seguia para todos os lados no nosso encalço. Pelo menos estávamos sozinhos, no nosso carro. O trajeto rápido era a chance de bolarmos um plano para quando chegássemos ao consultório do obstetra. Nem os seguranças podiam saber o que estávamos fazendo ali. Quanto mais gente soubesse, maior a chance de a informação vazar para a imprensa, e de repente me vi falando em ter um filho poucas semanas depois de assumir o cargo. "Então qual é mesmo a história que a gente vai contar?", Clarke me perguntou.

"Eu disse aos seguranças que a gente está indo fazer uma visitinha a um amigo." Tinha falado com o obstetra, Nick Walker, mais cedo. Ele tinha um plano minucioso. Devíamos parar o carro em frente ao consultório, que estaria "escuro, sossegado, com muito espaço para estacionar", e dar a volta no prédio. Ele nos encontraria na entrada dos fundos. Àquela hora da noite, sobretudo no fim de semana, ele tinha certeza de que ninguém nos veria. Ninguém a não ser o serviço de segurança diplomática (DPS, na sigla em inglês) —, um grupo de policiais com treinamento especial que registravam todos os meus movimentos em um caderninho. Pelo que eles sabiam, eu estava apenas visitando um amigo de longa data que por acaso trabalhava no fim de semana.

Clarke estacionou o carro. Os seguranças pararam na vaga próxima à porta, desceram e ficaram de pé junto ao veículo. Quando a visita era pessoal eles não me seguiam edifício adentro. Era isso o que eu precisava que pensassem agora. Desci do banco de passageiro com minha bolsa e uma garrafa de vinho. Levantei a garrafa acima da cabeça, então baixei o braço e berrei, alegre: "Não vamos demorar!". Minha atuação foi quase exagerada.

Quando demos a volta no casarão reformado, avistei Nick. Ele estava na escadaria dos fundos, com uma roupa casual, a cabeça cheia de cachos pretos volumosos. Tinha quarenta e poucos anos e era o tipo de cara que poderia ser um antigo colega de faculdade.

"Ei, que bom rever vocês!" Ele nos recebeu como se fôssemos amigos que não via há muito tempo, conforme havíamos planejado. "Vamos entrar!" Mantivemos o disfarce até chegarmos ao consultório. Só quando já estávamos na sala dele foi que larguei a garrafa de vinho para nos apresentarmos oficialmente.

Nick tinha um jeito sereno e tranquilizador. Foi ao mesmo tempo pragmático e engraçado ao falar de todos os detalhes da minha "gravidez geriátrica" (a descrição médica para alguém da minha idade) metodica e minuciosamente, e então se calou. "Bom, é óbvio que por enquanto a gente não tem como usar seu nome na ficha, então te apelidei de 'Kilgore Trout'."

Kilgore Trout? Da última vez que eu tinha dado entrada no hospital, quando era parlamentar e estava com uma infecção horrível na garganta, uma enfermeira disse que meu nome no prontuário era Dolly Parton. Esse me parecia bem mais lisonjeiro do que Kilgore Trout. Nick explicou o pseudônimo: era a personagem de uma obra de Kurt Vonnegut, um livro de espionagem. Estava claro que ele tinha pensado muito na questão e parecia muito feliz com seu plano. "Então vamos com Kilgore Trout", eu disse enquanto ele pegava o ultrassom.

Alguns dias depois, acordei congelando. Por um instante fiquei sem saber onde estava. A luz entrava pelas frestas da janela.

Vietnã. Estou no Vietnã. Voltei a me deitar um pouco, tomando o cuidado de não me levantar rápido demais, e recapitulei o plano elaborado na noite anterior. *Levantar. Tomar banho. Cobrir-me de repelente* DEET *de potência tropical da cabeça aos pés. Reler meus briefings.*

Era minha primeira viagem internacional, para a reunião de líderes da Apec, sigla em inglês de Cooperação Econômica Ásia-Pacífico. A reputação da Nova Zelândia no exterior é um orgulho imenso para o país. Quando as pessoas falam de nós no cenário mundial, usam expressões como "lutar na categoria de cima" — uma tentativa de dizer que, embora sejamos pequenos em termos numéricos, sempre encaramos os problemas de frente. Dois dias depois de Hitler invadir a Polônia, a Nova Zelândia foi um dos quatro primeiros países a declarar guerra contra a Alemanha. Desde então nos opusemos a testes nucleares, ao apartheid e à Guerra do Iraque. Fomos o primeiro país do mundo onde as mulheres tiveram direito ao voto. Falamos em favor dos direitos humanos, das leis trabalhistas e dos benefícios do comércio justo. Como líder, eu era a embaixadora do meu país, cujos legado e reputação estavam em minhas mãos. Considerei essa uma responsabilidade gigantesca.

A reunião da Apec no Vietnã era particularmente crucial. Coincidia com as últimas etapas da negociação do Acordo Abrangente e Progressivo para a Parceria Transpacífica (CPTPP), um tratado comercial que, apesar do nome tenebroso, era significativo para a Nova Zelândia. Durante a eleição, o Partido Trabalhista tinha argumentado em prol de proteções mais fortes para nós nesse acordo. Agora eu precisava obtê-las — isso enquanto evitava os mosquitos.

Na data marcada para minha partida rumo ao Vietnã e depois às Filipinas, ainda havia relatos de casos de zika, uma doença que se espalha através de picadas de mosquito. Para quem não está grávida, a zika não é muito perigosa. Mas, para quem está, pode causar terríveis anomalias congênitas, inclusive microcefalia, que deforma a parte da frente do crânio do bebê e atrofia seu desenvolvimento cerebral. Eu estava no primeiro trimestre de uma gravidez sobre a qual ninguém sabia, e completamente paranoica com a zika.

Na conferência, eu corria de uma sala de reunião para outra, e por sorte o ar condicionado me ajudava a evitar os mosquitos e a náusea. No primeiro dia, tive não uma, mas três reuniões acompanhadas de café da manhã, nas quais não consegui comer quase nada. Não sou vegetariana, mas, nessa viagem, eu dizia às pessoas que era. Achava isso menos indiscreto do que listar todas as coisas que uma grávida não deve consumir.

Aprendi logo a andar depressa, a ficar perto da equipe de segurança que me era designada localmente e a sempre usar meu broche — aquele que dizia aos seguranças que eu era uma líder e, portanto, deveria estar dentro do perímetro administrado com firmeza e nas reuniões em que estavam os presidentes Xi Jinping, Vladimir Putin e Donald Trump.

Tornar-se primeira-ministra é uma experiência surreal. Às vezes os momentos esquisitos são bobos e irrelevantes — como minha primeira noite na residência oficial, quando pedi comida em um restaurante indiano que ficava na mesma rua, mas meu pedido não foi preparado pois imaginaram que "Jacinda Ardern, residência oficial" só poderia ser um trote. Ou, na mesma noite, quando fui procurar roupas de cama e me deparei com capacetes e coletes à prova de balas em meio a edredons e toalhas. Ou quando tentei chamar um Uber para ir a um show de Aldous Harding e fui instruída pelo serviço de segurança a "não usar mais esse modo de transporte, por favor, senhora".

Em outros momentos, entretanto, os instantes profundos nos chegam com mais dramaticidade, como quando entrei em um ambiente repleto de chefes de Estado e me dei conta — *Aquele ali é Donald Trump*, não em uma tela, mas bem na minha frente, mais alto do que eu esperava, seu tom de bronze mais acentuado. Aquele outro era Vladimir Putin, quieto, quase sempre sozinho, e praticamente inexpressivo. E Justin Trudeau, o braço esticado para me cumprimentar com um aperto de mãos e me levar até Michelle Bachelet — a presidenta do Chile e uma das poucas mulheres no salão, alguém que sabe o que é sobreviver a uma ditadura. Todos usavam o mesmo broche dourado para dizer ao mundo que chefiavam algum país, assim como eu. Durou só um instante a sensação de surrealismo desse momento, depois passou. Eu tinha que trabalhar.

A certa altura da Apec, Shinzo Abe, o primeiro-ministro do Japão, marcou uma reunião no CPTPP. Ele foi um dos primeiros líderes mundiais que conheci como primeira-ministra. Abe andava com agilidade e propósito, dando a impressão de ser reservado, sempre solene e direto. Foi um evento formal, completamente desprovido de conversa fiada, com cada um abordando os temas que queria debater. No encerramento da reunião, ficamos lado a lado, cada um em frente à bandeira de seu país, os braços esticados para a foto habitual dos líderes. Foi quando ele se aproximou e sussurrou para mim: "Sinto muito pelo Paddles". Ele se referia ao gato laranja que Clarke e eu tínhamos adotado de um abrigo e que morrera atropelado em frente a nossa casa alguns dias depois de eu me tornar primeira-ministra. Esse raro momento pessoal em um turbilhão de formalidades me provocou uma comoção genuína.

O primeiro-ministro Abe encabeçava uma derradeira tentativa de fazer avanços no CPTPP. As negociações a essa altura estavam tensas. David Parker, nosso novo ministro do Comércio, estava lá comigo, e, embora tenhamos feito algum progresso, ainda não tínhamos certeza se o acordo seria firmado.

A caminho da reunião, em meio a grupos de funcionários e seguranças, andei ao lado de Malcolm Turnbull, primeiro-ministro da Austrália, respeitado, pragmático e, como eu, concentrado em finalizar o acordo de comércio. Conversamos sobre os últimos desdobramentos das negociações enquanto caminhávamos, os funcionários correndo em ambas as direções na passarela apinhada. Quando chegamos à sala de reunião, Malcolm entrou direto. Mas, antes que eu pudesse fazer o mesmo, os seguranças de ambos os lados puseram os braços na minha frente, obstruindo minha passagem.

"Desculpem, mas meu lugar é aí dentro", declarei, imaginando que obviamente eles tinham decidido que eu não era líder, mas ainda assim estavam querendo ser educados. Havia muita gente no corredor, e o barulho era demais para que eles me ouvissem. A essa altura, tinham até parado de me olhar: estavam muito ocupados em descobrir o próximo impostor enquanto seus braços continuavam a servir de barricada.

Eu ponderava qual seria meu próximo passo quando de repente senti algo em volta do meu braço. Malcolm tinha esticado a mão e agora me puxava para o outro lado da barreira formada pelos seguranças.

"Ela é a primeira-ministra da Nova Zelândia!", ele berrou, indignado por mim. Foi só então que olhei para baixo e vi o que tinha acontecido: meu cabelo comprido tampava o broche, e, além desse sinal reluzente, não havia nada que me conferisse o aspecto de líder. Talvez menos ainda em uma reunião em que eu era só uma das três líderes do sexo feminino, junto com Carrie Lam, de Hong Kong, e Michelle Bachelet.

Momentos como esse nunca me surpreenderam de verdade. Nem mesmo em casa. Alguns meses depois de minha posse, fui à lanchonete do Parlamento para jantar. Quando perguntei à funcionária atrás do balcão se poderia botar o prato na minha conta, ela me olhou e perguntou meu nome. Eu respondi: Jacinda Ardern. Ela examinou a lista de contas. "A senhora poderia soletrar, por favor?" Assim o fiz, apesar do segurança parado a meu lado tentando abafar uma gargalhada. *Para manter os pés no chão*, pensei, rindo junto.

Já no final da minha visita ao Vietnã, sentei-me no banco de trás do carro com GJ, meu chefe de gabinete na época. Eu fedia a repelente. Depois que as portas se fecharam e o carro começou a se movimentar, vi um mosquito preso na parte de trás. O lado racional do meu cérebro sabia que a possibilidade de aquele mosquito transmitir zika era mínima. Somente 68 gestantes tinham sido infectadas no Vietnã até então. Mas nos últimos meses eu tinha me tornado a líder do Partido Trabalhista, tomado posse como primeira-ministra e engravidado — embora os médicos me dissessem que isso provavelmente não aconteceria. Eu já não acreditava mais na ideia de baixa probabilidade.

O mosquito voava pelo carro, e, quando chegou perto de mim, joguei a cabeça contra o apoio do banco. GJ falava comigo, mas meu olhar acompanhava o inseto. Comecei a golpear o ar, tentando enxotá-lo ou apanhá-lo. GJ me olhou e perguntou: "Você está bem?".

"Estou, por quê?" Tentei soar casual, mas minha atitude não era casual. Na verdade eu parecia a pior profissional de mímica do mundo. Paramos no centro de convenções, a porta se abriu e saí correndo do carro. Alisei a saia e entrei na reunião de cúpula como se nada tivesse acontecido.

"*A pergunta é: tudo bem a primeira-ministra entrar em licença-maternidade estando no cargo?*" As palavras que Mark Richardson tinha dito naquela manhã, quando me tornei a líder do Partido Trabalhista, não saíam da minha cabeça enquanto eu pensava no comunicado à imprensa: PRIMEIRA-MINISTRA ANUNCIA GRAVIDEZ.

Era meados de janeiro. Ainda não completara meus primeiros cem dias no cargo, mas já tínhamos conseguido a gratuidade para o primeiro ano de curso universitário ou politécnico, criado uma comissão do clima temporária e aprovado leis que prolongavam a licença-parental remunerada. Eu já estava com vinte semanas de gravidez. O verão tinha me proporcionado o recurso das blusas largas, mas esconder minha barriga em crescimento estava ficando difícil.

Revelamos a nossas famílias que eu estava grávida durante uma curta folga de verão. Primeiro contamos à família de Clarke, quando estávamos indo ao cinema. Logo depois saímos, deixando-os com cara de tacho à mesa de jantar, processando a notícia.

Uns dias depois contamos aos meus pais, que ficaram muito felizes – minha mãe ficou tão contente que caiu no choro. Então ligamos para meu avô Eric. "Minha nossa", ele disse. Eu quase o via do outro lado da linha, balançando a cabeça enquanto se repetia. "Minha nossa." Achei que talvez fosse falar mais alguma coisa, mas ele simplesmente repetiu essas duas palavras várias vezes. *Minha nossa. Minha nossa. Minha nossa.*

Agora era a hora de dividir a novidade com mais pessoas, e me preocupava com a possibilidade de o país reagir da mesma forma que meu avô.

Como a notícia seria recebida? Durante três meses eu vinha refletindo sobre essa questão, obtendo respostas diferentes sempre que a ponderava. Na minha carreira, até então eu me considerava razoavelmente capaz de analisar como as pessoas reagiriam às coisas. Nessa questão, entretanto, eu havia perdido toda a perspectiva. Em certos dias me convencia de que as pessoas ficariam felizes por mim. Em outros, tinha certeza de que toda a minha esperança de ser uma líder competente seria enterrada com o comentário de "primeira-ministra prioriza família em vez do país".

Durante nossa última semana de folga de verão, recebi a visita de um bom amigo que trabalhava com política e comunicação. Falamos sobre uma amiga em comum que tinha nos contado de sua gravidez havia pouco tempo. "Sempre torci para termos filhos na mesma época", declarei. Então, após uma pausa, acrescentei, em tom informal: "O que você acha que as pessoas diriam se acontecesse?".

Meu amigo deu uma risada. "Eu acho que não cairia bem."

"É", eu disse, rindo como se a pergunta fosse apenas uma ideia hipotética. "É..."

Mas àquela altura não fazia muita diferença o que as pessoas diriam. Contei a alguns membros da equipe, e a partir disso planejamos como dividir a novidade de forma mais ampla. Primeiro me reuniria com Winston. Avisaria que ele precisaria assumir o cargo de primeiro-ministro durante as seis semanas que eu pretendia tirar de licença-maternidade. Outras pessoas também teriam de ser informadas: a governadora-geral, o Partido Verde, meus colegas de convenção partidária e amigos que eu achava que deviam ficar sabendo por mim, não pela imprensa.

E, por fim, eu contaria ao país.

Quando o dia chegou, implementamos o plano com uma precisão militar, que incluía um comunicado à imprensa e um anúncio simultâneo no Instagram. Usamos uma imagem simples. Dois anzóis, lado a lado. No meio do segundo anzol havia um anzol pequenino – um anzol bebê. Acima, lia-se a legenda: "E estávamos achando que 2017 tinha sido um grande ano! Clarke e eu estamos muito animados porque em junho... vou ser primeira-ministra E mãe, e Clarke vai ser o 'primeiro-cavalheiro da pescaria' e dono de casa... Sei que as perguntas vão ser muitas, e vamos responder a todas elas (posso garantir que temos um plano muito bem preparado!). Mas por enquanto vamos lá, 2018".

Cliquei em "postar" e aguardei.

Vinte

Uma mantinha de bebê alegre e imperfeita se destacou ao chegar pelos correios. Era feita de 24 quadradinhos, blocos de cores vivas, todos feitos de pontos meia simples, irregulares. A manta era obra de crianças: tinha partes vermelhas e amarelas, azuis e turquesa, roxas e marfim, um único pedaço preto — que era mais um retângulo do que um quadrado — preso por uma linha amarela ao conjunto gloriosamente torto. Olhando para a manta, eu imaginava as mãozinhas ainda aprendendo a manusear as agulhas e quase conseguia ouvir a voz adulta orientando as crianças. *A primeira-ministra vai ganhar um bebê. Que tal nossa turma fazer um presente para a família dela?*

A reação ao anúncio da minha gestação foi quase acachapante. Começou com e-mails, muitos e-mails. Nas 24 horas depois que a notícia veio à tona, a pessoa que lidava com minha correspondência — Dinah, que estava acostumada a receber dezenas de milhares de mensagens por ano — declarou nunca ter visto tamanho influxo.

Não demorou muito para uma neozelandesa chamada Heather McCracken puxar uma hashtag, #knitforjacinda, convocando os compatriotas a fazerem coisas para bebês e doá-las para as unidades neonatais dos hospitais. Tantas pessoas atenderam ao chamado que outra neozelandesa da ilha Sul tuitou: "Está impossível me concentrar com o barulho de metade de Dunedin tricotando sapatinhos".

Os presentes feitos à mão também chegavam ao gabinete. A equipe de correspondência arrumou uma mesa para exibir os objetos, e em poucos dias ela já estava transbordando. Dinah colocava alguns presentes na minha pasta de vez em quando, e um dia ela pôs outra mantinha ali dentro: era de lã marfim, muito bem-feita, com um lindo rendado que parecia uma obra de arte. A carta que acompanhava a peça explicava suas origens: a manta tinha sido iniciada muito antes, quando a nora da tricoteira estava grávida. Seria seu primeiro neto. Mas, quando a moça perdera o bebê de forma trágica, a sogra deixara o tricô de lado, inacabado. Foi só quando anunciei minha gravidez que ela o pegou de novo para terminá-lo.

Eu tinha me preparado para o pior. Era uma personalidade pública, acostumada a julgamentos e escrutínio. Agora estava grávida e não era casada. Também era nova no cargo. Se as pessoas quisessem me atacar, teriam muitas razões para isso. Mas eu não tinha pensado em uma verdade fundamental: a de que os políticos são antes de tudo seres humanos e de que talvez o público não tivesse perdido isso de vista. E portanto, quem sabe, no belo país Nova Zelândia, a notícia feliz de um bebê pudesse ser apenas isso: feliz.

Mas, apesar de todo esse apoio, a gravidez me trouxe um novo tipo de pressão. Eu era apenas a segunda líder mundial da história a ter um filho estando no cargo. Antes de mim houvera Benazir Bhutto. Ela foi a primeira mulher a liderar o Paquistão e, em 1990, dois anos após tomar posse, deu à luz uma menina. Eu não achava que o mundo estivesse de olho em mim, mas acreditava que os céticos estivessem. Eles estariam esperando para dizer: *está vendo, não dá para ter um trabalho difícil como esse e ser mãe.*

Não muito depois de fazer o anúncio, eu estava em um evento, falando com uma mulher que tinha uma carreira longa e impressionante no setor corporativo. Durante nossa conversa, esqueci alguma coisinha. Era uma bobagem — uma palavra, ou talvez um nome —, e ri do meu lapso de memória. "É cabeça de grávida", justifiquei.

Ela não riu junto. "Você não pode dizer isso." Seu olhar era sério, a voz determinada e firme. "De jeito nenhum." Ela estava me avisando: *se você der alguma brecha a seus adversários, eles vão usar sua gravidez para dizer que você — ou qualquer mulher — não deve assumir um cargo de autoridade.* Eu sabia disso, mas de repente fui lembrada da facilidade que era cometer um lapso desses.

A partir desse momento, tratei a gravidez como um teste, uma série de obstáculos que deveria pular sem suar. Houve a peregrinação a Waitangi em fevereiro — não só um feriado nacional importante, que celebra a assinatura do histórico Tratado de Waitangi, mas também um grande evento político, que às vezes era pesado. O primeiro-ministro geralmente comparecia um ou dois dias, discursava no *pōwhiri*, a mesma cerimônia de boas-vindas tradicional maori que marca a abertura do Parlamento, e fazia um café da manhã só para convidados em um hotel.

Mas eu queria que a relação do nosso governo com os maori e *iwi* fosse diferente daquela estabelecida com os governos anteriores. Criamos uma pasta totalmente nova para Kelvin Davis: ministro das Relações entre os Maori e a Coroa. Ele estava no processo de criar Te Arawhiti, "a ponte", um órgão governamental que iria além dos assentamentos do tratado — a compensação aos maori pela quebra do Tratado de Waitangi — e melhoraria a relação já existente entre o governo e os indígenas neozelandeses. Se íamos manter a palavra, precisávamos começar por Waitangi.

Então, em vez de ficarmos apenas um dia lá, ficamos cinco. Visitei uma escola e projetos nos quais investíamos, bem como o acampamento *waka*, em que jovens aprendiam técnicas de navegação tradicionais. Estive com os guardiões maori, uma rede de voluntários da comunidade que há décadas dá apoio a eventos como o Waitangi. Recitei meu *mihi* (apresentação) em *te reo* maori várias vezes antes de me postar na sacada diante de uma multidão e falar do trabalho que nós, como governo, teríamos pela frente. *Haere mai tatau ki tenei ra nui, ki tenei ra o Waitangi*. Embora começasse quase todo discurso que fazia em *te reo* maori, esse me trouxe uma sensação diferente. Eu estava onde o tratado tinha sido assinado. Sabia que, por nunca ter estudado *te reo* maori formalmente, eu tropeçaria. Cometeria erros. Mas também sabia que usar esse idioma sinalizava um compromisso com o entendimento e com a criação de pontes.

Terminei a viagem não com o café da manhã para convidados, conforme era o costume no passado, mas ao lado de outros ministros — entre eles Kelvin; Grant, nosso ministro das Finanças; e Andrew Little, ministro da Justiça e da Negociação de Tratados —, diante de uma churrasqueira, fazendo ovos e bacon para mil pessoas. Estava lá, com o sol dourado nascendo, o vapor subindo das grelhas, o avental amarrado acima da barriga de grávida e cheia de otimismo.

Fazia anos que eu frequentava Waitangi. Sabia que esse evento era um momento para conversas difíceis — era para isso que ele servia. Mas também era um espaço de comunidade e *whānau*, família. No entanto, eu volta e meia via a imprensa retratar sobretudo os momentos tensos: protestos contra o governo ou manifestações individuais de ativistas. A maioria dos neozelandeses sabia que Don Brash — o líder do Partido Nacional que enfrentara Helen Clark com uma plataforma que considerei de cunho racista — fora atacado com lama em Waitangi. Mais recentemente, um ministro do Partido Nacional fazia uma coletiva de imprensa quando um manifestante lhe atirou um vibrador: o objeto fez barulho ao quicar em sua bochecha, e a cena virou um meme muito difundido. Agora, graças à liderança de Kelvin, a impressão era de que até a imprensa precisava admitir que aquele era um espaço propício para conversas, para se construir comunidades, e, o mais importante, para o governo assumir suas responsabilidades.

Eu teria muitas outras viagens pela frente. Em março, já grávida de seis meses, estava em uma missão no Pacífico com um grupo de representantes das ilhas de Tonga, Samoa, Niue e Cook. A meta era afirmar a Nova Zelândia como a nação do Pacífico que éramos, afastando a relação com esses países da dinâmica de doador e recebedor para transformá-la em uma parceria. Winston Peters, do Nova Zelândia Primeiro, era nosso ministro das Relações Exteriores e me acompanhou. A essa altura já tínhamos uma ótima relação de trabalho, o que quase me causava surpresa. Na imprensa, ele era combativo; em particular, esperava que todos se comportassem com decoro. Nossa diferença de idade era de mais de três décadas e tínhamos algumas grandes divergências políticas. Mas estávamos conseguindo nos dar bem.

Nessas viagens a imprensa estava conosco 24 horas por dia. Os jornalistas viajavam no Defence Force 757 comigo. Também estavam em terra firme comigo, em todos os eventos, reuniões e refeições. Já que era para eles serem minhas companhias constantes, eu lhes mostraria que, grávida ou não, eu era perseverante.

O ar estava abafado ao longo da visita, e, em uma coletiva de imprensa, vi as gotas de suor escorrendo pelo rosto dos jornalistas. Eu estava com uma roupa recatada, meus braços e joelhos cobertos, e em pouco tempo meus pés começaram a inchar, e meus sapatos, normalmente confortáveis, marcavam minha pele e causavam dor. Mas, em vez de encerrar, segui em frente até não haver mais nenhuma pergunta da imprensa, muito depois de o tempo previsto acabar. Só então, quando já tinha a certeza de que não fora a primeira a desabar, saí me arrastando para enfiar os pés em uma banheira de água gelada.

Um mês depois, agora com sete meses de gestação, peguei uma carta do meu obstetra confirmando, caso alguma empresa de aviação perguntasse, que eu estava apta a viajar de avião. A Cúpula de Chefes de Governo da Commonwealth (CHOGM) aconteceria em Londres. A rainha, nossa chefe de Estado, presidiria o encontro. Mas acrescentei algumas paradas à viagem.

Podemos até estar na parte mais baixa do globo, mas a Nova Zelândia vive das exportações: manteiga, queijo, leite em pó, carne, frutas como kiwi e maçã, vinho, entre outros produtos. E, como governo, estabelecemos a meta de aumentar o comércio com outros países, em especial por meio de acordos com a Europa e o Reino Unido pós-Brexit. Portanto, Clarke e eu fomos nos encontrar com a chanceler alemã, Angela Merkel; o presidente da França, Emmanuel Macron; e a primeira-ministra do Reino Unido, Theresa May.

Essas reuniões bilaterais abarcavam um pouco de tudo: segurança, clima, protecionismo. No entanto, para mim o principal era fazer com que a Nova Zelândia se tornasse um dos primeiros países a assinar um acordo de livre-comércio com o Reino Unido pós-Brexit. Acontece que no meio dessa diplomacia de vital importância havia minha barriga gigantesca e tudo o que ela acarretava.

Quando me sentei para almoçar com a chanceler Angela Merkel e conversar sobre comércio, pratos de carne foram colocados diante das cerca de oito pessoas presentes. Eu, entretanto, recebi um prato de legumes. A chanceler olhou para minhas cenouras, desconcertada e confusa. "Você não come carne?", ela perguntou. Claro que eu comia. E estava ali para impulsionar nossa exportação de bife. Mas o disfarce que eu usara com o Ministério das Relações e Comércio Exterior durante meu primeiro trimestre, de que "era vegetariana quando estava viajando", agora voltava para me assombrar. Enquanto olhava os outros pratos com inveja, seguíamos em frente.

Nunca vou me esquecer dessa conversa com Angela Merkel — meu primeiro encontro bilateral com uma líder mundial mulher —, mas não por causa das cenouras, da inspeção do segurança quando cheguei, do jornalista neozelandês desastrado que perguntou a outra líder mundial se ela me achava "simpática", nem pela troca de presentes costumeira. A reunião foi inesquecível porque a chanceler me fez perguntas. Era uma líder poderosa e respeitada dentro da Europa e tinha, sem sombra de dúvida, inúmeras outras questões na cabeça além da Nova Zelândia. E no entanto ela falou, escutou e sondou. Depois de treze anos no cargo, ainda era curiosa.

A Cúpula de Chefes de Estado da Commonwealth em Londres foi a última etapa da viagem. Nós nos reunimos no Palácio de Buckingham para a sessão de abertura e uma foto formal. Antes que os líderes entrassem no salão de tapete vermelho, as pilastras brancas e douradas emoldurando a flâmula real que estava em segundo plano, cerimonialistas nos arrumaram em fileiras. Enquanto um desses profissionais me levava a meu lugar, perguntei brincando se as fileiras seriam organizadas em "menino, menina, menino, menina". Ele me encarou por um instante, talvez tentando decidir se deveria levar meu comentário a sério, antes de passar ao líder seguinte. É claro que não era sério. A reunião contava com 53 líderes e éramos apenas cinco mulheres.

Enquanto isso, Clarke passava pela experiência inversa, pois era um dos poucos homens no grupo de cônjuges dos líderes internacionais, e estava adorando. Embarcou com entusiasmo na programação formal para os companheiros, que incluía atividades como chá da tarde e passeios pelos jardins. Ele fez um esforço deliberado para conhecer "as esposas". Uma noite, a caminho de outro jantar formal, eu lhe disse que precisava conversar com determinado líder e estava achando difícil estabelecer uma conexão. "Bom, não sei se isso ajuda", Clarke me disse, "mas a esposa dele tem uma coleção enorme de orquídeas."

A noite de abertura da CHOGM foi um desses eventos formais. Para acomodar minha barriga, eu tinha um vestido feito sob medida pela estilista neozelandesa Juliette Hogan, cor de mostarda fluido, que usei com um *kākahu*, um manto maori tradicional feito de linho e coberto de plumas, que me foi emprestado pelo Ngāti Rānana, um grupo maori sediado em Londres.

A meu lado, Clarke, que não tinha nenhum terno no armário quando nos conhecemos, estava lindo de smoking preto. Atravessando os salões do Palácio de Buckingham, ficamos maravilhados com a beleza e a história de tudo que víamos, de todos os lugares por onde passávamos, e seguíamos adiante. Olhei para ele. Parecia um perfeito estadista, mas apenas vinte minutos antes ele estava na frente do espelho reclamando da pessoa da Nova Zelândia que lhe dissera que usar uma gravata-borboleta cujo nó é feito pelo dono era uma boa ideia.

Assim foi a vida nesses primeiros meses: com momentos incríveis, surreais, misturados à realidade cotidiana de ter um dever a cumprir. Assim como em qualquer emprego, eu tinha uma quantidade tremenda de tarefas para realizar: documentos para assinar, coletivas de imprensa, eventos, sapatos para fechar, gravatas-borboletas que não ficam no lugar. Ainda era a vida, só que muito diferente.

Em Londres, conhecemos a rainha Elizabeth, nossa monarca. Ela, é claro, criara seus filhos sob o olhar de todos, por isso, em nossa conversa a sós, perguntei se tinha algum conselho a me dar. "Você simplesmente segue em frente", ela disse, sucinta. Foi muito pragmática, assim como imagino que minha avó Margaret teria sido.

Apertei o embrulho que estava segurando, um presente para a rainha. Era o retrato emoldurado dela durante uma visita real à Nova Zelândia em 1953, a cabeça erguida em uma gargalhada relaxada. *Você simplesmente segue em frente.*

É claro que segue.

Na volta, não perdemos tempo e fomos logo implementando nossas iniciativas. Seis meses depois do início do nosso governo, tínhamos cancelado os cortes de impostos planejados pelo governo do Partido Nacional. Em vez disso, tínhamos aumentado o crédito tributário familiar, instituído um subsídio às contas de eletricidade durante o inverno e aumentado o salário mínimo. Criáramos as bases para uma lei de carbono zero e um comitê climático independente, e déramos início ao processo de adotar a energia renovável. Agora, entre outras iniciativas, examinávamos como nosso sistema de bem-estar social funcionava.

Tínhamos uma rede de segurança. Nosso sistema de bem-estar social estava à disposição das pessoas desempregadas, incapazes de trabalhar devido a uma doença ou deficiência, ou de mães/pais solo que precisassem cuidar dos filhos. Mas esse suporte nem sempre chegava aos mais necessitados, e o acesso a ele às vezes era complicado e hostil. Como parlamentar, eu já tinha visitado os gabinetes de Trabalho e Renda. Tinha me encontrado com eleitores que atravessaram aquelas portas em seu momento de maior desespero, só para serem dispensados e instruídos a "ligar para marcar hora". Já tinha visto outras pessoas sentadas com os filhos nas salas de espera por horas a fio, sem acesso a banheiros, e, apesar de tudo isso, sem garantia de que seriam ajudadas.

A diferença entre o que somos e o que poderíamos ser é o maior dos desperdícios. Eu ainda pensava bastante nesse tema de debate da minha época de ensino médio. E se a diferença, essa perda de potencial humano, brotasse não só dos acontecimentos grandiosos e inesquecíveis da vida e de seus traumas, mas também de infinitos momentos banais? E se os mínimos instantes de desumanização se acumulassem com o tempo e acabassem virando muito mais do que a soma das partes? E sendo assim, como seria se pudéssemos fazer alguma coisa para resolver esse problema?

Não havia ninguém melhor para lidar com essa questão do que nossa nova ministra do Desenvolvimento Social. Carmel Sepuloni era pasifika, filha de um imigrante tonganês-samoano que não falava inglês ao chegar a Waitara, para trabalhar num abatedouro local. Quando Carmel começou a faltar às aulas do ensino médio, a diretora percebeu sua ausência e ofereceu o apoio necessário para que chegasse à universidade. Mais tarde, Carmel virou mãe solo, e a certa altura precisou da assistência do Estado — o que significa que ela entendia o outro lado. Nos meses anteriores a minha licença-maternidade, ela elaborou um plano de reforma da experiência de requisição de benefícios, e começou implantando espaços adequados para crianças. Além disso, instituiu placas em diversos idiomas, mais privacidade, banheiros acessíveis e novos procedimentos por parte da equipe, enfatizando a dignidade e a sensação de segurança.

Estávamos avançando com passos firmes rumo a nossos objetivos, mas muitas situações inesperadas surgiam no meio do caminho. Todo dia eu acordava sem saber qual problema novo acabaria na minha mesa: em uma semana bem comum, os imprevistos incluíam um conflito entre nossos parceiros de coalizão quanto a uma diretiva florestal; um mosquito exótico que transmitia encefalite japonesa encontrado em Kaipara; um pescador que enredou cinco golfinhos que estávamos nos esforçando para proteger, provocando um tumulto bastante público; e a inauguração de um refeitório em Murupara — à qual eu deveria comparecer — que levou a uma rixa entre as tribos maori da região.

E também havia as vacas.

Uma doença, *Mycoplasma bovis*, tinha começado a aparecer nas fazendas de gado leiteiro na ilha Sul da Nova Zelândia. Em um país com mais vacas do que gente, em que laticínios são os principais produtos de exportação, uma doença bovina que causa enjoo e infecção e atrofia o crescimento dos bezerros é um problemão. Um consultor me disse que se a *M. bovis* se espalhasse pela Nova Zelândia poderia causar um prejuízo de 1,3 bilhão de dólares neozelandeses para nossa indústria ao longo de dez anos. Mas o que fazer quanto à doença? Outros países admitiam que ela era intratável e conviviam com seus impactos. Nenhum conseguira eliminá-la. Mas éramos uma nação insular: se alguém fosse capaz de extinguir a *M. bovis*, seríamos nós. A erradicação seria um esforço de pelo menos dez anos, que exigiria que as fazendas afetadas se desfizessem de rebanhos inteiros. Mas, com a colaboração de especialistas e fazendeiros, foi esse o caminho que escolhemos. Enquanto escrevo este livro, o programa está em seu sexto ano e ainda não sei dizer se essa foi a decisão correta — talvez só um fazendeiro afetado saiba opinar —, mas a vigilância das fazendas continua, e, no final de 2024, o número de propriedades com *M. bovis* é zero.

A *M. bovis* estava na minha cabeça em junho, quando fui ao Fieldays, o maior evento agrícola do país. A essa altura, eu estava a poucos dias de dar à luz. Descobri que sempre que eu viajava para lugares mais distantes parteiras locais eram colocadas de sobreaviso.

Um dia reparei que um dos membros da minha equipe de segurança tinha passado a viajar com uma mala extra bem pequena.

Quando perguntei o que era aquilo, ele respondeu: "É um kit de primeiros socorros, senhora".

"Para o caso de eu entrar em trabalho de parto?", brinquei. Como ele não riu junto comigo, entendi que era exatamente isso.

"O que tem aí dentro?", perguntei, ainda rindo. "Toalhas e uma chaleira?"

Ele não abriu nem um sorriso. O que eu considerava uma situação improvável tinha lhe exigido um treinamento extra, e ao que parecia era assunto sério.

Imagino no entanto que, agora que andava como uma pata, eu de fato dava a impressão de que iria estourar a qualquer instante. Não tinha como tirar a razão deles para estarem preparados.

Uma semana depois, quase na data provável de parto, de fato fui para o hospital. Quando chegamos, mandei uma mensagem de texto a Winston Peters, que assumiria na minha ausência: "Acabei de chegar ao hospital, então você está no comando! Nos falamos em breve".

Vinte e um

Setenta e duas horas depois que nossa filha, Neve, nasceu, Clarke e eu fizemos uma coletiva de imprensa para apresentá-la ao mundo. Tínhamos planejado tudo antes do parto, e eu tinha certeza de que daria certo. *Kate Middleton deu conta*, eu pensava. *Eu vou dar um jeito.*

Agora que tinha acabado de dar à luz, não parecia que estava dando certo.

Tinha passado boa parte das minhas horas em claro desde a chegada de Neve olhando para ela, como costumam fazer os pais recentes. Tinha passado tanto tempo esperando e me preocupando, e agora ela estava ali. Eu estava aliviada e exultante.

Já meu corpo era outra história. Até o parto mais tranquilo parte um corpo em dois, e o de Neve não fora exatamente simples. Pouco antes do nascimento seus batimentos cardíacos tinham sofrido uma queda brusca, e ela nascera com o cordão umbilical enrolado no pescoço. Na primeira noite, passara doze horas em claro, o que significava que eu tampouco havia pregado os olhos. A essa altura eu já estava quase delirando de sono.

Também mal havia tirado o pijama desde o nascimento dela. Meu cabelo estava sujo, e na melhor das hipóteses eu poderia prendê-lo em um coque. Minha barriga pós-parto era, digamos, não muito pequena. E, ao caminhar a distância que fosse, eu tinha a sensação de que meus órgãos estavam caindo.

Talvez a parte mais enervante de todas, no entanto, fossem os pôsteres nas paredes da maternidade advertindo que de repente eu poderia ser tomada por emoções incontroláveis. Não achava que isso fosse acontecer. No máximo estava cansada demais. Mas as imagens me davam a impressão de que as lágrimas poderiam brotar sem nenhum aviso prévio, em enormes soluços, como uma espécie de irrigador automático de quintal.

Lembrei da aparência de Kate Middleton no dia em que apresentou o recém-nascido príncipe George ao público amontoado, à imprensa e ao mundo. De sua serenidade e compostura naquele vestido de poá azul-claro. Ela deu a impressão de que era fácil. Perguntei a mim mesma, capengando pelo corredor até o saguão do hospital para minha própria coletiva de imprensa: *Como Kate conseguiu?*

Eu segurava Neve nos braços. Ela estava enrolada em uma manta tricotada pela mãe de Clarke e usava um gorrinho verde que minha experiente parteira, Libby, dera de presente. Clarke ficou a meu lado, sorridente em um cardigã de lã com estampa típica do sudoeste. Não tinha nada em comum com aquele homem desajeitado que segurara o sobrinho recém-nascido poucos anos antes. Na época, ele parecia mais à vontade agarrando um lagostim.

Agora Clarke parecia um pai.

Não contei tudo aos repórteres, é claro. Não contei que o quarto de hospital onde eu estava tinha um vestíbulo pequeno para os seguranças, pois fora projetado para servir aos presidiários da penitenciária Mount Eden, ali perto, que precisassem de tratamento médico. Não contei que Clarke tinha passado de fininho entre os jornalistas durante o trabalho de parto para comprar um picolé de limão para mim, ou que minha primeira refeição após o parto — torrada com geleia e uma xícara de achocolatado — talvez tenha sido a melhor da minha vida. Não contei a eles o que Clarke tinha me dito: que na primeira vez que segurei Neve eu parecia uma louca, os olhos arregalados de euforia, e que então perguntei como ele estava após o parto. Preferi, ao olhar para as câmeras e microfones a minha frente, simplesmente dizer que era uma alegria apresentar nossa filha ao país.

A primeira pergunta que nos fizeram foi fácil, sobre a origem do nome de nossa filha: Neve Te Aroha Ardern Gayford. O nome do meio, Te Aroha, é claro, é a montanha sob a qual meus pais nasceram, e a palavra em maori significa simplesmente "o amor". Se alguma coisa me faria chorar durante a coletiva, seria essa parte. Minha voz ficou embargada, mas não houve irrigador automático quando expliquei que o nome simbolizava o que tínhamos sentido ao anunciar a existência dela ao mundo: amor. Amor de desconhecidos, amigos, parentes, *iwi*, maori. Um país inteiro. Apenas amor.

Depois disso, quis voltar para o quarto, colocar Neve na cadeirinha do carro e ir para casa. Mas as perguntas não tinham terminado. Eu embalava meu corpo na esperança de manter tudo no lugar — órgãos, emoções, fluidos corporais — ao ouvir a segunda questão. Ela veio de um jornalista de TV.

"Primeira-ministra", ele começou. "O que a senhora descobriu sobre a situação do sistema de saúde pública?"

Minha sensação era de que tinha tido quatro minutos para ser mãe. Agora estava de volta ao papel de primeira-ministra.

Eu sabia muito bem que tipo de mãe desejava ser. Não queria ficar obcecada com amamentação, com o horário das mamadas, com quantos minutos de sono a bebê havia tido. Não almejava de jeito nenhum me sentir assoberbada e exausta, nem me irritar com as tentativas de Clarke de ajudar. Não, meu plano era aproveitar cada minuto de licença-maternidade com a bela Neve.

Mas mesmo que Clarke tivesse tirado folga das gravações de seu programa de TV e com minha mãe indo de um lado a outro da nossa casa em Auckland — cozinhando, faxinando e me empanturrando de cookies que estimulavam a lactação e chá —, eu ainda assinalava todas as coisas que *não iria* fazer como se fossem pontos de um projeto.

Para começar, achava que a amamentação seria muito mais fácil do que foi. Eu sabia que esse não era o caso para muitas mães recentes, e já tinha ouvido algumas histórias de horror, inclusive da minha irmã. Mas ainda assim supunha que uma hora ou outra meu corpo faria o que tinha de fazer. Acontece que em poucos dias Neve começou a perder peso. Então, para aumentar minha oferta de leite, acoplei-me a uma bomba. Eu tirava leite quase sem parar, obsessivamente.

Será que alguma mãe olha para o passado e diz: "Eu gostaria de ter passado mais tempo com a bombinha de tirar leite?". Talvez não, mas ainda assim eu tinha a sensação de que era um fiasco no meu primeiro teste. E, com o tempo, ficou claro que eu teria que suplementar a amamentação de Neve com fórmula, e que essa situação iria se manter assim.

Havia também o problema do sono. Neve dormia bem durante o dia, enquanto eu tentava trabalhar – porque mesmo com Winston temporariamente no comando, mesmo que tivesse deixado tudo tão organizado quanto seria possível, ainda havia documentos que eu precisava analisar, questões políticas nas quais precisava me envolver, planos a respeito dos quais eu precisava opinar. Portanto, participei de reuniões com ela no colo, tentando transpor o abismo entre dois universos diferentes.

À noite, Neve ficava inquieta – era uma "bebê festeira", como Clarke a chamava. No início isso transformava os dias em um borrão nebuloso. Passadas algumas semanas, a falta de sono virou outra coisa. Ser acordada com tamanha frequência se tornou fisicamente doloroso, e portanto comecei a ter pavor da noite.

E então, a certa altura, meu cérebro privado de sono decidiu que a solução era nem tentar dormir. *Simplesmente fique acordada.* Então fiquei, assistindo à Netflix entre as mamadas. Sozinha no escuro, tentei ver algumas séries de crimes violentos, o tipo de coisa de que gostava antes de Neve chegar, mas elas me causavam uma frustração irracional. Preferi ver *Unbreakable Kimmy Schmidt*. Pouco depois, quando acabei cochilando, sonhei que estava dentro da série, no apartamento de Kimmy no porão, com Titus Andromedon como meu consultor de estilo.

Havia também a simples realidade da recuperação física. Desde o instante em que descobri a gravidez e recebi a pecha de mãe geriátrica, já esperava um caminho sinuoso pela frente. Mas eu também me maravilhava um pouco mais. Meu corpo de 37 anos tinha conseguido criar um ser humano completo, e tinha sustentado nós duas durante nove meses. Tinha colocado minha filha no mundo com saúde, com olhos bem abertos e perfeita. Mas isso não significava que meu corpo estava feliz de apenas voltar ao que era antes, como eu precisava que voltasse. Durante semanas, foi uma luta ficar de pé. Eu caminhava, fazendo um circuito em torno de casa, um pouco corcunda devido à sensação de que nada tinha voltado ao lugar, e me perguntava se seria assim de agora em diante.

Mas, com o passar das semanas, as noites de Neve se tornaram mais fáceis, os intervalos de sono aumentaram. A fórmula ajudou, e por isso meu foco obsessivo com a amamentação se aplacou um pouco. Comecei a andar mais, a ficar com o corpo mais ereto. E, quando consegui fazer essas coisas, seis semanas já haviam se passado.

Estava na hora de voltar a Wellington, ao Beehive e ao papel de primeira-ministra em tempo integral.

Depois de passar a licença-maternidade em nossa casa em Auckland, senti uma familiaridade alegre ao voltar à residência oficial, só nós três. O apartamento era aconchegante e agradável, com seu carpete mostarda puído e a miscelânea na mobília. Alguns móveis eram antigos, enfeitados e pesadões. Outros eram peças da década de 1970, como as cadeiras de vime do solário com estampa de palmeira, nas quais eu amamentava Neve debaixo do sol. As cadeiras em volta da mesa da cozinha eram claramente itens antigos do gabinete no Beehive, com o típico couro vermelho e detalhes dourados.

Fantasmas do passado também espreitavam de todos os cantos. A escrivaninha de Robert Muldoon era menor que o normal. Ele era notoriamente baixinho, e mesmo eu, com meu 1,73 metro, tinha dificuldade de enfiar as pernas embaixo do tampo. Dentro da primeira gaveta havia um adesivo com números de "discagem rápida". Um nome da lista era simplesmente "Bronagh", o nome da esposa do ex-primeiro-ministro John Key. Em um armário que ficava perto da escrivaninha havia pilhas de papel timbrado do Partido Nacional da década de 1990.

Em meio a tanta história, Neve e eu deixamos nossa marca. Um cômodo no final do corredor foi transformado em quarto de bebê pela gerência da casa. Quando chegamos havia uma manta com bordado de girafa dentro de um berço de madeira antigo, e na cama extra havia presentes tricotados junto com travesseirinhos com o nome de Neve bordado, muito deles enviados por pessoas queridas do país todo. A casa histórica tinha abrigado muitos primeiros-ministros. Agora, pela primeira vez, abrigava a filha de uma detentora do cargo.

Criamos uma nova rotina. Na maior parte do tempo Clarke, Neve e eu ficávamos entre a residência oficial e nossa casa em Auckland. Durante o dia ele cuidava de Neve, levando-a de carrinho até o Beehive — uma caminhada de dez minutos quando o clima estava bom — algumas vezes para que eu a amamentasse à minha mesa ou na cozinha próxima ao meu gabinete. Quando Clarke precisava viajar para gravações, minha mãe ficava conosco, e às vezes era a mãe de Clarke quem nos ajudava.

Já tinha ouvido inúmeras vezes que só damos o devido valor à nossa mãe quando temos filhos. Mas eu não só dava valor à minha mãe: eu dependia dela. Ela estava lá sempre que havia necessidade, e também transformava minha vida de mãe trabalhadora em uma alegria. Ela anotava as coisas engraçadas que Neve tinha feito e dito. Volta e meia mandava mensagens entusiasmadas de Neve em primeira pessoa, como se minha filha estivesse digitando: "Bom dia, mamãe, tirei um belo cochilo esta manhã, como uma boa menina!". Enquanto isso, minha mãe a vestia com roupas de segunda mão mais cheias de fru-frus. Um dia mamãe chegou a Wellington com um vestido rosa e branco com gola enorme e listras na barra — uma das minhas roupas de bebê que ela parecia estar guardando havia anos, só esperando para vestir minha filha como outrora me vestira.

Tínhamos uma aldeia, e estávamos dando um jeito.

Então, um mês depois do fim da licença-maternidade, fiz minha primeira viagem ao exterior sem Neve, para o Fórum das Ilhas do Pacífico em Nauru. Seria impossível levá-la: ela era pequenina demais, e a viagem seria muito intensa — um voo noturno com apenas um dia em terra firme.

Tive que me preparar em relação não só ao trabalho, mas também à logística, inclusive quando e onde tirar leite e esterilizar uma infinidade de apetrechos. A essa altura, já tinha tirado leite em tudo quanto era canto: no meu gabinete, na cozinha do Beehive, no banco de trás de carros, em voos domésticos comerciais. Uma vez, em um dia especialmente movimentado, me dei conta de que a única oportunidade que teria de tirar leite seria em um voo de uma hora de New Plymouth para Auckland. Eu tinha bombas portáteis, daquelas que dava para enfiar debaixo da blusa sem conectar nada externo. Eu as coloquei no banheiro do aeroporto e embarquei. Quando o avião decolou, liguei as bombas, tentando me convencer de que o motor da aeronave abafaria o som do apetrecho, que parecia o dos barracões de ordenha de Morrinsville. No meio do processo, vislumbrei o segurança que estava me acompanhando no voo. Ele olhava para a frente, sua postura atipicamente tensa. Sim, ele sem dúvida sabia que algo acontecia debaixo da minha blusa.

Parti para Nauru com minhas bombas, pastilhas de esterilização e uma caixa térmica. Nauru é o terceiro menor país do mundo em termos de território e é cercado de belos mares azuis — que, assim como a maioria das ilhas do Pacífico, tornam a nação extremamente vulnerável aos impactos da mudança climática. Eventos climáticos extremos tinham se transformado em uma ameaça à existência do lugar, aos quais a população assistia em tempo real.

Não havia dúvida de que a reunião era importante, de que eu precisava comparecer, mas ao mesmo tempo era minha primeira vez longe de Neve. Sendo assim, fiz o que sempre fazia quando havia um cabo de guerra entre duas responsabilidades conflitantes: não pensei. Compartimentalizei. Tinha um dever a cumprir. Um dever que de modo geral envolvia estar em uma sala de reunião, e às vezes ficar conectada a uma bomba de tirar leite em uma salinha, com um monte de apetrechos e uma caixa térmica. Os dois trabalhos eram importantes, ambos tinham que ser feitos, e ambos vinham còm um bocado de peso.

Então, em setembro, algumas semanas depois do Fórum das Ilhas do Pacífico, eu iria discursar na Assembleia Geral das Nações Unidas. Eu sabia o que queria abordar: a crise climática, seu impacto sobre a região e a enorme necessidade de que os países se unissem para encontrar soluções, assim como os líderes de Nauru e de atóis como Tokelau pediam de nós.

Como a viagem a Nova York era longa demais para uma mãe lactante fazer sozinha, Clarke, Neve e eu embarcamos em um voo de treze horas na Nova Zelândia. Viajamos noite adentro, de Auckland para Houston, depois por mais três horas e meia até o aeroporto JFK. Quando chegamos ao hotel era uma hora da madrugada em Nova York, e na Nova Zelândia já era hora do jantar.

A essa altura, Neve já tinha trocado de fralda no chão do avião. Já tinha atravessado aeroportos em carrinhos elétricos, já tinha sido afivelada e desafivelada da cadeirinha do carro inúmeras vezes. Estava complemente esgotada, com seu ritmo de sono bagunçado, e, portanto, fez o que qualquer bebê sensato de doze semanas faria nessas circunstâncias: começou a berrar. E não parava.

Cantamos canções de ninar em seu ouvido, andamos de um lado para o outro e a acalentamos, mas ela estava inconsolável, o rosto vermelho e amassado, a cabeça para trás. Ela abanava bracinhos e perninhas, lutando contra o sono. Senti-me responsável por sua presença ali, por seu desconforto e sua infelicidade. Olhei para o relógio: falaria em um evento sobre desenvolvimento sustentável de manhã, uma programação paralela à do discurso na Assembleia Geral, e precisava estar de pé dali a quatro horas.

Por fim, Clarke me mandou para a cama. "Você precisa dormir", ele insistia. Andava de um lado para o outro, acalentando Neve nos braços do mesmo modo que fazia em casa quando tentava acalmá-la. Dava para ver como estava cansado. Ele também precisava dormir. "Nós vamos ficar bem", ele disse com a voz tranquila. Ambos sabíamos que era eu quem teria que me levantar para discursar de manhã. Dei um beijo de boa-noite nos dois e me arrastei até a cama, onde cobri a cabeça com um travesseiro.

Algumas horas depois, com a primeira luz do dia, deparei-me com Clarke sentado de short, bem acordado, no sofá-cama do nosso quarto de hotel. Neve estava deitada no peito dele, agora quieta, mas de olhos abertos. A televisão estava ligada com o som baixo, e ambos estavam hipnotizados pelo que parecia ser uma luta de UFC.

Parei ali, de vestido e blazer. "Está tudo bem com vocês?"

Clarke fez que sim.

"Vocês dormiram?", perguntei.

"Dormimos, a Neve acabou cochilando."

"E você?"

"Um pouquinho."

Entreguei o leite a ele, beijei os dois outra vez e saí porta afora.

Uns dias depois, discursei em um evento em homenagem a Nelson Mandela na Assembleia Geral da ONU. Clarke e Neve ficaram nos bastidores, para o caso de ela precisar ser amamentada. Por sorte a essa altura minha filha já estava bem-adaptada à mudança de fuso horário.

Quando terminei minha fala, sentamo-nos juntos na parte do salão reservada à Nova Zelândia, meus olhos se dividindo entre Neve e os outros oradores. Foi quando ouvi *clique, clique, clique*. Procurei o ruído com o corpo tenso, desajeitada. Só vi de onde vinha o barulho quando nosso alto-comissário apontou para a fila de cabines elevadas. "Tem uns jornalistas lá em cima", ele disse.

Ainda sem entender direito que era em nós que estavam interessados, fiz caretas bobas para Neve enquanto Clarke a segurava. No final do dia, as imagens correriam o mundo.

Essas fotos marcam a primeira vez que um bebê foi levado ao salão da Assembleia Geral da ONU. Mas quando olho para elas — para a papada de Neve, as bochechas gordinhas em volta da chupeta na boca, o vestido de listras azuis e brancas, uma roupa de segunda mão dada por Louise e que em poucas semanas já estaria pequena demais —, não é no evento histórico que penso.

Penso em todas as pessoas que ficaram de fora da mira das lentes: o consultor de política externa que cuidou dela para que pudéssemos ir a um evento com o presidente norte-americano. O alto-comissário que achou um bercinho portátil, esterilizadores e um *jumper* — espécie de cadeirinha para bebês pularem por meio de elásticos pendurados no alto — para transformar sua casa em um cercadinho infantil. Clarke, que trocou fraldas, embalou Neve até ela dormir e me seguiu de um lado a outro para que eu pudesse amamentá-la.

Meu receio era de que a foto virasse um anúncio de "mulheres dando conta de tudo" ou uma prova de que elas nunca deveriam reclamar da quantidade de coisas com que precisam lidar, porque veja só, essa mulher está governando um país e sendo mãe. Claro, as mulheres podem fazer tudo: são mães, trabalhadoras, cuidadoras, agentes de mudanças, ativistas, conselheiras, torcedoras, e em geral contam com pouco apoio. Mas não significa que isso está certo.

As mulheres não deveriam precisar escolher — como nossas mães costumavam ter de fazer — entre ser boas profissionais e ser boas mães, ou boas filhas. Deveria haver redes de apoio, uma aldeia, sempre que pedissem, capazes de ajudá-las a ser todas essas coisas sem se perderem de si mesmas no processo. Foi isso o que tive a bênção de ter, na ONU e em vários lugares: o amor e o apoio alheios. E hoje é exatamente isso o que digo sempre que alguém menciona a foto na ONU, ou quando me param no supermercado para perguntar como consegui.

A passagem pela ONU foi histórica, mas de certo modo agridoce. No segundo dia, reparei que Neve ficava inquieta sempre que eu tentava amamentá-la. Antes de fazer um discurso na Universidade Columbia, Clarke, Neve e eu estávamos no vestiário ao lado do auditório. Era um espaço vazio, com paredes brancas de blocos de cimento e bancos para sentar. Ao nosso redor, pessoas ofereciam ajuda — *a senhora quer chá? Precisa de um banheiro, ou de um lugar mais confortável para sentar, para deixar a bolsa ou as anotações? Precisa de ajuda com o vestido? Precisa de ajuda com a bebê?* Não, obrigada, eu dizia. Só vou dar de mamar à minha filha antes de subir ao palco.

Sem um espaço mais reservado, fui para um canto e lutei com o máximo de discrição contra o vestido. Mas Neve não queria saber. Clarke percebeu minha dificuldade, então tentei justificar o que estava acontecendo. "Deve ser o fuso horário." Mas eu disse isso já sabendo que não era verdade. Eu sentia o que estava por vir.

Eu não desistiria da amamentação, mas Neve sim. Ela já não aguentava mais ser alimentada quando eu estava disponível. Minha produção irregular de leite. Minha abordagem às vezes apressada. Mas eu não queria ceder, porque na minha cabeça isso queria dizer que em certo sentido eu estava fracassando. Também queria dizer que eu não teria mais desculpa para ter Neve comigo nas viagens ou no gabinete.

Sentada no vestiário, entreguei Neve a Clarke e puxei a parte de cima do vestido de volta ao corpo. Se estivesse em casa, teria ficado quieta em um canto e chorado. Teria sofrido por essa coisa que nunca tinha de fato dominado, e que consequentemente fazia com que eu sentisse que tinha falhado no meu primeiro teste da maternidade. Estava em um vestiário em Nova York, rodeada de gente que só queria me ajudar. Mas ninguém tinha como me ajudar com a única coisa de que eu precisava naquele momento.

Só queria me sentir uma boa mãe. E naquela hora não me sentia assim.

Em dezembro, logo antes da folga de Natal, levei para casa a última pasta do ano. Terminei a papelada, enfiei os documentos na pasta e a coloquei dentro da bolsa. Fechei as fivelas e botei a bolsa no chão.

Tinha novas coisas com que me preocupar: o PIB estava aquém do esperado, um ministro estava sendo esquadrinhado pela forma com que lidara com um caso de imigração, havia uma queixa e um relatório sobre um dos nossos indicados para a polícia. O tempo não bastava, o dia não tinha horas suficientes — o drama universal de todas as mães.

Dei uma olhadinha em Neve. Ela dormia bem no saco de dormir infantil. Fechei a porta do quarto dela, fui até o meu, joguei-me na cama e puxei as cobertas. O ano de 2018 tinha sido longo.

"Ano que vem", eu disse a Clarke. "Ano que vem vai ser mais fácil."

Vinte e dois

No dia 15 de março de 2019, uma sexta-feira, acordei pensando em hidrogênio.

Estava a caminho de New Plymouth, o antigo distrito eleitoral de Harry, para lançar o que chamamos de "roteiro do hidrogênio". Alguns meses depois de me tornar primeira-ministra, anunciei que a Nova Zelândia não emitiria mais licenças para a exploração de óleo e gás em alto-mar. Meu raciocínio era simples: se era preciso parar de usar combustíveis fósseis, então era preciso parar de procurá-los.

O anúncio foi bem recebido por ambientalistas e ativistas do clima, mas a reação em New Plymouth, o grande polo petrolífero da Nova Zelândia, variava entre o ceticismo e a hostilidade. A certa altura, o prefeito de New Plymouth, Neil Holdom — um sujeito simpático, com uma energia protetora, bem-intencionada, que me lembrava um diretor de colégio —, disse-me que eu provocava nele a vontade de engatinhar para debaixo de sua mesa.

Para mim a transição energética não era o fim de uma indústria. Eu me lembrava do que tinha acontecido em Murupara na década de 1980, quando as regras do setor florestal tinham mudado da noite para o dia. Sabíamos que New Plymouth precisava de um plano alternativo de longo prazo, e era aí que o hidrogênio entrava.

Andrew Little, o ex-líder do Partido Trabalhista que me entregara as rédeas pouco antes da eleição, era quem me acompanharia naquele dia. Andrew não era só nosso ministro da Justiça, era ainda o parlamentar que nos representava em New Plymouth. Nossa ministra da Energia, Megan Woods, também falaria na cúpula do hidrogênio, onde o plano seria lançado. Megan era uma de nossas ministras mais determinadas. Quando havia alguma tarefa difícil, era uma das pessoas indicadas para assumi-la. No nono andar, volta e meia brincávamos que ela se sentiria tão à vontade como general do exército quanto se sentia no papel de parlamentar. O trabalho e a determinação inabalável de Megan haviam nos servido de respaldo ao longo da decisão a respeito do óleo e gás, e ela fora uma grande defensora do hidrogênio.

O resto do dia estava todo planejado. Eu visitaria uma escola verde com o prefeito Holdom. No fim da tarde, compareceria à abertura do World of Music, Arts and Dance (Womad). Clarke iria comigo ao Womad e minha tia Marie ficaria com Neve. O dia seria movimentado, e eu já sabia disso antes de acrescentar à agenda uma parada não programada, sobre a qual ainda não tinha comentado com ninguém.

Era o dia do School Strike 4 Climate, em que milhões de estudantes, inspirados em Greta Thunberg, planejavam tomar as ruas em todo o mundo para exigir ações em prol do clima. No mínimo quarenta cidades da Nova Zelândia preparavam manifestações, entre elas New Plymouth. Pelos meus cálculos teríamos tempo suficiente para aparecer lá antes da cúpula do hidrogênio.

Cheguei a New Plymouth, entrei na fila para sair do avião junto com os outros passageiros, atravessei o pequeno aeroporto local e entrei direto no banco de trás de uma van que me esperava no meio-fio. Eu passava tempo demais em vans naquela época. Sempre preferia evitar os vários carros do governo fazendo comboio, com um ministro em cada veículo. A falta de eficiência me dava nos nervos, e ainda havia o ar pomposo. Melhor andarmos juntos, raciocinei.

Esse compartilhamento de viagens se tornou fonte de zombaria para alguns: um ministro começou a dizer que o veículo era minha van do Scooby-Doo. Ele achava a piada menos engraçada quando eu o obrigava a viajar nela. Mas a medida tinha suas vantagens. Durante as decisões sobre o *M. bovis*, quando eu ia de fazenda em fazenda em uma van com Damien O'Connor, o ministro da Agricultura, conheci uma das pessoas de sua equipe: Kelly Spring. Ela era inteligente e atenciosa. Trabalhava muito, mas ao mesmo tempo conseguia manter a cabeça fresca, centrada. Tinha crescido em uma fazenda perto de Wellington e me lembrava as pessoas com quem eu tinha sido criada — pragmáticas e bem-humoradas. Quando faltava alguém na equipe de imprensa, pedíamos que Kelly nos acompanhasse. E agora ela estava ali, uma semana depois de ter assumido o cargo.

Em New Plymouth, Kelly se acomodou a meu lado na van, onde Andrew e Megan já nos aguardavam. A nossa frente estava um membro da minha equipe de segurança. "Sei que isso não está nos planos", declarei, instalando-me no meu banco. "Mas devíamos parar em uma manifestação estudantil."

Kelly ficou, conforme eu havia previsto, impassível. "Sabia que você diria isso", ela comentou, pegando o telefone na mesma hora com um sorriso no rosto. Ao mesmo tempo, meu segurança começou a falar com a manga de seu paletó, como ele e seus colegas faziam sempre que eu tumultuava um plano muito bem elaborado. Pouco depois estávamos parando na frente da praça do centro da cidade.

Já tinha ouvido relatos de que milhares de jovens estavam entrando no saguão do Parlamento de Wellington. Quem discursaria lá seria James Shaw, nosso ministro do Clima e colíder do Partido Verde. Eu me perguntava se James estaria disposto a fazer uma apresentação; na manhã do dia anterior, a caminho do trabalho, ele fora atacado por um adepto de teorias da conspiração. Em frente ao jardim botânico, James tinha levado vários socos do sujeito, que berrava a respeito da ONU. Já tínhamos nos falado, e, embora soubesse que ele estava bem, eu ainda estava em choque com a investida perversa e fortuita, além de preocupada com ele.

Raj, meu chefe de gabinete temporário, estava lidando com a situação. Eu convidara Raj a sair do setor privado e voltar para a política e liderar nossa equipe de consultores. Quando meu chefe de gabinete precisou deixar o cargo por motivos de saúde, Raj assumiu o posto. Ele era contido, focado, e uma das pessoas mais trabalhadoras que já conheci. Mas sob a aparência serena, eu sabia que ele estava na política pelos mesmos motivos que eu. Naquele instante, ele tratava das questões de segurança dos parlamentares. Essa era uma das razões para eu não ter discutido minha mudança de planos com a equipe do nono andar: eles já tinham muito com o que lidar. Além do mais, sabia que prefeririam que eu não me colocasse numa situação em que poderia ser vaiada. Esse era um risco que eu estava disposta a correr, no entanto, sobretudo por concordar com os estudantes.

Ao chegar à praça, vi centenas de jovens reunidos. De uniforme escolar, empunhavam cartazes feitos à mão:

O CLIMA ESTÁ MUDANDO, POR QUE NÓS NÃO ESTAMOS?
A TERRA PRECISA QUE VOCÊ SE IMPORTE
APRENDA A MUDAR OU APRENDA A NADAR

Acima de uma imagem da Terra em chamas havia apenas uma palavra: ACORDEM!

Eu não tinha discurso preparado. Mas, quando alguém me deu um microfone, resolvi simplesmente dizer a verdade: que a Nova Zelândia estava comprometida com a meta da neutralidade de carbono até 2050.

"Não porque queremos", declarei, "mas porque precisamos." Fui embora convencida de que, apesar de toda a dificuldade causada pelo veto à exploração de óleo e gás, essa era a decisão certa.

A cúpula do hidrogênio fora um evento objetivo, com discursos seguidos por uma pequena coletiva de imprensa. Às 13h40 Megan já tinha ido para o aeroporto, e Kelly e Andrew Little se amontoavam na van de novo. A caminho da escola verde, eu estava sentada ao lado do prefeito Holdom, com o segurança no banco da frente.

Estava me sentindo bem, como geralmente me sentia ao terminar as "partes difíceis" do dia. A cúpula tinha corrido bem, a coletiva de imprensa acontecera sem intercorrências, e o protesto escolar pelo clima havia me revigorado.

Sacolejávamos por estradas rurais dentro da van, eu conversando com o prefeito Holdom sobre a cúpula, Andrew quieto enquanto Kelly atendia a telefonemas no banco de trás. O ar estava ameno, e o céu, que de manhã estivera nublado, parecia prestes a clarear. Do lado de fora da janela, pastos verdes com animais entravam e saíam de nosso campo de visão.

Foi quando Kelly se curvou para a frente.

"Primeira-ministra", ela me chamou. Sua voz, normalmente carinhosa e tranquilizadora, tinha uma urgência atípica quando ela me passou o telefone. "Houve um tiroteio em Christchurch."

Apertei o telefone contra a orelha e escutei meu secretário-chefe de imprensa, Andrew Campbell, relatar os fatos que já tinha.

Um tiroteio. Três mortes confirmadas. Partes de Christchurch, inclusive escolas, estão isoladas. Não se sabe se há vários agressores e se são vários locais.

Tiroteios eram uma raridade na Nova Zelândia, e, quando aconteciam, geralmente tinham a ver com gangues. Esse caso era diferente, entendi pelos fragmentos de informação que começava a receber. Fiquei cheia de perguntas: O ataque tinha sido coordenado? O atirador agira sozinho? Havia mais vítimas? Ninguém conseguia me dar certeza de nada.

Assimilei tudo o que Andrew dissera, tentando juntar os pontos para formar uma imagem a partir dos dados discrepantes. No banco da frente da van, meu segurança falava com a manga do paletó. Em seguida Andrew disse outra coisa, deu uma informação que se destacou em meio ao alvoroço. "O tiroteio foi em uma mesquita."

A essa altura a van já tinha entrado no acostamento da estrada e dado meia-volta. Virei-me para o prefeito. Ele estava quieto, olhava para a frente. "Desculpe", eu disse, ridícula, como se o sentido da mudança drástica de destino não fosse óbvio. "Infelizmente não poderemos visitar a escola."

Dei outros telefonemas. O ministro da Polícia. O vice-primeiro-ministro. Depois Clarke. *Talvez seja coordenado*, Andrew Campbell tinha falado. Clarke atendeu ao primeiro toque, a voz radiante.

"Neve tirou um bom cochilo", ele disse, alegre. "Acabamos de chegar a uma cafeteria, vou almoçar."

Eu disse que eles precisavam voltar para o hotel.

"Como assim, voltar? Por quê? Acabei de pedir uma torta de carne."

Contei apenas o essencial: um ataque, talvez múltiplo, em uma mesquita, muitas perguntas. Na minha imaginação, eu o via segurando o carrinho, a bolsa de Neve, tentando juntar as informações que eu lhe dera. Na melhor das hipóteses foi isso o que Clarke ouviu de mim na maior parte dos dias: histórias pela metade, com lacunas que caberia a ele preencher.

Em geral eu não dividia nada, e depois ficava brava porque ele não tinha entendido a magnitude da situação turva na qual eu estava. Sabia que estava agindo assim mais uma vez, mas precisava que ele se apressasse.

"Meu amor", pressionei. "Por favor, volta para o hotel."

Fiquei desesperada em busca de informações. Qualquer coisa que alguém pudesse me falar sobre o que estava acontecendo. Quando a van chegou à sede da polícia de New Plymouth, com sua cerca alta de arame farpado na parte de cima, vinte minutos haviam se passado. Tempo suficiente para sabermos que se tratava de duas mesquitas, que havia relatos ainda não confirmados de um tiroteio em um hospital e que a quantidade de mortos crescia rapidamente. Tudo parecia duvidoso. Os detalhes eram nebulosos, e nenhum deles havia se firmado na minha cabeça. Eu não tinha a magnitude daquilo, não sabia o que significava. Até então.

No estacionamento, despedi-me do prefeito e de Andrew Little às pressas. "Espero que vocês encontrem o caminho de volta." Antes que eles pudessem responder, o serviço de segurança já mandava Kelly e eu entrarmos na sede da polícia. Esperava uma delegacia movimentada, mas lá dentro vimos um andar deserto. Um espaço enorme, repleto de mesas e cubículos, tudo sinistramente vazio. A luz estava baixa, amenizada pelas telas que havia nas janelas. O ambiente estava silencioso, nenhum telefone tocava. Atravessamos uma cozinha comum rumo à sala do sargento da polícia, do outro lado do prédio, onde presumi que eu seria atualizada. Mas a sala dele também estava vazia.

Foi então que me dei conta de que não estava ali para receber informações, mas porque a polícia estava tentando garantir minha segurança. No mesmo instante fiquei inquieta, frustrada. Não sabia a quem pedir, ou com quem discutir, para sair da salinha onde estava com Kelly. Sabia que a polícia estava cumprindo sua função, mas eu precisava cumprir a minha. E estando numa delegacia de polícia, isolada de quem poderia me atualizar, longe dos dados de que precisava para tomar decisões, eu era inútil. Sentei-me na sala do sargento quando meu telefone tocou.

Era Andrew outra vez. "Tem um manifesto", ele declarou. Pelo telefone, eu ouvia conversas apressadas e o zumbido de impressoras. "O atirador escreveu um manifesto e mandou para nós."

Um pensamento se precipitou: *tínhamos recebido o manifesto? Quer dizer que poderíamos ter impedido o que aconteceu?* Mas Andrew já estava me explicando a linha do tempo: às 13h32, o atirador, que se dizia australiano, mandara um e-mail para nosso gabinete falando sobre o ataque no passado, como se já tivesse acontecido. Minutos depois o e-mail fora aberto por Dinah, que cuidava de nossa correspondência. Como entendera rapidamente que a mensagem tinha de ser levada a sério, ela ligara para a equipe de segurança do Parlamento seis minutos após o atirador clicar em "enviar". Em seguida, às 13h40, essa mesma equipe de segurança ligara para a polícia, no momento exato em que o terrorista abria fogo. Tudo acontecera muito rápido, todo mundo tinha reagido exatamente como se esperava, e mesmo assim não fora suficiente.

Andrew começou descrevendo o manifesto: eram 74 páginas de incoerências e paranoias, cheias de ódio. Mas o documento deixava as intenções e motivações do atirador claríssimas. Embora fosse australiano, ele havia se mudado para a Nova Zelândia — ele nos escolhera — porque sabia que o país recebia de braços abertos pessoas de qualquer fé. Ele queria destruir isso. Queria que nos voltássemos uns contra os outros, portanto tinha ido até ali e atacado nossa comunidade muçulmana.

Eu segurava uma caneta e havia uma folha de papel na mesa de centro a minha frente, mas tinha parado de anotar as coisas.

Havia muitas lacunas nos dados de que dispunha sobre o tiroteio. Ainda não sabia o número de feridos nem quantas vidas tinham sido perdidas. Mas agora eu sabia por que alguém abrira fogo contra um grupo de inocentes em seu lugar de culto. Toda a confusão e frustração que eu sentia se transformaram em uma única emoção: uma ira cega.

Ao desligar o telefone após falar com Andrew, levantei-me, deixei a sala do sargento e fui até o corredor onde ficava o elevador. Comecei a andar de um lado para o outro. Era quase impossível compreender. Um manifesto. Um ataque planejado. Tamanho ódio. Precisaria dividir as informações com o país, garantir que todos ficassem calmos e se sentissem seguros, sendo que o plano do atirador era deixar a população assustada. Eu andava para lá e para cá na frente do elevador. Precisava me concentrar. Elaborar um plano. E havia uma pessoa com quem eu queria fazer isso.

Grant estava a caminho do Beehive quando atendeu o telefone. Ouvia minha própria voz ecoando no carro dele sempre que eu falava. "Grant", eu disse. Meu estômago parecia uma bola de fogo. "Preciso pensar no que dizer."

Continuei andando de um lado para o outro. Xinguei. Gritei. Estava falando com Grant, mas na minha cabeça eu respondia ao manifesto. "Que audácia a dele", bradei. Eu repetia essas palavras sem parar: "Que audácia a dele". Que audácia esse homem teve de escolher nosso país como alvo. Que audácia a dele tentar jogar os neozelandeses uns contra os outros. Que audácia nos usar dessa forma.

"Um intruso entrou e atacou *nosso* povo", continuei. "Pode até ser que alguns tenham nascido em outro lugar, mas essa era *nossa* comunidade. Eles são neozelandeses. Eles fazem parte de *nós*."

"Jacinda", Grant por fim disse, a voz tranquila e determinada. "Diga exatamente isso."

Como ninguém aparecia na sede da polícia, perguntei aos seguranças se poderíamos ir embora. Minha coletiva de imprensa seria no hotel. Pouco antes do horário marcado, fui ao nosso quarto, onde Neve dormia e Clarke assistia às reportagens ao vivo na televisão com o som baixo. Nossos olhares se cruzaram e ficamos um bom tempo nos olhando, atônitos e calados. Então meu olhar se desviou para a tela.

Mostrava uma ambulância, com as luzes piscando, em frente a um hospital de Christchurch. As portas do veículo estavam abertas e um homem era retirado pelos fundos. Não dava para ver seu rosto, mas o movimento de seu corpo indicava que ele estava consciente e vivo. Enquanto a maca era empurrada até a entrada do hospital, o homem levantava o braço, fazia um gesto em direção a seu Deus, seu Criador, como uma súplica desesperada.

Até então os relatos que eu recebera tinham sido orais. Eram fatos, não imagens. Números, não seres humanos. Não que ver pessoas deitadas, feridas ou sofrendo tornasse aquilo mais tangível do que havia sido quando Kelly me passara o telefone na van. Mas, a partir daquele instante, tudo o que eu sentia foi substituído por uma tristeza tão imensa que até hoje, anos depois, faltam-me palavras para descrever.

Eu tinha cinco minutos para achar as palavras — quaisquer palavras. Em cinco minutos falaria à nação.

Na tela de TV, o homem desapareceu hospital adentro. Vi outra ambulância chegar. E mais outra.

Peguei a folha em que anotei às pressas os pontos principais. Usei o verso do papel que tinha preparado para a cúpula do hidrogênio.

Eu compartilharia os fatos. Só aqueles que tinham sido confirmados. Mas fatos, eu sabia, não bastariam.

Minha caneta corria pela folha. *Este é um ato de violência extraordinário e sem precedentes. Que não cabe na Nova Zelândia.*

Kelly apareceu no canto do quarto, pronta para me acompanhar até a mesa improvisada no salão do hotel.

"Está pronta?", perguntou.

"Um segundo", pedi. Continuei escrevendo. *Muitas das pessoas afetadas por essa violência extrema são de comunidades de refugiados e migrantes. A Nova Zelândia é a terra delas. Elas são parte de nós.*

Peguei meu marcador de texto e comecei a destacar palavras — um hábito da época da escola. Minha caneta sublinhava as palavras que eu queria decorar.

Elas são parte de nós.

Dobrei meu papel e dei uma olhada breve no espelho. Estava usando o que vestira ao me preparar para um dia bem diferente: uma blusa laranja, um blazer preto. Um colar grande no pescoço, captando a luz. Tirei o colar e fui para o corredor.

A sala de imprensa tinha pé-direito alto e carpete preto, o tipo de ambiente que provavelmente servia de cenário para conferências e casamentos — onde eram instalados bufês e as pessoas dançavam a noite inteira. Hoje, no entanto, estava vazio. Do outro lado do salão havia uma mesa coberta por uma toalha preta. No centro, dois microfones, vários gravadores e um jarro de água.

Nas coletivas de imprensa geralmente há repórteres de várias estações de televisão e rádio, três ou quatro jornalistas da mídia impressa e o mesmo número de câmeras. Mas eu estava em New Plymouth, a horas de distância de qualquer cidade grande. Naquele dia havia apenas dois operadores de câmera e quatro jornalistas sentados a minha frente. Estavam calados.

Kelly ficou atrás deles enquanto eu me acomodava à mesa, desdobrava minha folha e começava a falar.

"Este é um dos dias mais sombrios da história da Nova Zelândia."

À noite, já no meu gabinete em Wellington, peguei o telefone e disquei o número de Gamal Fouda, o imame da mesquita Al Noor, onde a maioria das mortes havia acontecido.

Já fazia um bom tempo que a luz tinha se dissipado na janela do meu gabinete. Enquanto o telefone tocava, eu não tinha ideia do que diria. Estava ligando para um homem que eu não conhecia, que poucas horas antes estava diante de seu templo enquanto seus fiéis, sua comunidade, eram baleados à sua frente. Megan, que o conhecia, tinha me falado que ele estava em estado de choque.

"Alô", Gamal atendeu. Sua voz estava muito baixa. Atrás dele eu ouvia mais vozes, os barulhos de um hospital movimentado.

"Alô, imame", eu disse. "Aqui é Jacinda Ardern."

Gamal não respondeu.

"Imame, o senhor me ouve?"

Do outro lado da linha ouvi um som mínimo, a menor indicação possível de que ele estava ali, de que me ouvia. Eu o imaginei em meio ao caos e desalento, rodeado de famílias desesperadas. Pensei em tudo o que ele vira, tudo o que jamais poderia esquecer.

"Sinto muito", eu lhe disse. "Sinto muitíssimo."

De novo ele respondeu apenas com um ruído, quase inaudível. Portanto eu repeti, e repeti de novo. Repeti até ter a certeza de que tinha me ouvido.

"Sinto muito mesmo."

Vinte e três

Na manhã seguinte, cheguei cedo a meu gabinete no nono andar, onde reli minhas anotações para outra coletiva de imprensa, a última antes de irmos para Christchurch.

O atirador tinha sido detido menos de trinta minutos depois de abrir fogo. Nesse curto intervalo, tinha matado 49 pessoas e deixado outras em estado crítico. Esse grau de violência era incompreensível, sobretudo na Nova Zelândia, onde há uma média de dez mortes por armas de fogo ao ano.

Le Roy, meu secretário de imprensa sênior, entrou no gabinete. "A Casa Branca está na linha." Líderes de outros países tinham me contatado desde o ataque, mas as palavras de Le Roy me surpreenderam. Para um telefonema desses geralmente existe um protocolo oficial, com horário previamente combinado entre os dois países. Não tínhamos nenhum combinado — não que eu soubesse, pelo menos. E agora Donald Trump estava ao telefone.

Eu já tinha falado com o presidente Trump, tanto pessoalmente como pelo telefone. Ele tinha ligado para me parabenizar assim que me tornei primeira-ministra, e tínhamos nos encontrado na Apec, no Vietnã. Desde a minha eleição, muitos membros da imprensa me descreviam como "anti-Trump" — uma forma mais concisa de falar de nossas diferenças em termos de política e princípios, eu imaginava. Nunca gostei da expressão. Queria ser conhecida pela minha própria liderança, e não definida em comparação com os outros.

Le Roy esperava na porta, querendo saber se eu estava pronta para atender. Fiz que sim.

O telefonema foi breve. O presidente Trump me fez algumas perguntas. Discutimos o que poderia acontecer ao terrorista. Usei esta palavra, "terrorista", para ser bem específica, e o presidente Trump perguntou se era assim que estávamos chamando o atirador.

O homem que tinha feito aquilo deixara um manifesto incoerente, cheio de ódio. Tinha decorado suas armas com o nome de supremacistas brancos que também haviam matado muçulmanos. Seu objetivo não era apenas tirar vidas, mas também criar medo e intimidar. Ele ainda esperava que sua atitude inspirasse novas ondas de violência. Se isso não era terrorismo, nada mais era.

"Sim", eu disse ao presidente. "Foi um homem branco, da Austrália, que escolheu como alvo nossa comunidade muçulmana. Ele é terrorista."

Trump não respondeu. Apenas perguntou se os Estados Unidos podiam fazer alguma coisa. Esperei um instante, pensei um pouco sobre o que um país pequeno como o meu poderia pedir a um país tão cheio de recursos quanto os Estados Unidos. Minha resposta foi simples.

"Vocês podem demonstrar empatia e amor por todas as comunidades muçulmanas."

As ruas de Christchurch estavam enfeitadas com flores. Havia uma explosão de cores, além de cartões e cartazes feitos à mão, todos deixados por neozelandeses cujos corações tinham se partido com aquela violência. Do carro, olhava o mar de presentes, os símbolos do luto. Imaginava o rosto daqueles que os deixaram ali. Eu tinha visto muitos deles nos noticiários. Enxugando os olhos enquanto deixavam buquês de cravos e rosas embalados em celofane, com mensagens para que as pessoas pudessem lê-las e saber: ninguém estava sozinho na tristeza.

Eu estava a caminho do centro comunitário de Phillipstown, onde os líderes da comunidade muçulmana local tinham se reunido. Não fazia ideia do que esperar. Mas fosse o que fosse, eu pensava — raiva, dor —, eu aceitaria bem.

Viajamos em comboio: eu, parlamentares locais, ministros responsáveis pela polícia e por comunidades étnicas e líderes de outros partidos. Quando James Shaw, do Partido Verde, juntou-se a nós, assustei-me ao ver seu olho roxo. *É claro*, ponderei. *O ataque contra James foi há dois dias*. Minha sensação era de que tinha acontecido séculos antes.

Eu pegara emprestado de Julia um xale preto com bainha dourada. Ao descer do carro, enrolei o xale na cabeça, cobrindo o cabelo. Fui levada para dentro do prédio, onde membros da comunidade esperavam sentados em cadeiras de plástico em uma sala de aula pequena. Reconheci imediatamente o imame do Centro Islâmico Linwood, Lateef Zikrullah Alabi. Naquela manhã, seu retrato aparecera na primeira página de *The Press*: o manto azul-claro sujo de sangue, do peito até os joelhos. Ele não tinha sido baleado: o sangue era de outras pessoas, as que ele havia segurado e tentado salvar.

O imame Lateef foi o primeiro a se levantar. Entrelaçou as mãos a sua frente, torcendo-as devagar. Do lado de fora, pela janela, eu via um fotógrafo se mexendo, apontando a câmera para nós, tentando conseguir uma imagem decente através da vidraça. Então o imame ergueu a cabeça e começou a falar. Suas palavras foram apressadas e gentis — e completamente inesperadas.

Ele poderia ter dito várias coisas naquele momento, porém nos agradeceu. *Ele nos agradeceu*. Enquanto ouvia suas palavras, eu as achava difíceis de compreender. Ele nos agradeceu pela presença. Agradeceu à Nova Zelândia e aos neozelandeses pelo apoio. Agradeceu ao país por partilhar do luto de sua comunidade. O ataque tinha sido incitado pelo ódio, mas ele falava da efusão de amor.

Enquanto o escutava, e depois me levantava para responder, um dos fotógrafos tirou uma foto minha através da janela — uma imagem que em poucas horas seria muito difundida. Nela minhas mãos estão entrelaçadas, os olhos fixos a minha frente, o xale preto de Julia enrolado na cabeça. Mas como a fotografia foi tirada do outro lado do vidro, captou não só minha imagem como os reflexos das flores, as árvores e os raios de sol. Escuridão e luz misturados em uma colagem nebulosa.

Essa fotografia, tirada por Kirk Hargreaves, seria declarada uma "imagem definidora" da minha liderança, "uma imagem de esperança", "a face da empatia". Mas todos esses comentários me pareciam atrasados, uma inversão da realidade. Até hoje, quando vejo a foto, quando penso nos momentos anteriores à captura dessa imagem, não me vejo ali. Vejo uma alma boa e gentil arrasada pelo horror e que de alguma forma conseguiu liderar com o coração. A imagem era uma lição de liderança, isso é verdade. Mas foi o imame Lateef quem a deu, não eu.

* * *

Meu segundo encontro foi no Hagley College, onde fora instalado um centro de crise para atender as vítimas e seus entes queridos. Muitas pessoas ainda estavam desesperadas atrás de informações. Na madrugada da véspera, meu secretário-chefe de imprensa, Andrew Campbell, havia recebido um telefonema de um homem aflito cujo irmão estava entre os desaparecidos. Ele precisava saber: o irmão estava morto? E se estava, por que não lhe entregavam o corpo para que a família pudesse lhe providenciar a travessia final?

A fé muçulmana preconiza lavar, amortalhar e enterrar os mortos o mais rápido possível — em 24 horas, no máximo. Quando chegamos ao centro de crise, mais de vinte horas já haviam se passado. Mas as mesquitas eram as cenas do crime: a polícia e as equipes de perícia forense ainda estavam colhendo indícios. Ou seja, todas as vítimas jaziam nos templos.

Mesmo depois de concluído esse procedimento, haveria outro: os mortos seriam transportados para necrotérios emergenciais criados no Christchurch Hospital para serem oficialmente identificados. Como se tratava do que os legistas chamam de "incidente com fatalidades em massa", o processo de identificação seria demorado. Em outras palavras, não só ainda não havia uma lista definitiva dos finados como tínhamos dúvidas de quando os corpos seriam devolvidos às famílias.

Mas os procedimentos eram importantes. Depois dos atentados terroristas com bombas em Bali em 2002, a identificação visual dos mortos gerou muitos erros. Após o terremoto e o tsunami do oceano Índico em 2004, na hora da repatriação alguns corpos foram enviados a países e famílias errados.

Desde então, novas medidas foram estabelecidas internacionalmente para fatalidades em massa. Essas medidas preconizavam diversas formas de identificação. Ou seja, não bastaria o documento de identidade de um parente. Nesse caso, entretanto, havia vítimas que eram migrantes e refugiadas: levar adiante esse processo seria uma tarefa desafiadora e morosa. Dentro do governo, lidávamos com as burocracias do Estado e as expectativas religiosas, tentando dar conta de ambas, mas a essa altura só uma coisa estava clara: os corpos não seriam liberados em breve.

Até o momento ninguém tinha informado isso às famílias. Eu sabia que teria de fazê-lo.

Quando chegamos ao edifício onde as famílias estavam reunidas, o ar fresco da manhã tinha dado lugar a um dia quente. Nos arredores da entrada da faculdade, membros de gangues vestidos com jaquetas de couro montavam guarda. Não tinham nenhum vínculo formal com a comunidade muçulmana: haviam se autodenominado seguranças contra quaisquer supremacistas brancos que ficassem tentados a assediar ou aterrorizar ainda mais as famílias enlutadas. Arrumei meu xale na cabeça e entrei no prédio. No corredor de linóleo, um punhado de trabalhadores da Cruz Vermelha estavam sentados a uma mesa. Eu ainda não enxergava o salão principal, mas já sentia a fúria de quem me aguardava ali.

A sala estava apinhada. Centenas de pessoas espremidas, todas se esforçando para ouvir o homem diante delas, que falava ao microfone. Metade do grupo reagia ao que ele dizia, enquanto outros imploravam a quem estava em volta que fizesse silêncio para que pudessem escutá-lo. O ambiente estava carregado de medo reprimido e frustração.

Abri caminho entre a multidão para me aproximar de Gamal, o imame de Al Noor que tivera dificuldade de falar durante nosso telefonema na noite anterior. Ele me cumprimentou com gentileza, com palavras que não ouvi por causa da barulheira. Em seus olhos havia olheiras escuras.

Naquela sala não existia palco, tribuna ou plataforma elevada, não havia um lugar de onde fosse natural alguém se dirigir à plateia. Se eu falasse ao microfone, só acrescentaria minha voz à barulheira. Preferi esticar os braços e baixá-los, num gesto que os convidava a se sentarem. Durante um bom tempo foi só isso o que fiz. *Sentem-se*. Olhei nos olhos do máximo de pessoas possível. *Por favor, sentem-se para que a gente possa se ver, se ouvir.*

O grupo começou a se sentar aos poucos. Uma fileira, depois outra. Em pouco tempo a sala estava sossegada e silenciosa. As pessoas esperavam. Algumas ergueram telefones, conectando-me a seus entes queridos, vários deles me ouvindo do outro lado do mundo.

Respirei fundo. "As-salamu alaykum." *Que a paz esteja com vocês*. Minha voz trêmula me surpreendeu, mas segui em frente. Depois de passar alguns minutos falando, tomando parte no luto deles da melhor forma que conseguia, as pessoas me fizeram perguntas, inclusive sobre o retorno de seus entes queridos.

Tomei fôlego, respondi devagar e com clareza, e lhes disse a verdade: os corpos ainda estavam na mesquita. Sabíamos da importância de que fossem retirados de lá e reunidos. Todo mundo estava se esforçando para ser rápido. Mas a identificação tomaria tempo. Faríamos o trabalho com eficiência e afinco, e levaríamos o costume religioso muçulmano muito a sério. Mas não tinha como negar que seria demorado. Não sabia que resposta receberia, mas, ao dizer essas palavras, tive a certeza de estar fazendo a coisa certa.

Na minha frente, um homem começou a assentir, e então um silêncio tranquilo dominou a sala. Talvez até más notícias sejam melhores do que perguntas sem respostas.

Nessa noite, depois de pedir a nossos colegas do governo australiano que nos emprestassem funcionários para ajudar na identificação de vítimas, a polícia divulgou uma lista provisória dos falecidos. Para as famílias de — àquela altura — cinquenta mortos, confirmamos o pior.

Ao sair do centro de crise, conheci uma mulher cujo marido estava desaparecido. Os dois eram turistas, tinham vindo das ilhas Fiji para as férias. Ele fora à mesquita fazer suas orações de sexta-feira. A esposa não tivera notícias desde então, e não sabia se o marido estava vivo. Desconhecidos tinham-na levado de carro de um lado para o outro da cidade, ajudando-a a contatar os hospitais. Agora, sem informações, ela estava ali na esperança de que alguém finalmente conseguisse auxiliá-la. A mulher parecia exausta, ofuscada pela multidão ao redor.

Eu a peguei pelo braço e a levei a um representante da Cruz Vermelha. "Posso ajudá-la", ele disse. Hesitei em deixá-la, mas sabia que não teria como resolver todos os problemas a minha frente. Precisava entender o que tínhamos que fazer como governo. *A Cruz Vermelha vai ajudar a moça*, tentei lembrar a mim mesma, antes de enfim partir para o hospital.

Quarenta pessoas tinham sido feridas pelos tiros, e algumas estavam em estado crítico. Minha primeira visita no hospital foi à UTI, mas faria muitas outras visitas nos dias, semanas e meses seguintes. Ia de quarto em quarto conversando com as famílias, ouvindo suas histórias. Conheci um homem baleado na perna cuja filha de cinco anos estava inconsciente em uma caminha infantil. Ele não conseguia parar de reconstituir seus passos, remoendo todas as decisões tomadas em busca de algum roteiro em que a filha estaria a salvo. Conheci refugiados sírios que haviam se mudado para a Nova Zelândia para escapar dos horrores da terra natal e tinham perdido duas pessoas da mesma família, um pai e um filho. Um segundo filho tinha sobrevivido, mas também fora baleado. Conheci um homem que tocava uma venda de comida, tinha sido atingido no ombro e não sabia se poderia retomar o trabalho, nem se um dia poderia voltar.

A cada visita, à cabeceira de cada leito, eu ficava abalada não só pelo número de feridos, mas pelo número de lesões sofridas. Quase nenhum tinha uma única ferida. Eram muitas. O terrorista tinha usado várias armas de fogo, entre elas uma AR-15, capaz de disparar sessenta balas por minuto, e a violência causada por esse fuzil era quase incompreensível.

Naquela noite eu e Raj fomos para o aeródromo das Forças Armadas, no aeroporto de Christchurch, para voltarmos a Wellington. O espaço era amplo e impessoal: um hangar industrial com teto de metal e chão de concreto, isolado por uma cerca de arame. Sentei-me em uma cadeira dura de plástico e, pela primeira vez no dia, desmoronei.

Eu estava em público, à vista de todos, com alguns membros da comitiva que havia me acompanhado o dia inteiro, e também com membros da força aérea, e no entanto esse foi o momento mais íntimo que tive naquela data. Tinha sido rodeada por tanto sofrimento, e de certa forma isso tinha me ajudado a conter o meu. Agora, em uma cadeira de plástico no meio de um hangar de aeroporto, meu luto transbordava.

Um dos parlamentares da delegação — Michael Wood, um representante muito dedicado do Partido Trabalhista que nunca ficava com um único fio de cabelo fora do lugar — se aproximou com um copo de isopor de chá. Calado, ele me entregou o copo, depois afagou meu ombro. Em seguida, Andrew, meu secretário de imprensa, chegou perto de mim. É provável que não tenha visto meu rosto de imediato, porque foi logo falando das minhas próximas entrevistas.

"Você vai fazer duas aparições ao vivo. Vamos começar pela TV1." No instante em que me olhou de verdade, ele mudou de expressão. Só imagino como eu estava. Olhos vermelhos e inchados, o rosto borrado, filetes de rímel escorrendo pelas bochechas.

"Hmm... Sua primeira entrevista é daqui a cinco minutos", ele disse. Então meio que apontou para o meu rosto. "Você tem como fazer alguma coisa quanto a... a isso?" Ele tinha razão. Eu precisava fazer alguma coisa quanto àquilo. Tinha muito o que fazer: mais reuniões, mais entrevistas, mais anúncios, atualizações e declarações.

O terrorista tinha comparecido ao tribunal naquela manhã. Havia a questão dos corpos. E outras coisas que eu definira que o governo deveria fazer: suprir a renda das vítimas que não poderiam mais trabalhar e das famílias que tinham perdido seu provedor principal. Cobrir os custos dos enterros. Ajudar a garantir que as vítimas e os parentes com vistos temporários ganhassem residência permanente na Nova Zelândia. Então me recompus, pensando: *não posso agir assim de novo.*

Cinco dias após o tiroteio, visitei a Cashmere High School, em Christchurch, onde duas das vítimas mais novas estudavam. Quando entrei, com os parlamentares locais a meu lado, centenas de alunos nos saudaram no ginásio fazendo o *haka*, o único ato que já conheci que evoca ao mesmo tempo poder, orgulho e sofrimento.

Na minha vez de falar, peguei um pequeno pedaço de papel com anotações. Disse aos estudantes que precisávamos nos lembrar das pessoas que perdemos, não de quem lhes tirou a vida. Disse que sentir tristeza não era um problema e que, embora possa ser difícil exprimir emoções, não havia nada errado em pedir ajuda.

Para terminar, perguntei aos estudantes se tinham alguma pergunta para me fazer. Durante alguns segundos só houve silêncio. Então uma menina frágil perto da primeira fileira levantou a mão. Devagar, com muita reflexão, ela me fez uma pergunta inesperada: "Como a senhora está?".

"Como eu estou?", repeti.

Alguém havia me chamado de "pranteadora geral da Nova Zelândia". Na época eu não soube direito o que pensar. Será que eu era a pranteadora geral? E seria isso bom? Estava tentando me concentrar no sofrimento dos mais afetados. Mas fazia pouco tempo que um jornalista tinha perguntado se eu chorava à noite, quando chegava em casa. É claro que chorava em casa. Na noite do ataque, voltei para a residência oficial muito depois de Neve ter ido dormir. Vi Clarke me esperando no final do corredor, e então chorei no ombro dele pelo que me pareceu uma eternidade. Mas não diria isso a Barry Soper do *Newstalk ZB*.

E no entanto ali estava a menina, perguntando sem rodeios como eu estava. Momentos antes eu tinha falado para os estudantes — eles tinham acabado de perder dois colegas de escola para aquela violência impensável — que era normal eles ficarem tristes. *Como eu estava?* Tentei evitar que minha voz ficasse embargada e consegui falar três palavras, a frase mais sucinta possível, mas também as únicas capazes de transmitir como me sentia. "Estou muito triste."

Depois que as perguntas terminaram e os estudantes se apresentaram de novo, a menina foi até a parte da frente da sala. Agora que ela estava de pé, eu via claramente seus olhos grandes e o cabelo louro descendo pelas costas. Devia ser uma das mais novas da sala, e no entanto tinha a coragem e a sabedoria de saber que idade e poder não determinam quem precisa ser confortado e quem pode confortar.

Talvez por isso, sem dizer nem uma palavra, ela tenha se aproximado de mim e me abraçado.

Vários eventos marcariam o que acontecera em 15 de março, mas dois deles se destacam nas minhas lembranças. O primeiro foi exatamente uma semana depois do ataque terrorista, quando a comunidade muçulmana retomou as orações de sexta-feira. Pedimos à estação de rádio nacional que transmitisse o chamado à oração. Simultaneamente, a cidade de Christchurch transformou seu maior parque, o Hagley Park, a poucos passos da mesquita Al Noor, em um espaço de reza ao ar livre.

Ainda havia buracos de bala nas paredes da mesquita. A essa altura todas as vítimas já tinham sido identificadas e os últimos corpos finalmente liberados para as famílias. As ruas de Christchurch estavam tomadas por mensagens e homenagens; havia girassóis, lírios, margaridas e hidrângeas, tantas flores que as calçadas ficavam escondidas. Também havia velas, ursinhos de pelúcia e inúmeros cartazes feitos à mão: SOMOS UM, QUE BRILHE O AMOR e VOCÊS SÃO AMADOS.

Milhares de pessoas foram para o parque — 15 mil, segundo algumas estimativas, todas presentes para se solidarizar com os devotos. A cena foi um repúdio ao ódio, uma rejeição a tudo o que o terrorista almejara realizar. Eu sabia que reuniões semelhantes estavam acontecendo em Auckland, Wellington e mundo afora.

No horário exato do tiroteio, o chamado à oração soou no país inteiro, e então fez-se silêncio. Examinei a multidão. Desejei tranquilidade, paz, nenhum tumulto. Gamal subiu ao palco e pegou o microfone. Com uma determinação afável, declarou que sua comunidade estava de coração partido, mas não partida. Depois que ele terminou, fiquei diante de outro microfone e usei uma citação do profeta Maomé para descrever o sofrimento da Nova Zelândia. "Quando qualquer parte do corpo sofre, o corpo inteiro sente dor."

Ao me acomodar na minha cadeira, reparei em um jovem muçulmano nas margens da área de culto. Seu corpo era esguio, os ombros encurvados. Ele procurava a mãe, os olhos vasculhando a multidão. Eu o vi se aproximar do microfone, pegá-lo e começar a falar, mas a essa altura a oração havia começado e o microfone fora cortado. O que ele disse passara despercebido.

Ele agora estava perto de mim, e, ao dar as costas para o microfone, seu olhar cruzou com o meu. "Jacinda Ardern", ele disse, como se estivesse perplexo por me ver ali. Eu o reconheci: era o rapaz que tinha perdido o irmão, aquele que ligara para o celular de Andrew no dia do ataque à noite, desesperado. O garoto ficou parado, os olhos dele nos meus, e repetiu meu nome diversas vezes.

Membros da comunidade o viram sozinho. Passaram o braço em seus ombros e com delicadeza o levaram embora, e então ele sumiu. Eu já tinha visto muita dor, sobretudo na última semana. Mas sentada ali, no parque, com o sol a pino, vi o rapaz lutando para entender uma perda que não fazia sentido nenhum. Essa foi, e continua sendo hoje, a imagem mais cabal do sofrimento que já vi.

O segundo evento indelével na minha memória foi o Dia Nacional da Lembrança: Ko Tātou, Tātou — Nós Somos Um, que reuniu mais de 20 mil neozelandeses duas semanas após o tiroteio. Nesse evento fui recebida por uma *kuia*, uma matriarca respeitada do *iwi* local, que botou um *kākahu*, um manto usado em cerimônias, nos meus ombros quando o *karanga* começou.

Não conheço nenhum som que se assemelhe ao *karanga*. Criado pelas mulheres maori, ele une os vivos ao mundo espiritual. É grave e gutural, é tanto uma canção como um lamento. Já ouvi o *karanga* inúmeras vezes, e sempre me comovo. Quando ele ecoou pela praça e se instalou nos milhares de pessoas reunidas, tive a sensação de que um manto unia um grupo de desconhecidos.

Depois do *karanga*, o nome de todas as vítimas foi lido em voz alta — agora eram 51 mortos. Um homem cuja esposa morrera no ataque fez um discurso, incrivelmente, sobre perdão. Pouco depois, alguém que eu ainda não conhecia pisou no palco. Tinha setenta e poucos anos, barba branca aparada e usava óculos escuros. Vestia roupas simples: calça preta, camiseta polo da mesma cor, e um colar de *pounamu* no pescoço. Com apenas um violão e acompanhado por um contrabaixo, ele começou a murmurar uma melodia tão conhecida, que parecia vir de dentro de mim. Ele cantou:

I've been smilin' lately
Dreaming about the world as one

O cantor era Yusuf Islam, outrora conhecido como Cat Stevens, e a canção, "Peace Train", eu tinha ouvido pela primeira vez quase trinta anos antes, sentada de pernas cruzadas no chão do ensino fundamental dois. Lágrimas caíram pelo meu rosto naquele dia longínquo; e voltaram a cair ao ouvir a música de novo.

Tanto tinha mudado no mundo desde a primeira vez que ouvira essa canção. Eu também tinha mudado. Tinha visto mais coisas e começado a entender que o mundo podia ser sombrio e cruel. E no entanto, sentada ali, continuava igualmente comprometida com um mundo em que cuidamos uns dos outros. Ainda acreditava que ao ter que escolher entre o ódio e a esperança devemos sempre escolher a esperança.

Já se passaram anos desde o 15 de Março, mas ainda penso o tempo todo nos dias seguintes aos ataques. Lembro-me da força delicada do imame Lateef, da coragem racional de Gamal, do sofrimento e da bondade que transbordavam de uma nação arrasada. Penso na reunião no centro de crise, na sensação que tive ao dar notícias difíceis e em todos os momentos tenebrosos e lindos no hospital — a força, o amor e a bondade que testemunhei repetidas vezes.

Apesar de tudo isso, a tristeza do 15 de Março nunca mais me abandonou.

Vinte e quatro

Entre as seis armas usadas no ataque terrorista de 15 de março havia dois fuzis AR-15, uma pistola semiautomática e uma espingarda de ação de bomba. O terrorista havia adquirido as armas legalmente e depois fizera alterações para torná-las ainda mais destrutivas.

Ele não era um cidadão neozelandês. Era recém-chegado ao país, fazia apenas dezoito meses que tinha se mudado, e no entanto havíamos concedido permissão para que usasse armas fabricadas com um único objetivo: matar o máximo de pessoas no menor intervalo de tempo possível.

A posse de armas não é um direito constitucional na Nova Zelândia, mas tampouco é uma raridade. Algumas estimativas dizem que nosso índice de posse de armas por habitante é o 17º do mundo, o que nos coloca entre os primeiros 10% entre todas as nações. Em todos os cantos do país, os neozelandeses aprendem a usar armas para matar cervos, cabras e outras pragas. Eu mesma já tinha lidado com a presença de gambás na nossa chácara.

Ao longo dos anos, passamos por algumas tentativas de mudar nossas leis de armas. A maioria não tinha chegado muito longe ou não dera em nada. Algumas das alterações mais substanciais tinham ocorrido no começo da década de 1990, não muito depois da maior chacina da história da Nova Zelândia até o 15 de Março: o tiroteio de Aramoana, em que um homem envolvido em uma briga de vizinhos assassinou treze pessoas. Embora as reformas pós-Aramoana tenham criado mais obstáculos à aquisição de certas armas, nenhuma delas fora proibida.

Mas agora o impensável havia acontecido. Eu estava decidida: nossas leis de armas seriam alteradas. E havia um modelo que poderíamos usar para fazer isso.

Em 1996 houve uma chacina no Port Arthur, na Tasmânia, Austrália. O criminoso tinha usado dois fuzis semiautomáticos. Embora a motivação não tenha sido a mesma do ataque de Christchurch, o número de vidas perdidas foi significativo. Trinta e cinco pessoas foram baleadas e morreram. O primeiro-ministro australiano da época, o conservador John Howard, agiu rapidamente em prol do banimento das armas de ação de bomba, semiautomáticas e automáticas. Ele também implementou um programa de recompra e de anistia para quem tivesse armas proibidas. Eu sabia que não tinha razão para reinventar a roda. Podíamos usar a reforma australiana como exemplo.

Com uma equipe pequena, Raj elaborou uma instrução inicial para o banimento de armas semiautomáticas de estilo militar. Enquanto isso, representantes da polícia da Nova Zelândia e o gabinete do ministro da Polícia trabalhavam numa velocidade inacreditável para preparar a documentação necessária e formalizar a mudança. Três dias após o tiroteio, o governo concordou em princípio em levar a reforma adiante.

Mas uma reforma não é uma coisa qualquer. É preciso se comprometer com especificidades: definições, critérios e processos minuciosos. Às vezes era necessário tomar decisões. Nosso foco eram as armas de alta capacidade, mas o que exatamente significa "alta" capacidade? Era normal caçadores de patos usarem espingardas de ação de bomba. Elas também eram um dos tipos de armas mais comuns em fazendas, onde eram usadas para lidar com pragas. Algumas espingardas de ação de bomba tinham capacidade para cinco cartuchos. Outras, dez. De quantos cartuchos um caçador ou um fazendeiro precisavam? Tivemos várias idas e vindas nessa questão, debatendo o que separava a reforma relevante do incômodo oneroso.

Cinco dias após o ataque de 15 de março, encontrei com as primeiras pessoas a chegar a Christchurch. Nós nos reunimos no vestiário da delegacia – o lugar onde o Esquadrão de Ofensores Armados se encontrava e colocava seus equipamentos de proteção quando a situação pedia uma resposta armada.

O objetivo da minha visita era simples: agradecer. Enquanto dois condestáveis veteranos, Jim e Scott, localizaram e apreenderam com muita coragem o atirador quando ele estava a caminho da terceira mesquita, o Esquadrão como um todo tinha sido muito participativo naquele dia.

Enquanto eu falava, eles estavam acomodados nos bancos diante de seus armários. Estavam calados, cabisbaixos. Acabei minha fala e me dirigi à saída. Então uma ideia me veio à cabeça. "Tenho uma pergunta rápida", eu disse, virando-me para eles. "Quantos de vocês caçam?" Quase todos levantaram a mão.

"Imagino que muitos de vocês usem espingardas de ação de bomba."

A maioria fez que sim. Eles usavam.

"Então talvez vocês possam me ajudar", declarei. "Para um caçador ou um fazendeiro, qual o número razoável de cartuchos na espingarda de ação de bomba? Se *vocês* estivessem reescrevendo a lei, qual seria o número de corte?"

Não existia ninguém mais preparado para discutir sobre a questão do que aquele grupo de pessoas. Eles usavam armas e as enfrentavam. Caçavam por esporte, mas também eram policiais especializados em agir em situações que envolviam criminosos armados.

O silêncio se transformou quase imediatamente em uma discussão acalorada. Eles debateram os fundamentos lógicos em prol de cinco cartuchos versus dez cartuchos, levando em conta as implicações para a segurança pública, bem como para uma boa caça de patos.

Por fim, chegaram a um consenso.

"Cinco cartuchos", um afirmou, enquanto os outros confirmavam com a cabeça. "Não precisa de dez para caçar. Cinco já bastam."

Agradeci. A discussão pode ter sido improvisada, mas esse era o grupo focal mais informado e ponderado que eu poderia ter reunido, e fiquei satisfeita. Ao entrar no carro, liguei para a equipe. "Acho que já temos a resposta para a questão da espingarda."

Dezessete dias depois do tiroteio, apresentamos uma nova lei ao Parlamento. Dez dias depois disso, a lei que proibia armas semiautomáticas de estilo militar foi aprovada com o voto de todos os parlamentares, à exceção de um. A lei estabelecia anistia e um programa de recompra, permitindo que os donos legais das armas que tínhamos acabado de tornar ilegais fossem recompensados ao entregá-las.

No primeiro mês após a instituição da lei, 10 mil armas foram entregues à polícia. Eram transações simples. Criamos pontos de coleta. As pessoas levavam suas armas proibidas, e em troca depositávamos dinheiro em suas contas. E elas voltavam para casa.

Até o final de 2019, 56 mil armas e quase 200 mil peças de armas seriam entregues e destruídas.

Ainda seriam necessárias reformas mais substanciais a respeito de armas, mas era impossível vencer todas as batalhas. Um programa de registro de armas que criamos depois — informando as autoridades sobre a quantidade e os modelos de armas que as pessoas tinham, além de permitir que profissionais de saúde soubessem se um paciente corria risco por ter armas em casa — também seria aprovado, embora com menos unanimidade, o que o colocava sob o perigo de ser desfeito por Parlamentos futuros.

Mas nós agimos. Fizemos *alguma coisa*. E igualmente importante é que provamos que era possível fazer alguma coisa.

Hoje em dia, quando falo com pessoas de outros países, existe uma frase que invariavelmente provoca aplausos espontâneos: *reformamos nossas leis de armas em dez dias*. O aplauso não acontece só de vez em quando, mas sempre que digo essas palavras. A reação me diz que, mesmo em países onde a violência armada parece sem solução e uma reforma se mostra praticamente impossível, as pessoas ainda não desistiram. Elas se recusam a aceitar que o extremismo violento seja inevitável e que o uso de armas seja o novo normal.

Mas isso também me diz que toda crise pede clara e inequivocamente a tomada de uma atitude. E que assim será, até a mudança acontecer.

No meio de tudo, havia ainda a questão do vídeo. O atirador tinha feito uma transmissão ao vivo do ataque de 15 de março — foram dezessete minutos inteiros — antes de ser interrompido. Nas 24 horas seguintes, o vídeo foi compartilhado uma vez por segundo no YouTube, e o Facebook excluiu 1,5 milhão de cópias dele.

Até eu me deparei com o vídeo pouco depois do ataque, ao abrir o Instagram para postar informações à população. Ainda estava em New Plymouth, a caminho do aeroporto, e a presença do vídeo no meu feed foi tão chocante, tão visceralmente horrenda, que joguei meu telefone no chão da van.

Se eu tinha visto, quantas pessoas mais não tinham? Quantas ainda veriam? E que impacto isso teria?

O vídeo não fora criado apenas para revitimizar os feridos e suas famílias: a intenção era que fosse uma arma para atiçar imitadores e vingadores. Ouvi inúmeras histórias de pessoas que o tinham visto: parentes, amigos, membros da comunidade muçulmana. Eu achava impossível conceber um mundo em que a pior coisa tivesse me acontecido — o assassinato de um ente querido — e ela ainda fosse gravada e transmitida para o mundo inteiro.

Nos dias seguintes ao ataque, representantes de redes sociais como Facebook me contataram e solicitaram uma reunião. Eu sabia que, se os encontrasse, provavelmente ouviria pedidos de desculpa, talvez houvesse uma sessão de fotos, e então eles sumiriam. Havia a possibilidade de nada mudar. Por um breve instante, tínhamos a chance de pedir mais.

Liguei para Angela Merkel. Depois para Emmanuel Macron e Justin Trudeau. Perguntei se eles se juntariam à Nova Zelândia para pedirmos algo maior. Quando concordaram, liguei para Mark Zuckerberg, do Facebook; Jack Dorsey, do Twitter; Sundar Pichai, do Google; e em seguida para a CEO do YouTube, Susan Wojcicki; Jeff Bezos, da Amazon; e Brad Smith, o presidente da Microsoft — que era um grande defensor do nosso trabalho. Em oito semanas desenvolvemos e lançamos o Chamado à Ação de Christchurch, o compromisso de eliminar da internet conteúdos terroristas e de extremismo violento.

A sociedade civil e as grandes empresas — mais de 130 ao todo — se juntaram ao Chamado de Christchurch. Por conta disso o mundo tem novos protocolos, ferramentas e diretrizes em casos de crise, dispositivos inexistentes antes do ataque do 15 de Março. Eles vão de um sistema global de resposta a crises para impedir a propagação de ataques transmitidos ao vivo, controles de transmissões ao vivo estabelecidos pelas plataformas de tecnologia e o investimento em novas ferramentas que ajudem pesquisadores a entender a influência dos algoritmos e a maneira como as pessoas se radicalizam on-line.

Mas violência gera violência. E enquanto o ciclo continuar na internet e fora dela, o esforço para resistir a ela deve ser levado adiante. Não, a tristeza do 15 de Março nunca me abandonou. No entanto, talvez a ideia seja que parte dela nunca nos abandone mesmo. Talvez em certos casos seja a tristeza que nos mantenha focados na mudança.

Vinte e cinco

Nas semanas seguintes ao 15 de Março, em alguns momentos minha cabeça divagava. O trabalho do governo continuava, às vezes com urgência. Mas isso não era problema. A agenda cheia me impedia de ficar a sós com meus pensamentos por tempo demais.

Eu tinha feito campanha falando da questão do imposto sobre ganhos de capital — a respeito de taxar o lucro sobre investimentos, à exceção dos lares de famílias. Esses ganhos eram uma grande fonte de renda para nossos cidadãos mais ricos, e me parecia muito justo taxar esse montante, assim como taxávamos a renda vinda do trabalho assalariado. Acreditava nessa mudança, entendia que era uma questão de justiça, e Grant tinha um grande interesse no tema. Porém, o Nova Zelândia Primeiro insistia que o imposto sobre ganhos de capital era complexo demais. Quando março virou abril e mais algumas semanas se passaram, comecei a me perguntar se conseguiríamos alguma coisa além do básico.

Em casa, Neve e Clarke eram meu alívio. Quando ficava um tempo longe, ele me mandava vídeos curtos documentando o dia de ambos. Os vídeos eram simples: Neve no *jumper*, saltitando em um limiar de porta, às vezes com tanta força que eu tinha a certeza de que sairia voando do brinquedo. Havia também a introdução alimentar. Ela estava com dez meses e todas as refeições eram uma bagunça, com manchas de abóbora e de abacate e pedaços de frango espalhados no chão da cozinha. Também estava começando a ficar de pé, a se movimentar se escorando no sofá, cambaleante e cheia de determinação.

Às vezes, quando eu estava em casa vendo Neve explorar novos lugares a seu alcance ou tirar todos os potes plásticos das gavetas da cozinha, minha mente voltava a minha própria infância, a todas aquelas lembranças bobas que me deixavam feliz: o cheiro de leite fresco derramado no estábulo das vacas, a sensação da grama recém-cortada, aquecida pelo sol, nos meus pés descalços, a maresia trazida pelo vento da praia. Tinha saudades sobretudo da praia.

Então em abril, um mês depois do ataque terrorista, Clarke e eu enchemos o porta-malas, botamos Neve na cadeirinha do carro e fomos para o aeroporto, de onde partiríamos rumo à costa leste para o feriado de Páscoa. A família de Clarke tinha uma casinha de praia simples — do tipo que na Nova Zelândia chamamos de *bach* — em Māhia, uma região linda, com amplas faixas de areia dourada, dunas baixas e florestas preservadas nas colinas, com vista para a água.

Eu adorava nossas temporadas com os pais de Clarke. Eles gostavam de botar a mão na massa. O pai, Tony, tinha sido pomicultor. Agora aposentado, perambulava pelo terreno como uma versão mais alegre do meu avô Eric. Durante nossas visitas, eu acordava de manhã e já o encontrava ao ar livre, fazendo estacas para a horta de feijão ou reorganizando as ferramentas. Uma vez Tony achou na praia uma tábua de madeira muito boa que o mar tinha lançado na costa. Ele a arrastou até em casa e dias depois já a havia transformado em uma mesinha de centro totalmente funcional. A mãe de Clarke, Peri, era assistente social, e antes tinha tido uma floricultura: Peri's Tropicana. Também sabia fazer tricô, crochê e até estofar. Aos cinco anos, Clarke fora recrutado para interpretar "Petuniazinha solitária" em uma produção da escola, e Peri fizera o figurino, tomando o cuidado de evitar o desastre que havia se abatido sobre as crianças da plantação de cebolas: um menino tinha desmaiado porque a meia que usava na cabeça estava apertada demais.

Peri e Tony também eram experientes como avós: Neve era a sexta neta deles. Sempre que um dos netos os visitava, surgia um baú cheio de livrinhos, bonecas e conjuntos de chá, muitos deles da época em que Clarke e as irmãs eram pequenos. Tony era do tipo que largava o que estivesse fazendo para correr atrás das crianças. Já Peri se sentava no chão para montar quebra-cabeças, ler livros ou criar um jardim de fadas.

Eles também sempre ficavam felizes em tomar conta de Neve para que eu e Clarke pudéssemos caminhar na praia ou curtir o passatempo preferido dele:

observar barcos zarparem da praia de Mokotahi. É claro que não ficávamos completamente a sós nesses passeios. Como primeira-ministra, sempre tinha minha equipe de guarda-costas por perto, mas a essa altura, já havia quase um ano e meio no cargo, estávamos basicamente acostumados àquelas sombras caladas que nos rodeavam 24 horas por dia.

No feriado de Páscoa de 2019, saí com Clarke para uma dessas caminhadas: subiríamos a colina Mokotahi, um percurso curto e íngreme que ziguezagueava até dar em uma vista linda de Taylor's Bay. Eu não estava com muita vontade de andar naquele dia: estava cansada e chocha. Não só seguia me recuperando do 15 de Março como tinha ouvido que Winston Peters e o Nova Zelândia Primeiro não apoiariam o projeto de imposto sobre ganhos de capital. Ou seja, não tínhamos os votos necessários para aprová-lo. Então, logo antes da folga, tomei a decisão estratégica de tirar o tema da ordem do dia da eleição seguinte. Meu receio era de que, caso fizéssemos campanha pelo imposto sobre ganhos de capital pela quarta eleição seguida, o Nova Zelândia Primeiro tentasse rechaçá-lo de novo, e assim nos arriscaríamos a perder votos para eles no processo. Eu sabia que tinha decepcionado a população, sobretudo Grant, e que um problema grande em nosso sistema tributário ficaria sem solução.

Eu não queria mesmo andar, tampouco estava a fim de falar da semana péssima que tínhamos tido. Mas percebi que Clarke estava louco para subir a colina, por isso concordei em ir junto. A caminhada seria intensa, mas pelo menos era curta e poderíamos chegar em casa antes do jantar de Neve. Mas, quando vi Clarke enfiando garrafas de água em uma mochila, perguntei-me se ele pretendia ir além da colina.

"Vamos!", ele chamou, já do lado de fora. Suspirei, amarrei o cadarço e segui Clarke, com o segurança que estava a nosso serviço, Iain, logo atrás. Assim como todos os agentes do DPS, Iain era estoico e atento. Ao contrário dos outros, não exatamente sumia no meio da multidão. Para começar era alto à beça, mas foram a cabeça raspada e a barba robusta — uma "barba magnífica", como diziam as pessoas nas redes sociais — que lhe fizeram conquistar o apelido #hipsterbodyguard, o guarda-costas hipster.

A trilha era estreita, apertada demais para Clarke e eu andarmos lado a lado. Ele tomou a dianteira, subindo um pouco rápido demais o plano inclinado enquanto eu me arrastava atrás dele, tentando acompanhar seu ritmo. Dez meses haviam se passado desde a chegada de Neve, mas eu ainda lutava para recuperar um pouco da minha condição física. Enquanto subia esbaforida, Iain fingia não andar a passos de tartaruga atrás de mim.

Quando chegamos ao cume, Clarke se sentou na grama alta. Acomodei-me a seu lado e tomei fôlego para tentar desacelerar meus batimentos cardíacos. Eu me senti velha, e me dei conta de que provavelmente também parecia velha, com calça de lycra, moletom e o boné Honda Marine de Clarke. Era o que eu estava vestindo quando ele se virou para mim e me pediu em casamento.

Desde o começo Clarke me fazia surpresas. Não era de gestos românticos grandiosos: rosas vermelhas e joias não faziam seu estilo. Preferia deixar bilhetes escritos à mão debaixo do meu travesseiro sempre que viajava. Quando voltamos de Nova York, escreveu em um guardanapo que estava muito orgulhoso de mim e o botou na minha mesinha dobrável enquanto eu estava no banheiro. Os exemplos são inúmeros.

Havia a xícara de chá colocada devagarinho na minha mesa de cabeceira para me ajudar a encarar o dia — não de vez em quando, mas todas as manhãs, sem exceção —, e outra xícara no final da noite, depois que ele acabava de lavar a louça. Quando eu chegava em casa, ele parecia sempre saber se meu dia renderia desabafos, divagações ou risadas. E se fossem risadas, ele fazia questão de que gargalhássemos a ponto de esquecermos qualquer outra coisa que estivesse acontecendo no mundo. Essas eram as atitudes constantes de alguém que não apenas facilitava minha vida. Clarke fazia com que ela fosse melhor.

Então eu me casaria com ele? Sim. Num piscar de olhos.

Clarke tirou da mochila uma garrafinha de Lindauer, um espumante neozelandês barato e supreendentemente gostoso, e um enorme ovo de Páscoa embrulhado em papel-alumínio dourado. Dava para perceber que continha um objeto duro. Dentro do ovo, sabe-se lá como, estava a aliança da avó de Clarke — um anel de estilo art déco da década de 1920, com dois diamantes quadrados no centro. Depois de colocá-lo no meu dedo, ficamos mais um tempo sentados no gramado. Ali perto, Iain andava de um lado para o outro, os olhos percorrendo a paisagem, atentos a qualquer um que subisse a trilha.

"Você acha que ele percebeu?", indaguei. Era piada. Os seguranças eram testemunhas silenciosas de todos os acontecimentos importantes.

"Que nada", Clarke disse. Rimos e bebemos espumante em copos de plástico. Lá embaixo, a Taylor's Bay estava cheia de madeira flutuando. Era o mesmo lugar de onde Clarke havia lançado um barquinho a remo na minha primeira visita a Māhia e me levado para os lugares onde pescava quando criança enquanto eu falava dos meus últimos planos de campanha. E agora tínhamos somado mais uma lembrança àquele lugar especial.

Quando voltamos para casa, Neve estava no cadeirão e Peri lhe dava comida. A mulher ergueu os olhos com animação e soltou uma risada de quem já sabia de tudo. *É claro*, pensei. *Quem colocaria uma aliança com tamanha destreza dentro de um ovo de Páscoa senão Peri?* Ela me abraçou e nos sentamos à mesa, e ela contou como tinha escondido no ovo o anel antigo que tinha sido da mãe de Tony.

Enquanto conversávamos e ríamos, Clarke fazia caretas para Neve. Ela sorriu e deu risadinhas quando ele a pegou e a levou para a banheira. Prestei atenção a tudo o que acontecia: o sol refletido na sala, o barulho da água chapinhando do outro lado do corredor, Peri conversando comigo. Considerei-me uma pessoa de muita sorte.

Uma semana depois do noivado, o príncipe William, duque de Cambridge, foi à Nova Zelândia visitar as vítimas do 15 de Março. Eu o conheci quando ele comparecera à inauguração do nosso novo edifício da Suprema Corte; fora convidada para um churrasco que tinha o oceano Pacífico como tema, em homenagem ao príncipe e a jovens líderes, organizado pelo governador-geral. Como parlamentar recém-eleita, estava nervosíssima em meu vestido floral, meio que escondida atrás de uma das árvores nativas grandiosas que pontilhavam o quintal do governador-geral. Circulando pela festa, o príncipe parecia nutrir um interesse genuíno em quem eram os convidados e o que tinham a dizer.

A certa altura, ele se aproximou do nosso grupo, minha árvore já não me dando cobertura. Eu não fazia a menor ideia do que falar, mas outro parlamentar, Darren Hughes, tomou as rédeas da situação. O príncipe já tinha visitado a ilha Kāpiti, alegre reserva natural, santuário de pássaros e reduto eleitoral de Darren. Meu colega perguntou a ele o que tinha achado da visita, e falara de um momento que vivera ao visitar Kāpiti, depois de se tornar parlamentar, em que esticara os braços e diversos pássaros haviam pousado nele.

Eu rira nessa hora, quase me esquecendo de quem era nossa companhia, e perguntara a Darren se essa também era "uma cena de *Ace Ventura: Um detetive diferente*". Mesmo enquanto as palavras saíam da minha boca, eu pensava:

não é possível que você falou isso. No entanto, o príncipe William rira de volta e explicara que um pássaro também havia aterrissado nele. Ou talvez estivesse só sendo educado. De qualquer forma, eu voltara ao abrigo da árvore.

Meu segundo encontro com o príncipe William não foi mais tranquilo. Ele e a duquesa de Cambridge visitaram a Nova Zelândia em 2014, dessa vez com o bebê George. Houve muita empolgação e fanfarra, e eram tantas as pessoas loucas para conhecer o casal que um evento fora organizado especialmente para os parlamentares e seus convidados. Para ajudá-los a atravessar a multidão com agilidade, fomos organizados em grupos de oito, e uma pessoa de cada grupo ficara responsável pelas apresentações. Levei minha prima Crystal como acompanhante. Ela era fã ardorosa da realeza, do tipo que colecionava suvenires e tinha até feito uma festa temática para comemorar o noivado do casal.

A duquesa exalava elegância naquela noite, ao entrar no salão e se aproximar primeiro do nosso grupo. Usava um vestido preto ajustado com um broche de samambaia incrustado de diamantes e platina — um presente dado à rainha Elizabeth em sua visita à Nova Zelândia em 1953. David Shearer, ex-líder do Partido Trabalhista, cumprimentou a duquesa e a acompanhou até onde estávamos eu e minha prima, muito nervosas. Eu mantinha a coluna ereta, como se estivesse passando por uma revista militar.

"Esta é a Jacinda Ardern", David anunciou enquanto eu sorria.

Ele esticou o braço em direção a minha prima. "E esta é a companheira dela, Crystal", disse. Nós nos olhamos, meio boquiabertas. Já havia planejado meu cumprimento, mas a apresentação de David me tirara do prumo, e a essa altura a duquesa já tinha seguido em frente.

Crystal cochichou no meu ouvido: "Ele por acaso disse que nós estamos... *juntas*?".

"Acho que sim", respondi.

"Não é melhor a gente falar para ela que somos primas?", Crystal perguntou. Discutimos brevemente e decidimos que a probabilidade de confusão — de que ela concluísse que éramos namoradas *e* primas — talvez fosse alta demais.

David Shearer começou a conduzir a duquesa até o grupo seguinte. Antes de se afastar, ela se curvou em direção a onde estávamos e disse: "Vocês duas estão lindas". E então sumiu.

Eu torcia para que dessa vez a visita real fosse diferente. Ainda me preocupava com minha propensão a me embananar, mas já não era mais uma "convidada". Minha função era dividir com o príncipe William — herdeiro do trono e pessoa muito interessada na Nova Zelândia — o que havia acontecido no 15 de Março. Eu tinha um plano muito claro em mente: apresentaria o príncipe à comunidade muçulmana e ficaria no meu canto.

Fomos primeiro ao Starship Children's Hospital, em Auckland, para visitar uma das vítimas mais novas do ataque: a menina de cinco anos cujos pais tinham feito vigília à cabeceira do leito enquanto ela estava em coma. A garotinha já tinha despertado, e ao vê-la agora, recostada na cama, conversando com o príncipe, achei que testemunhava um milagre.

Observei o príncipe se agachar para falar com as crianças do hospital, olhar nos olhos delas e perguntar coisas que só alguém com filhos pequenos pensaria em perguntar. Ao longo dos anos vi muitos políticos e figuras públicas interagindo com o povo. Dava sempre para perceber quando a pessoa fazia isso no automático. Quando o príncipe fazia perguntas, ele ouvia as respostas com atenção, o rosto com a expressão de quem também conhecia o luto. Passou-me pela cabeça que ele devia estar com jet lag depois do voo brutal de 24 horas da Inglaterra para a Nova Zelândia. Era provável que também estivesse com saudades da família. Mas nunca demonstrou nada disso.

Na mesma tarde pegamos um voo para Christchurch. Apesar do barulho das hélices, conversamos sobre rúgbi e sobre sua viagem para a Nova Zelândia, bem como a respeito de sua paixão por helicópteros e meu medo deles. Também falamos do ataque e do que eu já sabia de algumas das famílias que ele conheceria no dia seguinte. Quando pousamos, eu já lhe contara de Neve, de Clarke e do meu noivado, que ainda não tinha sido anunciado à população.

Dois dias depois o príncipe voltou para Londres. No segundo plano da breve visita, a imprensa me fez a mesma pergunta que sempre fazia quando eu conversava com a família real. Eu acreditava que a Nova Zelândia devia, mais cedo ou mais tarde, virar uma república, com um chefe de Estado próprio — *isso tornou a visita constrangedora?* Não. Tampouco mudara minha opinião. Mas uma coisa mudara.

Eu sempre havia respeitado a família real, mas ver seus membros de perto era outra coisa. Enquanto estava com o príncipe William no voo, atinei para o fato de que seu cargo público, ao contrário do meu, era vitalício. A maioria dos neozelandeses se lembra das imagens da primeira visita do príncipe William a nosso país, com a princesa Diana e o então príncipe Charles. Ele tinha apenas dez meses na época, a mesma idade de Neve àquela altura, e estava sentado no gramado da residência do governador-geral usando uma jardineira e brincando com um Buzzy Bee, brinquedo icônico na Nova Zelândia. Ele já estava diante das câmeras.

Entrei para a vida pública aos 28 anos, e um dia deixaria meu cargo. Haveria um novo primeiro-ministro, e depois outro. Eu faria outras coisas, teria uma vida mais sossegada. Ele não. Fiquei me questionando como era saber que nunca chegaria um dia em que suas responsabilidades terminariam. E no entanto nunca vi nenhuma presunção ou ressentimento pela vida que ele tinha. Nem no churrasco, nem no hospital, nem no helicóptero. Eu não sabia como ele conseguia.

Algumas semanas depois, quando meu anel de noivado foi percebido por uma estudante de jornalismo e enfim confirmei publicamente que eu e Clarke iríamos nos casar, um enorme buquê de flores foi entregue no Beehive, parabenizando-nos pelo noivado. O cartão era assinado *por William e Catherine*.

Muitas outras pessoas — dignitários, diplomatas e outros líderes — também foram à Nova Zelândia para demonstrar sua solidariedade com nossa comunidade muçulmana. Mas talvez a visita menos esperada tenha sido a de Russell M. Nelson, o presidente da Igreja de Jesus Cristo dos Santos dos Últimos Dias — ou o profeta mórmon, como também era conhecido.

Nelson veio à Nova Zelândia para prestar condolências em nome de todos os membros da igreja e fazer uma doação de 100 mil dólares neozelandeses para o restauro das mesquitas danificadas. Minha equipe e eu estávamos trabalhando para reunir líderes de diversas crenças e discutir vários temas, tais como segurança e a criação de um maior entendimento entre fés.

Quando criança, lembro-me de querer saber no que a família dos meus colegas de classe acreditavam — por que uma ia ao templo no sábado, por que a outra não celebrava o Natal. Às vezes era vencida pela curiosidade, e esse foi o caso quando perguntara a um professor de religião se a Imaculada Conceição significava que Jesus era adotado. Mas aprender a respeito de diversas fés me fez compreender que a religião alheia também era uma forma de entender melhor as pessoas. Na minha perspectiva, as crianças têm uma curiosidade e capacidade de aceitação inerentes. Então como seria nosso mundo se, como adultos, tratássemos as pessoas com a inclusão com que nascemos, e não com a exclusão que nos é ensinada?

Eu sabia algumas coisas sobre o presidente Russell Nelson, pelo menos em tese. Sabia que era cirurgião cardíaco aposentado, tinha 94 anos e era autoridade dentro da igreja havia mais de trinta. Já eu era uma mórmon prescrita e mãe solteira que celebrava abertamente nossa comunidade LGBT, tinha votado a favor do casamento homoafetivo, lutava para reformar as leis de aborto e acreditava que devíamos proibir a terapia de conversão. Eu não sabia muito bem como seria o encontro.

O presidente Nelson entrou sozinho em meu gabinete no nono andar, e sua mobilidade e seu ânimo desmentiam as nove décadas e meia de vida. Ele tinha certa formalidade — usava um terno conservador com gravata listrada e sapatos engraxados —, mas também era muito caloroso. Tinha pés de galinha em volta dos olhos e se aproximou de onde eu estava, em volta da minha mesa de reuniões. Falava muito baixo, com as mãos entrelaçadas, e sua voz era uma mistura de seriedade e humildade. Era gentil e totalmente isento de julgamentos, assim como os membros do templo no qual tinha sido criada e os missionários que eu tinha conhecido. Assim como eram meus pais, sempre, mesmo quando abandonei a religião que era tão importante para eles.

Conheci muitas pessoas que largaram fés organizadas, inclusive a minha religião. Diversas histórias envolviam mágoas. Muitos desses indivíduos tinham perdido não só a comunidade inteira como a família. Sentada diante do presidente Nelson, vi que tinha sorte. Posso ter dado as costas para a igreja, mas nunca senti que alguém tenha me dado as costas. E ali estávamos agora, o profeta e a ex-mórmon de Morrinsville, duas pessoas muito diferentes, que tinham tomado rumos muito diferentes e acreditavam em coisas diferentes, mas que almejavam trazer um pouquinho mais de união ao mundo.

Com a aproximação do primeiro aniversário de Neve, ela parecia mais atenta às minhas idas e vindas. Claro, eu estava presente nos momentos importantes da vida da nossa família — por sorte não poderia haver um nascimento ou noivado sem mim —, mas a vida também é feita de momentos desimportantes.

Fazia um esforço para me convencer de que não estava perdendo muita coisa e para organizar meus dias de modo a perder o mínimo possível.

Quando estávamos em Wellington, eu saía do Beehive correndo às seis da tarde para estar em casa na hora do banho e de dormir de Neve. Então voltava ao Beehive ou passava a noite fazendo reuniões na residência oficial, dando telefonemas ou tentando dar conta da "pasta", que a sua própria maneira era tão mágica quanto a lata de biscoitos da vovó tinha sido: assim que eu acabava com a papelada toda, ela tornava a se encher.

Mas, é claro, eu perdi coisas.

Em junho Neve começou a se levantar sozinha, e cambaleava enquanto tentava entender aquele negócio complicado que era andar. Minha mãe, que junto com Peri e minha prima Lynn era parte essencial do nosso núcleo de cuidados infantis sempre que Clarke estava filmando, começou a se preocupar com a possibilidade de que eu perdesse os primeiros passos dela. Chegou até a tentar influenciar o processo, incentivando minha filha a se segurar aos móveis por um pouquinho mais de tempo.

Um dia Lynn me mandou uma mensagem. *Neve está tentando andar*, escreveu. Então acrescentou, animada: *quem sabe ela não consegue no fim de semana, quando você estiver em casa!* Alguns dias depois, quando vi Neve dar uns passos desajeitados, não consegui escapar da sensação de que talvez, só talvez, eu não estivesse testemunhando uma estreia, e sim um bis.

A primeira palavra de Neve foi "papai". Esse marco foi logo seguido por outras palavras: "queijo", "oi" e "cocô". O que ela não disse, entretanto, foi "mamãe". Fiz o possível para ensiná-la. De noite, quando estava deitada no berço, às vezes eu sussurrava a palavra no ouvido dela. "Mamãe", eu dizia, vendo-a retribuir meu sorriso, seus dedinhos gorduchos tentando pegar meu rosto e puxando meu cabelo. "Fala 'mamãe'."

Enquanto servia o café da manhã no cadeirão ou dava banho nela, incentivava-a a repetir o que eu dizia. "Mamãe. Você sabe falar 'mamãe'?" Comecei a fazer piada com Clarke: "ela vai aprender o alfabeto antes de falar 'mamãe'".

Um dia, um amigo de longa data nos fez uma visita. Ele filmou Neve brincando com um rolo de papel higiênico vazio. "Você sabe falar oi?", meu amigo perguntou.

"Oiiiii", Neve disse, o rolo ainda firme entre os lábios.

"Mas quer ouvir o que ela não sabe?", perguntei, aos risos. "Mamãe."

E naquele momento Neve largou o rolo de papel higiênico. "Mamãe", ela disse. Ergui os braços, assim como meu pai fazia ao torcer para o time de rúgbi All Blacks. Não só porque ela tinha falado aquela palavra, mas porque eu estava lá.

No primeiro aniversário de Neve líderes estrangeiros nos mandaram presentes, assim como tinham feito quando ela nascera. O presidente sul-coreano Moon mandou a roupa tradicional que se usa no primeiro aniversário, com direito a chapéu e sapatinhos. O príncipe William, que faz aniversário no mesmo dia que Neve, mandou um Buzzy Bee — o mesmo brinquedo com que havia sido fotografado ao visitar a Nova Zelândia quando era bebê, mas agora com uma plaquinha na parte de baixo que dizia: "Feliz aniversário, Neve, do príncipe William".

Encasquetei que compensaria minha ausência fazendo o bolo de aniversário do zero. Meu guia para essa aventura culinária seria o livro de receitas mais clássico da Nova Zelândia, o infame e icônico *Australian Women's Weekly Children's Birthday Cake Book*. Quem cresceu na Nova Zelândia nas décadas de 1980 e 1990 conhece bem essa obra.

O livro mostra aos pais como fazer mais de 106 bolos infantis: um trem a vapor tridimensional com vagões interligados. Um bolo grande de patinho de borracha com direito a penas de pipoca e bico feito com duas batatinhas côncavas. Bolos em formato de robô ou de piscina construída acima do nível do chão, com mergulhadores brincando na "água" feita de gelatina azul, cercada por um círculo precário de palitos de chocolate.

Resolvi que tentaria fazer uma das opções mais simples: um coelho, que era praticamente bidimensional e seria uma ode ao bichinho de pelúcia predileto de Neve, o coelhinho Buddy. Mas só comecei depois de reduzir bem o conteúdo da minha pasta de trabalho. Quando finalmente misturei os ingredientes e assei o bolo, esperei que ele esfriasse e comecei a espalhar a temida cobertura, já era madrugada. A certa altura, talvez quando a espátula de silicone esfarelou a primeira camada do bolo e comecei a soltar palavrões, Clarke disse, com delicadeza: "Quem sabe a gente não se alterna na hora de fazer o bolo, para você não precisar fazer isso todo ano".

"Ótimo", eu disse, um pouco satisfeita porque no ano seguinte seria ele quem enfrentaria a espátula.

Ninguém tinha me pedido para fazer o bolo. Ninguém esperava que eu o fizesse. Se eu aparecesse no aniversário de Neve com um bolo comprado ou sem bolo nenhum, ninguém se importaria. Mas na minha cabeça havia um mínimo de coisas que uma mãe precisava riscar da lista. E eu fazia questão de que assar um bolo da *Australian Women's Weekly* fosse uma delas.

Vinte e seis

Ser mãe me transformou. Não só como pessoa, mas também como política. Não que tenha ficado mais atenta às políticas voltadas à infância: elas sempre tiveram minha atenção. Mas agora eu pensava quase todo dia na força de pais e mães que criavam filhos sozinhos e no apoio de que talvez precisassem. Tinha certeza de que, se pensássemos mais nas experiências das famílias como um todo, poderíamos ajudar as crianças a prosperarem.

Era comum a alegação de que a Nova Zelândia era o melhor lugar do mundo para se criar filhos. Havia nisso um fundo de verdade. Tínhamos saúde gratuita universal para crianças, um sistema educacional forte, e praias, florestas e paisagens rurais que criavam um "quintal" incrível para crianças.

Mas eu também queria que este fosse o melhor lugar do mundo para alguém *ser* criança. E ainda não tínhamos chegado lá. Enfrentávamos uma crise habitacional, um nível alto de pobreza infantil e violência familiar, e um sistema de saúde mental que passava por dificuldades sérias. Acabar com esses problemas não seria simples nem rápido. Embora soubesse que não haveria milagres, também sabia que nada mudaria se continuássemos a considerar suficientes os sistemas antigos.

Fazia anos que Grant promovia a ideia de irmos além de índices econômicos simplistas como o PIB — o produto interno bruto, padrão-ouro de medição do sucesso de um país. Como ministro das Finanças, o segundo cargo mais importante no gabinete depois de primeiro-ministro, Grant queria entender não só da soma de dinheiro que corria na economia, mas também da saúde e do bem-estar da nossa nação de modo geral. *Um empresário pode estar poluindo nossas águas*, eu já tinha ouvido Grant falar, *e enfrentando problemas de saúde mental na família. Mas se a empresa for lucrativa e pagar os impostos, o PIB vai dizer que está tudo bem.*

Em meados de 2019, finalmente tivemos a chance de elaborar o orçamento que queríamos, que iria além do PIB como único indicador do nosso bem-estar e de onde deveríamos investir. Sob a liderança de Grant, produzimos uma coisa chamada Orçamento do Bem-Estar.

Não era apenas um nome. O financiamento às iniciativas que mais contribuíam para o bem-estar nacional seria priorizado. Entre outras coisas isso significou um investimento de 1,9 bilhão de dólares neozelandeses, em quatro anos, em iniciativas de saúde mental.

O trabalho em prol da saúde mental sempre me pareceu pessoal. Já fazia mais de 25 anos que ficara sabendo que o irmão da minha amiga Fiona tinha tirado a própria vida e nunca esqueci isso. Desde então tinha conhecido inúmeras pessoas que travavam alguma batalha pessoal ou conheciam alguém com esse tipo de problema.

Todo mundo conhecia alguém. E cada história que eu escutava, cada mãe que me dizia ter perdido um filho para o suicídio, cada pessoa que relatava ter perdido o irmão, o pai, o tio, um amigo, remetia-me direto àquele dia, ao desespero desamparado que eu sentira e testemunhara ao saber que um dos meninos mais inteligentes e mais radiantes que conhecia tinha sumido de repente.

Boa parte do trabalho de governar tem a ver com estatísticas: metas, objetivos e avanços medidos por traços em um gráfico. Mas eu não conseguia enxergar a saúde mental e o suicídio através da lente dos números. Eram seres humanos: parentes, amigos, o irmão de uma melhor amiga. Então, na hora de estabelecer metas para nosso trabalho — marcos através dos quais mediríamos o sucesso dessa iniciativa —, eu tinha dificuldades.

Nos primeiros cem dias de governo, estruturamos uma pesquisa sobre nossos serviços de saúde mental e tratamento de vícios. Nossa equipe de especialistas, que contava com pessoas que já tinham usado os sistemas de saúde mental, estabeleceram a meta de reduzir em 20% o número de suicídios até 2030. Rejeitei a proposta.

Fomos pressionados. Os servidores públicos ressaltaram que, ao lado do ministro da Saúde, eu tinha aceitado quase todas as outras quarenta recomendações. Disseram que ficaria nítido se dissesse não a essa. Mas eu não conseguiria. Não achava possível a ideia de estar na frente de uma família enlutada e dizer que, com a redução da quantidade de suicídios, nossa meta estaria cumprida.

"Se não 20%, *qual é* a meta?", um consultor me pressionou. "Temos alguma?"

Eu tinha. Sabia que a meta seria criticada, considerada impraticável e completamente inalcançável. Era um fiasco garantido. Mas qualquer outro número diria à população que tínhamos certa tolerância à tragédia e à perda de vidas. E eu não tinha.

"A meta é zero", insisti. O ministro da Saúde concordou, e foi isso o que anunciamos.

Logo depois do aniversário de Neve lançamos outro programa: a Estratégia pelo Bem-Estar Infantil e Juvenil. No ano anterior, tínhamos aprovado a lei de redução da pobreza infantil, que estabelecia como meta cortá-la pela metade durante a década seguinte. Agora lançaríamos um plano para garantir que todas as crianças da Nova Zelândia vivessem em uma casa onde se sentissem seguras e amadas, e tivessem o necessário para prosperar.

Ao longo de nosso tempo de governo, o foco nas crianças nos faria aumentar o valor da assistência social a famílias com filhos; construir mais habitações estatais do que qualquer outro governo nos últimos cinquenta anos; ampliar o acesso a saúde e educação para a primeira infância; investir em programas de prevenção à violência; e distribuir produtos menstruais gratuitamente nas escolas. Mas queríamos também incluir a visão das crianças.

Quando começamos a desenvolver a estratégia, convidamos crianças a dividir conosco suas expectativas. Milhares de cartões-postais foram enviados, e recebemos de volta desenhos, imagens e respostas escritas à mão. Li cada uma delas. A equipe que elaborava o projeto emoldurou alguns dos cartões-postais e os pendurei na entrada do meu apartamento na residência oficial, assim não poderia chegar em casa nem sair para o trabalho sem vê-los. *Estar com a família. Ser aceito. Ser entendido e levado a sério. Se os pais são bons, as crianças são boas.*

Lançaríamos a Estratégia pelo Bem-Estar Infantil e Juvenil junto com um novo programa de alimentação nas escolas em um colégio de Rotorua, a cidade onde fazíamos as compras de supermercado na época em que vivíamos em Murupara. Uma gama de dignitários e líderes nos acompanharia no evento. Eu estava orgulhosa do trabalho e empolgada para compartilhá-lo com eles.

Mas Clarke estava filmando, e a logística necessária para eu ir ao evento se provou muito complicada. O plano era que minha mãe, Neve e eu pegássemos um voo de Wellington para Auckland. De lá mamãe levaria Neve de volta para nossa casa, e eu pegaria um segundo voo de Auckland para Rotorua.

Na manhã do lançamento, ainda na residência oficial, coloquei as últimas coisas dentro da bolsinha de bebê. *Uma muda de roupas para o caso de acidentes no avião; mamadeira e fórmula para o voo — só para ajudar com os ouvidos da Neve —; e fraldas. Preciso botar mais algumas fraldas. Poxa, onde foi que a gente deixou o coelhinho Buddy? Impossível ter paz se eu esquecer o Buddy.*

Afivelei Neve ao cadeirão — ela se contorcia muito na época —, e minha mãe botou uma tigela de mingau com rodelas de banana na frente dela.

"Você comeu alguma coisa, mãe?", indaguei. Mas minha mãe não queria nada. Ficara indisposta na véspera e ainda não se sentia muito bem. Enquanto Neve enfiava punhados de banana na boca, eu terminava meu chá.

"Você está se sentindo bem para viajar?"

Claro que estava, ela insistiu.

E então partimos numa correria, prendendo Neve à cadeirinha do carro, indo até o aeroporto e entrando no voo da Air New Zeland, junto com outro segurança — dessa vez era Brad, que falava baixo, mas era muito experiente — no nosso encalço. Estávamos no meio do voo, Neve adormecida no meu colo, quando percebi que minha mãe estava muito pálida.

"Mãe?", chamei. Ela olhava fixo para a frente. Seus olhos não focavam, a boca estava entreaberta. *Minha mãe vai vomitar*, pensei. *Ou talvez desmaiar.* Seus olhos estavam semicerrados e ela não respondia.

"Mãe, está tudo bem?"

Foi nesse momento que a cabeça dela caiu para trás e seu corpo começou a tremer. Uma convulsão, minha mãe estava sofrendo uma convulsão. Isso já acontecera uma vez, e os médicos nunca tinham entendido o porquê. Acabaram dizendo que era culpa da desidratação e do calor. Mas ouvir a descrição que meu pai fizera da convulsão era uma coisa. Vê-la agora, observar aquele olhar ausente e a forma como seu corpo tremia era outra.

"Brad!", chamei em tom urgente. Mas Brad já estava lá, abaixando o assento da minha mãe ao máximo e pedindo um cilindro de oxigênio à comissária.

Quando o avião começou a aterrissagem em Auckland minha mãe já tinha parado de tremer. Ela vomitou e hiperventilou, mas a essa altura sua respiração já estava normalizada. "Estou bem", mamãe insistiu, enquanto era acomodada em uma cadeira de rodas. "Não é a primeira vez que isso me acontece. Vou ficar ótima!"

Ela de fato ficaria ótima, no final das contas. A convulsão provavelmente era resultado de um vírus, os médicos diriam. Mas eu ainda não sabia disso. Nesse meio-tempo, minha mãe estava sendo levada para o hospital. Neve estava nos meus braços. Centenas de pessoas me esperavam em Rotorua. E eu não fazia ideia de para onde deveria ir agora.

Mandei inúmeras mensagens, na tentativa de traçar um plano. Lynn poderia ir ao encontro da minha mãe no hospital. Louise estava em casa com o filho e poderia cuidar de Neve, contanto que eu a levasse até ela. Mas meu voo para Rotorua estava para sair. Não era melhor simplesmente cancelar o evento? As possibilidades cruzavam minha cabeça. Se eu não chegasse, haveria questionamentos. Por que eu não comparecera? Será que os jornalistas procurariam minha mãe no hospital? Sofria com a ideia de decepcionar as crianças da escola. Todas as opções eram péssimas.

Outro segurança, Taff, ofereceu-se para levar minha bebê até a casa de Louise na van que tínhamos reservado para minha mãe e Neve. Eu conhecia Taff muito bem. Ele era pai, estava sempre alegre, animado. Mas será que poderia mesmo colocá-la dentro de um carro com um segurança do DPS? Comecei a afivelar Neve na cadeirinha do carro antes de sequer decidir o que fazer.

Desde que minha filha nascera eu tinha um monólogo incessante na cabeça: *Eu devia tentar passar o fim de semana em casa. Não vejo Neve direito há dias. Mas o evento do Business New Zeland é só uma vez por ano. Eu precisava muito ir.* As escolhas eram todas binárias. Sempre deixava um grupo ou outro na mão. Quando escolhia o trabalho, havia uma parte de mim que pesava os prós e contras. Mas quando ficava em casa com a minha família, tentando estar presente, fazia a mesma coisa. A sensação era de conviver com um incômodo crônico: metade culpa, metade decepção, o tempo inteiro.

Agora na cadeirinha do carro, Neve estava alegremente alheia a tudo o que acontecia a sua volta. Respirei fundo.

"Se não for dar muito trabalho, Taff", eu disse, fechando a última fivela, "você pode botar Wiggles para tocar no seu celular? Assim ela se distrai." Neve adorava essa banda de canções infantis. Ela dançava com a música, balançando a cabeça.

"Tudo certo, senhora", Taff declarou. Ele me mostrou o telefone. Já tinha baixado o vídeo.

Respirei um pouco. "Obrigada, Taff."

Naquela hora entendi que o papel dos agentes do DPS era sumir na multidão para me resguardar de ameaças e violências. Mas no meio do caminho também tinham me visto rir, brincar com minha filha, xingar e até chorar. Em vários momentos – no banco de trás do carro, na caminhada até o gabinete, reclamando depois de um telefonema ruim ou uma coletiva de imprensa ruim – talvez me sentisse só, mas não estava. Vinte e quatro horas por dia, sete dias por semana, eu tinha um grupo de pessoas que estavam comigo. Elas passaram a me conhecer, e agora tinha a sensação de que conheciam também minha filha.

A porta da van se fechou e eles foram embora. Engoli em seco, dei meia-volta e corri para meu avião.

Quando pousei em Rotorua, minha mãe já sabia que estava bem e prestes a ter alta. Neve também estava bem. Mas eu estava distraída, repisando aquela manhã na minha cabeça. Tinha tomado a decisão certa ao levar minha agenda adiante? Tinha sido errado? Eu mudava de ideia o tempo todo.

Então entramos no ginásio de uma escola, cheio de crianças. Elas eram centenas no ar fresco da tarde, e irromperam em uma performance vigorosa do *haka*. Seus olhos estavam arregalados, as vozes firmes. Perto da primeira fila, uma das crianças – um menino de cabelo curtinho que não devia ter mais de dez anos, as pernas magrelas surgindo do short – olhava direto para mim enquanto se movimentava. Sua apresentação foi intensa. As crianças ao redor faziam o *haka* com brilhantismo. Mas o menino dava tudo de si.

Encerrados os discursos, saímos do ginásio e voltamos à luz do dia. Meu telefone estava em silêncio havia uma hora e eu começava a acreditar que tudo realmente ficaria bem.

"Aquela apresentação...", comentei com uma pessoa da equipe, sem conseguir achar palavras para descrevê-la. Ela já estava assentindo.

"Eles passaram a semana inteira ensaiando quando souberam da sua vinda", ela declarou, e me abriu um sorriso enquanto caminhávamos. O medo de decepcionar as pessoas me seguia feito uma sombra. Tomar a decisão de onde estar e quando — e, por conseguinte, de onde não estar — era sempre difícil. Mas eu estava ali para ver aquelas crianças — e, nesse dia específico, aquele menino —, e fiquei contente com isso.

Um fato que poucos sabem a meu respeito: assim que entrei na faculdade, houve um enorme chamado de testes para figurantes que apareceriam em um filme de baixo orçamento chamado *Senhor dos Anéis*. Parte das gravações seria em Matamata, cidade vizinha a Morrinsville, e a equipe estava procurando hobbits. Com 1,73 metro de altura eu provavelmente não era uma candidata natural para uma criatura imaginária baixinha. Mas vesti uma das minhas saias compridas de mórmon na expectativa de que conseguisse me safar me abaixando um pouco ao passar pela régua que ficava na entrada do salão.

Na ficha dos figurantes que fariam o teste naquele dia havia duas perguntas: eu sabia andar a cavalo sem sela? Sabia lutar usando lanças?

Eu precisava levar essas perguntas muito a sério. Nas salas vizinhas, vi que as pessoas tinham que *provar* que sabiam usar lanças.

Não, marquei na ficha. Não sabia lutar com lanças. Mas sabia andar a cavalo sem sela, talento aprendido quando era criança, ao ajudar uma vizinha, a sra. Bonner, com seus pôneis, Prince e Princess.

Embora metade da Nova Zelândia tenha participado de *Senhor dos Anéis*, infelizmente não fui uma dessas pessoas. Mas minha incursão frustrada pela trilogia de Peter Jackson se mostrou um excelente jeito de puxar conversa quando Stephen Colbert, obcecado por *Senhor dos Anéis*, visitou a Nova Zelândia em busca do cenário de seu filme preferido.

A visita de Colbert à Nova Zelândia gerou muita empolgação. Era uma chance de promover o turismo, uma indústria multibilionária, e uma oportunidade da qual fiquei feliz em participar. Talvez por isso eu não tenha pensado muito em todos os riscos envolvidos numa questão que seria simples: "Você pode ir buscar Stephen no aeroporto?".

Eu ainda dirigia o tempo inteiro. De vez em quando ia até o aeroporto. Então mais um trajeto de trinta minutos não me pareceu nada de mais, ainda que dessa vez as câmeras estivessem me filmando. Claro, Stephen deu uma amassadinha no meu carro quando ele entusiasticamente jogou a bagagem *contra* o porta-malas. E ele tentou adivinhar minha senha tantas vezes para desbloquear meu celular que o telefone foi desabilitado automaticamente. Mas era tão engraçado, que no final do percurso minha barriga doía de tanto rir. Isso até Stephen Colbert enunciar as palavras "cantar junto".

Não sei cantar. Tenho consciência disso desde o fundamental dois, quando a srta. Barr, minha professora, pediu que eu cantasse "Old MacDonald Had a Farm" durante um teste para a peça *Homem de ferro*, e então, na frente de todos os meus colegas de turma no ginásio da escola, declarou-me inequivocamente desafinada após um único verso.

Mas Stephen Colbert não estava disposto a aceitar minha justificativa. Quando me recusei a fazer o dueto, ele jurou que sua formação para atuar na Broadway salvaria nós dois. Recusei-me de novo. Ele insistiu, atazanou e me pressionou. *Escolhe uma música. Só uma.* Eu devia estar exausta, devia ter tomado cafeína demais ou estar com falta de oxigênio por conta das gargalhadas, mas pouco depois duas coisas ruins aconteceram ao mesmo tempo: não só cedi como meu cérebro me levou de volta à infância, aos passeios no banco de trás do carro do pai de Fiona, cantando a plenos pulmões a letra de uma canção que eu havia aprendido em *Quanto mais idiota melhor*.

E foi assim que milhões de pessoas me ouviram cantar em falsete as palavras da canção dolorosamente comprida que é "Bohemian Rhapsody". Ao que parece, eu tinha feito uma imensa recalibragem interna a respeito das coisas que valiam minha preocupação, e cantar desafinado em público já não era uma delas.

Sobretudo quando nosso país, menos de um mês depois, voltou a enfrentar tempos difíceis.

A Nova Zelândia às vezes é chamada de país das ilhas trêmulas — uma referência a nossas atividades sísmicas — e nossa paisagem é salpicada por cones vulcânicos. Nosso longo histórico de desastres naturais faz com que a gente se prepare. Crescemos fazendo treinamentos para enfrentar terremotos e, no governo, sabemos que a qualquer momento teremos que reagir a um grande incidente. Mas, apesar de todo preparo e resiliência coletivos, os eventos ainda deixam cicatrizes.

No dia 9 de dezembro de 2019, uma segunda-feira, saí da reunião semanal do gabinete e soube que Whakaari/ilha Branca, um vulcão em atividade e atração turística importante na baía de Plenty, havia entrado em erupção, soltando gases vulcânicos, rochas e fumaça no ar. Quarenta e sete pessoas, em sua maioria turistas e guias, estavam na ilha — basicamente o cume do vulcão — quando aconteceu. Várias tinham sido resgatadas, mas o hospital local estava sobrecarregado pelo número de queimaduras graves. Vinte e sete pessoas ainda estavam desaparecidas, e, embora naquele momento se acreditasse que ninguém na ilha havia sobrevivido, o nível de toxicidade e o risco de mais erupções tornavam quase impossível que se fizesse mais resgates.

Enquanto eu absorvia todas essas informações, tive um lampejo. *Chega.* Ele sumiu tão depressa quanto apareceu, mas já fazia tanto tempo que estava lá que o entendi perfeitamente. Apenas nove meses antes tínhamos enfrentado um ataque terrorista brutal. Também tínhamos passado por inundações e incêndios florestais. Agora um vulcão. Era a primeira vez que eu realmente me dava conta de que os desastres não paravam. Os países não recebem uma cota. Não existe *chega*. Era a vida, e ela era repleta de tragédias indescritíveis.

Na mesma noite viajei para a cidade mais próxima, Whakatāne, com meu secretário de imprensa, Andrew, o ministro da Defesa Civil e o diretor da Gestão Emergencial da Defesa Civil. A situação no local era compreensivelmente caótica. Operadores de cruzeiros tentavam comparar as listas, verificando quem dentre os turistas do passeio em Whakaari fora encontrado e, por conseguinte, quem estava desaparecido.

Nos dias seguintes, órgãos do governo tentaram bolar um plano para voltar à ilha. Minha principal consultora de ciências, Juliet Gerrard, colaborava com vulcanologistas para avaliar o risco de outras erupções. Um barco da Marinha parou nos arredores enquanto jovens homens e mulheres, geralmente incumbidos de operações de descarte de bombas, vestiam equipamentos de proteção pesados, enchiam barcos infláveis e davam início a uma meticulosa operação de resgate.

Enquanto os corpos eram devolvidos à terra firme, o *iwi* local, Ngāti Awa, criava um lugar onde as famílias poderiam se reunir, um abrigo temporário com esteiras no chão. Lá dentro as pessoas cantavam o *waiata* e ofereciam preces. Explicavam que perto de Whakaari havia um grupo de rochas chamado Te Paepae o Aotea. Para os maori da região, as rochas são consideradas um ponto de partida para quem morre, o lugar de onde as pessoas saem do mundo dos vivos para o mundo espiritual. Nas semanas e meses seguintes, eu receberia cartas de parentes dos 22 mortos, muitos deles australianos, relatando que seus entes queridos tinham falecido perto desse local. Os que eram estrangeiros diziam que sentiriam uma conexão eterna com Aotearoa, a Nova Zelândia.

Quando vemos de perto acontecimentos que acarretam traumas e sofrimento – como o 15 de Março ou o Whakaari/ilha Branca –, nós nos damos conta de como a vivência de cada um é profundamente pessoal e única. Nos dias seguintes à erupção, volta e meia eu pensava em minha tia Marie e nas suas cicatrizes de queimaduras. Ela estava sempre no hospital, já que passara por dezenas de cirurgias até sua vida adulta, e a lembrança dos ferimentos ainda lhe causava arrepios quando ela ouvia o som de uma ambulância. Logo depois da erupção, ao visitar e conversar com os sobreviventes e com as famílias dos que tinham morrido, estava me encontrando com pessoas no começo de uma jornada vitalícia de perdas, recuperações e, em muitos casos, de ambas. Eu estaria ali só por um breve instante, no início de uma história que sempre caberia a eles contar.

Um dia depois da erupção, os socorristas e pilotos de helicóptero que tinham ajudado no resgate se reuniram no centro comunitário da cidade. Compareci ao evento para agradecer. Alguns dos presentes tinham feito parte dos atos mais corajosos que se pode conceber e tratado de feridas arrasadoras. Pouco antes de eu chegar, um dos membros da minha equipe me mostrara um post me criticando pela visita. Eu estava em Whakatāne, segundo o autor do texto alegava, para que me mostrassem "abraçando as pessoas". O post me incomodou mais do que eu gostaria de admitir.

Em primeiro lugar, é claro que eu iria até lá. Era um desastre grandioso dentro do nosso país, e eu era a primeira-ministra. E me criticar por abraçar aqueles que tinham acabado de passar por uma situação horrível? As pessoas tinham aprendido a esperar pouquíssimo dos políticos. Eu oscilava entre ver aquela reação como uma coisa extremamente cínica e considerá-la apenas triste.

A sala estava abarrotada de bombeiros, pessoas que trabalhavam em ambulâncias, policiais e pilotos de helicópteros particulares. E jornalistas. Eram tantas as câmeras e microfones perto de mim que as pessoas se espalhavam à medida que eu cruzava o ambiente. Não tiro a razão delas. Depois de aguentar o que tinham aguentado, ter uma câmera na cara era a última coisa de que precisavam.

Comecei a conversar com duas mulheres de uniforme verde que trabalhavam nas ambulâncias. Uma delas, uma moça de óculos escuros na cabeça com o cabelo preso em um rabo de cavalo, disse que no dia da erupção de Whakaari, fazia só uma semana que estava naquele emprego. Ela me narrou os acontecimentos. Ao falar, volta e meia desviava o olhar, como se o contato visual tornasse o relato mais inquietante. A balsa com os feridos tinha levado uma hora para voltar à costa. Quando ela subira a bordo, antes de o barco sequer conseguir atracar, deparou-se com uma cena para a qual jamais conseguiria se preparar. Pela voz dela, percebi que lutava com as lembranças que tinha na cabeça.

Foi um lembrete de algo em que sempre acreditei. Minha função não era só reagir por meios oficiais e providenciar recursos para que as emergências nacionais fossem enfrentadas. Instintivamente estiquei os braços e pus minhas mãos em seus ombros; ela, por sua vez, deu-me um abraço. Eu ouvi os cliques das câmeras.

Sabia que aquilo só daria mais munição aos críticos, aos que eram céticos quanto à possibilidade de empatia, aos que achavam que tudo não passava de teatro. *Tudo bem*, pensei, enquanto retribuía o abraço apertado. *Melhor ser criticada do que deixar de ser humana.*

Poucas semanas depois, quando as atividades do governo foram suspensas para o feriado de Natal, botamos nossa casa na mala e voltamos para a costa leste, para passar as férias com a família de Clarke.

Tanta coisa tinha acontecido durante o ano. Os jornalistas viviam me perguntando se eu já assimilara tudo. Minha resposta era sempre a mesma: quando tiver um tempo para sentar e refletir, eu assimilo. Na minha cabeça, isso aconteceria na folga de Natal. Só precisava aguentar firme até lá, eu pensava. E agora o Natal havia chegado.

Peri e Tony tinham colocado um pinheiro no calçadão em frente à casa, que Peri decorou com ouropel e bonequinhos do Papai Noel feitos de pregadores de roupas. Da casa eu observava os pedestres notarem a árvore e às vezes tirarem fotos, pensando apenas que era incrível pessoas se deleitarem com os enfeites que Peri fizera à mão.

Na primeira manhã ensolarada, levamos Neve para a água. Pus nela uma camiseta com proteção solar, cobri seu ralo cabelo dourado com um chapéu de aba larga e esfreguei uma camada grossa de filtro solar em seu nariz enquanto ela franzia o rosto para mim. Estiquei uma toalha e me sentei. Então fiquei olhando Clarke pegar a mão de Neve, levando-a devagar até a água calma. Neve já era uma criança, mas ainda era tão pequenina, que Clarke andava curvado, desajeitado, enquanto ela ia descalça, parando para pegar conchas ou enfiar as mãos na areia. Quando chegaram à água, deram passos vagarosos. Neve fechou os punhos com o choque da água fria. Em seguida, adaptando-se à temperatura, começou a bater os bracinhos e a dar gritos de alegria. Clarke estava logo atrás, tão próximo que conseguiria segurá-la, as mãos dele na cintura enquanto a seguia até a água que batia nos tornozelos e voltava. Várias vezes.

Ao observá-los, comecei a imaginar a cena mais adiante no tempo: Neve um pouco mais alta. O cabelo mais longo, os passos cambaleantes se transformando em uma caminhada, depois em uma corrida. Boias de braço substituídas por pranchinhas, Clarke não mais erguendo Neve sobre as ondas, mas correndo para dentro delas ao lado da filha. Eu conseguia imaginar tudo isso, a passagem do tempo. E a velocidade com que as coisas aconteceriam me fez ter vontade de congelar tudo, apertar o botão de pausa. Preservar aquele momento.

Ergui o rosto para o sol e inspirei o ar salgado para tentar desacelerar tudo. Minha cabeça, o dia, o próprio tempo. O ano de 2019 terminava. Um novo ano estava para começar.

Vinte e sete

Quando me questionam sobre a covid-19, às vezes as pessoas querem pular direto para o fim. Elas perguntam: *o que você aprendeu?* Ou: *o que faria diferente?* Ou, sendo mais diretas: *do que se arrepende?* Acho isso compreensível. Foi uma provação para todos, uma subversão completa de nossa vivência de mundo. Portanto entendo que as pessoas queiram ir logo para a parte em que tudo acaba, em que tudo pode ser resumido de forma simples, com uma retrospectiva satisfatória. Mas não posso dizer o que a covid-19 me ensinou, ou as coisas nas quais ainda penso, sem primeiro mostrar como é estar dentro de uma pandemia.

Era janeiro de 2020, outro ano eleitoral, quando ouvi falar em uma nova pneumonia viral em Wuhan, na China. Foram tantas as questões que surgiram na minha cabeça nessa época, tantas as coisas que aprendi nas reuniões ou nos memorandos sucintos colocados na minha mesa com bilhetes como: *Só para você ficar de olho.* Ou: *Não precisa fazer nada, mas é bom isso não passar despercebido.* Era sempre difícil saber, a princípio, quais dessas coisas sumiriam sozinhas e quais exigiriam minha atenção e recursos governamentais. Qual seria o caso dessa nova doença?

Fiquei de olho nela. Li todos os artigos. Um dia, no final de janeiro, estava deitada na cama de manhã, com meu celular aberto em uma matéria da

BBC. Era cedo, antes das sete horas, e estávamos em nossa casa em Auckland. Neve ainda dormia — e eu nem sempre podia contar com isso. Clarke estava diante do armário, guardando as roupas limpas. Em geral era ele quem cuidava das roupas. Depois que eram lavadas, ele as colocava em um saco plástico que ficava no baú reformado da minha mãe, aos pés da cama, até um de nós finalmente capitular e guardar tudo no armário.

"Você soube da última da China?", perguntei. Era retórico. Clarke nunca tinha dormido muito bem, e sempre que acordava ligava o noticiário. Quando eu abria os olhos, ele já era capaz de recitar os últimos acontecimentos mundiais. Agora Clarke pendurava uma camisa em um cabide e a guardava no armário.

"É, estão basicamente colocando as pessoas em lockdown", ele disse. Meu dedo deslizava pela tela enquanto eu tentava absorver tudo: aquela doença misteriosa, nova, aparentemente fatal. *E lidam com ela obrigando as pessoas a ficarem em casa?* Eu não conseguia entender.

A doença se espalhava rápido. Tentei monitorá-la em tempo real. Todo dia, assim que acordava, pegava meu telefone e vasculhava a imprensa internacional. Queria saber como a covid-19 estava se deslocando, para onde avançava, porque o "conhecimento" me parecia a única coisa possível de controlar. Vi a covid-19 chegar à Itália depois da movimentação dos turistas durante a temporada de esqui. A essa altura já havia relatos de casos nos Estados Unidos, na Tailândia, no Japão e na Coreia do Sul. Assim como outros países, começamos a pedir que viajantes se isolassem em casa ao voltar de lugares onde a covid-19 se espalhava rapidamente. Mas passei a me perguntar se a doença não se propagaria mais depressa do que qualquer uma de nossas exigências. Todo dia havia notícias de um novo surto, um novo lugar acrescido à lista. Ficou claro que, se um país ainda não tinha o vírus, em breve teria.

Levamos as atividades do governo adiante, e anunciei a data da eleição com bastante antecedência — seria em 19 de setembro, oito meses depois. Estávamos para votar a descriminalização do aborto. E, embora fosse meio difícil prever o resultado, parecia que a opinião pública estava a nosso favor. Ainda estávamos lidando com as consequências da erupção de Whakaari e a possível necessidade de atualizarmos nossas leis de saúde e segurança. Também estávamos em meio a uma disputa com uma empresa multibilionária, a Rio Tinto, operadora de uma fundição de alumínio em Invercargill, devido aos resíduos tóxicos acumulados à margem do rio Mataura, ameaçado pelas recentes inundações.

No âmbito internacional, também havia muitas coisas acontecendo. Eu estava para concluir a atualização de nosso acordo de livre-comércio com a China, e visitaria Fiji e Austrália. Eu duvidava que a viagem à Tasmânia seria simples. Tínhamos uma relação muito próxima com eles, mas estavam surgindo tensões. Uma de minhas maiores frustrações tinha a ver com a política de deportação australiana. Cidadãos daquele país têm o direito de residir na Nova Zelândia sem precisar de cidadania, e vice-versa. Alguns neozelandeses se mudam quando crianças, são criados lá, formam família e até falam com sotaque australiano, sem jamais mudar seu status oficial. Mas o governo australiano havia baixado o sarrafo quanto à deportação de pessoas, e portanto criminosos quase sem vínculo com a Nova Zelândia estavam sendo mandados de volta. Às vezes eram deportados sem ter cometido crimes. Falei de minhas preocupações quanto a essa medida, mas Scott Morrison, primeiro-ministro eleito pela Austrália havia quase dois anos, intensificou a deportação — isso enquanto gangues australianas se formavam na Nova Zelândia, com todos os males e estragos que gangues causam.

Em um dia tempestuoso no final de fevereiro de 2020, eu estava em Sydney, ao ar livre, indo para uma coletiva de imprensa conjunta com Scott Morrison. Meu vestido esvoaçava em volta das pernas, meu cabelo açoitava o rosto, e avisei a Morrison que teria de falar publicamente das questões que vínhamos discutindo em particular.

"Não tem problema", ele disse em tom inabalável, quase animado.

Frustrada com sua aparente petulância, avisei de novo. "Não me importo mesmo", ele disse. *Havia em sua voz um indício de risada?* Ele parecia curtir a ideia de que eu o confrontasse, como se isso fosse "passar uma boa imagem" dele.

"Aí está o problema, Scott. Preciso que você se importe", eu lhe disse. Estava furiosa. Ele podia até achar que aquilo era um teatro, mas eu não achava.

Na tribuna, com o cabelo voando para onde o vento soprava, segurei minhas anotações e especifiquei todos os motivos pelos quais a política de deportação do governo australiano era injusta. Atrás das câmeras eu via Raj, seu rosto estava distraído e pálido. Ele se aproximou de mim assim que a coletiva terminou.

"Sinto muito", Raj disse. "Parece que temos nosso primeiro caso confirmado de covid-19."

E foi assim que a indiferença presunçosa de Scott Morrison saiu do primeiro plano das minhas preocupações.

Agora o vírus também estava na Nova Zelândia.

* * *

A liderança é um teste para o qual só podemos nos preparar até certo ponto. Se você der sorte, a informação de que precisa estará disponível — em algum lugar, de alguma forma. Não era o caso da covid-19. No mundo inteiro, políticos, médicos e pesquisadores se desesperavam ao tentar juntar quaisquer dados que conseguissem sobre o vírus. Em que medida era fatal? Até que ponto era contagioso, e em quais circunstâncias? Como era transmitido? Era mais provável que alguém o pegasse através das gotículas de tosse ou de espirros? Por quanto tempo ficava no ar? Pegar a infecção de superfícies era uma possibilidade? A covid-19 podia se espalhar antes que a pessoa tivesse sintomas? Do ponto de vista da saúde pública, essa última pergunta era importantíssima. Seria muito, muito mais difícil conter um vírus se ele agisse assim.

E agora a covid-19 estava na Nova Zelândia, e eu precisava tomar decisões.

Nossa primeira grande atitude foi fechar as fronteiras. O primeiro caso tinha sido de alguém que chegara do Irã, e todos os casos seguintes tinham a ver com o cruzamento das fronteiras. Mas as ocorrências estavam aumentando. Nossa diretriz era desacelerar a propagação, localizar todos que pudessem ter tido contato com o vírus e isolá-los. Só que quanto mais infectados tínhamos, mais difícil isso ficava.

Quando resolvemos fechar as fronteiras para todos que não fossem cidadãos, tive a sensação de que essa seria minha decisão mais importante como primeira-ministra. O turismo era um de nossos maiores setores, e estávamos basicamente fechando-o da noite para o dia. Pensei em todos os agentes de turismo que conheci ao longo dos anos; pensei em Rotorua, uma cidade tão fundamental a minhas lembranças de infância e que dependia de seus visitantes. Pensei em toda a alegria que sentíamos ao dividir a Nova Zelândia com o mundo, e em todos que perderiam seu emprego. Mas também senti que não tinha alternativa. Assim, em 19 de março, vinte dias depois que nosso primeiro caso documentado de covid-19 chegara ao país, fechamos as fronteiras para basicamente todo mundo, menos para os cidadãos que regressavam à Nova Zelândia.

Minha principal consultora de ciências durante a pandemia foi Juliet Gerrard, a mesma que ajudara as Forças Armadas a avaliarem o risco de resgatar os corpos de Whakaari/ilha Branca. Juliet era britânica, tinha um sotaque agradável e um jeito de pensar lógico, prudente. Seu sorriso era alegre, simpático, emoldurado pelo cabelo cacheado e por xales volumosos. Juliet começou a trabalhar com um coletivo internacional de consultores científicos para me relatar o que se via no exterior. Ela também contava com especialistas em projeções da Nova Zelândia para entender como a pandemia poderia se desenrolar no nosso caso. Em pouco tempo, eu já estava conversando com Juliet diariamente. Quando não estávamos conversando, estávamos lendo.

Antes da covid-19, Juliet ria muito. Mas, à medida que a pandemia se acirrava, eu escutava suas risadas cada vez menos. Quando ela ia a meu gabinete para reuniões presenciais, chegava com uma mochila sobre um casaco comprido de bainha assimétrica que encostava nas botas de couro de cano alto. Ela a tirava dos ombros e espalhava arquivos claros, com anotações muito organizadas. Às vezes me empurrava um gráfico ou uma folha com números, mas de modo geral ela falava.

Ficávamos sentadas, às vezes em meu gabinete, às vezes na sala de reunião, avaliando gráficos. Muitos eram esquematizados da mesma forma: número de casos esperados ao longo do tempo em comparação com a capacidade nacional dos hospitais, representada por uma linha pontilhada. A questão urgente por trás de todos os gráficos era simples: o número de casos iria sobrecarregar nosso sistema hospitalar? Em caso afirmativo, precisávamos mudar alguma coisa. A estratégia de *achatar a curva* era a que parecia estar sendo adotada pela maioria dos países, e fazia sentido. Todo mundo precisava desacelerar a covid-19; caso contrário, os hospitais ficariam sobrecarregados e perderíamos pessoas que poderiam ser salvas. Sim, achatar a curva era a opção certa para nós. Além disso, que alternativas existiam?

Um dia Juliet chegou ao nono andar com informações novas. Não tínhamos horário marcado, mas a covid-19 tornava as coisas fluidas. Escapuli de uma reunião em meu gabinete e fui com ela para uma pequena sala de reunião no final do corredor. Venezianas bloqueavam a vista para o dia nublado. Era o tipo de reunião que já tivéramos antes. Eu ouvia a voz de Raj no corredor enquanto ele entrava e saía da sala da equipe de imprensa. Ele preparava a reunião do gabinete da covid-19 que eu presidiria no oitavo andar, dali a poucos minutos. Em seguida, Grant subiria para conversar sobre documentos da agenda. E foi nesse instante que Juliet me passou um novo gráfico.

"Temos números novos", disse. Ela estava sentada na cadeira, atenta, curvada para a frente, esticando-se em minha direção. Olhei para a mesa. Era o mesmo gráfico que eu já tinha visto antes: *casos, tempo, capacidade hospitalar.* Dessa vez, no entanto, a linha pontilhada estava muito, muito mais próxima da base.

"O que é isso?", perguntei, indicando a linha. Não era possível que fosse a capacidade hospitalar. A linha estava muito baixa. A curva acima dela era tão imensa que parecia um tsunami.

"É a capacidade do nosso sistema de saúde", Juliet confirmou. Sua voz era pragmática. Ela explicou que novos dados de países estrangeiros mostravam que a covid-19 era muito mais infecciosa do que se imaginava até então.

"A última projeção é de que mais de 100 mil neozelandeses precisariam ser hospitalizados. E de que haveria dezenas de milhares de mortes", Juliet anunciou.

Olhei para ela. Olhei para a folha de novo. A luz das lâmpadas fluorescentes aumentava a dureza da informação do papel. Eu estava curvada em minha poltrona de couro com pernas de ferro, e tive a sensação horrível de que um movimento repentino me faria escorregar do assento. Minha consultora de ciências, que tinha minha confiança e meu respeito, dizia que, se não mudássemos de estratégia, dezenas de milhares de pessoas, um número atordoante para um país com apenas 5 milhões de habitantes, poderiam morrer.

Até então tínhamos um plano: tentaríamos desacelerar o vírus. Usaríamos o controle das fronteiras para reduzir nossos números. Quando tivéssemos casos, isolaríamos os doentes, localizaríamos as pessoas que tinham tido contato com eles. Sim, teríamos covid-19, mas tentaríamos impedir que nos sobrecarregasse. No entanto, aquele gráfico me dizia que era impossível transformarmos a presença da doença em um evento pequeno. Seria enorme, a não ser que tentássemos fazer com que não fosse quase nada.

É raro que políticos tenham que fazer escolhas tão duras quanto essa. Talvez alguns digam que tomamos decisões de vida ou morte o tempo inteiro, mas os impactos de nossas resoluções tendem a ser indiretos e complexos, desdobrando-se no decorrer de muitos anos ou até de décadas. A não ser quando destacamos tropas para guerras ou combates, não é normal conseguirmos traçar uma linha que estabeleça uma conexão direta entre a decisão de um político e a sobrevivência ou a morte de alguém. Mas aquele parecia ser um desses casos.

Não fazia muito tempo que eu tinha me recusado a aceitar um percentual como meta para o índice nacional de suicídios. Agora, sentada ali com Juliet, um revisteiro com os jornais do dia perto de nós, as manchetes repletas de alertas de outros lugares, eu tampouco queria trocar vidas pelo que quer que fosse.

À noite, sentei-me com Raj em meu gabinete e repassamos os detalhes de um novo plano de enfrentamento da covid-19. Precisávamos não só erradicar os casos já existentes, mas também criar um sistema para detê-los no futuro. Tudo isso exigiria um jeito fácil e rápido de dizer à população o que era necessário — assim como dizíamos qual era o nível de seca e nosso grau de risco de incêndios. Precisávamos de um sistema de alerta com níveis.

O Parlamento acabara de fazer uma pausa para jantar, mas nenhum de nós tinha se alimentado. Muitas peças estavam se movimentando, e muitas outras pessoas teriam que se envolver, mas por enquanto eu queria resolver essa questão só com Raj, com quem eu ficava à vontade para falar de questionamentos, dúvidas, frustrações e medos.

Não dá para saber pelo jeito de Raj — ele é contido, raramente fala em público e tem no rosto uma expressão tão neutra que ninguém sabe o que está pensando —, mas somos muito parecidos. Sentimos raiva ou alegria com as mesmas coisas. E, por termos trabalhado juntos durante o 15 de Março, carregávamos as mesmas cicatrizes. Naquela época Raj era meu chefe de gabinete em exercício. Ele nunca quisera o cargo, mas eu insistira para que aceitasse. Não conhecia ninguém melhor.

Depois de recapitular a sequência de decisões relativas à pandemia, com Raj riscando todas elas em um caderno com sua letra ilegível, ele pegou o telefone.

"Hmm."

"Que foi?"

Com os olhos ainda no telefone, ele disse: "A reforma da lei do aborto acabou de ser aprovada pela câmara".

Peguei o controle remoto e pus a televisão no canal em que o Parlamento era transmitido ao vivo. Como era de esperar, a faixa inferior da tela dizia que a votação por bancadas a respeito da lei de aborto já acontecera, e fora aprovada. A câmara já tinha passado a outro tema.

Essa vitória foi histórica. A avó de um parlamentar tinha morrido ao fazer um aborto clandestino, e eu conhecia pessoas que havia muitos anos faziam uma campanha corajosa pela mudança da lei. Mas, naquele instante, tinha a sensação de que fazia uma década desde que discutira com Bill English, quando me comprometi a retirar o aborto da lista de crimes previstos na legislação, e muitas outras pessoas haviam encampado a mudança da lei. Para ser sincera, a sensação era de que uma década havia se passado desde a manhã daquele mesmo dia.

Desliguei a TV, deixei o controle remoto na mesa, ao lado do gráfico, e retomamos o trabalho.

Embora confiássemos em especialistas para obter dados e projeções sobre a covid-19, não tínhamos como esperar que eles criassem um plano de enfrentamento para nós. As coisas estavam avançando rápido demais. Quase 200 mil casos tinham sido confirmados mundo afora, e já havia perto de 8 mil mortos. Em uma semana esses números iriam mais que dobrar, e em um mês a quantidade de mortes seria multiplicada por dezenove. Para que tivéssemos alguma chance de impedir que a doença se consolidasse na Nova Zelândia, precisávamos trabalhar juntos e depressa.

Na quarta-feira, o gabinete concordou que precisávamos de um sistema de alerta separado em níveis. Na noite de sexta-feira, sentei-me em volta de uma mesa com consultores, inclusive Juliet e o diretor-geral de Saúde Ashley Bloomfield. Passamos a madrugada aperfeiçoando o plano, e no sábado o divulgamos para a população.

Nosso sistema de alerta contava com quatro níveis. O nível 1 significava vida normal: ainda haveria restrições nas fronteiras, mas de resto tudo funcionaria como sempre. Restaurantes, empresas e comércios ficariam abertos, e a população poderia se reunir em grupos, inclusive grupos numerosos.

No nível 2, empresas, comércios e restaurantes continuariam abertos, mas haveria a exigência de distanciamento social e limite de número de pessoas para reuniões.

No nível 3, pedíamos que as pessoas ficassem em casa, em suas bolhas domésticas. Ou seja, as escolas eram fechadas. Supermercados, farmácias e os fornecedores desses estabelecimentos estavam liberados. Ambientes de trabalho que pudessem funcionar de forma segura e sem contato direto com clientes podiam abrir as portas. Serviços de alimentação só podiam operar com o sistema de retirada.

O nível 4, o último, era basicamente um lockdown: as pessoas tinham que ficar em casa. Apenas os serviços essenciais (supermercados e seus fornecedores, serviços de saúde, polícia, bombeiros e qualquer outro setor necessário para manter a população em segurança e viva) tinham autorização para funcionar. As pessoas podiam sair de casa, dar caminhadas e se exercitar, mas pedíamos que mantivessem pelo menos dois metros de distância umas das outras.

Por mais que possa parecer simples, a verdade é que não foi nem um pouco. Para cada decisão tomada nos deparávamos com centenas de outras a tomar. Se os supermercados podiam ficar abertos mesmo no nível 4, por que não os açougues? Se os açougues podiam abrir as portas, por que não as padarias? Quando entrássemos em lockdown, que métrica usaríamos para começar a sair dele? Quem cruzasse as fronteiras faria quarentena em casa? Em hotéis? Se fosse em hotéis, em quais deles, e quem trabalharia neles?

Todas as decisões eram difíceis. Nós nos movimentávamos com o máximo de rapidez e firmeza, cientes de que, se cometêssemos um erro, o vírus poderia fugir ao nosso controle.

Apresentei nosso novo sistema de alerta baseado em níveis ao vivo, na televisão. Disse que entraríamos no nível 2, mas que tínhamos que estar preparados para o lockdown de nível 4. Sabíamos que os números aumentariam, mas nossa esperança era que, caso tudo corresse conforme o planejado, o número de casos atingiria um platô e depois cairia, antes de ser totalmente zerado. Quando isso acontecesse — sempre que acontecesse — poderíamos abrandar o lockdown, até que por fim saíssemos totalmente dele, livres da covid-19, com nossas fronteiras administradas com mão de ferro para que continuássemos assim. Pelo menos era esse o plano.

A essa altura eu já tinha feito inúmeras coletivas de imprensa para discutir a pandemia. Dessa vez foi diferente. Era uma transmissão ao vivo, e eu estava sentada atrás da minha mesa no Beehive. Havia duas bandeiras da Nova Zelândia atrás de mim, meticulosamente posicionadas por Le Roy.

Em seguida olhei para a câmera. Havia um nervosismo no ar, e não só no gabinete. Fazia dias que eu o sentia em todos os lugares. Uma hesitação enquanto as pessoas esperavam para ver qual caminho escolheríamos como país. E agora, ao tomarmos essa decisão, sentia como se estivesse levando a Nova Zelândia para uma batalha. E talvez estivesse mesmo.

* * *

Em 27 de março de 2020, apenas nove dias depois que Juliet me mostrara aquele gráfico, cheguei à residência oficial e vi o Hyundai Santa Fe do meu pai estacionado embaixo do pórtico. Meu pai amava o carro, e eu o imaginei batucando o volante enquanto dirigia, assim como fazia em todas as nossas viagens para a praia quando eu era menina. Eram sete horas de viagem de Morrinsville até Wellington: minha mãe devia ter embrulhado nozes e chocolates para eles comerem durante o percurso. E "metade da casa", segundo meu pai.

Não me surpreendeu que tivessem resolvido estacionar embaixo do pórtico. Eu conseguia até ouvi-lo. *Você tem que deixar seu carro sempre abrigado das intempéries*. Claro que por isso ele e minha mãe teriam que subir e descer a extensa rampa até a garagem para entrar e sair de casa, mas tudo bem. Eles não iriam a lugar nenhum por enquanto.

Nossa família se mudou para a bolha na qual passaria as semanas seguintes, assim como famílias do país inteiro estavam fazendo. Meus pais ficariam isolados em Wellington comigo, com Neve e Clarke. Tínhamos acabado de entrar em um lockdown de nível 4.

Meus pais estavam na cozinha com Clarke, Neve agarrada às pernas dele. Se o Hyundai do meu pai era seu bem mais precioso, a máquina de fazer pão ficava logo atrás. Ele já tinha aberto um espaço para ela em nossa bancada. Entrei no instante em que ele dizia a Clarke: "Você não está feliz por eu ter trazido a máquina?". Era a mesma coisa que ele dizia nas férias em família quando eu era criança. Enquanto isso minha mãe tirava as coisas de uma gigantesca caixa térmica vermelha. Estava ocupada tentando achar espaço na geladeira, falando sozinha.

Fiquei aliviada por meus pais estarem ali porque eu poderia ficar de olho neles, e contente porque fariam companhia a Clarke e Neve e porque teríamos uns aos outros. *Então esta é minha bolha*, pensei.

Bem, era minha bolha doméstica, pelo menos. O país ainda precisava de um governo funcional, então também havia um grupo pequeno de pessoas com as quais me encontraria no trabalho.

Os dez andares do Beehive já estavam quase desertos. Nos dias anteriores ao lockdown, os funcionários tinham empacotado monitores e teclados para levar o trabalho para casa. Minha colega e amiga de longa data Julia, que tinha participado da criação do nosso programa contra a pobreza infantil, agora era minha consultora de saúde, e era mais uma pessoa com quem eu conversava todos os dias. Ela estava grávida, então tinha pegado o filho pequeno e se mudado com a família. Trabalharia remotamente, como quase todo mundo do prédio, e por isso os gabinetes e corredores eram tomados por um silêncio sombrio, à exceção do nono andar. Era lá que o restante da minha equipe principal ficava, meus funcionários "essenciais", que precisavam estar comigo no gabinete, não só no Zoom.

É claro que um deles era Raj, meu chefe de gabinete. E também a vice de Raj, Holly, que era mais nova do que eu, mas cuja sensatez, intelecto e serenidade me faziam confiar nela implicitamente. Além disso, ela conhecia todos os detalhes do sistema de alerta de cor e salteado. Le Roy, meu secretário particular mais experiente, mantinha nosso gabinete na linha. Andrew, meu secretário de imprensa de confiança, tentava gerenciar quase todos os comunicados enquanto sua equipe tentava convencê-lo a delegar de fato. E por fim, Grant. Ele continuava ocupando a sala de sempre no sétimo andar, mas agora ficava lá sozinho, andando de um lado para o outro de meias, pelejando com sua impressora temperamental.

E havia também um sétimo membro nessa equipe — não uma pessoa, mas um objeto que se mostrou absolutamente indispensável: um quadro branco. Le Roy e eu o achamos em uma sala de reuniões no nosso primeiro dia no sinistro Beehive vazio. Tinha dois metros de largura, moldura de metal e rodinhas que empacavam como as dos carrinhos de mercado ruins. Foi uma luta empurrá-lo pelo corredor e estacioná-lo junto à parede do meu gabinete. Peguei uma caneta e comecei a anotar os números nele. Em pouco tempo fiquei obcecada pelo quadro branco.

Talvez para combater a estranheza da situação nós criamos rotinas. A minha começava com o registro do número de casos e hospitalizações no quadro; em seguida, havia as reuniões por Zoom — era através delas que aumentávamos o valor do auxílio social, criávamos um subsídio a salários para empregadores, alugávamos os alojamentos antes destinados a estudantes internacionais para abrigar moradores de rua. Todos os ministros trabalhavam sem descanso. Todo dia havia uma conferência de imprensa à uma da tarde com o dr. Ashley Bloomfield, nosso indispensável diretor-geral de saúde, um homem que em pouco tempo se tornou tão familiar e confiável para os neozelandeses que seu nome seria estampado em ecobags e panos de prato. Compartilhávamos o que sabíamos a respeito do número de casos e o que estávamos descobrindo sobre o vírus, e em seguida voltávamos ao sossego do nono andar.

Mas eu sabia que não era só o Beehive que estava esquisito. Todas as escolas que antes eu visitava e via repletas de crianças sorridentes, agora, também estavam vazias. O ministro da Educação, Chris Hipkins, encomendou milhares de modens e outros equipamentos para garantir que os alunos continuassem os estudos a distância. Fundamos dois canais de TV que transmitiam conteúdos educativos, um em inglês e outro em *te reo* maori, e eles funcionavam seis horas e meia por dia. Às vezes, ao circular pelo Beehive, eu os colocava como pano de fundo, pois queria me sentir segura e conectada às pessoas do mundo lá fora, como se existisse alguma coisa capaz de auxiliar pais e mães.

Mas havia pessoas para as quais eu não tinha como trazer alívio: aquelas que estavam no hospital e não podiam receber a visita dos entes queridos. As que não podiam comparecer a enterros. Uma vez recebi a carta de uma mãe que não pôde ver o corpo da filha, morta em um acidente agrícola. Chorei ao ler. Ela explicou que me escrevia não para contar sua história, mas para dizer que entendia por que tínhamos criado aquelas regras, por mais duro que fosse segui-las. E eu sentia *quanto* eram duras. *Que isso por favor dê certo*, eu pensava. *As pessoas estão abrindo mão de tantas coisas.*

Em abril havia o Dia Anzac, um feriado nacional em homenagem aos australianos e neozelandeses que serviram na Primeira Guerra. Eu comemorava o Anzac com meu pai desde pequena. Juntos prendíamos papoulas em nossos casacos e enfiávamos as mãos no fundo dos bolsos para aguentar o frio enquanto víamos o sol nascer e pensávamos nas pessoas que tinham servido o exército, pessoas como meu avô Harry.

Já que ninguém podia se aglomerar, sugerimos que as pessoas achassem suas maneiras de prestar homenagem. Como não tínhamos uma coroa de flores, na véspera minha mãe deu uma volta no jardim e colheu camélias brancas, rosas vermelhas e samambaias.

Antes do nascer do sol, Clarke, meu pai e eu fomos até o final do acesso da garagem, com flores e papoulas presas ao peito. Ficamos ali, quietos, no escuro, esperando o amanhecer. Vi a silhueta de alguns vizinhos. Um deles tinha levado um alto-falante portátil para a rua, e, quando o sol surgiu atrás do horizonte, a melodia dos funerais militares soou, tocada por um trompetista solitário. Sentia meu pai a meu lado, seus ombros quadrados, em posição de sentido, como deve ter ficado quando era cadete da polícia. A luz surgiu enquanto escutávamos a música no ar fresco da manhã. E quando o sol já estava alto o bastante para enxergarmos mais além, vi que havia gente no acesso da garagem ao lado, e no seguinte, e no seguinte. Uma vizinhança inteira de pessoas paradas à luz da manhã.

Foi nessa mesma rua que comecei a ver ursinhos de pelúcia encostados nas janelas ao ir para o trabalho: ursos com pelo branco e focinho preto, vestidos com saiote escocês. Alguns tinham pelos dourados que pareciam mosqueados, como se tivessem sido tirados do baú de uma infância longínqua. No começo eram poucos, depois apareceram mais alguns. Em seguida surgiu uma página no Facebook: "Não temos medo — Caça aos Ursos NZ", uma referência ao adorado livro infantil de Michael Rosen em que uma família sem medo *se estabaca* e *se esborracha* e *se estatela* e *se esbarra* ao se aventurar numa caça aos ursos. Pouco depois a página já tinha milhares de membros, os ursinhos de pelúcia estavam por todos os cantos e crianças do país inteiro se aventuravam a caçá-los. Foi uma daquelas coisas bobas que fizeram essa época estranha parecer um pouco menos solitária, um pouco mais agradável.

Quando comecei meu mandato de primeira-ministra, pedi a Dinah para ver todas as cartas enviadas por crianças. Li milhares delas. Às vezes elas tinham influência direta sobre as políticas. Recebíamos tantas cartas de crianças aflitas com o impacto de sacos plásticos descartáveis sobre tartarugas e golfinhos que apresentamos um projeto de proibição a sacos plásticos. Durante a pandemia, quanto mais tempo as crianças passavam em casa, mais cartas eu recebia. Por isso sabia que, embora gostassem de ficar com os pais, as crianças sentiam falta de estar com os amigos. Que estavam tristes sem fazer festas de aniversário, mas felizes porque assim garantiam a segurança de outras pessoas. Também foi assim que eu soube que estavam preocupadas com o Coelhinho da Páscoa.

O domingo de Páscoa cairia no dia 12 de abril, e, à medida que a data se aproximava, várias cartas começavam a chegar com a mesma pergunta: *Querida primeira-ministra, o Coelhinho da Páscoa é um trabalhador essencial?*. Não muito antes da Páscoa, em uma de minhas coletivas de imprensa diárias, confirmei a resposta para essa pergunta urgente: o Coelhinho da Páscoa era essencial, *sim*. Mas, ao dizer isso, de repente me dei conta de que podia ter criado uma nova expectativa a ser imposta aos pais já tão pressionados. Portanto, fui logo acrescentando uma restrição: "Como vocês devem imaginar, em uma época como esta é claro que eles já estão com muita coisa para fazer em casa, com a família e com seus próprios coelhinhos. Então... se o Coelhinho da Páscoa não for a sua casa, entenda que no momento é meio difícil que ele vá a todos os lugares". Fiz essa declaração em uma coletiva de imprensa nacional, ao vivo, e no mesmo tom que usaria caso estivesse falando do nosso PIB.

Quanto a Neve, ela estava para completar dois anos e parecia muito feliz rodeada pelos parentes: o pai, a avó, o avô e — às vezes — a mãe. Não que eu estivesse de todo ausente. Durante esse período provavelmente passei mais tempo em casa, ou pelo menos estava em casa com mais regularidade. Mas era uma batalha estar presente.

Às vezes eu chegava em casa e via Neve na sala de estar, cercada de peças de Lego. *Ok*, eu pensava. *Agora vou brincar com minha filha e não vou me distrair. VOU FICAR PRESENTE.*

"Vamos construir uma torre", eu talvez sugerisse. Então tirava os sapatos e, ainda com a roupa de trabalho, começava a empilhar as peças com a ajuda de Neve. Pouco depois a torre já estava alta demais para ela, e então eu pedia que me passasse as peças de suas cores preferidas. A torre crescia e eu sorria, fazendo o possível para estar ali de verdade, no presente. Mas na minha cabeça eu só via gráficos.

Eu conhecia muito bem as pesquisas sobre apego, a importância de criar laços fortes. Cheguei a colaborar com a criação de políticas de governo que respaldassem essa ideia. E no entanto, sempre que estava com Neve, dizendo coisas como *que tal um azul, meu amor, agora vamos pegar um amarelo, olha como a torre está alta*, eu não estava lá. Não totalmente. Nem mesmo a maior parte de mim.

Quando recebi a notícia eu estava em casa, pendurando as roupas lavadas no varal, no cômodo com mobília de bambu. Era o mesmo lugar em que estivera quando Julia me ligou para dizer que tínhamos a primeira morte por covid-19 — e onde eu recebia um telefonema sempre que perdíamos alguém. A essa altura já fazia quase seis semanas. Seis semanas de decisões dificílimas, de isolamento, de esperas e torcidas. O sol entrava no jardim de inverno enquanto eu pendurava as calças e vestidos de Neve antes de ir para o gabinete.

Ela estava no cômodo ao lado, espalhando o conteúdo de suas cestas de brinquedos. Meu telefone estava encostado em uma xícara de chá gelado.

A qualquer instante eu receberia os números de casos de covid-19. Ao ver uma notificação, larguei a roupa para pegar o celular. Segundos depois, comemorei aos gritos.

Neve veio correndo, seus olhos verdes radiantes. Ainda não tinha nem dois anos, mas já reconhecia comemorações espontâneas. Segurei suas mãos e comecei a rodá-la. Ela não sabia por que eu tinha passado tão rápido de mamãe-fazendo-tarefas-domésticas para mamãe-querendo-dançar, e não ligou muito para isso.

Nós duas continuamos a girar — do jardim de inverno para a sala, sem parar. Neve inclinou a cabeça para trás, dando risadas exultantes, e eu ganhei velocidade suficiente para levantá-la do chão enquanto rodopiava. As mãozinhas de minha filha seguravam as minhas, sua boca aberta numa expressão de euforia.

Por fim deixei Neve no chão e rimos mais um pouco depois que desmoronei em uma cadeira. Nunca havia um momento desprovido de estresse, mas agora havia, enfim, uma trégua temporária. Pela primeira vez desde o início do lockdown, seis semanas antes, não tínhamos nenhum caso novo de covid-19. *O plano estava dando certo.*

Algumas semanas depois, em 14 de maio, o nível de alerta seria reduzido novamente, dessa vez para o nível 2. Embora aglomerações numerosas ainda estivessem proibidas, famílias poderiam se reunir. As pessoas poderiam ir a restaurantes, dividir uma taça de vinho, convidar vizinhos para jantar. Elas saíram de suas bolhas e voltaram ao mundo.

Clarke e eu comemoramos saindo para um brunch, e aguardamos em frente a uma cafeteria chamada Olive, que estava apinhada de gente. Fiquei tão feliz ao ver as pessoas na rua, alegres, que ambos rimos ao ouvir que não havia mesa disponível. Não tem problema, pensamos. Que bom que tinha movimento. Ao atravessarmos a rua para procurar outro lugar, o maître foi atrás de nós. "Temos uma mesa!"

Quando nos acomodamos, assimilei tudo, tudo o que nos dava saudades: a barulheira da cafeteria. As risadas das mesas vizinhas. Mas, enquanto fazíamos o pedido, Clarke e eu falávamos sobre o mundo de modo geral: a pandemia ainda era avassaladora, e o que sentíamos era quase culpa. No Reino Unido, as escolas não davam nem sinal de quando reabririam. Minha amiga de infância

Fiona morava na Espanha com os filhos e o marido, e eles ainda estavam em lockdown. Mas ali, na Nova Zelândia, parecia que era Natal de tanta felicidade, e considerei meu dever garantir que continuássemos assim.

Partimos para uma nova fase: longos períodos de normalidade pontuados por um ou outro aumento do nível de alerta. O número de casos crescia mundo afora, mas até o fim de 2020 boa parte da Nova Zelândia continuou no nível 1 ou 2. As crianças voltaram à escola. Restaurantes ficaram abertos. A situação podia ser meio precária, mas, graças ao engajamento da nação com o sistema de níveis de alerta, a vida parecia um bocado normal. Começamos até a planejar a eleição, marcada para o final do ano.

No Beehive, no entanto, as coisas volta e meia ficavam corridas. Cada caso novo de covid-19 trazia a possibilidade de um lockdown, e queríamos muito evitar que isso acontecesse. Então, quando uma pessoa era infectada e não conseguíamos estabelecer seu vínculo com alguém vindo de fora do país, o caso desencadeava uma corrida frenética de rastreamento de contatos, e fazíamos tudo o que era possível — com desespero, e às vezes sem dormir — para evitar o aumento do nível de alerta. Conseguindo entender como a pessoa tinha pegado o vírus podíamos respirar aliviados, pois assim teríamos como limitar o isolamento ao indivíduo e às pessoas com quem tivera contato. Mas obter as respostas nem sempre era fácil.

Um vez uma mulher que trabalhava em uma loja no centro de Auckland testou positivo. Porém, não conseguíamos entender como ela tinha se contaminado. Especialistas em saúde pública verificaram todos os contatos que tivera, todos os lugares por onde passara. Só conseguimos achar uma conexão. Ela estivera no bairro comercial ao mesmo tempo que outra pessoa com covid-19, alguém que trabalhava em um centro de quarentena. Ambos tinham almoçado na mesma cafeteria. Estavam na cafeteria ao mesmo tempo? Ao que constava, não. E os banheiros? Será que a loja dividia o banheiro com a cafeteria? Peguei mapas da vizinhança e fiquei olhando para eles de madrugada, já que não conseguia dormir. Virava as costas para Clarke e segurava o celular abaixo da beirada da cama para a luz não acordá-lo, enquanto aproximava e afastava becos e ruas, e minha cabeça repetia a mesma pergunta: *como ela se contaminou?* Até que uma gravação do circuito interno de televisão foi examinada e descobrimos que, andando na rua, a funcionária da loja tinha cruzado com uma pessoa que trabalhava em um centro de quarentena.

Meses se passaram. Os dias ficaram mais frios e um pouco mais curtos. Nossos casos continuavam poucos. Para grande maioria dos neozelandeses a vida seguiu de forma praticamente normal. As pessoas saíam para jantar, dançavam nos casamentos e choravam juntas nos enterros. Iam a shows e peças teatrais, faziam aulas de piano e reuniões nas escolas. Enquanto isso eu lia tudo o que conseguia: sobre a próxima variante, os índices de transmissão em circunstâncias específicas, a ventilação adequada na quarentena e as últimas novidades em termos de testagem. Qualquer coisa que me dissesse como evitar a covid-19 enquanto nos planejávamos para quando as vacinas enfim chegassem.

Não havia botão de desligar, não havia folga. O preço de manter os índices de infecção baixos foi a hipervigilância — ou seja, mesmo quando não estava trabalhando, eu estava trabalhando. Independentemente do que estivesse à minha frente, meus pensamentos sempre voltavam. *Será que haverá algum novo caso?*

E tudo isso acontecia enquanto organizávamos a próxima eleição.

Em agosto de 2020, mais de doze semanas depois de sairmos do lockdown, eu estava me preparando para voltar à rota de campanha. Ao longo dos últimos meses, tínhamos ficado sem lockdown, e de modo geral sem covid-19.

No entanto, é claro que enfrentamos alguns desafios. Nossos centros de quarentena tiveram alguns casos, e era nesses lugares que as pessoas ficavam ao voltar de outros países. As fronteiras fechadas eram um grande problema para quem precisava viajar ou voltar para casa. Eu também sabia que as incertezas dessa época — a ideia de que a qualquer momento retomaríamos o lockdown — criavam uma tensão coletiva. Não é nenhuma surpresa que a campanha de 2020 tenha sido centrada na covid-19. *A gente previa mais lockdowns? O que faríamos se houvesse um caso no Natal? Quando abriríamos as fronteiras com a Austrália?*

Em 11 de agosto, o primeiro dia de campanha oficial, fiz uma série de paradas em Whanganui, uma cidade na costa oeste da ilha Norte. Visitei uma galeria de arte pública e lojas da rua do comércio, e parei em uma farmácia para agradecer aos funcionários que tinham trabalhado durante a pior fase da pandemia. Alguns clientes estavam espalhados pela loja e eu estava perto do balcão, conversando com um dos atendentes. Fazia cem dias que não tínhamos nenhuma transmissão comunitária de covid-19; quando teríamos o próximo caso?

Alguém me entregou um objeto pesado. Era um presente para mim: um jarro de vidro soprado artesanalmente. No interior da base havia uma montanha tridimensional que não reconheci de imediato. Tinha ganhado um jarro parecido do primeiro-ministro japonês, Shinzo Abe, que reproduzia o monte Fuji. *Japão*, pensei. *Um dos muitos países onde o número de casos crescia rápido.* Parada ali, sob as luzes fluorescentes, minha boca congelada em um sorriso, virei o jarro na mão, passei o dedo no relevo da base. A parte de mim que ainda estava presente admirava o trabalho manual, tentando entender que lugar era aquele. Será que era o monte Ruapehu? Pequeno demais. Quem sabe a cordilheira Ruahine? Segurei o jarro contra a luz.

O funcionário da farmácia tinha acabado de falar. Eu devia ter ouvido errado, pois seria capaz de jurar que ele tinha dito "mamilo".

"Perdão?", eu disse.

"É um mamilo", ele repetiu. "A artista queria chamar a atenção para o câncer de mama."

"Ahh!" De repente me dei conta da seriedade do assunto, mas também de como eu segurava o jarro. *Existe um jeito certo de segurar um jarro de mamilo?*, eu me perguntava.

"É lindo", comentei, e realmente era — até hoje tem um lugar de destaque no meu gabinete —, mas naquele dia, com a imprensa por perto, as câmeras a postos, resolvi que a melhor forma de segurá-lo seria com cuidado e dentro da caixa.

Estávamos fortes nas pesquisas. Tão fortes que até em Whanganui, cidade que tinha votado no Partido Nacional nas últimas cinco eleições, parecia haver a possibilidade de que a eleição pendesse a nosso favor. Saí da farmácia e de repente alguém em uma scooter elétrica deu meia-volta na calçada e veio em minha direção. Ela parou e se apresentou como Muriel. Tinha oitenta e poucos anos e me disse que quebraria a seca de vinte anos sem ir às urnas para votar em mim — por causa do subsídio à energia no inverno e da nossa gestão da pandemia. Não muito depois de ela acelerar e ir embora, outra pessoa segurou minha mão, uma mulher um pouco mais velha do que eu, vestindo um conjunto esportivo. Ela perguntou, com uma preocupação genuína, sobre 5G.

Circulavam pela internet teorias malucas de que o 5G desencadeava a covid-19 ou ajudava a espalhá-la. Fiz o possível para tranquilizá-la. No entanto, mais tarde, quando parei o carro em frente a uma fábrica de máscaras para outra visita, havia mais ou menos uma dúzia de manifestantes reunidos com cartazes sobre covid-19 e 5G, bem como outras teorias da conspiração.

Não era um problema novo: a desinformação já existia antes de eu nascer, e tinha sido até documentada como tática de interferência em outros países, por nações como a Rússia, desde a década de 1920. Mas o problema parecia ter piorado bastante.

No entanto, eu não tinha muito tempo para pensar nisso. Quando fui embora de Whanganui, de noite, havia um novo surto de covid-19 que adiaria e reformularia o dia da eleição.

Quando a eleição enfim chegou, em 17 de outubro, assisti aos resultados em nossa casa em Auckland. Meus pais, Clarke, alguns amigos e Raj nos reunimos diante da TV Samsung da sala de estar. Clarke fez iscas de peixe com sua pesca do fim de semana; eu arrumei travessas de queijo e biscoitos salgados, e despejei sacos de batatinhas em cumbucas enquanto esperava o início da cobertura, ansiosa. Sabia que o resultado seria bom, as pesquisas já diziam que seria, mas as cadeiras individuais passavam pela tela e eu ficava genuinamente chocada. "Rangitata?", berrei, referindo-me a um distrito onde o Partido Nacional tinha surrado o Trabalhista nas últimas duas eleições. "Raj, você *viu*? Jo levou Rangitata!"

No final da noite, o Partido Trabalhista tinha vencido a eleição de 2020 com mais de 50% dos votos — um resultado que nenhum partido tinha obtido desde a adoção do nosso novo sistema eleitoral, em 1996. Era uma vitória tão definitiva que não precisávamos mais do Nova Zelândia Primeiro, não precisávamos mais de Winston Peters para nos segurarmos no governo. Mas, apesar de nossos números continuarem crescendo, nunca me permiti me entusiasmar além da conta. *Eles querem que você continue administrando a pandemia. É só isso.* Quando estávamos prontos para sair de casa e fazer o curto trajeto até a cidade, minha sensação era de que o resultado era um aval, não uma vitória.

Depois que todas as atividades oficiais foram encerradas, Clarke e eu fomos descansar em um hotel a poucos quarteirões do evento de campanha. Meus pais estavam cuidando de Neve, e essa, nós pensamos, talvez fosse uma oportunidade perfeita de dormir um pouco mais. No entanto, às sete da manhã recebi uma mensagem de Raj: *Pode conversar?*

Posso, respondi.

Estou na sua porta.

No corredor do hotel, Raj olhava para o chão. Seu cabelo estava ainda mais desgrenhado do que de hábito. Quando enfim ergueu os olhos, ele não sorriu, não disse nem uma palavra. Nem precisava. Eu soube.

O último caso tinha sido de uma pessoa que trabalhava no porto de Taranaki. Raj ficara sabendo assim que as urnas tinham sido fechadas e decidira me poupar até de manhã, dando-me um tempinho para curtir nossa vitória. Mas agora o difícil processo de lidar com a covid-19 estava recomeçando.

Pouco antes do réveillon, Clarke e eu estávamos em um festival de música em Whangamatā, vendo das coxias uma banda chamada Shapeshifter tocar. O sol começava a se pôr no campo onde as pessoas dançavam, a luz dourada enquanto a multidão balançava os braços no ar. As pessoas se debruçavam sobre as grades, erguiam os celulares, captando o momento, cantavam e dançavam, pulando e acompanhando o ritmo numa massa gigantesca, alegre.

No hemisfério Norte, a pandemia estava desenfreada. Nos Estados Unidos, centenas de milhares de pessoas tinham morrido por covid-19 naquele ano, um número que aumentaria ao longo dos meses seguintes. Na Espanha, onde Fiona vivia, havia dezenas de milhares de vítimas fatais.

Na Nova Zelândia, esse número era de 25 pessoas, e eu sabia das histórias e circunstâncias de quase todas.

Em vários países, as pessoas tinham passado muito tempo longe da família e dos amigos, e era provável que as coisas continuassem assim por mais um tempo. E ali estávamos nós, em um festival.

A cena a minha frente era aquela que eu havia desejado e pela qual tínhamos nos empenhado. A chance de que todo mundo simplesmente aproveitasse as férias, para encerrar aquele longo ano aflitivo com uma sensação de liberdade e alegria. Fazia meses que eu vinha pensando: *que pelo menos eles possam curtir o réveillon*. Agora estávamos ali.

Sempre fui uma otimista que se preparava para o pior. Mas o pior me parecia muito mais próximo naquela época, e eu achava cada vez mais difícil pensar em outra coisa que não em catástrofe.

Lembrei a mim mesma que em breve aquilo acabaria. As vacinas chegariam. Não tão cedo quanto em lugares com números altos de mortes, e esse momento traria desafios, mas chegaria. Teríamos uma saída para a pandemia, só precisávamos aguentar firme.

Mas até então, sob a luz do entardecer, enquanto Clarke balançava a cabeça ao ritmo da música, enquanto milhares de pessoas dançavam como se suas vidas dependessem disso, eu só conseguia pensar: *e se tiver um caso de covid-19 nessa multidão?*

Vinte e oito

Era outubro de 2021; fazia mais de um ano e meio que a covid-19 tinha chegado a nossa costa. Eu estava em um pequeno nicho entre meu quarto e o banheiro da residência oficial. Na parede a minha frente havia um espelho grande com moldura dourada opaca, do tipo que uma avó teria pendurado no quarto de hóspedes. Abaixo dele havia algumas prateleiras que batiam na minha cintura, e nelas ficavam principalmente os livros que eu gostaria de ler. Era nelas que deixava meus brincos, alguns na caixinha cor de pêssego que eu tinha comprado na Kmart, outros em uma caixa de madeira entalhada. Peguei esta enquanto pensava no dilema que o país enfrentava — que eu enfrentava. A caixa fora entalhada por uma pessoa encarcerada participante de um dos programas que tínhamos inaugurado em uma penitenciária da Nova Zelândia. Era feita de rimu cor de mel, uma de nossas espécies nativas. Na tampa da caixa havia uma madeira mais escura, incrustada com a imagem estilizada de uma rosa desabrochando, as pétalas se abrindo em torno do botão, o caule comprido se estendendo pela largura do objeto.

Fixei o olhar na caixinha e pensei: *o que nós vamos fazer?*

Até então tínhamos evitado que a covid-19 dominasse a Nova Zelândia. Mas dessa vez a estratégia não estava funcionando. Vivíamos um surto de uma variante chamada Delta, que não só era mais perigosa do que a cepa original como muito mais infecciosa. E agora ela estava em comunidades onde o rastreamento de contatos era difícil: moradores de rua e gangues. Ou seja, tínhamos implementado um lockdown de nível 3 em Auckland e Northland, e ele estava entrando em sua sétima semana — era o mais longo de todos.

As vacinas ajudariam. Estávamos ocupados com o lançamento delas, mas demoraria um tempo para que nosso número de imunizados nos poupasse de casos sérios e mortes. Nesse meio-tempo, eu acreditava cada vez mais que dessa vez não erradicaríamos a covid-19. Sabia que todo mundo estava cansado e que a união da Nova Zelândia começava a se romper. Muitos estavam irritados e exaustos das interrupções constantes da vida. Outros continuavam com medo da covid-19.

Mais uma vez eu tinha uma escolha a fazer: era melhor dizer à nação, sem rodeios, o que eu pensava de verdade, que dessa vez era possível que não conseguíssemos eliminar o vírus? Se agisse assim, os especialistas me diziam, era provável que as pessoas simplesmente desistissem da prevenção, e a propagação só pioraria. Também poderia causar raiva e ódio contra as comunidades onde a covid-19 tinha se consolidado.

Ou era melhor dizer que estávamos seguindo em frente e fazer mudanças graduais para amenizar as restrições, porque essas alterações ajudariam a população a aguentar firme? Se agisse assim, talvez as mudanças não fizessem sentido para as pessoas. Tudo me parecia um livro de "escolha um caminho", em que uma opção levava à ruína do fogo e a outra vinha com uma areia movediça asfixiante, e sabe-se lá como existia a possibilidade de que nos deparássemos com ambas.

Fiz uma escolha: abrandaríamos as restrições aos poucos, faríamos algumas mudanças pequenas que ajudariam as pessoas a seguirem em frente. Aguentem firme, eu dizia. No entanto, tinha cada vez menos a impressão de que dessa vez teríamos sucesso. Só nos restava agora adiar a propagação, minimizar o impacto da Delta e garantir a ampla vacinação.

Meu rosto estava cansado. Não tinha muito o que fazer quanto a isso. Passei um batom e caminhei até o Beehive para uma coletiva de imprensa.

A jornada até o fim do ano foi difícil para todo mundo. Mas no Natal de 2021, com os números baixos da Delta e as vacinas agora distribuídas para o país todo, mais restrições foram revogadas. Anunciamos ao país que não retomaríamos os lockdowns e que nosso índice de cobertura vacinal estava entre os mais altos do mundo, com mais de 90% da população imunizada.

Quando a variante Ômicron chegou, em janeiro, nós nos adaptamos ao nosso novo normal: a convivência com a covid-19. Por sorte a Ômicron parecia menos letal do que a Delta, e a maioria das pessoas que tiveram contato com ela já estava protegida pela vacina. Havia nisso certa ironia: o primeiro contato de algumas pessoas com o vírus as fez pensar: *precisava mesmo de todo esse auê?*

E havia outra ironia. As vacinas, que tanto tínhamos esperado, que eram a solução para a volta à normalidade, geraram outros problemas: medo e teorias da conspiração.

Em 29 de janeiro de 2022, a 14 mil quilômetros da Nova Zelândia, centenas de veículos formaram um comboio e foram até os prédios do governo em Ottawa, no Canadá. A razão para o protesto, pelo menos segundo os membros do "Comboio da Liberdade", era que os caminhoneiros que cruzavam a fronteira dos Estados Unidos eram obrigados a se vacinar.

Dez dias depois, um comboio similar de carros e manifestantes baixou no átrio do Parlamento da Nova Zelândia. A essa altura, os lockdowns já haviam acabado. Quem alegava liderar o comboio explicou que estavam ali por causa de "decretos", a exigência do governo de que quem trabalhasse em certas linhas de frente, como quem lidava com pessoas vulneráveis — profissionais de saúde ou professores —, fosse vacinado. Mas os cartazes empunhados pelos manifestantes do átrio davam a entender que não estavam chateados apenas com os decretos. Muitos também desconfiavam das vacinas em geral. Outros pareciam discordar de máscaras, da imprensa, da ONU, do comunismo e do governo.

Manifestações geralmente são benquistas no Parlamento. Quando há algum protesto, chegamos a providenciar eletricidade, alto-falantes e cercas baixas para garantir a segurança de todos. Os parlamentares fazem visitas regulares aos que se aglomeram no átrio. Às vezes até discursam nos protestos, e eu também.

A diferença é que em todos esses outros protestos os manifestantes mais cedo ou mais tarde iam para casa.

Na primeira noite, cerca de cem pessoas acamparam no Parlamento. Ao longo de três semanas, aproximadamente 3 mil pessoas ocupariam as dependências do Parlamento e as ruas dos arredores. Alguns faziam uma manifestação pacífica, mas outros assediavam comércios e moradores locais. Bloqueavam ruas e erguiam banheiros improvisados. Um grupo arrancava as máscaras de quem estava a caminho do trabalho.

No início da ocupação, Trevor Mallard, que, como presidente do Parlamento, era tecnicamente responsável por suas dependências, instalou alto-falantes nas varandas que davam para o átrio. Primeiro colocou para tocar bem alto Barry Manilow, e depois a canção "Baby Shark", repetidas vezes. Outra pessoa — não sei quem foi — ligou os irrigadores do Parlamento.

A ocupação não foi encerrada.

De manhã eu chegava a meu gabinete, olhava pela janela e observava o que havia acontecido durante a noite, se a polícia tinha mudado as barricadas de lugar ou se mais espaços do terreno tinham sido ocupados por novas barracas. Em pouco tempo surgiram chuveiros. Era como ver um vilarejo se formar em tempo real.

Em termos de energia, a multidão oscilava entre a atmosfera de um festival e a ira mal contida. Eu ouvia os discursos dos manifestantes, via os cartazes. Vi minha própria imagem com um bigode de Hitler, monóculo e a legenda "ditadora do ano" acima do meu rosto. Vi os patíbulos, junto com a força, que as pessoas diziam ter feito para mim. Vi as bandeiras americanas, as bandeiras de Trump, as suásticas. A certa altura, cheguei a ter um vislumbre dos literais chapéus de papel-alumínio que algumas pessoas tinham passado a usar, convencidas de que suas dores de cabeça e sintomas de gripe tinham a ver não com a onda de covid-19 que se espalhava pela Nova Zelândia naquele momento, mas com campos eletromagnéticos que acreditavam ser emitidos pelo governo.

No decorrer da minha vida, eu já tinha sido uma mórmon no meio de não mórmons, uma progressista no meio de conservadores, uma mulher em um ambiente predominantemente masculino. Apesar de qualquer coisa eu sempre achava uma forma de discutir, debater, discordar. Ser primeiro humana, depois líder. Agora entendia que, para a multidão que ocupava o Parlamento, eu não era uma coisa nem outra.

Os manifestantes exigiam encontros com os políticos. Só um parlamentar, David Seymour, do partido ACT, aceitou. Eu me recusei. Como poderia passar a mensagem de que, caso discordassem de algo, as pessoas podiam ocupar ilegalmente as dependências do Parlamento e depois ter suas reivindicações acatadas? Não, eu não me encontraria com os manifestantes. Mas aprenderia uma lição com eles.

Embora a ocupação dissesse respeito a vacinas e decretos, para alguns ela ia além. Dizia respeito à confiança... ou, mais exatamente, à *desconfiança*. O que veio à tona na ocupação também ia além da Nova Zelândia. Era um desafio para o mundo inteiro — agora as pessoas não concordavam mais nem sobre o que era fato e o que era ficção. Moradores do mesmo bairro ou comunidade viviam em realidades diferentes, e isso dificultava ainda mais a solução de nossos problemas. Ao olhar para o gramado do Parlamento, tive a certeza de que, globalmente, só resolveríamos aquele problema juntos.

Após 23 dias, a polícia desmontou a ocupação. Foram feitas 250 detenções e quarenta policiais ficaram feridos. Nas últimas horas, os manifestantes atearam fogo ao parquinho do Parlamento — um lugar alegre, onde crianças de Wellington costumavam brincar. A fumaça preta subia por entre as árvores pōhutukawa e os pinheiros de Norfolk que estavam ali havia mais de cem anos. Jardins que homenageavam nosso movimento sufragista com camélias brancas foram pisoteados. Tijolos foram arrancados do chão e transformados em mísseis.

Independentemente do que tivesse levado os manifestantes ao Parlamento, no final estava claro que eles não acreditavam mais no lugar nem na instituição.

Ainda penso muito nessa época — não só na ocupação, mas nos dois anos anteriores, naqueles dias longos e nas escolhas insuportáveis. E sim, eu penso em arrependimento.

Essa palavra, "arrependimento", contém muita certeza. O arrependimento indica que você sabe exatamente o que teria feito diferente e quais seriam as consequências. Mas não temos como ver o contrafactual, o resultado das decisões que *não* tomamos. As vidas que *poderiam* ser perdidas. Uma certeza que tenho é de que eu gostaria que as coisas tivessem sido diferentes. Queria um mundo onde salvássemos vidas e levássemos todo mundo junto. Talvez essa seja a diferença entre arrependimento e remorso.

Mas quando penso nessa época, também penso no seguinte: saímos da pandemia com um dos maiores índices de cobertura vacinal do mundo e com menos dias de lockdown do que nações como o Reino Unido, e durante esse período a expectativa de vida de nosso país chegou a crescer.

Portanto, quando alguém me aborda para dizer que achou todas as nossas escolhas equivocadas — talvez se expressando de uma maneira menos educada do que essa, talvez com o punho erguido e o rosto tomado de fúria, ou com uma lenga-lenga repleta de expletivos –, eu me lembro de que todas aquelas decisões difíceis, imperfeitas, salvaram 20 mil vidas. E que a pessoa a minha frente pode ter sido uma delas.

Vinte e nove

No começo de 2022, voltei à residência oficial sozinha. Tínhamos passado boa parte das férias em Gisborne, na casa de Peri e Tony, onde ficávamos o dia inteiro olhando para o mar, fazendo castelos de areia, derrubando castelos de areia e pulando ondas. Aos três anos e meio, a obsessão de Neve era pular ondas com o pai: ela segurava as mãos de Clarke e ele a suspendia sobre a água.

"Outra vez, outra vez!", ela berrava até os braços de Clarke doerem e ela tremer de frio.

De noite Clarke se sentava comigo na sacada da casa de seus pais enquanto eu segurava carretéis de linha de pesca e Clarke os enrolava no molinete para pegar cavalinhas e caranhos. Eu adorava momentos como aquele, em que dividíamos pequenas tarefas monótonas.

Com o verão chegando ao fim, Clarke e Neve ficariam cerca de uma semana a mais em Gisborne. Mas o Parlamento tornaria a se reunir, e portanto eu voltei.

Subi os mesmos degraus da residência oficial, com o mesmo corrimão pequeno demais. Passei pela mesma entrada de vidro no patamar da escada, pelo quarto de Neve com a mesma plaquinha com seu nome bordado à mão, um presente de uma desconhecida, pendurada na porta.

Mas por algum motivo tudo me pareceu diferente.

Quando cheguei à entrada da sala de estar, parei. Fiquei bastante tempo ali, olhando para aquele ambiente que me parecia muito familiar, mas também estranho. O ar quente do verão deixava o cômodo mais abafado do que era normalmente. *Eu devia abrir as janelas*, pensei, *tentar deixar o ar entrar, a vida entrar*. Mas olhei para as estantes de livros que eu nunca tinha enchido completamente, para o fogãozinho de brinquedo que tínhamos achado na rua, para os velhos cestos de roupa suja que tínhamos feito de caixas para os brinquedos de Neve. Tínhamos tentado transformar a residência oficial em um lar, mas parada ali me dei conta de que não era essa a sensação que eu tinha.

Larguei minha mala e dei meia-volta. Fui à Kmart.

Mais tarde, eu e uma amiga tiramos os móveis escuros dali, enrolamos os tapetes persas antigos, guardamos monitores de computador que estavam sem uso no escritório e arrastamos um rack de TV de vidro cinza da sala de estar para o patamar da escada.

Para substituir essas coisas, montamos os móveis comprados na loja: um rack simples embutido imitando carvalho, uma mesinha lateral com pernas de metal brancas e compridas. Uma estante de livros branca em forma de cubo, mesa e cadeiras de madeira em miniatura e uma mesinha de cabeceira rosa--choque para Neve. Esticamos um tapete de algodão bege e branco, e pusemos almofadas azul-marinho novas no velho sofá de couro creme. Achei algumas obras de arte no depósito e as pendurei nas paredes da sala e do escritório.

Nenhuma dessas coisas era extravagante, tampouco muito estilosa. Era tudo funcional, o tipo de coisa que achamos em qualquer loja imensa. Mas eu não estava tentando ganhar um concurso de decoração de interiores. Só precisava que o espaço ficasse diferente — um pouco mais leve, como se fosse nosso.

Uns dias depois, quando voltou para a residência oficial, Neve correu com o máximo de velocidade que suas perninhas lhe permitiam. Pensei comigo mesma: *fiquei só uns poucos dias longe, por que tenho a impressão de que ela está mais alta?* Minha filha parecia cada vez menos um bebê, cada vez mais uma criança. No patamar da escada, Neve parou diante do quarto e perdeu o fôlego ao ver a mesinha nova.

"Um canto para eu fazer arte!", ela exclamou, feliz. Esse era seu passatempo predileto. Sentada à mesa de centro antiga que tínhamos adaptado para ela, passava horas cortando caixas de cereal, enfeitando-as com giz de cera, algodão ou conchas, e cobrindo tudo com fita adesiva.

Uma noite, mais ou menos nessa época, voltei de um dia cansativo no gabinete e dei uma espiada nela. Imaginei que estivesse dormindo, mas da cama ela sussurrou: "mamãe?".

"Sim, meu amor", respondi, deixando minha pasta no chão. "Sou eu."

Neve se sentou na cama, os bichinhos de pelúcia amontoados a sua volta. No canto, perto de sua cabeça, havia um travesseiro roxo bordado que alguém, um desconhecido, tinha feito quando ela nascera. Esses presentes todos tinham sido de uma generosidade enorme, e me parecia inacreditável que alguns anos já tivessem se passado desde que tinham sido entregues em nossa porta. Sentei-me na beirada da cama e acariciei as costas de Neve, na esperança de que ela voltasse a dormir.

Era muito raro Neve reclamar do meu trabalho, o que eu achava surpreendente. Quando ela nascera, tive medo de que vivesse lamentando minha ausência. Previa que minha culpa fosse medir forças com palavras indutoras de culpa ditas por ela. Não foi o caso. O que eu sentia — a dor constante de não passar mais tempo com ela — tinha sido uma criação minha, totalmente minha. Mas naquela noite Neve enfim me fez a pergunta que eu sabia que viria em algum momento: "Mamãe, por que você tem que trabalhar tanto?".

Nunca contamos a Neve que eu era a primeira-ministra. Não escondíamos qual era o meu trabalho, mas tampouco o explicávamos. Queria que ela me conhecesse como mamãe e nada mais. Não fazia muito tempo que alguém perguntara a Neve se ela sabia o que a mamãe fazia da vida e sua resposta tinha sido "comer chocolate", uma referência ao estoque de doces que havia na gaveta da minha mesa e que ela adorava abrir quando me visitava no Beehive. Mas agora não estava me perguntando *o que* eu fazia. Estava me perguntando *o porquê*.

"Bom, meu amor", eu disse, alisando seu pijama e cobrindo seu corpinho com o edredom. "Eu tenho um trabalho muito importante."

"Tipo cuidar de mim?"

No escuro, uma série de luzinhas brilhavam através de um pote que ficava na mesa de cabeceira. Vi Buddy, seu bichinho preferido, que a essa altura estava puído e manchado, enfiado debaixo de seu braço, exatamente onde Clarke devia tê-lo colocado depois de ler uma historinha para ela dormir. Imaginei toda a rotina noturna que eu tinha perdido: Clarke inventando vozes distintas para os personagens, o sorriso radiante de Neve, as risadas que devia ter dado durante a leitura e depois a súplica — "Só mais uma historinha, papai" — quando ele terminou.

"Sim", respondi a ela. "Tipo cuidar de você. Esse é o meu trabalho mais importante. Mas também cuido de outras pessoas."

Neve fez que sim, séria, satisfeita com a resposta, sem se dar conta de que a pergunta simples que me fizera tinha ido ao cerne do meu dilema, que é o mesmo de pais e mães em todos os lugares. Não existe nada mais importante para nós do que nossos filhos, eles são nossa maior prioridade. Mas a medida mais simplista desse amor e cuidado é o tempo. Eu tinha feito de tudo para demonstrar meu amor com todas as outras medidas: afeto, conforto, paciência, minha luta eterna para estar presente.

Mas o tempo sempre me traía.

Em uma manhã de sábado, alguns meses depois, Neve quis brincar de esconde-esconde. Do corredor, ela começou a contar até cinco, primeiro rápido, depois mais devagar. As mãos não cobriam completamente seu rosto, e, enquanto eu corria pela sala, via seus olhos espiando por entre os dedinhos. Enfiei-me debaixo de uma poltrona grandalhona, estofada com um tecido salmão e dourado muitos anos antes.

"Lá vou eu!", Neve anunciou. Ela irrompeu na sala, dando passinhos teatrais feito um cão de caça em miniatura.

Então ela perguntou: "E agora, cadê aquela primeira-ministra?".

Cadê aquela primeira-ministra? Tive de me segurar para não saltar do esconderijo e perguntar onde ela tinha ouvido aquilo. Mas fiquei quieta, e pouco depois ela enfiou a cabeça atrás da poltrona, aos risos.

"Achei!", ela bradou, alegre.

Depois de alguns gritinhos rápidos, perguntei: "Neve, do que foi que você me chamou?". Ela riu, esperta. Então, como que feliz de continuar com o ardil, encolheu os ombros, como se as palavras nunca tivessem cruzado seus lábios. "Sei lá, mamãe." E se afastou de novo. "Sua vez!"

O aniversário de quatro anos de Neve seria pouco depois, e de novo eu estava preocupada com o bolo. Clarke tinha feito o bolo do ano anterior, e tinha sido um sucesso. Neve tinha lhe pedido não um, mas três temas diferentes: Moana, Frozen e Mickey Mouse. O pedido deixaria qualquer responsável desconcertado, mas não Clarke. Ele fez um bolo em forma de uma antiga TV de tubo com antenas de alcaçuz e botões de bolinhas de alcaçuz em cima de uma mesa de palitos de chocolate. Ele cobriu o bolo com fondant branco e fez o contorno da "tela" com tirinhas de alcaçuz. Depois passou horas arrumando um projetor em cima da mesa, e com ele projetou no fondant cenas de *Moana*, *Frozen* e desenhos animados do Mickey Mouse. As imagens cabiam direitinho na tela, e a coisa toda era operada por controle remoto. Admito que foi incrível: Neve literalmente "assistiu" ao bolo antes de comê-lo.

Agora era minha vez. Fiz uma joaninha vermelha.

Alguns dias depois desse aniversário, comemoramos outra data: Matariki, o ano-novo maori. Em 2020 declaramos esse evento celestial um novo feriado público — o primeiro deles dedicado aos maori. Celebraríamos oficialmente o Matariki pela primeira vez. Era meados do inverno e estava frio à noite, quando Clarke, Neve e eu nos reunimos com outras famílias e nos amontoamos debaixo de casacos e xales sob as constelações cintilantes. Fiquei mais atrás, vendo Clarke botar Neve nos ombros, como qualquer outra dupla de pai e filha se misturando à multidão no escuro. Muitas pessoas se reuniram para os eventos de Matariki — para as atividades ao amanhecer, as comemorações nas escolas e as caminhadas ao anoitecer. Pensei no significado desse novo feriado: gerações de crianças aprenderiam sobre as tradições de sua terra natal, ao contrário da minha geração.

Foi também por isso que, com um ano de governo, tornamos obrigatório o ensino da história da Nova Zelândia nas escolas. Agora todos os jovens aprenderiam sobre nosso passado, o que nos ajudaria a entender melhor o presente, ainda que não tivessem um sr. Fountain diante da turma. Essa foi e continua sendo uma das medidas da qual mais me orgulho. Não era uma questão apenas de currículo, mas também de formação nacional. Os indígenas maori tiveram a generosidade de compartilhar o idioma, as práticas culturais e os princípios que tornavam a Nova Zelândia singular — do *pōwhiri*, o ato de acolher recém-chegados, ao *manaakitanga*, o costume de sermos bondosos, generosos e cuidadosos com os outros. Tratava-se de uma benevolência que na minha cabeça só poderia ser valorizada plenamente se todos compreendêssemos a história muitas vezes brutal que a precedera. Em outras palavras, se pudéssemos promover o entendimento da população quanto ao próprio país, talvez aos poucos conseguíssemos consertar nossas fissuras.

Outros erros do passado precisavam ser reconhecidos pelo governo, e começamos a fazê-lo. Criamos um comitê real para lidar com a assistência do

Estado às crianças. Investigamos a mina de carvão Pike River — local do infame desastre letal em 2010 — para obtermos as provas necessárias, de modo que as famílias das vítimas pudessem buscar a punição dos responsáveis. Fizemos um pedido formal de desculpas pelos "Dawn Raids", uma política de imigração da década de 1970 que incluía atos de intimidação direcionada e discriminação contra membros do povo pasifika em nossa comunidade. Fizemos essas coisas não para reabrir feridas antigas, mas para aprender com o passado e evitar danos futuros.

Depois que as fronteiras mundiais foram reabertas, minhas viagens internacionais voltaram a ser frequentes. Em maio de 2022, fui para os Estados Unidos com uma delegação do comércio, fiz um discurso de paraninfa em Harvard sobre o extremismo violento e tive meu primeiro encontro com o presidente Biden. Ele foi cordial e generoso durante nossa conversa sobre diversos assuntos, de segurança regional a comércio, passando pela guerra na Ucrânia.

Um mês depois, fui à Europa para anunciar oficialmente a finalização dos acordos de livre-comércio com o Reino Unido e a União Europeia. Quando assumimos nosso mandato, 50% das exportações globais da Nova Zelândia eram cobertas por acordos de livre-comércio; a essa altura, já tínhamos conseguido aumentar o índice para mais de 73%.

Na época em que voltei dessa viagem, enfrentávamos inundações recorrentes — eram do tipo que costumávamos dizer que acontecem "uma vez a cada cem anos", mas agora sua incidência era anual. Isso só reforçou minha decisão de levar adiante nossos planos para o clima.

Em meio a essa agenda implacável também havia momentos de alegria. Quando Trevor Mallard se aposentou do Parlamento, Adrian Rurawhe foi eleito para substituí-lo como presidente do Parlamento. Rurawhe foi o segundo presidente maori da nossa câmara, e sua cadeira foi ocupada por uma mulher da lista do nosso partido. Agora, pela primeira vez na história da Nova Zelândia, 50% do Parlamento era de mulheres.

Celebramos esse acontecimento histórico com uma foto: as representantes da Casa formaram filas na velha biblioteca parlamentar, onde algumas das primeiras fotos do Parlamento totalmente masculino da Nova Zelândia tinham sido tiradas mais de 120 anos antes. Ao posar no primeiro plano da foto, eu sorria de orelha a orelha. Tinha sido a 99ª mulher a entrar no Parlamento. Apenas catorze anos depois, esse número tinha chegado a 177.

Mudanças estavam acontecendo em todos os cantos. Liz Truss tinha se tornado a primeira-ministra do Reino Unido, substituindo Boris Johnson, que assumira depois de Theresa May. Um dia eu estava lendo as notícias na BBC antes de dormir e cliquei em uma matéria sobre a primeira reunião oficial de Truss com a rainha. Na fotografia, a rainha estava vestida de azul-claro. Uma das mãos se apoiava em uma bengala e a outra estava esticada para cumprimentar a nova primeira-ministra. Dei um zoom na mão da rainha. Sua pele era muito branca, mas tinha uma mancha roxa. *É a mão da minha avó*, pensei, lembrando-me da mão da vovó Margaret quando Eric a acariciou, pouco antes de seu falecimento. Senti uma pontada de tristeza. Então larguei meu celular e apaguei a luz.

Algumas horas depois, acordei no susto. Alguém estava no corredor. A luz de uma lanterna invadia o quarto. Vi apenas um feixe de luz no breu, não quem o lançava. Sentei-me, confusa.

"Perdão, senhora", disse a voz. Era um policial uniformizado. "É a secretária do gabinete. Ela disse que precisa falar com a senhora."

Não sei como, mas eu soube imediatamente. A rainha Elizabeth II, nossa chefe de Estado, havia morrido.

A matriarca cujo reinado tinha durado mais de setenta anos e abarcado tantas transformações mundiais que era até difícil entender. A rainha que não tinha nada em comum com minha avó, não de fato, mas que sempre me fazia lembrar de minha infância, quando eu olhava para aquele seu penteado, com um corgi trotando a seu lado.

Nos dias seguintes, cumprimos todos os rituais: nossas bandeiras ficaram a meio mastro, penduramos fitas pretas no canto da imagem da rainha, abrimos livros de condolências no Parlamento, começamos os preparativos para as cerimônias em sua homenagem e a transição para o reinado de nosso novo chefe de Estado, o rei Charles. No fundo eu pensava em todas as interações que tive a sorte de ter com Sua Majestade. A vez em que ela telefonou durante a pandemia, só para saber se estava tudo bem. Seu estoicismo quando entrei em contato para expressar a tristeza de nossa nação diante da perda de seu marido e companheiro de vida. Mas acima de tudo me lembrei de seu conselho franco quando eu, ainda grávida, perguntei como ela conseguia levar adiante uma vida extraordinária de serviço público contínuo e implacável sendo mãe e avó.

Você simplesmente segue em frente, ela me dissera. E de modo geral ela tinha razão — um passo depois do outro. *Você simplesmente segue em frente.*

Antes de ir ao funeral da rainha e encontrar nosso novo chefe de Estado, o rei Charles, fiz um check-up. Em breve visitaria a Base Scott, a estação de pesquisas da Nova Zelândia na Antártica, que no verão abrigava cerca de oitenta pessoas. Embora a ideia fosse passarmos apenas três noites lá, os voos de ida e volta da Antártica estavam sujeitos a inúmeros contratempos. Não dava para arriscar uma emergência médica em um ambiente de tamanha incerteza, por isso a avaliação.

Fiz um check-up minucioso: exame de sangue completo, exame físico dos pés à cabeça. A verificação incluía o exame de mama, e foi assim que eles acharam o nódulo.

Nódulo? É claro que não era nada, garanti a mim mesma assim que ouvi minha ginecologista dizer essa palavra. Mas por algum motivo ela começou a falar rápido. Muito rápido.

"Lamento muito, acho que você vai ter que investigar isso melhor. É no seio esquerdo, não passa de um centímetro, ainda é bem pequeno. Infelizmente não posso te dizer nada além disso." Ela se calou, um silêncio súbito ocupando o espaço onde suas palavras tinham estado; em seguida repetiu: "lamento muito".

Ela estava se desculpando por encontrar o nódulo, perguntei a mim mesma, ou pela inconveniência daquilo tudo? De qualquer modo, ali na mesa de exames, com o revestimento de papel sobre o qual estava deitada farfalhando debaixo do meu corpo, me peguei tranquilizando a médica. *Está tudo bem, tenho certeza de que está tudo bem, essas coisas são normais, eu sei disso.* E de modo geral eu acreditava no que dizia. Provavelmente ficaria tudo bem. Talvez. Mas também era realista. Tinha um histórico familiar de câncer de mama, e uma parente tinha falecido aos trinta e poucos anos. Já sabia que eu corria um risco alto.

Então *estava* tudo bem?

Depois do exame, voltei ao gabinete. Tive só alguns instantes antes da reunião com ministros e da coletiva de imprensa habitual. Tentando esquecer minha conversa com a médica, fui ao banheiro para me arrumar. A luz do ambiente de azulejos escuros sempre me deixava com um ar meio abatido, mas diante da pia, penteando o cabelo, eu parecia pior que o normal. É claro que eu estava exatamente igual a como estava de manhã, e na véspera, e na antevéspera, antes de minha médica pronunciar a palavra "nódulo".

Parada ali, com a escova de cabelo na mão, resolvi não contar a Clarke. Só por enquanto. Só até ter mais informações. Para que preocupá-lo? A bem da verdade, por que eu mesma deveria me preocupar? Provavelmente não era nada. Precisava só não pensar no assunto. *É isso o que vou fazer, não vou pensar nisso.*

Dali a poucos minutos eu encabeçaria a reunião ministerial e não pensaria no assunto. Em seguida falaria com jornalistas e não pensaria no assunto. Iria para casa, abraçaria Neve, colocaria ela para dormir e contaria a Clarke tudo o que tinha acontecido no meu dia. Menos isso. Porque eu não estaria pensando no assunto.

Mas parada ali, tentando compartimentalizar direitinho meu mundo, os piores pensamentos se insinuavam. E se fosse câncer, o que aconteceria? Como eu daria conta disso e do trabalho? Como alguém conjuga tudo? Talvez eu não conseguisse. Talvez então eu pudesse sair.

Talvez eu pudesse sair?

Fiquei imóvel, minha mão ainda segurando a escova acima da cabeça. Como assim, *talvez eu pudesse sair*? De onde vinha esse pensamento? E como eu estava se via o câncer não como uma possibilidade arrasadora, mas como uma forma de sair do cargo?

Nada muito anormal estava acontecendo para fazer essa ideia cruzar minha cabeça, mas ainda assim ela cruzou. É claro que eu estava cansada, mas tem alguém que não esteja aos quarenta e poucos anos? E é claro que eu pensava em minha saída da política, em geral durante o verão, quando imaginava planos a longo prazo e como o futuro poderia ser – mas não assim.

Dessa vez a ideia pousou de súbito e inesperadamente, e minha mente se agarrou a ela como se fosse uma boia salva-vidas. Em vez de pensar um pouco mais, entretanto, larguei a escova, saí do banheiro e me preparei para a reunião. *É só cansaço*, pensei.

Dali a uma semana eu faria uma mamografia. Esse exame acabaria com qualquer preocupação de que o nódulo fosse cancerígeno. O medo sumiria quase imediatamente. Mas o mesmo não aconteceria em relação à ideia surgida junto com o medo, aquelas quatro palavrinhas.

A ideia – *talvez eu pudesse sair* – permaneceria.

* * *

Eu estava com frio. Congelando. Já não sentia a ponta dos dedos, apesar de usar duas luvas e bolsinhas térmicas na palma das mãos. As tábuas de madeira rangiam sob minhas botas grossas enquanto eu andava devagar, absorvendo cada detalhe. Perto do fogão havia meias penduradas em uma corda, e paletas de presunto pendiam do teto mais de cem anos depois de terem sido colocadas ali. O abrigo onde eu estava naquele momento, a cabana de Ernest Shackleton no cabo Royds, era um museu congelado, e estava basicamente igual ao que era na época em que seus ocupantes saíram para nunca mais voltar.

Eu lia sobre Shackleton desde menina. Ele tinha virado um herói para mim. Meu pai tinha sido o primeiro a despertar meu interesse, e depois disso eu havia pesquisado muito sobre o explorador. Shackleton era conhecido por duas missões que foram um fiasco. O lugar onde eu estava tinha feito parte da expedição Nimrod, de 1908, em que ele tentara chegar ao Polo Sul geográfico. Com seus companheiros, ele tinha percorrido cerca de 2700 quilômetros no gelo. Quando estavam a 180 quilômetros do objetivo, as condições degringolaram e ficaram tão perigosas que Shackleton fez o impensável. Resolveu voltar para casa.

Parada ali na cabana, imaginei como devia ter sido deixar a segurança do calor e do abrigo, pôr tantas coisas em jogo, chegar tão perto do objetivo e voltar atrás. Mas Shackleton e os homens que estavam com ele sobreviveram.

Na ensolarada Auckland — um lugar que naquele momento me parecia outro planeta — eu ainda usava uma caneca antiga, lascada e desgastada, com uma citação de Shackleton: "O otimismo é a verdadeira coragem moral". A caneca ficava em uma prateleira não muito distante de fotos emolduradas da expedição Endurance, liderada por Shackleton — sua segunda, que deu errado quando o navio empacou e depois foi esmagado por uma banquisa. Seu grupo também sobreviveu à viagem.

Eu tinha passado muito tempo da vida pensando em coragem, em resistência, em sobrevivência. Agora, parada ali onde Shackleton estivera, eu o imaginei dando uma última olhada ao redor — observando o estoque de alimentos, os beliches, os potes de espécimes, a chaleira, as panelas e frigideiras — e me demorei um instante, de costas para o fotógrafo ali perto. Não queria que ele visse meu rosto. Estava formigando, mas ainda assim eu sentia as lágrimas se formarem.

"Dá só mais um passinho para trás", o fotógrafo me instruiu. Obedeci, olhando através da janela a paisagem de inóspitas rochas cinza-escuras. Porções de neve branca salpicavam a paisagem, às vezes parecendo um bloco, e depois havia um infinito e misterioso mar de branco e mais nada.

Alguns dias antes da virada do ano, Andrew Campbell, meu secretário-chefe de imprensa, bateu à minha porta. Eu acabara de voltar ao gabinete após uma sessão turbulenta de questionamentos na câmara. Agora eu me apressava para terminar um discurso.

"Oiiii...", Andrew disse, esticando a palavra. Ele às vezes fazia isso, mas só quando havia alguma coisa errada.

Eu me preparei. Devia ter dado alguma resposta equivocada naquele dia. Talvez tivesse me enrolado ou usado um linguajar canhestro, e agora o erro reverberava pela galeria da imprensa.

"Então, hoje, na câmara", Andrew começou, "quando você se sentou, depois que as perguntas terminaram, parece que seu microfone continuou ligado."

Parei de digitar. *Ih*. Eu sabia exatamente o que tinha feito. Olhei para ele e aguardei.

"E parece que captaram sua voz chamando David Seymour" — Andrew hesitou antes de continuar — "de babaca arrogante."

Na verdade, *não* era isso que eu esperava.

"Tem certeza?", indaguei.

David Seymour era o líder do ACT, um partido libertário de direita. Era jovem e autoconfiante, o tipo de cara que já tinha trabalhado em um think tank conservador e agia como se agora devesse mandar no mundo. Ele me atacava obstinadamente desde o dia em que eu tomara posse. Tinha sido o único parlamentar a votar contra a proibição de armas semiautomáticas de estilo militar após o 15 de Março e a se opor a nossas leis de carbono zero. Também fora o único a se encontrar com as pessoas que haviam ocupado as dependências do Parlamento por um mês.

Durante a sessão de questionamentos, ele parecia mais interessado em criar clipes para seus seguidores nas redes sociais do que em obter respostas verdadeiras. E nesse dia tinha usado seu direito de fazer perguntas para lançar uma série de ataques — primeiro perguntando quando eu "mostraria alguma liderança", ou seja, quando demitiria um ministro que ele vinha criticando injustamente. Seymour também insinuou que nosso plano de expandir os artigos sobre discurso de ódio dentro da lei de direitos humanos para proteger religiões era um exagero. Por fim, sugeriu que eu era incapaz de assumir erros ou de demonstrar remorso. A essa altura fiquei irritada. Depois de enfim responder a todas as perguntas feitas por ele, sentei-me, virei-me para Grant e, cochichando, xinguei David Seymour.

"Tem *certeza* de que foi disso que eu chamei ele?", perguntei a Andrew.

"A imprensa ouviu", Andrew declarou, a expressão séria. "Então eu mesmo fui ouvir. Não tenho nenhuma dúvida de que você chamou ele de babaca arrogante."

Soltei o ar, num suspiro aliviado. "Que bom", eu disse. Andrew esperou, confuso. "Achei que tinha chamado ele de *babaca do caralho*."

Fiz o possível para mitigar as consequências. Pedi desculpas publicamente pelo xingamento, fazendo referência ao velho adágio "se você não tem nada de bom a dizer, não diga nada". David aceitou as desculpas e ambos assinamos a transcrição do diálogo, que foi leiloado por mais de 100 mil dólares neozelandeses, dinheiro que foi doado à Fundação do Câncer de Próstata.

Esse deveria ter sido o fim da saga, mas fiquei me remoendo. Tinha passado aqueles anos todos fazendo o possível para não deixar a oposição me aborrecer. Mas vinha percebendo que as coisas estavam me incomodando mais do que antes. E não só no Beehive.

Um mês antes, eu havia perdido a paciência com um jornalista durante uma coletiva de imprensa com Sanna Marin, a primeira-ministra da Finlândia. Tínhamos terminado nossa reunião e estávamos respondendo às perguntas quando um jornalista da Nova Zelândia levantou a mão.

"Muita gente vai querer saber", ele disse, "as duas estão se reunindo só porque têm idades próximas e muita *coisa* em comum?" A insinuação foi clara. Não nos reuníamos por sermos duas primeiras-ministras, mas por sermos garotas.

Cortei o jornalista, questionando em voz alta se alguém tinha perguntado a Barack Obama e John Key, o ex-primeiro-ministro da Nova Zelândia, "se eles estavam se reunindo porque tinham idades próximas". Enquanto eu dizia essas palavras, via minha indignação aumentar. Quando descemos do estrado, senti necessidade de me desculpar com Sanna.

"Não tem problema nenhum", ela disse, rindo. "Mas eu bem que gostaria de ter falado para ele que, em vez de discutir comércio, fizemos trancinhas no cabelo uma da outra."

À noite Clarke me mandou por mensagem alguns dos comentários on-line sobre a coletiva de imprensa. Parecia que o jornalista que tinha feito a pergunta estava sendo repreendido. Claro, ele devia saber que não se fala uma coisa dessas, mas era jovem, devia ser inexperiente, e agora estava sentindo todo o peso das críticas da comunidade on-line. Será que eu tinha criado o terreno para esse ataque? Estava menos paciente do que antigamente?

Também não era a primeira vez que eu lidava com perguntas como essa. Nos meus primeiros dias como líder do Partido Trabalhista, repreendi o jornalista que sugeriu que as mulheres eram obrigadas a declarar seus planos reprodutivos. Na época minha sensação era de que eu estava defendendo uma posição em nome de todas as mulheres. Agora me perguntava se não estava fazendo aquilo só por mim mesma.

Mas, se eu estava com o pavio curto, outras pessoas também estavam.

Eu estava no aeroporto de Auckland, esperando um voo comercial após um dia agitado. Dois membros da minha equipe viajavam comigo, mas me afastei deles para ir ao banheiro. Estava diante da pia, lavando as mãos, quando uma mulher entrou. Devia ter uns cinquenta e poucos anos, usava uma blusa azul colada ao corpo e muitas bijuterias. Ela me viu à pia, quase como se soubesse que eu estaria ali, e veio em minha direção com um ar determinado.

Não era nada anormal. Mesmo quando eu era uma parlamentar que me sentava no fundo da câmara, pessoas comuns me abordavam no supermercado ou no shopping. Desde que havia me tornado primeira-ministra, esse era um acontecimento cotidiano. Estávamos na era da selfie, e em geral era isso o que as pessoas pediam — eu já tinha tirado foto até em frente a cabines de banheiro. Também tinha vezes em que as pessoas queriam discutir problemas mais específicos — a "civilinização" das Forças Armadas, talvez, assunto que uma pessoa trouxe à baila enquanto eu estava no corredor de um mercado escolhendo barrinhas de cereais. Às vezes só queriam pontuar que tinham me visto fazendo minhas coisas. No início do meu mandato como primeira-ministra, não muito depois de anunciar a gravidez, eu estava na Kmart, confusa diante de uma prateleira de calças para gestantes. Uma moça de roupa preta e piercings parou na minha frente e me encarou. "Você faz compras na Kmart", ela disse, mais uma afirmação do que uma pergunta. "*Legal.*"

No entanto, a mulher do aeroporto não queria conversar, não de verdade. Parou do meu lado, diante da pia, e chegou tão perto, tão perto, que senti seu calor em meu rosto. Afastei-me um pouco, minhas mãos ainda sob a água.

"Eu só queria dizer obrigada", ela disse. Fez uma pausa antes de acrescentar: "obrigada por ter destruído o país".

Em seguida deu meia-volta, sumiu na cabine do banheiro e me deixou parada ali, como se eu fosse uma colegial destratada.

Cogitei bater à porta da cabine dela. *Perdão* — eu me imaginei perguntando através da porta —, *você poderia ser um pouco mais específica? É que "destruir o país" é uma afirmação muito abrangente, já que existe uma infinidade de formas de fazer isso. Você quer dizer que eu destruí a economia ou o sistema de saúde? Tenho certeza de que tenho um monte de réplicas, mas primeiro preciso saber o que* exatamente *você quis dizer.* Em vez disso sequei as mãos e saí.

É óbvio que nem todas as conversas durante esses anos foram amistosas. E não vejo problema nisso. Tinha crescido rodeada de debates, e tinha várias discussões com quem discordava da minha visão política. Com raras exceções — como o homem mais velho que teimou em me seguir quando eu estava comprando calcinhas e sutiãs na Farmers, até meu segurança enfim intervir —, eu ficava contente com essas interações. Adorava o fato de não estar fechada em uma bolha de "chefe de Estado". Chegava a separar um tempo a mais para cada tarefa para poder ter essas conversas espontâneas.

Entretanto o incidente no banheiro me parecia algo novo. Foi o tom de voz da mulher, seu excesso de proximidade, o fato de sua raiva fervilhante e inespecífica me parecer não só imprevisível como incoerente com a situação. Foi parecido com a vez em que eu estava em um shopping e um pai me pediu para tirar uma foto com a filha dele, uma jovem em cadeira de rodas. Agachei-me ao lado da moça, o sorriso largo, de olho em Neve, que me esperava ali perto. Uma mulher sozinha surgiu atrás do pai enquanto ele erguia o celular. Ela esperou uns instantes, até que eu a visse. Quando nossos olhares se cruzaram, levantou o dedo do meio das duas mãos para mim com uma fúria indistinta no rosto, e em seguida foi embora.

O que estava acontecendo? Fosse o que fosse, não se restringia apenas à Nova Zelândia. Algo havia se rompido no mundo inteiro. Em todos os lugares eu ouvia histórias não só de políticos, mas de servidores públicos com certo perfil, sobretudo os que tinham trabalhado com a covid-19, sendo perseguidos e assediados nas ruas. E às vezes era pior. Alguns meses antes, Shinzo Abe, o primeiro-ministro do Japão — o indivíduo quieto e sério que me disse ter ficado muito triste ao saber que meu gato tinha morrido, que ajudou a fechar o acordo de comércio do CPTPP —, fora baleado e morto por um homem que acreditava que ele tinha ligações com uma igreja que o atirador culpava pela penúria de sua família.

Pessoas que pensavam coisas ruins sobre políticos sempre existiram. Eu sabia disso. Mas tinha a impressão de que alguma coisa mudara recentemente, como se os limites dos indivíduos tivessem se afrouxado. Ou talvez fosse apenas uma conjunção de fatores, na qual o mundo on-line ajudava a rebaixar líderes a *apenas* "políticos", algo distinto de ser humano, e isso tornasse todos nós alvos mais fáceis de ataques. Ou talvez minha resiliência e capacidade de resolver problemas estivessem erodindo. Talvez ambas as coisas.

Eu estava vivendo sob adrenalina havia muito tempo. Todas as noites em claro, todo o cortisol, todas as situações de luta ou fuga, tudo isso exaure a pessoa. E não era apenas uma coisa que eu sentia dentro de mim. Parecia ser algo que eu também transmitia. Volta e meia ouvia que parecia cansada. Que estava com os olhos fundos. *Talvez seja uma boa comer mais carne*, foi a sugestão que recebi de mais de uma pessoa. Fazia sentido. Quando estava estressada não conseguia comer, e nessa época eu estava sempre estressada.

É curioso que tudo isso me viesse nesse período. Depois dos cinco anos que tivéramos, era um momento de relativa tranquilidade. Os dias tinham voltado a ter alguma estabilidade. Mas eu não conseguia aproveitá-los, não conseguia relaxar diante da relativa calmaria.

Talvez eu estivesse condicionada pela crise. Sabia que o próximo desafio, fosse qual fosse, estava bem ali na esquina. E, quando ele chegasse, precisaria do tanque cheio, com bastante combustível de reserva. E eu não tinha mais certeza da existência desse combustível.

Era hora de dizer em voz alta o que até então só tinha sido uma ideia na minha cabeça.

Trinta

Houve silêncio depois que eu disse as palavras, só nós dois no meu gabinete. A porta estava fechada, e era tão tarde que não se ouvia o zum-zum-zum habitual do gabinete vizinho. O resmungo de Grant rompeu a quietude.

Eu acabara de contar a ele que pensava em deixar o cargo. Estava sentada atrás da minha mesa, Grant de frente para mim, na poltrona de couro preta, as mãos pousadas sobre a cabeça porque ele tentava alongar as costas doloridas. Assim que falei em voz alta — "Acho que eu devia sair" — ele fechou os olhos com força, como se tentasse bloquear algo que não queria ter escutado. Um tempo depois reabriu os olhos e respirou fundo.

"Bom, você sabe o que vou dizer." Eu continuei calada. "Profissionalmente", ele disse, "quero que você fique."

Grant, meu amigo, a pessoa que tomava conta de mim desde que havíamos nos conhecido na lanchonete do Beehive, anos antes, quando percebeu que eu estava perdida no gabinete de Harry e que não sabia qual seria meu próximo passo. Que tinha me levado para o nono andar e garantido que eu ficaria acima dele no ranking do partido.

Agora, ao me olhar do outro lado da mesa, Grant tinha no rosto a mesma expressão de quase seis anos antes, quando entrara na sala da convenção partidária, depois de anos a fio tentando sem sucesso se tornar o líder, e ouvira que tinha perdido de novo por uma margem de 1%. Era uma expressão que dizia *sinto muito*, como se ele me devesse alguma coisa. Era como se, depois de todos aqueles anos de amizade e de colaboração profissional, minha saída significasse que ele tinha me deixado na mão.

Após uma longa pausa, Grant olhou para baixo.

"Mas pessoalmente, como amigo...", ele prosseguiu. Então, erguendo a cabeça, olhou nos meus olhos. "Como amigo, apoio sua decisão de sair."

Havia pouquíssimas pessoas com quem eu podia falar de minha possível saída. Se viesse a público que eu cogitava deixar o cargo, era quase certo que a decisão seria tirada das minhas mãos. Você nunca pode desconfiar de sua capacidade como líder, pelo menos em público, pois isso denota que você já não está comprometido com o trabalho. Se havia mais uma pessoa do meu círculo mais íntimo que precisava saber era meu chefe de gabinete, Raj.

Sabia que com Raj eu não teria uma discussão técnica: amava trabalhar com ele porque dava prioridade tanto à cabeça como ao coração. Mas, quando conversamos, foi quase como se ele não conseguisse achar um jeito de ser objetivo. Para cada ponto que eu ressaltava ele trazia um contraponto. Isso era útil numa situação política, mas nesse caso foi doloroso.

"Seja o que for que esteja te perturbando nesse trabalho, tem conserto", ele argumentou, acrescentando: "o fato de ser ano de eleição é um motivo para ficar, não para sair — a equipe precisa de você." Rebati, listando as inúmeras razões por que acreditava que a equipe ficaria melhor sem mim.

Cheguei a dividir com Raj uma reflexão sobre a qual não tinha conversado com Grant. Eu disse que acreditava ter me tornado um barril de pólvora, um para-raios político. Alguém que poderia causar uma reviravolta eleitoral e desfazer o que havíamos conquistado. Se ao me retirar eu pudesse acabar com a fúria da política, expliquei, talvez conseguíssemos evitar a retaliação que destruiria todos os avanços que tínhamos obtido — para as relações raciais, os direitos das mulheres e a comunidade LGBT.

Eu não tinha nada em que basear minha teoria, e até as pesquisas da época mostravam uma diferença de poucos pontos entre nós e a oposição. Mas era essa minha sensação, e, enquanto as palavras saíam da minha boca, tive ainda mais certeza do que estava dizendo. Mas Raj discordava.

Ele estava sentado onde Grant havia se sentado alguns dias antes, mas, ao contrário de Grant, Raj lidava com a conversa como se eu pudesse mudar de ideia. "Sua saída não vai mudar isso", ele encerrou.

Olhei para ele em silêncio. Bem ali, acomodados do mesmo jeito que agora, tínhamos passado horas incontáveis dos últimos cinco anos debatendo e discutindo tudo, dos mínimos detalhes de nossas medidas de redução de desperdício e iniciativas climáticas ao ordenamento dos projetos do gabinete, passando pelos planos de viagem dos ministros. Raj não era mais apenas um colega: era um de meus melhores amigos. Eu confiava cegamente em suas opiniões. Por isso sabia que, se ficasse em silêncio, ele entenderia muito bem o que eu estava dizendo.

Minha saída talvez tornasse nossa política mais tranquila, menos polarizada. Ou talvez não. Mas eu começava a acreditar que era melhor sair e estar errada do que continuar e estar certa.

Ele fez que não. "Não estou querendo dizer que não existe problema nenhum. É que eu acho que você é a pessoa que vai nos fazer vencer a próxima eleição. Que vai saber defender as opiniões do Trabalhista." Impossível negar que ainda havia muito a ser resolvido. A disparidade do nosso sistema tributário, para começar. Grant, David Parker e eu tínhamos dado o chute inicial em um imposto alternativo sobre ganhos de capital — talvez minha saída até facilitasse a implementação dessa mudança.

"O Partido Trabalhista não precisa de mim para vencer", respondi. Eu acreditava nisso. As pesquisas mostravam que tínhamos 34%, cerca de três pontos menos do que em 2017, quando fôramos eleitos. Apesar de tudo o que a Nova Zelândia tinha enfrentado desde então — pandemia, vulcão, inundações, incêndios —, o número não era ruim. Mas precisava melhorar, e eu acreditava que isso aconteceria. Com outra pessoa na liderança do partido.

Mas a decisão não dizia respeito apenas à vitória, ou mesmo à ideia de eu ser um barril de pólvora. Também estava em questão se eu poderia ficar mais quatro anos no cargo, com tudo o que isso acarretava, se eu ainda tinha toda a energia e o entusiasmo, a curiosidade e a mente aberta necessários a uma boa líder. Como primeira-ministra, é preciso estar em alerta máximo o tempo inteiro. A qualquer momento você pode ter que administrar uma situação que exija foco total — tomando uma decisão depois da outra, agindo depois de dormir pouquíssimo e sob pressão máxima. Você tem que estar no seu ápice. Eu ainda estava fazendo o meu melhor nesse papel? E aguentaria fazê-lo por mais quatro anos?

E assim escutei as opiniões de Raj, em quem eu confiava plenamente, e aconteceu algo que não me lembrava de ter acontecido antes: eu as rejeitei.

Afinal, Raj já tinha me dito que ele iria sair.

Havia muitas outras coisas nas quais me concentrar nas semanas seguintes. Aumentamos nosso apoio à Ucrânia, destacando equipes extras de treinamento de infantaria para instruir suas tropas no Reino Unido. Criamos um fundo de prevenção ao crime organizado no comércio com o objetivo de evitar que carros avançassem sobre vitrines de lojas para roubá-las. E, na Conferência do Partido Trabalhista, apresentei uma expansão significativa dos subsídios de Assistência à Infância, uma medida que tornaria 54% de todas as famílias neozelandesas com filhos, e quase todos os pais e mães solo, aptos a receber o auxílio. Continuamos a avançar em questões de clima e pobreza infantil, e compareci à Apec e à Cúpula do Leste Asiático, tudo isso enquanto me planejava para dar início ao ano novo anunciando a data da eleição.

Mas dentro de mim havia sempre o mesmo pensamento: será que eu devia sair?

Uma noite estava deitada na cama com Clarke em Auckland, tentando resolver o que fazer.

"Você não quer que eu saia, né?", perguntei. Nessa época Neve estava adaptada a uma nova creche, e ela e Clarke me acompanhavam com menos frequência em viagens. A malinha de viagem preta e a pasta estavam encostadas à parede, prontas para eu poder sair de fininho de manhã e voltar a Wellington para outra semana de Parlamento.

"Quero que faça o que for melhor para você", Clarke respondeu. Já tivéramos essa conversa antes, e ele usara essas mesmas palavras.

"Quero que me diga o que *você* pensa."

"Vamos ficar bem, independentemente do que você decidir", ele falou.

Suspirei, silenciosamente frustrada. Queria alguma reação, alguma coisa que fizesse pender a balança do meu próprio pensamento.

Ficamos um tempo ali. Eu olhava fixo para o retângulo de luz que vinha de uma das janelas. Lá fora ficavam nossos jardins descuidados. As férias estavam chegando, e essa parecia ser nossa única chance de cuidar do quintal e refletir.

Clarke respirou fundo. "É que eu não quero que eles achem que venceram", ele disse. Não precisei perguntar em quem estava pensando. Ele se referia àqueles que nunca se atinham às políticas, que tornavam tudo pessoal, que me rotulavam de esquisita, burra e desenxabida, ou que atacavam minha família. Os que viam boatos como armas e achavam que receber ameaças à integridade física fazia parte do meu trabalho.

Entendia o que Clarke estava falando. Eu tampouco queria que "eles" vencessem. Mas já não os havia derrotado só de estar ali e perseverar? Todo dia as pessoas exigiam que eu me provasse capaz, e eu fizera isso. E não falo só de sobreviver a todas as crises – o surto de *M. bovis*, o ataque terrorista, a erupção do vulcão, a pandemia e outros acontecimentos. Eu não virara uma pessoa cínica. Não apelara a ataques baixos. Não mudara fundamentalmente quem eu era ou o que era relevante para mim.

Já bastava de provar minha capacidade. Havia apenas uma pergunta que eu precisava responder agora, e ela não seria feita pelos meus críticos. Era uma pergunta minha. *Eu queria continuar?*

Alguns meses depois de falar pela primeira vez da minha renúncia com Grant, eu estava em um quarto de hotel, diante do guarda-roupa, tentando decidir o que vestir. Desde que havia me tornado primeira-ministra, tomara essa decisão, geralmente a primeira do dia, mais de 1900 vezes. Agora ali estava eu, escolhendo entre os dois vestidos que tinha levado naquela viagem.

Era o início de um novo ano político. O Partido Trabalhista, como de hábito, marcaria esse novo começo com uma convenção, um retiro para planejarmos o ano. Dessa vez o evento seria em Napier, um importante reduto eleitoral que não votava sempre no mesmo partido. Clarke, Neve e eu tínhamos viajado na noite anterior. Chegamos tarde, lanchamos em vez de jantar, e tentamos acomodar Neve em mais um quarto de hotel.

Clarke estava do outro lado da suíte, mergulhando um saquinho de chá em uma caneca de água quente. Atrás dele a cama estava desarrumada, nossas malas no chão. No quarto adjacente, ouvi Neve de um lado para o outro, divertindo-se numa conversa consigo mesma. Eu olhava para o guarda-roupa. Um vestido verde. Um vestido azul. *Qual ficaria melhor?*

Neve enfiou a cabeça na porta.

"Mamãe, arrumei todos os meus chás. Estou pronta para o chá da tarde."

Fiz que sim, meus olhos nos vestidos. "Que divertido, meu amor." Neve desapareceu. Clarke entregou meu chá. Dei uns goles e larguei a caneca. Pus o vestido azul e me olhei no espelho para arrumar o cabelo.

"Está se sentindo bem?", Clarke perguntou.

"Acho que sim." Enfiei os pés nos sapatos e peguei minha bolsa. A essa altura minha decisão já fora tomada, e estava prestes a anunciá-la. Primeiro ao partido e depois ao mundo.

"Espera, mamãe!" Neve estava na porta. "Achei que você vinha ao meu chá. Por favooor!"

Dei uma espiadinha no quarto dela. Minha filha tinha aberto todos os pacotinhos de chá, tirando os sachês e arrumando-os em cima da mesa, lado a lado. O de camomila amarelo, o chá inglês vermelho, o de hortelã verde. Neve tinha colocado xícaras em cima da mesa — ao lado dos pires em vez de em cima deles. Em cada pires, teve o cuidado de depositar dois biscoitinhos. "Você brinca comigo?", perguntou.

Passei os braços em volta dela, beijei seu cabelo despenteado. *Eu adoraria*, murmurei. *Assim que eu voltar.*

Nunca deixei de visitar escolas depois de me tornar primeira-ministra. Na verdade era uma das coisas mais constantes que eu fazia como política. E, quando surgia a oportunidade, ainda fazia com os estudantes o exercício de liderança que sempre tinha feito, propondo-lhes o mesmo questionamento: "Como é um político?".

Fiz esse exercício dezenas de vezes ao longo dos anos. Pedia aos alunos que me dissessem o que viam em termos de aparência, bem como o que ouviam. Às vezes as palavras que vinham imediatamente partiam meu coração: egoísta; velho; não confiável; mentiroso; careca.

Nunca perdi de vista o fato de que ali estava eu, uma política, parada diante dos estudantes, pedindo que descrevessem um político, só para ouvi-los citar traços que eu pensava que não eram os meus. Mas esse era meu objetivo. Eu tentava explorar nossas suposições latentes. Mostrar que às vezes acreditamos que empregos ou funções exigem certos traços ou jeitos de ser, e que talvez devêssemos pôr essas ideias à prova.

Em uma dessas visitas, dessa vez em um marae, fiz essa pergunta a um grupo de jovens de quinze ou dezesseis anos, sentados no chão a minha frente.

Pela primeira vez percebi algumas diferenças. A palavra "mulher" foi usada, para começar. Nem todos os traços eram de personalidades tipo A, como ambição e hostilidade. Vi uma jovem na primeira fila levantar a mão devagar, hesitando. Fiz um gesto para a garota, e ela abaixou a mão. A menina se curvou um pouco para a frente ao dizer uma palavra que naqueles anos todos nenhum estudante tinha enunciado.

"Bondosos", ela declarou. "Acho que políticos podem ser bondosos."

Sorri para ela. "Sim", eu disse. "Também acho que eles podem ser bondosos."

Anos antes de ter sido eleita, eu acreditava que um político bondoso, ou sensível, talvez até cheio de inseguranças, estaria destinado ao fracasso. O padrão da liderança política, ao que parecia, era rígido demais para ser quebrado. E no entanto ali estava eu, primeira-ministra, diante de uma menina que dizia exatamente o que outrora parecia impossível. Talvez isso significasse que para ela seria diferente.

É possível que, quando essa menina tiver minha idade, a bondade na política não seja uma anomalia, mas a norma. Talvez tenhamos muitos, muitos líderes que não se encaixem nas velhas suposições. Talvez aquela jovem se torne um desses líderes. Nesse caso, talvez tenha inseguranças ao longo do caminho; talvez questione a si mesma e sua competência para estar ali.

E, se for assim, digo aqui o que eu diria a ela. Digo aqui o que eu diria a qualquer um que não se encaixe no velho padrão:

Caso você tenha síndrome do impostor, ou questione a sua capacidade, canalize isso. Isso vai te ajudar. Você vai ler mais, buscar orientação e manter a humildade diante de situações que só são vencidas com modéstia. Caso seja ansiosa e pense demais em tudo, caso sempre imagine a pior das hipóteses, canalize isso também. Isso vai fazer com que você esteja preparada quando os dias mais complicados chegarem. E, caso seja muito sensível e impressionável, caso as críticas sejam devastadoras para você, saiba que isso não é fraqueza, é empatia. Na verdade, todas as características que você acredita serem defeitos se tornarão seus pontos fortes. As coisas que você achava que a incapacitariam são aquelas que farão de você uma pessoa melhor, mais forte. Elas lhe darão um tipo diferente de poder e a transformarão numa líder de que este mundo, com todo seu caos, precisa.

É isso o que eu diria a ela.

E imagino que, ao contar minha história, é isso o que estou dizendo a você.

Menos de uma semana após a visita a Napier, eu estava de volta a Wellington, no banco de trás do carro ministerial. Clarke estava sentado a meu lado, o braço encostado na janela. Tínhamos acabado de deixar Neve na creche. Peguei meu celular e abri as informações de contato de John Campbell, o repórter que tinha me entrevistado em um dia radiante de outubro, anos antes, quando eu ia em direção à cerimônia em que assumiria um cargo que jamais imaginara ter.

John não atendeu — estava ocupado dando as notícias, imaginei —, então resolvi deixar uma mensagem de voz.

Ei, John, eu disse. O carro estava passando pela Featherston Street. *Estou no carro, a caminho do Palácio do Governo, para renunciar oficialmente.*

De volta a Napier, depois de deixar Neve e Clarke na suíte de hotel, eu tinha entrado em uma sala de reunião pequena e simples para dar a notícia ao conselho. Eu renunciaria. Depois fui a um ambiente mais amplo, no andar de cima, com vista para o mar, onde os integrantes do partido estavam reunidos, e contei a eles. Então, por fim, convoquei uma coletiva de imprensa e fiz o anúncio ao país. Agora estava no trajeto até o Palácio do Governo, onde um novo primeiro-ministro do Partido Trabalhista, Chris Hipkins, tomaria posse.

Eu não pararia. Não pararia de tentar ajudar as pessoas, de tentar tornar o mundo um pouco mais luminoso. Jamais desistiria desses objetivos. Só não seria mais como primeira-ministra.

Continuei minha mensagem para John:

Pareceu uma simetria legal te mandar uma mensagem. Porque, claro, foi com você que conversei a caminho da minha posse...

Acho que você me perguntou pelo que eu gostaria de ser lembrada, e tenho quase certeza de que respondi que queria ser lembrada pela bondade.

Minha voz embargou um pouco nessa última parte.

Eu espero que isso tenha se concretizado.

Levei dez segundos para conseguir continuar. Eu me lembro, até hoje, que Clarke se virou para mim, sorriu e segurou minha mão.

Minha imagem não era a primeira que vinha à cabeça das pessoas quando pensavam em um líder, e tampouco era a imagem que vinha à minha cabeça. Eu era uma pessoa muito comum que tinha passado por uma série de circunstâncias extraordinárias. Mas fora líder. E fizera isso em meus próprios termos.

Naqueles últimos momentos como primeira-ministra, o carro estava passando por Queens Wharf. Encerrei minha mensagem para John. *Apesar da minha voz*, declarei, *eu saio com nada além de felicidade.*

Sim, percebi. Eu *estava* feliz. A felicidade pode ter diversas faces. E eu tinha encontrado muita felicidade no trabalho inesperado que tivera. Mas a felicidade que sentia naquele momento vinha do simples fato de saber que fizera o meu melhor. Qualquer que tivesse sido o desafio, qualquer coisa que tivesse enfrentado, eu fizera o meu melhor. E isso bastava.

Desliguei o telefone e olhei para a frente, para a rua diante de nós, para o momento que eu ainda não conseguia imaginar, para tudo o que ainda haveria no futuro.

Uma nova era estava para começar.

Epílogo

Três meses depois de arrumar a última das caixas no Parlamento — depois de desmontar o pula-pula na residência oficial, depois de Neve completar cinco anos e Clarke fazer para ela um bolo de lagarta coberto de M&M's —, guardamos nossa vida em quatro malas e nos mudamos para Boston. Recebi uma bolsa na Universidade Harvard. Lá, tinha reuniões de orientação com estudantes do mundo inteiro, trabalhava em estudos de caso e respondia a dezenas de perguntas em fóruns públicos.

Mas a questão mais difícil de todas veio de casa.

Tinha acabado de pegar Neve na creche quando ela me perguntou por que deixara o emprego como primeira-ministra. Neve estava mais alta e começava a perder os dentes de leite, mas ainda amava fazer arte acima de tudo. Nessa época ela escolhia as próprias roupas e arrumava o próprio cabelo, ou seja, volta e meia usava vestidos listrados coloridos com calças de leopardo. Agora estava diante de mim, andando devagar e com cuidado na beirada do meio-fio, um pé na frente do outro, como se estivesse se equilibrando numa trave de ginástica artística. A pergunta de Neve não me surpreendeu. Muita gente tinha me feito o mesmo questionamento, por que ela não o faria?

Então expliquei, da mesma forma que fiz aos outros, a essa altura inúmeras vezes, que ser primeira-ministra era um trabalho que requeria energia à beça, e eu achava que era hora de outra pessoa fazê-lo. Além do mais, agora eu poderia passar mais tempo com ela, e isso não era bom? Seus braços estavam totalmente esticados, ajudando-a a se equilibrar no meio-fio. Ela parou de andar e ficou olhando para mim.

"Mas mamãe", disse. Eu sentia a mente dela funcionando. "A gente nunca deve desistir."

Sua vozinha foi como um arpão minúsculo atravessando meu coração. Eu interrompi meus passos. A bolsa de Neve, com suas alças curtas, escorregou do meu ombro para o meu antebraço. *Minha filha acha que eu desisti?* Segundos depois, outro pensamento. *Minha filha acha que eu deveria ter continuado?*

Minha filha poderia ter dito várias coisas. Quando expliquei que queria passar mais tempo com ela, Neve poderia ter respondido: "Ah, que bom, porque você foi uma mãe ausente", ou uma versão dessa frase que uma menina de cinco anos diria. Mas não foi o que aconteceu. Ela estava bem. Eu era uma mãe que trabalhava e vivia lidando com a culpa materna, mas ela estava bem. Ela só queria ter certeza de que eu não era uma pessoa que desistia.

Observei Neve pular do meio-fio com seus tênis brancos com tiras de velcro que tanto me lembravam aqueles que eu usara em meu primeiro dia de escola, em Murupara. Pensei na resposta longa que poderia lhe dar, os pontos que provavam que eu seguiria em frente. Poderia contar que eu ainda estava fazendo as coisas que me interessavam. Que tinha recebido uma bolsa para pesquisar liderança empática, para continuar trabalhando com outras pessoas que estavam na política, mas que eu queria fazer política de outra maneira. Que eu estava colaborando com o príncipe William em sua iniciativa global, o Earthshot Prize, na luta contra as mudanças climáticas. Que tentava tornar o mundo on-line mais seguro para quando ela ficasse mais velha. Poderia compartilhar que estava escrevendo, palestrando e ainda tentando aprender, porque temos que ser sempre curiosos. E poderia encerrar dizendo que ainda havia muito o que fazer — muito mais do que uma pessoa poderia fazer sozinha, mas eu não estava sozinha. Havia diversas outras pessoas que tampouco desistiriam.

Mas não disse nada disso — talvez porque não fossem coisas fáceis de explicar para uma criança. Ou porque parte de mim soubesse que ela não precisava de provas de que eu seguiria em frente. Mais cedo ou mais tarde Neve perceberia isso por conta própria. Um dia, no entanto, talvez em breve, quem sabe ela me perguntaria: *Por que se dar ao trabalho?*.

Por que minha filha, ou qualquer outra pessoa, deve ter esperanças em um mundo em que as mudanças climáticas são negadas? Em que há tanto ódio, difamação e extremismo no mundo virtual, onde passamos tanto tempo de nossas vidas? Em uma época em que os políticos que elegemos para resolver esses problemas os propagam cada vez mais? Ou em que as soluções apresentadas são simplesmente rechaçadas a cada novo ciclo eleitoral? Depois de tudo o que tinha visto, eu poderia citar uma razão concreta para todos nós não desistirmos?

Quando criança, lembro de me questionar por que meu pai enxergava algo de bom no mundo, mesmo vendo o que havia de pior nele. Quando fui primeira-ministra, também vi momentos de pura escuridão. Mas existe uma inversão ao vermos o mundo no que ele tem de mais brutal, porque é quando também vemos as pessoas em seus momentos de maior humanidade. Foi nesses momentos que vi que era possível as pessoas se unirem em sua humanidade coletiva. Às vezes esses momentos são banais. Outras vezes criam uma onda que varre um país.

Vi Neve desviar os olhos de mim e retomar a brincadeira de se equilibrar. Quis dizer a ela que o mundo e sua política não precisavam ser perfeitos para que eu seguisse em frente. Para manter as esperanças, o otimismo, mas acima de tudo a expectativa de que as coisas podem e devem melhorar.

Nada do que vi durante meu tempo no cargo ou na política tinha mudado essa crença. Só passei a acreditar nisso com ainda mais convicção do que ao começar minha jornada, quinze anos antes. Mas quando minha filha saltou do meio-fio para o asfalto e começou a pular sobre as rachaduras, os braços agora levantados acima da cabeça, em direção ao céu, eu sorri para ela.

"Você tem razão, Neve. A gente não deve desistir nunca."

Agradecimentos

Sou uma criadora de discursos. Fazia isso desde meus treze anos e continuei a escrevê-los durante todo meu tempo como primeira-ministra. Mas escrever discursos é muito diferente de escrever um livro. É por isso que meu primeiro agradecimento tem que ser para Ali Benjamin. Eu precisava de uma professora, editora e orientadora combinadas em uma só pessoa. Obrigada por ser todas essas coisas, Ali, e por transformar esta criadora de discursos em escritora.

A Molly, Dave e a todo mundo da CAA, por serem uma equipe de torcida formidável. A Libby, Gillian e a toda a equipe da Crown — as pessoas que conheci e as que não conheci —, obrigada por darem vida a este livro. A Claire. A Grace, Holly, Meredith e à equipe da Penguin Random House na Austrália e na Nova Zelândia; a Mike e à equipe da Macmillan, e a Karolina por ajudar a reunir todo mundo. A Stacey, pelo conhecimento, *ngā mihi nui, e hoa*.

A minha mãe. Você analisou diários infindáveis por mim, verificou o manuscrito, revisitou momentos de sofrimento e de alegria. O processo só serviu para aumentar meu amor e apreço por você. A meu pai. Pouquíssimas pessoas leram estas palavras tantas vezes. Você foi uma delas, e sua opinião teve uma relevância enorme para mim. Obrigada por todas as lições de vida e por estar tão disposto a me deixar dividir uma história que não é só minha. A minha brilhante e bela Weeze, estas páginas não fazem jus a nossa irmandade. Você foi e sempre será a irmã mais maravilhosa do mundo. À família do meu pai. Principalmente a meus tios Ian e Marie, pelo amor, suporte e pela compreensão.

A Peri, Tony, Pene, Barney, Briar e Adam. Ninguém poderia pedir uma família estendida mais tolerante e incrível. À aldeia de Neve, Lynn, Craig e suas madrinhas, Zoe e Amelia, nossa, como nós amamos vocês. A Holly, um ser humano maravilhoso. Obrigada por estar a meu lado quando eu era primeira-ministra, e então por usar todo seu zelo e conhecimento como a verificadora de fatos mais altamente qualificada que eu poderia imaginar. A Le Roy, pelos anos de amizade e por me ajudar com os diários antigos e as pesquisas. A Julia, por sua memória, lealdade e seu amor incríveis.

Ao Alexander Turnbull Library Political Diary Oral History Project. Obrigada pelo compromisso com a gravação e preservação da história política da Nova Zelândia.

Se lamento uma coisa é que estas páginas não deem o espaço merecido a todas as pessoas que estiveram a meu lado durante os anos como parlamentar e primeira-ministra.

Àqueles que ajudaram o país a atravessar a época da covid-19, cujas mentes e cujos corações sempre tiveram como objetivo o bem-estar e a segurança da população: dr. Ashley Bloomfield, Brook Barrington, Juliet Gerrard, dr. Ian Town, dra. Caroline McElnay, dr. David Clark, dra. Ayesha Verrall, e meu amigo de longa data Chris Hipkins. A todo o MOH, PAG e aos servidores públicos que trabalharam incansavelmente, e por fim aos trabalhadores essenciais da Nova Zelândia.

À equipe do nono andar: Raj, Holly, Le Roy, Jo C., Chrissy, Rachel, Bridie, Kelly, Andrew, Claire-Louise, Ellen, Julie, Zach, Kathy, Leah, Joy, Gia, Simone, Julia, Rob C., James, Shayne, Tabitha, Alicia, Kurt, Jo P., Philippa, Ian e suas respectivas equipes; a GJ, Mike M., DT, Mike J., Dinah e equipe — vocês transformaram um trabalho duro em um trabalho feliz. A Nova Zelândia teve a sorte de contar com vocês, e eu também.

A Therese, Carolyn D. e Analiese J. A Barbara, por estarem sempre a meu lado e nunca deixarem a diversão para depois. A todos os meus colegas do Partido Trabalhista, a quem devo tanto, Nigel, Rob S., Claire S., Jill, meus companheiros ministros e colegas de convenção partidária — sobretudo Grant —, vocês viraram minha família de verdade. E a Raj. Você tem em mim uma amiga para o resto da vida.

E por fim a Clarke e Neve. Eu amo vocês. Vocês são meu próximo capítulo.

ESTA OBRA FOI COMPOSTA PELA ABREU'S SYSTEM EM INES LIGHT
E IMPRESSA EM OFSETE PELA GRÁFICA SANTA MARTA SOBRE PAPEL PÓLEN NATURAL
DA SUZANO S.A. PARA A EDITORA SCHWARCZ EM SETEMBRO DE 2025